2019 职业资格考试辅导丛书

公路水运工程试验检测考前冲刺模拟试题

（试验检测师）

本书编委会　编

人民交通出版社股份有限公司
China Communications Press Co.,Ltd.

内 容 提 要

本书依据《2019年度公路水运工程试验检测专业技术人员职业资格考试大纲》及考试用书相关要求编写，包括《公共基础》《道路工程》《桥梁隧道工程》和《交通工程》四个考试科目各4套模拟试题，并附有参考答案及解析。

本书供参加2019年度公路水运工程试验检测职业资格考试的考生学习使用。

图书在版编目(CIP)数据

公路水运工程试验检测考前冲刺模拟试题：试验检测师/《公路水运工程试验检测考前冲刺模拟试题(试验检测师)》编委会编. — 北京：人民交通出版社股份有限公司，2019.8

ISBN 978-7-114-15734-9

Ⅰ. ①公… Ⅱ. ①公… Ⅲ. ①道路工程—试验—资格考试—习题集②道路工程—检测—资格考试—习题集③航道工程—试验—资格考试—习题集④航道工程—检测—资格考试—习题集 Ⅳ. ①U41-44②U61-44

中国版本图书馆CIP数据核字(2019)第148914号

Gonglu Shuiyun Gongcheng Shiyan Jiance Kaoqian Chongci Moni Shiti(Shiyan Jianceshi)

书　　名：公路水运工程试验检测考前冲刺模拟试题(试验检测师)
著 作 者：本书编委会
责任编辑：潘艳霞　石　遥
责任校对：张　贺
责任印制：张　凯
出版发行：人民交通出版社股份有限公司
地　　址：(100011)北京市朝阳区安定门外外馆斜街3号
网　　址：http://www.ccpress.com.cn
销售电话：(010)59757973
总 经 销：人民交通出版社股份有限公司发行部
经　　销：各地新华书店
印　　刷：北京市密东印刷有限公司
开　　本：787×1092　1/16
印　　张：19.5
字　　数：468千
版　　次：2019年8月　第1版
印　　次：2019年8月　第1次印刷
书　　号：ISBN 978-7-114-15734-9
定　　价：62.00元

2019 年度

公路水运工程试验检测人员考试类图书

资　　讯

一、官方考试教材

序　号	书　名	书　号	定　价
1	公路水运工程试验检测专业技术人员职业资格考试用书　**公共基础**（2019 年 6 月局部修订版）	14875	62.00
2	公路水运工程试验检测专业技术人员职业资格考试用书　**道路工程**（2019 年 6 月局部修订版）	14876	85.00
3	公路水运工程试验检测专业技术人员职业资格考试用书　**桥梁隧道工程**（2018 年版）	14877	98.00
4	公路水运工程试验检测专业技术人员职业资格考试用书　**交通工程**（2018 年版）	14878	115.00
5★	公路水运工程试验检测专业技术人员职业资格考试用书　（2018 年版）**修订内容汇编**	15692	40.00

二、考试辅导用书

（一）考前冲刺模拟试题

序　号	书　名	书　号	定　价
1★	公路水运工程试验检测师考前冲刺模拟试题（助理试验检测师）（2019 年版）	15733	58.00
2★	公路水运工程试验检测师考前冲刺模拟试题（试验检测师）（2019 年版）	15734	62.00

本书依据《2019 年度公路水运工程试验检测专业技术人员职业资格考试大纲》及考试用书相关要求而编写，包括助理试验检测师、试验检测师两个分册。每个分册均包括 4 套《公共基础》科目、4 套《道路工程》科目、4 套《桥梁隧道工程》科目和 4 套《交通工程》科目模拟试题，并附有参考答案及解析。

（二）应试题解系列

序　号	书　名	书　号	定　价
1	公路水运工程试验检测人员应试题解　**公共基础**(2018 年版)	14925	32.00
2	公路水运工程试验检测人员应试题解　**道路工程**(2018 年版)	14926	62.00
3	公路水运工程试验检测人员应试题解　**桥梁隧道工程**(2018 年版)	14927	56.00

（三）习题精练系列

序　号	书　名	书　号	定　价
1	公路水运工程试验检测人员考试习题精练与解析　**公共基础**(2018 年版)	14928	32.00
2	公路水运工程试验检测人员考试习题精练与解析　**道路工程**(2018 年版)	14929	60.00
3	公路水运工程试验检测人员考试习题精练与解析　**桥梁隧道工程**(2018 年版)	14930	62.00
4	公路水运工程试验检测人员考试习题精练与解析　**交通工程**(2018 年版)	14931	56.00

三、相关参考用书

序　号	书　名	书　号	定　价
1★	公路水运试验检测数据报告编制导则(JT/T 828—2019)	3143	20.00
2★	《公路水运试验检测数据报告编制导则》释义手册	15484	60.00
3★	公路水运工程试验检测等级管理要求(JT/T 1181—2018)	2831	60.00
4	公路交通安全设施质量检验抽样方法(JT/T 495—2014)	1957	30.00
5	公路水运工程质量监督管理规定(第二版)	2810	50.00
6	《公路水运工程质量监督管理规定》宣贯读本	15199	45.00
7	公路水运工程试验检测法规文件选编(2018 年版)	14932	50.00
8	公路工程试验检测仪器设备校准指南	09132	40.00
9★	水运工程试验检测仪器设备检定/校准指导手册 (书末附仪器设备相关信息)	15100	70.00
10	公路工程工地试验室标准化指南	10885	50.00
11	公路工程试验检测仪器设备计量管理指南	13028	150.00

前　言

2015 年 6 月 23 日，人力资源社会保障部、交通运输部联合印发《关于印发〈公路水运工程试验检测专业技术人员职业资格制度规定〉和〈公路水运工程试验检测专业技术人员职业资格考试实施办法〉的通知》（人社部发〔2015〕59 号），标志着公路水运工程试验检测专业技术人员水平评价类国家职业资格制度正式设立。

根据《人力资源社会保障部办公厅关于 2019 年度专业技术人员资格考试计划及有关事项的通知》（人社厅发〔2018〕142 号），本年度公路水运工程助理试验检测师、试验检测师的考试时间为 2019 年 11 月 16 日、17 日。

为了满足广大考生在考前冲刺阶段复习需要，本书编委会依据《2019 年度公路水运工程试验检测专业技术人员职业资格考试大纲》及考试用书相关要求而编写本书，包括助理试验检测师、试验检测师两个分册。每个分册均包括 4 套《公共基础》科目、4 套《道路工程》科目、4 套《桥梁隧道工程》科目和 4 套《交通工程》科目模拟试题，并附有参考答案及解析，旨在帮助考生考前进行自我模拟测试，进一步巩固掌握知识点。

本书为试验检测师分册。编写人员分工如下：重庆交通大学张祖棠，负责《公共基础》科目；长安大学王乾、耿九光、张优、徐璐璐，负责《道路工程》科目；重庆交通大学施尚伟、曹晓川，重庆市交通工程质量检测有限公司杜松、文永江，重庆市市政设计研究院工程检测中心李莹雪，负责《桥梁隧道工程》科目；湖南大学吴建新、湖南师范大学孙红英，负责《交通工程》科目。

由于时间和经验所限，书中难免存在疏漏之处，请各位考生提出宝贵意见和建议，以便修订时参考。

本书编委会

2019 年 7 月

目　　录

第一部分　公共基础

模拟试题一

说明:1. 本模拟试题设置单选题 40 道、判断题 30 道、多选题 25 道,总计 120 分;模拟自测时间为 120 分钟。

2. 本模拟试题仅供考生进行考前自测使用。

一、单项选择题(共 40 题,每题 1 分,共 40 分)

1. 李明采用“布袋法”抽取随机数号牌,从分别标有 1,2,3,4,5,…,27,28 标号的小球中,任取一球,“取的 1 号球”“取的 7 号球”则称“取的 1 号球”与“取的 7 号球”是(　　)事件。

A. 相互　　B. 孤立　　C. 对立　　D. 互斥

2. 试验检测用的仪器设备应(　　)来表明其检定或校准的状态。

A. 分类编号　　B. 使用彩色标识

C. 采用唯一性标识　　D. 按照用途存放

3. 检验检测机构资质认定整改期限不得超过(　　)。

A. 10 个工作日　　B. 20 天

C. 一个月　　D. 30 个工作日

4. 检验检测机构在申请资质时存在提供虚假材料或隐瞒情况的,(　　)年内不得再次申请资质认定。

A. 5　　B. 3　　C. 2　　D. 1

5. 根据标准物质的定义,下列物质中属于标准物质的有(　　)。

A. 用于压实度检测的标准砂

B. 用于石灰检测的标准盐酸试剂

C. 用于水泥细度筛标定的标准粉

D. 用于外加剂检测的标准水泥

6. 下列表述正确的密度单位符号是(　　)。

A. g/m^3　　B. kg/cm^3　　C. g/cm^3　　D. mg/cm^3

7. 新修订的《危险化学品安全管理条例》自(　　)起施行。

A. 2012 年 1 月 1 日　　B. 2011 年 12 月 1 日

C. 2011 年 10 月 25 日　　D. 2011 年 2 月 16 日

8. 使用1mg/L的标准溶液进行测定时,甲得到的结果分别是0.95mg/L、0.99mg/L和1.03mg/L,乙测得的结果分别为1.73mg/L、1.74mg/L和1.75mg/L。通过分析可以得出(　　)结论。

A. 甲的结果的精密度高　　B. 甲的结果的精密度比乙的精密度高

C. 乙的结果准确度高　　D. 乙的精密度比甲的精密度高

9. 修约97.34,修约间隔为1,正确的是(　　)。

A. 97　　B. 97.3　　C. 97.4　　D. 98

10. 检测机构被评为丙级且须满(　　)年且具有相应的试验检测业绩后,方可申报上一等级的评定。

A. 4　　B. 3　　C. 2　　D. 1

11. 在《检测和校准实验室能力认可准则》中使用了一些助动词,其中"应"表示的是(　　)。

A. 建议　　B. 可能　　C. 要求　　D. 允许

12. 公路综合甲级试验检测机构配备试验检测人员中,下列不属于对技术负责人要求的是(　　)。

A. 具备质量负责人资格　　B. 持试验检测师证书

C. 8年以上试验检测工作经历　　D. 相关专业高级职称

13. 未取得(　　)的检验检测机构,不得开展产品质量检验工作。

A. 合法证书　　B. 资格认定证书

C. 产品合格证书　　D. 计量合格证书

14.《公路水运工程试验检测机构等级证书》的有效期为(　　)年。

A. 3　　B. 7　　C. 5　　D. 1

15. 上年度信用评价等级在(　　)及以下的检测机构不宜作为授权设立工地试验室的母体检测机构。

A. A级　　B. B级　　C. C级　　D. 等级可以不考虑

16. 作为工地试验室的水泥混凝土检测室的设施建设中,必不可少的条件是(　　)。

A. 上、下水管道　　B. 水泥混凝土台面

C. 沉淀池　　D. 机械强制通风

17. 确认校准后仪器设备是否满足要求的依据是(　　)。

A. 校准规范　　B. 校准规程　　C. 作业指导书　　D. 设备说明书

18. 下列关于选择试验检测仪器设备期间核查标准的说法,错误的是(　　)。

A. 若存在合适的比较稳定的实物量具,就可以作为核查标准

B. 若存在合适的比较稳定的被测物品,也可选用一个被测物品作为核查标准

C. 机构应对所有在用仪器设备开展期间核查,尤其是那些性能稳定,使用频率不高,不易损坏的仪器设备更需要进行期间核查

D. 若对于某个仪器设备,不存在可作为核查标准的实物量具或稳定的被测物品,则可不进行期间核查

19. 下列选项中,(　　)不属于实验室检测/校准报告证书中的印章符号。

A. CNAS　　B. CMA　　C. CAL　　D. CMC

20. 授权签字人是指签发报告的人,应是(　　)。

A. 检测机构的最高管理者

B. 检测机构的技术负责人

C. 检测机构的质量负责人

D. 由检测机构推荐经评审部门考核合格的人

21. 按照《公路水运工程试验检测机构等级标准》要求,可选参数的申请数量不低于本等级可选参数总量的(　　)。

A. 85%　　B. 80%　　C. 60%　　C. 60% ~80%

22. 质监机构实施监督检查时,不会采取的措施有(　　)。

A. 进入检测机构的工作场地现场抽查

B. 约谈机构负责人、暂停机构检测活动

C. 责令即时改正或限期整改

D. 查阅、记录、复制与检查相关的事项和资料

23. 由于工期紧,客户要求检测机构缩短标准、规范规定的样品养护时间或样品静置时间完成检测项目时,应做以下(　　)处理。

A. 不接受客户的要求　　B. 依据采用非标准方法程序

C. 依据允许偏离的程序　　D. 依据不符合检测工作的程序

24. 省级交通质监机构对检测机构等级评审材料完成符合性审查的时限是(　　)个工作日。

A. 30　　B. 15　　C. 7　　D. 5

25. 试验检测师应当通过(　　)专业科目的考试。

A. 任意一门　　B. 2 门或 2 门以上

C. 至少 3 门　　D. 全部 5 门

26. 如果检测报告已经签发后,需要进行实质性修改,修订的检测报告需(　　)。

A. 不变动原报告唯一性编号

B. 重新注以唯一性编号

C. 重新注以有别于原报告的编号

D. 重新注以顺序编号

27. 按照《检验检测机构资质认定管理办法》(质检总局令第 163 号)规定,检验检测机构资质认定标志,由 China Inspection Body and Laboratory Mandatory Approval 的英文缩写 CMA 形成的图案和由一些代码组成的资质认定证书 12 位编号构成。下面选项中,不属于编号代码内容的是(　　)。

A. 发证年份代码　　B. 发证机关代码

C. 发证省别代码　　D. 专业领域类别代码

28. 实验室开展内部审核每年至少一次,需增加内审次数的情况为(　　)。

A. 实验室搬迁　　B. 增加新人员

C. 业务范围扩大　　D. 有客户投诉

29. 下列描述分包的情形,错误的是(　　)。

A. 分包行为应当事先取得委托人的书面同意

B. 承担分包任务的检验检测机构不得再次分包

C. 分包检验检测项目的检验检测报告或证书中清晰标明分包情况

D. 机构无须对分包结果负责

30. 对于使用非法定计量单位的,应采取(　　)。

A. 没收所得　　B. 处以罚款　　C. 责令改正　　D. 责令停止

31. (　　)是检验检测机构合同评审的结果。

A. 检测报告　　B. 检定证书

C. 程序文件　　D. 检测委托书

32. 检验检测机构自被撤销资质认定之日起(　　)年内,不得再次申请资质认定。

A. 1　　B. 2　　C. 3　　D. 5

33. 有关仪器设备检定校准状态标识的使用,正确的做法是(　　)。

A. 仪器设备的校准的多个参数中,其中有一个参数误差通过修正后满足要求,其余参数均满足要求,该设备加贴绿色标识

B. 仪器设备的校准的多个参数中,其中有一个参数误差通过修正后满足要求,其余参数均满足要求,该设备合格部分加贴绿色标识,有修正部分贴黄色标识

C. 仪器设备校准的多个参数中,其中有一个参数误差通过修正后满足要求,其余参数的标准误差均符合要求,该设备加贴黄色标识

D. 仪器设备校准的多个参数中,其中有一个参数误差通过修正后满足要求,其余参数的标准误差均符合要求,该设备加贴红色标识

34. (　　)是指在复现性条件下的测量的复现性。

A. 精密度　　B. 精确度　　C. 准确度　　D. 正确度

35. 计量溯源性需要通过(　　)建立。

A. 不确定度　　B. 测量参考标准

C. 间断的校准链　　D. 不间断的校准链

36. 下列不属于实验室活动行为的是(　　)

A. 监控　　B. 检测

C. 校准　　D. 与后续检测或校准相关的抽样

37. 实验室所有的记录应予以安全保护和(　　)。

A. 存档　　B. 维护　　C. 保密　　D. 监督

38. 在某些技术领域,如(　　)中要求从事某些工作的人员持有个人资格证书,检验检测机构有责任满足这些专门人员的持证上岗要求。

A. 无机结合料检测　　B. 水泥检测

C. 路面检测　　D. 结构无损检测

39. 资质认定的评审内容包括以下哪几个方面(　　)。

①组织机构;②仪器设备;③检测工作;④人员;⑤环境;⑥工作制度;⑦检测报告。

A. ①②④⑤⑥⑦　　B. ①②③④⑤⑦

C. ①②③④⑥⑦　　D. ①②③④⑤⑥

40. 公路水运检测机构的工地试验室设立实行(　　)。

A. 报批备案制　　B. 登记备案制

C. 批准备案制　　D. 报批登机制

二、判断题(共30题,每题1分,共30分)

1. 作为检验检测机构的主过程,技术运作(技术管理体系)是指从识别顾客需求作为过程的开始,利用资源(包括人力、物力、资金和信息)作为过程的输入,将输入转化为一系列的检定、校准和检测的输出,即测量结果,最后形成检定证书、校准证书或检测报告。这就是机构检定、校准和检测工作的全过程。(　　)

2. 公路水运工程试验检测专业技术人员职业资格考试合格后,取得的职业资格证书全国行业有效。(　　)

3. 根据国家有关法律、法规的规定,依据工程建设技术标准、规范、规程,对公路水运工程所用材料、构件、工程制品、工程实体的质量和技术指标等进行的试验检测活动,称为公路水运工程试验检测。(　　)

4. 对工地临时试验室进行活动的监督,只应由母体试验室进行。(　　)

5. 公路水运工程试验检测机构的等级评定和换证复核都是以书面审查为主,必要时可进行现场评审。(　　)

6. 检测机构在同一公路水运工程项目标段中,不得同时接受业主、监理、施工等三方的试验检测委托任务。(　　)

7. JTG D54—2001 可以解读为交通运输部公路工程标准 D 类第 5 种的第 4 项标准,破折号后是发布年。(　　)

8. 测量正确度是指无穷多次重复测量所得量值的平均值与一个参与量值之间的一致程度。(　　)

9. 实验室的公正性就是检测活动的真实性、数据的真实性。(　　)

10. 扩展不确定度是指由合成标准不确定度的倍数表示的测量不确定度。(　　)

11.《公路水运工程试验检测信用评价办法》对试验检测机构信用评价划分为五个等级。(　　)

12. 比对是在规定的条件下,对相同类型的准确度等级或指定不确定度范围的同种测量仪器复现的量值之间比较的过程。(　　)

13. 按照《公路水运工程试验检测机构等级标准》要求,可选参数的申请数量不低于可选参数总量的80%。(　　)

14. 工地试验室应该在授权的参数范围内开展检测工作。(　　)

15.《公路试验检测数据报告编写导则》记录中的复核人与报告的审核人需具备检测试验检测师资格。(　　)

16. 客户以口头形式表达的投诉,实验室应该记录归档。(　　)

17. 工程建设项目同一合同段中的施工和监理单位不得将外委试验委托给同一检测单位。(　　)

18. 个体工商户制造、修理计量器具的范围和管理办法，由省级人民政府计量行政部门制定。 (　　)

19. 如果试验检测机构承接的检测参数既未通过等级评定，也未通过计量认证的，则属于超业务范围，检测机构不可以出具报告。 (　　)

20. 检测机构存在多个试验场所时，其每个分场所都需建立各自的质量体系。 (　　)

21. 连续2年被评为信用较差的人员，其信用等级直接按很差发布，并列入黑名单。 (　　)

22. 接受继续教育是试验检测人员的义务和权利。 (　　)

23. 强制检定的计量标准和强制检定的工作计量器具，统称为强制检定的计量器具。 (　　)

24. 交通行业试验室的所有试验检测设备，都必须依法采取送检定或校准方式进行管理。 (　　)

25. 建设工程相关的勘察、设计、施工、工程监理等原始资料应该由业主提供。 (　　)

26. 测量仪器示值与对应输入量的真值之差，即是示值误差。 (　　)

27. 公路水运试验检测机构换证复核不合格的，由质监机构责令进行整改，整改期内可承担质量评定和工程验收的试验检测业务。 (　　)

28. 规范是对某一阶段或某种结构的某项任务的目的、技术内容、方法、质量要求等作出的系列规定。 (　　)

29.《检测和校准实验室能力的通用要求》(ISO/IEC 17025:2017)适用于所有从事实验室活动的组织，不论其人员数量多少。 (　　)

30. 检验检测机构对租用仪器设备应该纳入本机构的设备管理体系，由本机构人员操作，同时明确所有权。 (　　)

三、多项选择题(共25题，每题2分，共50分。下列各题的备选项中，至少有两个符合题意，选项全部正确得满分，选项部分正确按比例得分，出现错误选项该题不得分)

1. 试验检测机构环境条件控制要点包括(　　)。
   A. 长期稳定　　B. 控制设施正确
   C. 布局合理　　D. 准确识别

2. 为了保证工地试验室试验数据的客观准确，要求(　　)。
   A. 严禁代签试验检测报告
   B. 严禁变造虚假数据
   C. 试验检测操作应严格按照试验检测规程进行
   D. 严禁编造虚假记录和报告

3. 作为实验室的人员应该具有(　　)职责。
   A. 针对管理体系有效性、满足客户和其他要求的重要性进行沟通
   B. 识别与管理体系或实验室活动程序的偏离
   C. 向实验室管理层报告管理体系运行状况和改进需求

D. 实施、保持和改进管理体系

4. 实验室的安全标识包括(　　)。

A. 消防标志　　B. 化学品作收场所安全警示标志

C. 气瓶标志　　D. 通用安全标识

5. 产品检验的可靠性与(　　)有关。

A. 样品的规格　　B. 质量检验手段的可靠性

C. 仪器设备的量程　　D. 抽样检验方法的科学性

6. 下列(　　)申请人有权向省级以上质量技术监督部门提出质量鉴定申请。

A. 司法机关

B. 社会团体

C. 产品质量争议双方当事人

D. 质量技术监督部门或者其他行政管理部门

7. 行业标准的编号由(　　)组成。

A. 国家标准代号　　B. 行业标准代号

C. 标准顺序号　　D. 年号

8. 测量误差就其性质而言,可分为(　　)。

A. 系统误差　　B. 随机误差　　C. 综合误差　　D. 过失误差

9. 检验检测机构信用评价规范规定了检验检测机构诚信评价的(　　)。

A. 原则　　B. 要求　　C. 方法　　D. 指标

10. 下列描述样品检验状态的标识,正确的是(　　)。

A. 未检　　B. 在检　　C. 无污染　　D. 存样

11. 依据检测机构的公路水运工程试验检测水平、主要试验检测仪器设备及检测人员的配备情况、试验检测环境等基本条件,对检测机构进行的能力划分,公路工程检测机构等级分为(　　)。

A. 水运类　　B. 专项类　　C. 综合类　　D. 结构类

12. 下列(　　)情况属于报告签字人不具备资格。

A. 试验助理试验检测师对报告复核签字

B. 取得公路专业试验检测师资格证书在水运工程材料报告中签字

C. 隧道专业试验检测师在基桩检测报告中签字

D. 试验检测师经母体授权负责工地试验室管理,其证书未注册登记

13. 测力环经校准,测得力值与百分表读数如下:

力值(kN)(X)	0	1	2	3	4	5
百分表读数(mm)(Y)	1.000	1.440	1.878	2.330	2.780	3.246

对校准结果确认计算正确的是(　　)。

A. $Y=2.2288X-2.2079, R^2=0.999$　　B. $Y=0.4486X+0.9908, R^2=0.999$

C. $Y=2.2288X+2.2079, R^2=0.999$　　D. $Y=0.4486X-0.9908, R^2=0.999$

14. 检测机构多项等级评定申请初审工作中,关于检测人员持证数量统计方法,描述正确

的有(　　)。

A. 持单一专业证书人员只统计1次

B. 持多证人员最多在不同专业不同等级统计2次

C. 技术负责人持单一证书可以重复使用

D. 同一人持多证可在不同等级评定中使用多次

15. 检测机构等级评定现场总体评审内容包括(　　)。

A. 环境设施条件控制要点　　B. 仪器设备配备和摆放要求

C. 功能布局　　D. 文件管理

16. 为保证检测结果客观准确,常用的结果质量控制方法有(　　)。

A. 使用有证标准物质　　B. 人员比对

C. 设备比对　　D. 留样再测

17. 安全生产费用可以用于(　　)。

A. 购买灭火器材,消防设施和设置消防通道

B. 购买安全帽,防护服,防毒面具等

C. 生产条件的改善

D. 人员的安全培训

18. 对于有些仪器设备,检验检测机构有能力进行校准的,可进行内部校准,但是条件是(　　)。

A. 非强制检定的仪器设备

B. 校准周期尽量短

C. 实施内部校准的人员经培训和授权

D. 环境和设施满足校准方法要求

19. 载重为8吨的汽车用重力表述,不正确的是(　　)。

A. 8t　　B. 78.4kN　　C. 8kN　　D. 800kN

20. 有关试验检测报告用章,描述正确的有(　　)。

A. 通过CMA认证但等级证书中未批准的参数,报告左上角应加盖“CMA”标识

B. 通过计量认证的参数,加盖“CMA”印章标识在报告的上部

C. 等级证书中未批准且未通过CMA认证的参数,报告不加盖任何标识

D. 通过CMA认证并在等级证书中批准的参数,报告左上角应加盖“CMA”标识,报告右上角应加盖等级证书标识“J”

21. 当出现下列(　　)情况时,试验检测机构的原等级证书失效。

A. 等级证书到期未按规定期限申请换证核查

B. 换证复核时被注销等级证书

C. 试验检测机构将业务转包、违法分包的

D. 试验检测机构法人、技术负责人、质量负责人发生变更后未办理相应手续

22. 实验室人员的下列(　　)活动都需要制定系列程序来加强管理。

A. 人员培训　　B. 人员授权　　C. 能力确定　　D. 人员监督

23. 工地试验室标准化建设的核心不包括(　　)。

A. 质量管理信息化　　　　B. 检测工作智能化

C. 硬件建设标准化　　　　D. 数据报告信息化

24. 试验室所用的烘箱在示值为105℃处的实测值为108℃,烘箱在此处的相对误差错误的是(　　)。

A. 2.86%　　B. -3℃　　C. -2.86%　　D. 3℃

25. 下列选项中,属于系统抽样的有(　　)。

A. 定位系统抽样　　　　B. 等距抽样

C. 散料抽样　　　　D. 分层抽样

模拟试题二

说明:1. 本模拟试题设置单选题40道、判断题30道、多选题25道,总计120分;模拟自测时间为120分钟。

2. 本模拟试题仅供考生进行考前自测使用。

一、单项选择题(共40题,每题1分,共40分)

1. 下列不属于公路工程检测项目“岩石”的“吸水率”参数试验方法的是(　　)。

A. 自由吸水率法　B. 网篮法　C. 真空抽气法　D. 煮沸法

2. 选择合格仪器设备的供应商服务单位时,一般应评价其(　　)。

A. 售后服务水平　B. 产品价格
C. 产品质量　D. 单位规模

3. 公路水运检测机构等级证书编号由发证机构简称、所属专业、检测行业缩写……组成,其中用(　　)表述本等级流水号。

A. 1位阿拉伯数字　B. 1位大写英文字母
C. 2位大写英文字母　D. 3位阿拉伯数字

4. 检验检测机构的管理体系应当覆盖(　　)。

A. 在固定场所开展的检验检测工作
B. 在非固定场所实施的质量管理和开展的检验检测工作
C. 在所有场所进行的质量管理和开展的检验检测工作
D. 在其他场所开展的检验检测工作

5. 标准差s用于表征测量结果的(　　)。

A. 平均水平　B. 均匀性　C. 分散性　D. 准确性

6. 检验检测机构质量负责人的责任是(　　)。

A. 对技术方面的工作全面负责　B. 对技术工作日常负责
C. 技术负责人的代理人　D. 对管理体系的运行全面负责

7. 检验检测机构质量手册的现行有效,由检验检测机构的(　　)负责保持。

A. 最高管理者　B. 内审员
C. 技术负责人　D. 质量负责人

8.《公路工程试验检测仪器设备检定/校准指导手册》对公路工程试验检测仪器设备进行了分类管理。分类的依据是(　　)。

A. 专业分类　B. 领域分类
C. 检测对象　D. 量值溯源的方式

9. 授权签字人是指由实验室提名,经过(　　),能在实验室被认可范围内的检测报告或者校准证书上获准签字的人员。

A. 企业上级部门批准　　B. 资质认定部门考核批准

C. 评审组考核认可　　D. 上级部门考核认可

10. 数字35^{+2}_{-3}代表(　　)。

A. 小于 37 的值均符合要求

B. 大于 37 的值均符合要求

C. 介于 32 ~ 37 的值均符合要求

D. 介于 32 ~ 37 且包含 32 和 37 的值均符合要求

11. 按照《中华人民共和国产品质量法》规定,若检验检测机构(　　),对单位处五万元以上十万元以下的罚款。

A. 委托未取得相应资质的检测机构进行检测的

B. 受委托方明示或暗示检测机构出具虚假检测报告,篡改或伪造检测报告的

C. 弄虚作假收检试样的

D. 超出资质范围从事检测活动的

12. 依据《公路试验检测数据报告编制导则》的规定,下列不属于试验检测报告基本信息区内容的是(　　)。

A. 报告编号　　B. 工程名称　　C. 试验依据　　D. 判定依据

13. 依据《公路试验检测数据报告编制导则》的规定,下列不属于试验检测报告基本信息区内容的是(　　)。

A. 报告编号　　B. 工程名称　　C. 试验依据　　D. 判定依据

14. 用于检测的设备为了提供有效的结果,必须要求设备达到(　　)。

A. 测量精确度和测量准确度　　B. 测量准确度和测量正确度

C. 测量不确定度和测量精确度　　D. 测量准确度和测量不确定度

15. 检验检测机构应该具备正确进行检验检测活动所需要的,并且能够独立调配使用的(　　)检测场所。

A. 固定的　　B. 固定的和可移动的

C. 固定的和临时的　　D. 固定的、临时的和可移动的

16. 按照实验室区域划分中垂直布局的原则,(　　)应该布局在底层。

A. 产生粉尘物质的实验室　　B. 产生有害气体的实验室

C. 产生有毒气体的实验室　　D. 重型设备

17. 下列选项中,(　　)必须申请检验检测机构资质认定。

A. 企业内部的检测部门

B. 大专院校的实验室

C. 计量检定研究院

D. 为社会出具具有证明作用的数据和结果的机构

18. 检验检测机构一般应为独立法人,非独立法人的机构需要(　　)。

A. 由上级主管单位确认其最高管理者　　B. 经法人书面授权

C. 县级以上资质认定部门批准　　D. 当地资质认定部门批准

19. 根据《公路试验检测数据报告编制导则》,下列选项中,正确表述"土"的样品标识身份

识别编号的是(　　)。

A. SYJ　　B. GJG　　C. TGJ　　D. CJL

20. 下列(　　)人员可以从事检测机构内部校准工作。

A. 任命的设备管理员　　B. 具备一定设备管理知识

C. 经过培训、考核合格　　D. 经过培训、考核合格并持证

21. 设备比对应具备的条件不包括(　　)。

A. 相同的操作者　　B. 类似的被测对象

C. 相同的环境条件　　D. 相同的测量系统

22. 检验检测机构的诚信评价方法是(　　)。

A. 自我评价　　B. 第三方评价

C. 定性与定量相结合　　D. 社会监督与第三方评价相结合

23. (　　)不属于工地试验室工作区功能室。

A. 收样室　　B. 土工室　　C. 集料室　　D. 外出检测室

24.《检测和校准实验室能力的通用要求》是对实验室能力、公正性以及(　　)的通用要求所作的规定。

A. 实验室组织架构　　B. 实验室的运作

C. 实验室及相关机构　　D. 一致运作

25. 0.04090 的有效位数为(　　)。

A. 1 位　　B. 3 位　　C. 4 位　　D. 5 位

26. 检定的结果是通过检察测试或与标准物比较,确定是否可以继续使用,其结果是给出(　　)。

A.《校准证书》　　B.《校准报告》

C.《检定合格证书》　　D.《校准合格证书》

27. 对检验检测机构进行诚信评价,应至少每(　　)年复评一次。

A. 3　　B. 4　　C. 5　　D. 6

28. 对组合单位牛顿米的名称,正确的写法是(　　)。

A. N·m　　B. 牛-米　　C. N-m　　D. 牛米

29. 检验检测机构的质量管理是在确定质量方针、目标和职责,并在管理体系中通过诸如质量策划、质量控制、(　　)和质量改进,使其实施全部管理职能的所有活动。

A. 质量监督　　B. 质量监控　　C. 质量保证　　D. 质量检查

30. 对交通工程专项试验检测环境的要求是试验检测用房面积应(　　)m^2。

A. ≥1300　　B. ≥900　　C. ≥700　　D. ≥500

31. 按照《公路水运工程试验检测机构等级标准》要求,下列不属于综合乙级对掺和料项目设备配置的必选要求的是(　　)。

A. 电子天平　　B. 振实台　　C. 李氏比重瓶　　D. 标准筛

32. 实验室设备显示缺陷或者超出规定要求时,实验室应该启动(　　)程序。

A. 方法偏离程序　　B. 不符合工作管理程序

C. 设备管理程序　　D. 标准物质管理程序

33. 当客户在送样检测中未指定所用的检测方法时,实验室应当(　　)。

A. 为客户采用本机构常用的方法

B. 直接选用国家标准或者行业标准

C. 通知客户,推荐使用国际、国家标准、团体标准以及自制标准

D. 通知客户,告知采用的方法

34. 在资质认定整个工作中,资质认定部门和参与资质认定工作的人员会获得有关检验检测机构的商业、技术等信息。按照《检验检测机构资质认定　公正性和保密性要求》,应该保密的信息是(　　)。

A. 检验检测机构申请资质认定的资料及文件

B. 暂停或撤销资质认定

C. 扩大或缩小资质认定范围的信息及获准资质认定的范围

D. 从其他合法渠道获得的有关检验检测机构的公开信息

35. 检测是按照规定的程序,为了确定给定的产品,材料,设备,生物体,物理现象,工艺过程或服务的一种或多种(　　)的技术操作。

A. 特性或性能　　B. 重复性和复现性

C. 试验数据　　D. 性能和评定

36. 评审员编号的第 15 位表示的是(　　)。

A. 发证流水号　　B. 级别代码

C. 发证机关代码　　D. 行业主管部门代码

37. 机构负责人、技术负责人等发生变更的,应当自变更之日起(　　)日内,到原发证质监机构办理变更登记手续。

A. 15　　B. 7　　C. 10　　D. 30

38. 管理评审的目的是就质量方针和目标,对质量体系的现状和适应性进行的正式评审。检验检测机构管理评审的组织者是(　　)。

A. 技术负责人　　B. 质量负责人　　C. 最高管理者　　D. 质量主管

39. 2012 年 1 月 1 日是下列(　　)文件的实施时间。

A.《公路水运工程试验检测机构等级标准》

B.《公路水运试验检测机构等级评定及换证复核工作程序》

C.《公路水运工程试验检测人员继续教育办法(试行)》

D.《关于进一步加强公路水运工程工地试验室管理工作的意见》

40. 检验检测机构的采购服务不包括(　　)。

A. 仪器设备的采购　　B. 抽排设施的安装

C. 仪器设备的检定　　D. 选择消耗性材料的供应商

二、判断题(共 30 题,每题 1 分,共 30 分)

1. 均匀分布的概率密度函数为$\frac{1}{b-a}$。　　(　　)

2. 在一个教学班里按不同性别、不同省份分别选取一定数量的职工组成样本,该抽样方法

属于系统抽样。 ( )

3. 试验检测人员参加继续教育是个人行为,与所在的试验检测机构无关。 ( )

4. 工地试验室试验检测报告签字人必须是持证的试验检测人员。 ( )

5. 母体检测机构可以不对的工地试验室的试验检测结果负责。 ( )

6. 某检测机构由于仪器设备停用,不得已将承担的检测业务以转包合同形式转给了另外一家具有相应资质的检测机构。 ( )

7. 自校准是指在实验室或其所在组织内部实施的,使用自有的设施和测量标准,校准结果仅用于内部需要,为实现获认可的检测活动相关的测量设备的量值溯源而实施的校准。 ( )

8. 公路水运工程试验检测检测机构等级,是依据检测机构的公路水运工程试验检测水平、配备的设备数量及精密程度、高级检测人员的数量和属于公司产权(或租赁)场地的面积进行的能力划分。 ( )

9. 检测机构不准使用已经过期的《等级证书》,但专用标识章没有时限。 ( )

10. 工地试验室如果出现样品保管条件不满足要求、未按规定留样等不规范行为的,扣3分/项。 ( )

11. 特定检验检测方法或者客户要求的其他附加信息,应该出现在检测类报告附加声明部分。 ( )

12. 报告的扉页未记录有试验检测的数据和结论,因此不记入报告的总页数。 ( )

13. 自校准是试验检测机构使用自有人员、设备及环境等条件,为保证仪器设备量值准确、可靠而开展的校准活动。 ( )

14. 工地试验室及现场检测出具虚假数据报告并造成质量标准降低的,信用评价扣100分。 ( )

15. 公路水运工程试验检测人员出具虚假数据报告造成质量标准降低的,信用评价扣40分。 ( )

16. 检测机构发生不符合时,实验室应该采取纠正措施。 ( )

17. 建设单位可委托具有《等级证书》和《计量认证证书》的第三方试验检测机构设立工地试验室。 ( )

18. 持证的检测人员不得借工作之便推销建设材料、构配件和设备,可以同时受聘于两家以上检测机构。 ( )

19. 实验室管理体系文件应该具备唯一性标识。 ( )

20. 试验检测人员的信用评价采用随机检查累计扣分制。 ( )

21. 检测的判定规则可以不通知客户。 ( )

22. 助理试验检测师、试验检测师应当通过公共基础科目和至少一门专业科目的考试取得上岗证书,高级工程师免考公共基础科目。 ( )

23. 依法取得工商行政机关颁发的《营业执照》的企业法人分支机构、特殊普通合伙企业、民政部门登记的民办非企业单位(法人)等符合法律法规规定的机构,均可申请检验检测机构资质认定。 ( )

24. 省级交通质监机构每年年初制定本行政区域检测机构年度比对计划并备案,年末上报

比对试验的实施情况。（　　）

25. 资质认定部门根据检验检测机构的申请事项、自我声明和分类监管情况，采取书面审查或者现场评审的方式，作出是否准予延续的决定。（　　）

26. 只有客户以书面形式表达的对检验检测机构的检验检测服务或者数据、结果的质量或服务上的不满意或者抱怨的才能叫投诉。（　　）

27. 检测机构的检验检测报告和原始记录归档应该留存6年，以保证其具有可追溯性。（　　）

28. 对委托检测检测报告不能有"仅对来样负责"表述。（　　）

29. 公路水运工程安全生产监督管理的方针是坚持"安全第一、预防为主、综合治理"。（　　）

30.《公路水运工程安全生产监督管理办法》规范的是从事公路、水运工程建设、设计、施工、监理、试验检测、安全服务等单位的公路水运工程安全生产。（　　）

三、多项选择题（共25题，每题2分，共50分。下列各题的备选项中，至少有两个符合题意，选项全部正确得满分，选项部分正确按比例得分，出现错误选项该题不得分）

1. 一盒中装有各色球12只，其中5红、4黑、2白、1绿，从中取1球，利用互斥事件求概率。取出球的颜色是红或黑的概率是（　　），取出球的颜色是红或黑或白的概率是（　　）。

A. $\frac{5}{12}$　　B. $\frac{3}{4}$　　C. $\frac{4}{12}$　　D. $\frac{11}{12}$

2. 混凝土回弹仪在出、入外出检测室时，需完成（　　）工作。

A. 检查设备配件、外观，做好出入记录

B. 送计量检定部门检定校准

C. 报技术负责人同意

D. 借出前、返回后在标准钢砧率定，记录率定值

3. 以下物质中，属于参考标准的有（　　）。

A. 力学室的钢直尺　　B. 标准物质室的角度规

C. 土工室的秒表　　D. 标准物质室的秒表

4. 按照《检验检测机构资质认定管理办法》规定进行技术评审工作，评审组在技术评审中发现有不符合要求时，可以采取（　　）方式处理。

A. 书面通知申请人限期整改，直至完成整改

B. 书面通知申请人限期整改，整改30个工作日

C. 申请人在整改期内完成，相应评审项目判定合格

D. 申请人在整改期内未完成，相应评审项目判定不合格

5. 我国法定计量单位由（　　）和（　　）构成。

A. 国际单位制单位　　B. 国家选定的非国际制单位

C. 确定保留的与SI单位并用的单位　　D. 工程单位制

6. 对严重危及公路水运工程生产安全的（　　）应当依法予以淘汰。

A. 工艺　　B. 设备　　C. 设施　　D. 材料

7. 实验室的家具包括(　　)。

A. 文件柜　　B. 排气罩　　C. 设备台　　D. 办公桌

8. 上、下四分位数的分位数分别是(　　)。

A. 0.25　　B. 0.5　　C. 0.1　　D. 0.75

9. 检测机构等级评定的初审内容主要包括(　　)。

A. 典型报告(包括模拟报告)及业绩证明

B. 质量保证体系是否具有可操作性

C. 人员考试合格证书和聘用关系证明文件

D. 申报的试验检测项目范围及设备配备与所申请的等级是否相符

10. 下列选项中,对"标准"的理解正确的是(　　)。

A. 标准是法律依据　　B. 标准是简要文字说明

C. 标准由国家部委制定　　D. 标准过一定时间后可以进行修改

11. 检验检测机构测量装置校准可以采用(　　)方式进行。

A. 内部校准　　B. 送检

C. 外校　　D. 内部校准与外部校准相结合

12. 检验检测机构需在(　　)时,提交测量不确定度报告。

A. 客户要求　　B. 出现临界值

C. 内部质量控制　　D. 检测值出现较大偏差

13. 水运工程检测机构质量负责人的检测工作经历要求5年以上的是(　　)。

A. 水运材料甲级　　B. 水运材料乙级

C. 水运材料丙级　　D. 水运结构(地基)甲级

14. 检测人员证书到期,发证部门应对其(　　)进行审核后,方可决定是否允许其继续从事检测活动。

A. 参加继续教育情况　　B. 参加能力验证情况

C. 信用记录　　D. 业绩

15. 下列(　　)因素决定了实验室平面尺寸要求。

A. 房间的平面形状　　B. 实验台宽度

C. 仪器设备尺寸　　D. 检修的要求

16. 参与能力验证进行实验室之间比对的样品,一般应具备(　　)特征。

A. 从材料源中指定　　B. 从材料源中随机得到

C. 检测样品的稳定性　　D. 样品的均匀性

17.《检测和校准实验室能力认可准则》规定了实验室的(　　)通用要求。

A. 规模　　B. 能力　　C. 公正性　　D. 一致运作

18. 承担公路水运工程质量事故鉴定的试验检测机构,应满足以下(　　)条件。

A. 取得由交通运输主管部门颁发的《等级证书》

B. 通过计量认证

C. 通过国家实验室认可

D. 取得由交通运输主管部门颁发的甲级或者相应专项能力的《等级证书》

19. 国际单位制 SI 的基本单位由(　　)构成。

A. SI 单位的分数单位　　B. SI 单位的倍数单位

C. SI 导出单位　　D. SI 基本单位

20. 在《公路水运工程试验检测机构等级标准》中,对公路工程检测机构相关专业高级职称人数及专业配置有要求的是(　　)。

A. 综合甲级　　B. 综合乙级

C. 交通工程专项　　D. 桥梁隧道工程专项

21. (　　)是具有专门名称的 SI 导出单位。

A. rad　　B. A　　C. Pa　　D. N · m

22. 判断能力验证样品均匀性的依据是(　　)。

A. $S_s \leq 0.3\sigma$

B. 若 $F <$ 自由度为(f_1, f_2)及给定显著性水平 σ 的临界值 F_σ

C. $S_s \leq 0.3$

D. 若 $F >$ 自由度为(f_1, f_2)及给定显著性水平 σ 的临界值 F_σ

23. 能力验证计划的基本步骤包括(　　)。

A. 指定值的确定

B. 能力统计量的计算

C. 能力评定

D. 能力验证物品均匀性和稳定性的评定

24. 建设新的检验检测实验室的建筑设计应该考虑(　　)等方面的要求。

A. 环境评价　　B. 安全评价　　C. 智能化　　D. 节能评价

25. 工地试验室在人员配备上必须坚持(　　)原则。

A. 专业配置合理

B. 实验室授权负责人具有高职称

C. 试验检测人员持证上岗

D. 能覆盖工程涉及的专业范围和内容

模拟试题三

说明:1. 本模拟试题设置单选题40道、判断题30道、多选题25道,总计120分;模拟自测时间为120分钟。

2. 本模拟试题仅供考生进行考前自测使用。

一、单项选择题(共40题,每题1分,共40分)

1.《公路水运工程试验检测管理办法》(交通运输部令2016年第80号)已于2016年12月8日经第(　　)次部务会议通过,自2016年12月10日起施行。

A. 10　　B. 16　　C. 28　　D. 29

2. 质监机构在监督检查中发现检测机构有违反《公路水运工程试验检测管理办法》行为时,不会采取的行为是(　　)。

A. 质监机构不再委托其承担检测业务　　B. 约谈项目管理者

C. 警告　　D. 限期整改

3. 5.29 × 0.9259 = (　　)。

A. 4.89　　B. 4.90　　C. 4.898　　D. 4.8980

4. 依据有关法律法规、《检验检测机构资质认定管理办法》等规定,结合资质认定部门的监管实际,资质认定部门将检验检测机构分为A、B、C、D四个类别。在首次启动分类监管时,所有检验检测机构起始默认类别为(　　)。

A. A类　　B. B类　　C. C类　　D. D类

5. 检测机构等级评定现场评审时,抽取的现场试验操作考核参数要覆盖全部申请试验检测项目,除了保证不低于15%的必选参数总量外,还需要特别关注(　　)标准规范发生变更的参数。

A. 1年内　　B. 2年内　　C. 3年内　　D. 5年内

6.《检验检测实验室技术要求验收规范》(GB/T 37140—2018)适用于(　　)。

A. 生物安全　　B. 净化及医学实验室

C. 动植物检验　　D. 除上述选项外的其他实验室

7. (　　)的估计值即为测量偏移。

A. 测量误差　　B. 系统误差

C. 随机误差　　D. 过失误差

8. 合同评审活动可被理解为确保检验检测活动达到规定目标的(　　)所进行的活动。

A. 适宜性和合法性　　B. 充分性和合理性

C. 充分性和有效性　　D. 有效性和合法性

9. 检测人员按照《公路水运工程试验检测管理办法》要求,应当真实、独立地开展检测工作,保证检验检测数据的(　　)。

A. 清晰、完整、规范　　B. 严密、完善、有效

C. 客观、公正、准确　　D. 客观、公正、科学

10. 信用评价周期为(　　)年。

A. 5　　B. 3　　C. 1　　D. 2

11. 2018 年 05 月 01 日是(　　)的实施时间。

A.《公路水运工程安全生产监督管理办法》

B.《公路工程标准体系》

C.《公路水运工程试验检测等级管理要求》

D.《关于进一步加强公路水运工程工地试验室管理工作的意见》

12. 我们使用的计量器具必须是经检定合格的、(　　)、有标识的计量器具。

A. 结构完整的　　B. 有检定证书

C. 检定周期内　　D. 检定周期外

13. 下列不属于实验室结构要求范围的是(　　)。

A. 确定对实验室全权负责的管理层

B. 以满足检测和校准实验室能力认可准则、实验室客户、法定管理机构和提供承认的组织要求的方式开展实验室活动

C. 符合《检测和校准实验室能力认可准则》的实验室活动范围

D. 持续从外部获得的实验室活动

14. 资质认定证书的有效期为(　　)年。

A. 3　　B. 7　　C. 6　　D. 1

15. 为保证公路水运试验检测的安全，试验检测机构应该在(　　)里制定详细的安全作业管理程序，以保证检测活动的安全。

A. 作业指导书　　B. 程序文件

C. 质量手册　　D. 公司文件

16. 涉及保障人身健康、生命财产安全的标准属于(　　)。

A. 国家标准　　B. 行业标准

C. 强制性标准　　D. 推荐性标准

17. 正态分布曲线的特点是(　　)。

A. 双峰性　　B. 无水平渐近线

C. 对称性　　D. 无拐点

18. 水运工程试验检测仪器设备检定/校准指导手册制定了 10 位数的水运工程仪器设备编码规则。字母后两位数字表示“专业”，表示水文地质测绘专业的是(　　)。

A. 01　　B. 02　　C. 03　　D. 04

19. 检验检测机构合格的外部供应商来自(　　)。

A. 经过资质认定的检验检测机构

B. 取得 ISO 9001 认证的供货方

C. 服务周到的单位

D. 具备良好质量并可持续信任的单位

20. 检验检测机构在资质认定的能力范围内开展检验检测工作。这里的能力范围是指(　　)。

A. 产品标准　　B. 检测方法的限值标准

C. 参数类别　　D. 环境要求

21. 判断能力验证样品稳定性的依据是(　　)。

A. $|\bar{x}-\bar{y}| \leqslant 0.3\sigma$　　B. $|\bar{x}-\bar{y}| \geqslant 0.3\sigma$

C. $|\bar{x}-\bar{y}| > 0.3\sigma$　　D. $|\bar{x}-\bar{y}| < 0.3\sigma$

22. 下列选项中,(　　)不属于资质认定部门在进行举报投诉监管时采取的行为。

A. 按照行政处理、处罚程序进行相应处置

B. 将违法违规行为记录入其诚信档案

C. 对其后续跟踪和检查

D. 撤销该机构的资质认定证书

23. 1 平方米面积上均匀垂直作用于 1 牛顿力所形成的压强,称之为(　　)。

A. 1 千克力　　B. 1 兆帕　　C. 1 牛　　D. 1 帕

24. 检验检测机构只应对(　　)投诉的处理过程及结果及时记录、按规定归档。

A. 以口头、书面形式的　　B. 合理的

C. 不合理的　　D. 以上 3 个选项

25. 检验检测机构的人员负有保密义务,因此,检验检测机构应当建立并实施相应的保密(　　)。

A. 规定　　B. 程序　　C. 措施　　D. 方针

26. 检测类报告"检测数据部分"的相关内容来源于检测记录表,应包含检测项目、(　　)、检测结果、检测结论等内容及反映检测结果与结论的必要图标信息。

A. 原始观察数据　　B. 自动设备采集的数据

C. 技术要求/指标　　D. 试验条件

27. 制定《公路水运工程试验检测人员继续教育办法(试行)》的依据是(　　)。

A.《建设工程质量管理条例》　　B.《公路建设市场管理办法》

C.《中华人民共和国公路法》　　D.《公路水运工程试验检测管理办法》

28. 检验检测机构技术负责人的主要责任是(　　)。

A. 体系保持　　B. 授权签字　　C. 体系实施　　D. 技术运作

29. 下列选项中,(　　)的符号全部为国际单位的基本单位。

A. mol,cd,N,K　　B. m,s,A,℃

C. A,K,m,kg　　D. s,N,MPa,m

30. 在能力验证中,常常将对于给定目的的具有适当不确定度赋予特定量的值叫做(　　)。

A. 固定值　　B. 近似值　　C. 标准值　　D. 指定值

31. 工地试验室对于隐蔽工程必须收集的是(　　)。

A. 施工日志　　B. 地质结构资料

C. 规范、标准和规程　　D. 图片及影像资料

32. 检验检测机构在资质认定证书确定的能力范围内，对社会出具具有证明作用数据、结果时，应当标注资质认定标志。资质认定标志加盖在(　　)位置。

A. 主页上部　　B. 封面左上角

C. 封面上部适当位置　　D. 封面检验检测机构名称上

33. 下列选项中，(　　)不会包括在最高管理者授权发布的质量方针中。

A. 管理体系的目的

B. 为客户提供检验检测服务质量的承诺

C. 质量管理目标

D. 遵循准则要求、持续改进管理体系的承诺

34. 实验室空间高度在不设置空调系统情况下，要求室内净高不低于(　　)。

A. 2.8m　　B. 2.6m　　C. 2.4m　　D. 2.5m

35. 建立公路水运工程工地试验室是为了进一步加强工地试验室管理，规范试验检测行为，提高试验检测数据的(　　)和准确性，保证公路水运工程质量。

A. 客观性　　B. 完整性　　C. 科学性　　D. 真实性

36. 作为责任主体的(　　)应该加强对授权工地试验室的管理和指导，并对工地试验室试验检测结果的真实性和准确性负责。

A. 施工总承包机构　　B. 施工检测机构

C. 母体试验检测机构　　D. 工程监督机构

37. 公路水运检测机构在提供等级评定申请材料的相关辅助材料时，要覆盖所有试验检测项目，且不低于申请等级必选参数总量的(　　)的申请试验检测参数的典型报告。

A. 10%　　B. 30%　　C. 50%　　D. 60%

38. 下列不属于初审必须完成的工作的是(　　)。

A. 检查检测机构检定和校准是否按规定进行

B. 检查检测机构采用的试验检测标准、规范和规程是否合法有效

C. 检查检测机构申报材料与实际状况的符合性

D. 检查检测机构是否具有良好的试验检测业绩

39. 修正值等于负的(　　)。

A. 系统误差　　B. 系统误差估计值

C. 随机误差　　D. 随机误差估计值

40. 对于签发的涉及结构安全的产品或试验检测项目不合格报告，工地试验室授权负责人应在(　　)个工作日之内报送试验检测委托方。

A. 7　　B. 5　　C. 2　　D. 3

二、判断题(共30题，每题1分，共30分)

1. 实验室应该选择、验证非标准方法和自制方法。　　(　　)

2.《关于进一步加强公路水运工地试验室管理工作的意见》是由省级交通质监机构发布的。　　(　　)

3. 试验检测机构的信用评价采用随机检查累计扣分制。 ( )

4. 评审员进行评审活动,如果与被评审检验检测机构有利害关系或者其评审可能对公正性产生影响时,应该采用回避方式。 ( )

5. 校准周期属于强制性约束的内容。 ( )

6. 质量体系是为了实施质量管理所需的组织结构、程序、过程的文件体系。 ( )

7. 亿(10^8)、万(10^4)是国家选定的法定计量单位的词头。 ( )

8. 按照有效数字规则,1015^2的计算结果应该是 1.030×10^6。 ( )

9. 通常认为,在一次试验中,“小概率事件”几乎是不会发生的。 ( )

10. 公路水运工程试验检测检测记录和报告的签字均需授权。 ( )

11. 修正值等于负的随机误差估计值。 ( )

12. 测量不确定度与具体测量得到的数值大小有关。 ( )

13. 评价周期内,检测人员在不同项目发生的违规行为,或者一个行为涉及两项以上违规行为累计扣分。 ( )

14. 当年被评为信用较差的检测人员直接列入黑名单。 ( )

15. 有一类极限数值为绝对极限,书写≥0.2 和书写≥0.20 或者≥0.200 具有同样极限上的意义,对此类界限数值,用判定值或者计算值判定是否符合要求时,需要用修约比较法。 ( )

16. 公路水运工程试验检测专业技术人员职业资格证书由交通运输部职业资格中心登记,并向社会公布。 ( )

17. 获取检定报告后的设备确认是对设备检定/校准结果的符合性的评定。 ( )

18. 试验检测和监测数据出现异常时,应该及时向施工方报告。 ( )

19. 公路工程等级试验检测机构、工地试验室仪器设备检定/校准工作的依据是《公路工程试验检测仪器设备检定/校准指导手册》。 ( )

20. 工地试验室授权负责人长期不在岗的,应该按照 20 分/次进行扣分。 ( )

21.《检验检测机构资质认定管理办法》(质检总局令第 163 号)包括了 7 章共 50 条内容。 ( )

22. 资质认定部门应当自受理申请之日起,根据需要在 30 个工作日内对申请人进行技术评审。 ( )

23. 检验检测机构的活动涉及风险评估和风险控制领域时,应建立和保持相应识别、评估、实施的程序。 ( )

24. 在合同签订后,检验检测机构应根据客户的要求立刻组织合同评审。 ( )

25. 对于诸如水泥、砂、混凝土试块等检测项目,可以简化合同评审的过程,由收样员完成。 ( )

26. 实验室要对客户的所有投诉进行处理。 ( )

27. 校准过程中产生了修正因子,检验检测机构需确保备份得到正确更新。 ( )

28. 检测机构依据合同承担公路水运工程试验检测业务,一律不得转包、分包。 ( )

29. 使用频率低的设备需要进行期间核查。 ( )

30. 依据计量检定规程对测量仪器的合格性进行评定,当各检定点的示值误差不超过该被

检仪器的最大允许误差时，就可以认为其符合准确度级别的要求。（　　）

三、多项选择题（共25题，每题2分，共50分。下列各题的备选项中，至少有两个符合题意，选项全部正确得满分，选项部分正确按比例得分，出现错误选项该题不得分）

1. 测量数据的表达方法通常有（　　）等。

A. 表格法　　B. 图示法
C. 经验公式法　　D. 坐标法

2. 下列属于测量装置检定内容和项目的是（　　）。

A. 计量器具的技术条件　　B. 测量装置的示值误差
C. 检定周期　　D. 检定结果

3. 对检测结果有影响的设施和环境，我们必须（　　）。

A. 监测　　B. 调节　　C. 记录　　D. 控制

4. 期间核查可以采用的方式是（　　）。

A. 仪器间的比对　　B. 标准物质验证
C. 方法比对　　D. 加标回收

5. 下列配套文件中，（　　）文件属于检验检测机构资质认定相关的配套文件。

A.《检验检测机构资质认定评审报告》
B.《检验检测机构资质认定　公正性和保密性要求》
C.《检验检测机构资质认定评审准则》
D.《检验检测机构资质认定申请书》

6. 检验检测机构需在（　　）时，提交测量不确定度报告。

A. 客户要求时　　B. 出现临界值时
C. 内部质量控制　　D. 检测值出现较大偏差时

7. 能力验证结果通常需要转化为能力统计量，以下选项中，代表定量结果能力统计量的是（　　）。

A. 差值 D　　B. 标准四分位间距
C. $D\%$　　D. 中位值

8. 有可能危及实验室公正性的关系包括（　　）。

A. 所有权　　B. 人员　　C. 设备　　D. 市场营销

9. 下列物质中，不属于标准物质的有（　　）。

A. 钢筋检测用钢直尺　　B. 筛孔标定用标准粉
C. 石灰试验用标准盐酸　　D. 用于水泥剂量检测的 EDTA 试剂

10. 实验室进行非标准方法的确认的技术方法有（　　）。

A. 实验室间的比对
B. 请市场监管局进行资质评审确认方法的可行性
C. 与其他已确认的方法进行结果比对
D. 对影响结果的因素进行系统性评审

11. 设立认证机构应当符合下列(　　)条件。

A. 注册资本不得少于人民币 300 万元　　B. 有固定场所

C. 有符合认证认可要求的管理制度　　D. 有专业人员

12. 实验室进行的抽样方法内容包括(　　)。

A. 抽样计划　　B. 样品的选择

C. 制备和处理样品　　D. 任务来源

13. 对每次检测活动的技术记录表的要求是(　　)。

A. 信息齐全　　B. 真实可靠

C. 具有可追溯性　　D. 检测结果再现性

14. 评审员的行为准则包括(　　)。

A. 不吃卡拿要　　B. 遵守保密协议

C. 不损害主管部门声誉　　D. 持续符合评审员要求

15. 检验检测机构应当定期向资质认定部门上报年度报告,年度报告的内容必须包括(　　)。

A. 持续符合资质认定条件和要求　　B. 遵守从业规范

C. 开展检验检测活动　　D. 期内的检测业绩

16. 国家对用于(　　)的列入强制检定目录的工作计量器具实行强制检定。

A. 环境监测　　B. 安全防护

C. 医疗卫生　　D. 贸易结算

17. 实验室污、废水的处理的方法包括(　　)。

A. 中和　　B. 物理　　C. 化学　　D. 生物

18. 质量方针至少包括(　　)内容。

A. 质量方针与总目标一致,且是可测量的

B. 总目标应以文件化形式写入质量方针中

C. 对良好职业行为和为顾客提供检定、校准和检测服务质量的承诺

D. 要求机构所有与检定、校准和检测活动有关的人员熟悉与之相关的体系文件,并在工作中执行这些政策和程序

19. 我国法定计量单位由(　　)和(　　)构成。

A. 国际单位制单位

B. 国家选定的非国际制单位

C. 确定保留的与 SI 单位并用的单位

D. 工程单位制

20. 实验室的建筑设计力求做到(　　)。

A. 互不干扰　　B. 交通合理　　C. 功能明确　　D. 美观舒适

21. 由两个以上单位相除构成的组合单位,其符号可用下列形式表示,(　　)是正确的表示。

A. kg　　B. kg/m^3　　C. $kg \cdot m^{-3}$　　D. MPa

22. 关于计量检定,下列说法是正确的(　　)。

A. 计量检定是进行量值传递的重要形式

B. 计量检定就是对设备进行检验

C. 计量检定是保证量值准确一致的重要措施

D. 计量检定包括检验和加封盖印

23. 公路水运工程试验检测机构出现(　　)行为的,其信用等级评定直接确定为D级。

A. 出借试验检测等级证书承揽试验检测业务

B. 借用试验检测等级证书承揽试验检测业务

C. 出具虚假数据报告

D. 所设立的工地试验室总得分为0分

24. 每项检验检测的记录应包含充分的信息,以便在需要时,识别不确定度的影响因素,并确保该次检验检测在尽可能接近原始条件情况下能够重复。检测中至少包括的信息有(　　)。

A. 温度、湿度　　B. 抽样计划及检测部位示意图

C. 仪器设备型号、编号　　D. 检测方法

25. 凡是获取资质认定证书机构的从业人员,在检验检测活动中必须遵循(　　)原则。

A. 客观公正　　B. 科学严谨

C. 公平公正　　D. 诚实信用

模拟试题四

说明:1. 本模拟试题设置单选题40道、判断题30道、多选题25道,总计120分;模拟自测时间为120分钟。

2. 本模拟试题仅供考生进行考前自测使用。

一、单项选择题(共40题,每题1分,共40分)

1. 我国标准分为(　　)。

A. 国家标准、专业标准、地方标准和企业标准

B. 国家标准、行业标准、部门标准和内部标准

C. 国家标准、行业标准、团体标准和企业标准

D. 国际标准、国家标准、部门标准和内部标准

2.《公路工程标准体系》包括公路工程从规划建设到养护管理全过程所需要制定的技术、管理与服务标准。下列选项中,(　　)不属于通用板块的模块。

A. 智慧　　B. 绿色　　C. 基础　　D. 信息系统

3. 交通运输行业推荐标准可以表述为 JTG/T ×× ××. ×—××××,由左往右的数字分别表示板块、模块、标准、系列等序号,其中第三、四位表示的是(　　)。

A. 标准序号　　B. 标准代号　　C. 模块序号　　D. 板块序号

4. 在进行公路工程试验检测仪器设备标识编码时,10位编码里除GL外,其余采用阿拉伯数字,从左向右第一个两位表示(　　)。

A. 领域　　B. 项目　　C. 设备序号　　D. 专业

5. 公路水运工程试验检测机构等级评定中,判定场地所有属性的证明材料是否有效的时间是租赁期(　　)。

A. 大于4年　　B. 大于或等于4年

C. 大于或等于6年　　D. 大于或等于5年

6. 测量结果要求保留到小数点后1位,将实测或者算出的数据第二位按修约规则舍去,则测量结果都存在舍入误差0.05。这个测量值的概率分布属于(　　)。

A. 正态分布　　B. 指数分布　　C. 均匀分布　　D. t 分布

7. 我们在关注仪器设备的外观状态、功能特性外,还必须关注量值准确性。下列选项中,(　　)是与设备量值准确性相关的。

A. 设备型号　　B. 设备精度　　C. 计量参数　　D. 最大量程

8. 检验检测机构应该对管理体系(　　)。

A. 定期修订　　B. 定期改版　　C. 定期审查　　D. 随时审查

9. 对检验检测机构进行资质认定,就是要对机构的体系运行、法律地位、授权签字人能力以及机构的(　　)进行评价许可。

A. 仪器设备　　B. 场地设施　　C. 公司规模　　D. 检测能力

10. 设备在投入使用前,应采用检定或校准等方式,以确保检验检测结果的计量溯源性,并标识其状态。属于内部校准的设备是(　　)。

A. 所有设备　　B. 强制设备　　C. 辅助设备　　D. 非强制设备

11. 所有从事抽样、检验检测、签发检验检测报告或证件、提出意见和解释以及操作设备等工作的人员必须(　　)。

A. 持证上岗　　B. 培训上岗　　C. 直接上岗　　D. 保持轮岗

12. 申请资质认定的检验检测机构无须满足的条件是(　　)。

A. 具有固定的工作场所,工作环境满足检验检测要求

B. 依法成立并能承担相应法律责任的独立法人

C. 具有并有效运行保证其检验检测活动独立、公正、科学、诚信的管理体系

D. 具备从事检验检测活动所必需的检验检测设备设施

13. 对于公路水运工程试验检测机构等级评定的申请材料,省级交通质监机构出具符合性评审意见的时间是(　　)。

A. 5 天　　B. 5 个工作日　　C. 7 个工作日　　D. 10 天

14. 按照《水运工程试验检测仪器设备检定/校准指导手册》标识编号规则,10 位编码中除水运行业表示为 SY 外,其余采用阿拉伯数字,从左向右第一个两位数是 02,就表示是(　　)检测专业。

A. 公路材料　　B. 结构(地基)　　C. 材料　　D. 水文地质测绘

15. 制定《中华人民共和国计量法》的目的是为了(　　)。

A. 加强质量管理　　B. 保障生产安全

C. 保障量值的准确可靠　　D. 维护生产秩序

16. 用于校准的设备其自身误差应小于或等于被测设备最大允许误差绝对值的(　　)。

A. 1/5　　B. 1/6　　C. 1/3　　D. 1/2

17. 下列选项中,(　　)必须申请检验检测机构资质认定。

A. 企业内部的检测部门

B. 大专院校的实验室

C. 计量检定研究院

D. 为社会出具具有证明作用的数据和结果的机构

18. 下列选项中,(　　)是记录报告更改不正确的做法。

A. 要有更改人的姓名或等效标识进行记录报告更改

B. 要用划改,有更改人的姓名或等效标识进行记录更改

C. “对序列号为……(或其他标识)报告的修改”或其他等效文字

D. 另发一份新结果报告进行报告更改

19. 试验检测数据报告的格式和要素、记录表和报告的编制应符合《公路试验检测数据报告编制导则》要求。试验记录一律用(　　)记录书写。

A. 铅笔　　B. 签字笔　　C. 计算机打印　　D. 都可以

20. 按照《公路水运工程试验检测机构等级标准》要求,下列不属于综合乙级对沥青混合

料项目设备配置的强制性要求的是(　　)。

A. 电子天平　　B. 马歇尔稳定度仪

C. 最大理论密度测定仪　　D. 标准筛

21. 资质认定部门识别获得资质认定证书的检验检测机构的业务特点和风险点,根据风险程度分类监管,下列不属于风险程度较高领域的是(　　)。

A. 机动车安全技术检验　　B. 司法鉴定、质量仲裁

C. 大型桥梁施工安全　　D. 装饰装修材料检验

22. 信用等级被评为很差的工地试验室授权负责人,(　　)年内不能担任工地试验室授权负责人。

A. 1　　B. 2　　C. 3　　D. 5

23. 在工程建设工程中,工程监理是受(　　)委托进行监理的。

A. 投资方　　B. 施工单位

C. 建设单位　　D. 政府质监机构

24. 对全国建设工程质量实施统一监督管理的管理者是(　　)。

A. 国务院　　B. 国务院建设行政主管部门

C. 各行业主管部门　　D. 行政区域内的地方政府

25. 施工单位未对涉及安全的试块、试件以及有关材料进行取样检测的,应该被责令改正,并处(　　)。

A. 20 万 ~50 万元罚款　　B. 10 万元以上 20 万元以下罚款

C. 行政处分　　D. 10% ~15% 单位罚款数额

26. 下列选项中,不承担公路水运工程安全生产工作主体责任的是(　　)。

A. 地方政府　　B. 建设单位

C. 施工单位　　D. 检测监测单位

27. 在相同的条件下,进行了 n 次试验,在这 n 次试验中,事件 A 发生的次数 m,比值 m/n 称为事件 A 发生的(　　)。

A. 频率　　B. 概率　　C. 均方差　　D. 频数

28. 分布函数 $F(x)$ 是指随机变量 X 取值落在(　　)的概率。

A. $(-\infty, x]$　　B. $[x, \infty)$　　C. (x, ∞)　　D. $(-\infty, x)$

29. 将 12.1498 修约到一位小数为(　　)。

A. 12.1　　B. 12.2　　C. 12.0　　D. 12.5

30. 某沥青软化点试验测试值为:48.24℃、48.7℃、50.5℃,结果准确至 0.5℃,则该沥青软化点试验结果为(　　)℃。

A. 48.45　　B. 50.00　　C. 48.50　　D. 49.00

31. 导热系数的组合单位瓦/米·度[W/(m·K)],正确的读法是(　　)。

A. 每米度瓦　　B. 每米每度瓦　　C. 瓦每米度　　D. 瓦每米每度

32. A 组六位同学的考试成绩分别是 95、85、75、65、55、45;B 组的六位同学的考试成绩分别是 73、72、71、69、68、67。运用标准差知识可以得出(　　)结论。

A. A 组同学之间的成绩差距比 B 组同学之间的成绩小

B. A 组同学之间的成绩差距比 B 组同学之间的成绩大

C. A 组同学之间的成绩与 B 组同学之间的成绩一样

D. 无法比较

33. 某试验检测记录表中一代码是 GLQ02001a，可以解读为公路工程专业—工程材料与制品领域—集料项目—第一个参数，而"a"代表(　　)

A. 专业代码　　B. 领域代码　　C. 参数代码　　D. 方法代码

34. 在采用直方图进行数据加工处理时，需要计算组数和组距。组距应该按照下列(　　)式计算。(注：组距就是把 x_i、x_n 的区间$[a,b]$分成 m 个小区间，每个区间的下限和上限的距离)

A. $\frac{m}{b-a}$　　B. $\frac{b-a}{m}$　　C. $t_i+\frac{m}{b-a}$　　D. $t_i+\frac{b-a}{m}$

35. 公路水运检测机构应该具有产权或者租赁期为(　　)的稳定的场所开展试验检测工作。

A. 1 年　　B. 3 年　　C. 5 年　　D. 不小于 5 年

36. 从发出《公路水运工程试验检测机构等级评定初审不合格通知书》之日起，(　　)内质监机构一般不再次受理其提出的等级评定申请。

A. 6 个月　　B. 5 个月　　C. 3 个月　　D. 1 个月

37. 在试验检测中，两个测量数据分别记录为：甲 15.50^+，乙 15.50^-，该记录表示(　　)。

A. 甲实测值比 15.50 大，经修约舍弃为 15.50；乙实测值比 15.50 小，经修约进 1 为 15.50

B. 甲实测值比 15.50 小，经修约进 1 为 15.50；乙实测值比 15.50 大，经修约舍弃后为 15.50

C. 甲实测值比 15.50 大，经修约进 1 为 15.50；乙实测值比 15.50 大，经修约舍弃后为 15.50

D. 甲实测值比 15.50 小，经修约进 1 为 15.50；乙实测值比 15.50 小，经修约进 1 后为 15.50

38. 方差是一个确定的数值，它反映了随机变量取值的分散程度，方差越大，则表明该随机变量取值越(　　)。

A. 集中　　B. 分散　　C. 平均　　D. 不能判断

39. 提倡(　　)的目的，是为了试验检测的真实性和保证样品流转过程中不泄露委托方的信息。

A. 盲样管理　　B. 留样管理　　C. 随机抽样　　D. 样品流转

40. 对水运材料甲级试验检测环境的要求是试验检测用房面积应(　　)m^2。

A. ≥1300　　B. ≥900　　C. ≥700　　D. ≥500

二、判断题(共 30 题，每题 1 分，共 30 分)

1. 推荐性国家标准的相关技术要求可以低于强制性国家标准的相关技术要求。　(　　)

2. 在计算公路水运检测机构检测用房面积时，机构用于检测活动演练的工作场地可以计算在内。　(　　)

3. 公路水运工程试验检测机构等级评定工作中,现场试验操作考核时,选取的新增参数要大于或等于抽取参数总量的30%。 ( )

4.《水运工程试验检测仪器设备检定/校准指导手册》只适用于水运工程等级试验检测机构的检定/校准工作。 ( )

5. 检验检测机构应将其管理体系、组织结构、程序、过程、资源等过程要素文件化。 ( )

6. 检验检测机构资质认定评审员分为评审员和评审组长两个级别。 ( )

7. 纠正措施是针对分析的原因制定纠正措施。 ( )

8. 项目业主提交工地试验室信用评价意见的时限是次年1月下旬。 ( )

9. 母体检测机构上年度信用评价等级在C级以上的检测机构不宜作为授权设立工地试验室的母体检测机构。 ( )

10. 用于检验检测并对结果有影响的设备及其软件,如可能,均应加以唯一性标识。 ( )

11. 针对Ⅱ类仪器设备的检定/校准工作,应该由经质量技术监督部门授权建立且可以提供检定/校准服务的单位开展。 ( )

12. 质监机构复评检测机构信用的依据不包括质监机构事中事后监管发现的失信行为。 ( )

13. 所谓试验检测记录数据真实可靠,就是指能让试验检测数据再现。 ( )

14. 采购服务包括对供货单位的质量保证能力进行评价,并建立合格供应方名单。 ( )

15. 省、自治区、直辖市、副省级城市、计划单列市的质检院(所)以及省级纤维检验机构实施验收许可工作,交由国家认监委负责管理,上述机构首次申请、复查换证、变更(含扩项)等事项均由国家认监委认定部门负责实施。 ( )

16. 在资质认定证书确定的检验检测能力范围外的,出具的检验检测报告或者证书上,视具体情况标注检验检测机构资质认定标志。 ( )

17. 授权机构相同,同期在同一项目不同的路基工地试验室任助理试验检测师,属于同时受聘于两家以上的工地试验室。 ( )

18. 对于参与公路水运工程施工的从业人员,施工单位不仅要在劳动合同中载明有关保障从业人员劳动安全等事项,还应该明确告知安全生产的相关程序。 ( )

19. 对于工地试验室授权负责人的管理,母体机构应制定授权负责人管理制度,质监机构应建立授权负责人专业信息库。 ( )

20. 工地试验室的功能布局应该遵循布局合理、互不干扰、分区明确的原则。 ( )

21. 工地试验室应建立独立的工地试验室质量管理体系。 ( )

22. 在公路水运试验检测机构试验检测能力分类代码中"GLP04003a",可以解读为公路工程专业工程实体与结构领域基坑、地基与基桩项目基桩承载力参数的方法、a静载荷试验法。 ( )

23. 凡是获取了资质认定的检测试验室,都可以设置工地试验室。 ( )

24. 如因客户提供的信息对检测结果有效性有影响时,实验室应该有责任解释。 ( )

25. 极限数值是通过数量形式来表示的。（　　）

26. $A^{+b_1}_{-b_2}$是指从 $A-b_2$ 到 $A+b_1$ 满足要求。（　　）

27. 测量模型各输入量相关的情况下，计算合成标准不确定度时必须考虑标准偏差。（　　）

28. 参加公共基础科目和任一专业科目的考试并合格，可取得相应专业和级别的公路水运工程试验检测专业技术人员职业资格证书。（　　）

29. 检验检测机构授权签字人的同等能力是指大学本科毕业，从事相关专业检验检测工作5年及以上；大学专科毕业，从事相关专业检验检测工作8年及以上。（　　）

30. 标准制定部门未依法对标准进行编号、复审或者备案的，国务院标准化行政主管部门应要求其限期改正。（　　）

三、多项选择题（共25题，每题2分，共50分。下列各题的备选项中，至少有两个符合题意，选项全部正确得满分，选项部分正确按比例得分，出现错误选项该题不得分）

1. 企业标准、团体标准的使用必须实施自我声明公开和监督制度。企业和团体要通过标准信息公共服务平台向社会公开（　　）。

A. 企业或团体组织机构代码　　B. 服务的性能指标

C. 标准的编号　　D. 标准的名称

2.《公路工程试验检测仪器设备检定/校准指导手册》根据仪器设备的（　　）等特性，将公路工程试验检测用的仪器设备划分三类。

A. 测量单一物理量

B. 公路工程专用仪器设备

C. 仪器设备的使用功能

D. 无量值输出的工具类的仪器设备

3.《公路工程标准体系》的体系结构分为板块、模块、标准三层，其中建设板块由管理、勘测、设计和（　　）等模块组成。

A. 检测评价　　B. 试验　　C. 施工　　D. 监理

4. 在公路水运工程试验检测机构等级评定中，检测机构在发生下列（　　）情况时，评审组经报告质监机构同意后可以终止评审。

A. 管理体系控制失控，相关记录缺失

B. 存在试验检测报告伪造，数据虚假

C. 不具备申请检测项目的实际检测能力

D. 隐瞒机构严重的违法违规情况

5. 检验检测机构的记录包括质量记录和技术记录两类，（　　）是属于质量记录。

A. 质量监控　　B. 设备管理　　C. 投诉记录　　D. 设备采购

6. 检验检测机构要依据制定的文件管理控制程序，对文件的编制、审核、批准、发布、标识、变更和废止等各个环节实施控制，并依据程序控制管理体系的相关文件。这里的文件是指（　　）。

A. 图纸图表　　B. 标准规范
C. 作业指导书　　D. 质量手册

7. 检验检测机构要验证自身诚信的状况,需要开展(　　)等活动。
A. 制定计划　　B. 收集内、外部信息
C. 自我评价　　D. 第三方评价

8. 检验检测机构诚信评价指标和分值分配表对技术要求该一级指标给出了300分。300分的构成是(　　)。
A. 人员能力80分,设备管理25分
B. 样品管理70分,标准方法30分
C. 环境条件25分,能力验证20分,报告证书50分
D. 人员能力60分,设备管理45分

9. 实验室除应该在质量手册里明确对实验室全权负责的管理层以外,还必须(　　)。
A. 确定实验室的组织和管理结构、其在母体组织中的位置
B. 规定对实验室活动结果有影响的所有管理、操作或验证人员的职责、权力
C. 规定与实验室有关的外部机构的要求
D. 管理、技术运作和支持服务间的关系

10. 按照《公路水运工程试验检测信用评价办法》扣分标准,如果出现下列(　　)行为,信用评价直接降为D级。
A. 工地试验室信用总得分为0分
B. 租借等级证书承揽检测业务
C. 出具虚假数据报告造成质量安全事故或造成质量标准降低
D. 未按规定参加信用评价

11. 工地试验室的下列(　　)失信行为,构成以100分的扣分标准。
A. 出具假报告造成质量安全事故
B. 未按规定参加信用评价
C. 未经母体机构有效授权
D. 未履行合同擅离工地

12. 对检验检测机构资质认定评审员监管描述正确的是(　　)。
A. 实施动态管理　　B. 进行持续培训
C. 建立信息备案制度　　D. 建立评审员数据库

13. 试验检测机构等级评定的现场评审的内容是(　　)。
A. 申请人完成试验检测项目的实际能力
B. 检测机构申报材料与实际状况的符合性
C. 自我申明
D. 质量保证体系和运转

14. 对于仪器设备期间检查,下列描述不正确的有(　　)。
A. 期间检查就是确认仪器设备的基本功能是否正常
B. 期间核查必须严格按照计量检定规程开展

C. 对于期间核查发现技术状态偏离的,应当重新确定仪器设备的使用状态,并甄别该偏离对以往所出具数据报告的影响

D. 一次严密的期间核查可以代替量值溯源

15. 下列哪些文件可以是对仪器设备进行检定的依据(　　)。

A. 国家计量检定规程　　B. 交通运输部计量检定规程

C. ISO 国家标准　　D. 地方发布的计量检定规程

16. 对于租用的检验检测设备,必须要符合以下(　　)条件。

A. 租用仪器设备的管理应纳入本检验检测机构的管理体系

B. 本检验检测机构可全权支配使用

C. 在租赁合同中明确规定租用设备的使用权

D. 同一台设备不允许在同一时期被不同检验检测机构共用租赁

17. 实验室通过对比来确认实验室检测/校准能力,这也是一种对实验室进行(　　)的能力验证。

A. 考核　　B. 认证　　C. 监督　　D. 确认

18. 关于外委管理,下列说法正确的是(　　)。

A. 接受外委试验的检测机构应取得《公路水运工程试验检测机构等级证书》(含相应参数)、通过计量认证(含相应参数)且上年度信用等级为 B 级及以上

B. 外委试验取样、送样过程应进行见证

C. 工程建设项目的同一合同段中的施工、监理单位和检测机构可以将外委试验委托给同一家检测机构

D. 工地试验室应加强外委试验管理

19. 工地试验室依据母体检测机构的质量体系文件,结合工程特点,所编制的质量体系文件及各项管理制度,应具有以下(　　)特点。

A. 全面　　B. 适用

C. 简洁　　D. 针对性和操作性强

20. 工地试验室应制定样品管理制度,对样品的(　　)等全过程实施严格的控制和管理。

A. 取样　　B. 运输　　C. 存储　　D. 处置

21. 水运工程试验检测仪器设备检定校准的依据是(　　)。

A.《水运工程试验检测仪器设备计量管理目录》(交办科技〔2016〕56 号)

B.《国家计量检定规程及校准规范》

C.《交通运输部部门计量检定规程及校准规范》

D.《测绘资质分级标准》(国测管发〔2014〕31 号)

22. 离散型随机变量的分布律具备(　　)性质。

A. $P_i \geqslant 1(i=1,2,3,\cdots,n)$　　B. $P_i \geqslant 0(i=1,2,3,\cdots,n)$

C. $\sum_{i=1}^{\infty} P_i = 1$　　D. $\sum_{i=1}^{\infty} P_i = 0$

23. 下列(　　)工作适用于《公路水运工程试验检测等级管理要求》。

A. 检查评价　　B. 换证复核　　C. 等级评定　　D. 工程鉴定

24.《公路水运工程试验检测等级管理要求》引用的文件包括(　　)。

A.《归档文件整理规则》(DA/T 22)

B.《通用计量术语及定义》(JJF 1001)

C.《信息安全技术　信息系统安全等级保护基本要求》(GB/T 22239)

D.《检验检测机构资质认定管理办法》(质检总局令第163号)

25.将反映两变量间线性相关关系的统计指标称为相关系数,这里$\rho_{xy}=r(x,y)$,ρ_{xy}是一个可以表征x和y之间线性关系紧密程度的量,它具有(　　)性质。

A. $|\rho_{xy}|\leqslant 1$

B. $|\rho_{xy}|=0$ 对应相关程度最低

C. $|\rho_{xy}|\geqslant 1$

D. $|\rho_{xy}|=0$ 对应相关程度最高

参考答案及解析

模拟试题一

一、单项选择题

1.【答案】C

【解析】理解什么是概率的互斥事件。这是等可能的互斥事件。事件 A 和事件 B 不能同时发生，则事件 A 与 B 称为互斥事件。

2.【答案】B

【解析】仪器设备的状态标识分为合格、准用、停用 3 种，通常分别以绿色、黄色、红色 3 种颜色来表示。

3.【答案】D

【解析】机构资质认定不符合整改期限的规定。根据《检验检测机构资质认定管理办法》第三章第十八条，检验检测机构资质认定不符合要求时，整改期限不得超过 30 个工作日。

4.【答案】D

【解析】申请资质时提供虚假材料检验检测机构再次申请的规定。根据《检验检测机构资质认定管理办法》第六章第四十六条，申请资质时提供虚假材料或隐瞒情况的检验检测机构，一年内不得再次申请资质认定。

5.【答案】C

【解析】需要理解标准物质和参考标准的概念；掌握标准物质的特性。标准物质具有三个显著特点：①具有特性量值的准确性、均匀性、稳定性；②量值具有传递性；③实物形式的计量标准。

6.【答案】C

【解析】SI 单位的倍数单位的规定(关于组合单位四)。根据《国际单位制及其应用》(GB 3100—1993)4.3。组合单位的倍数单位一般只用一个词头，当组合单位分母是长度、面积和体积时，分母中可以选用某些词头构成倍数单位。

7.【答案】B

【解析】见《危险化学品安全管理条例》。这里需要注意的是条例的实施时间。

8.【答案】D

【解析】准确度是指每一次独立的测量之间，其平均值与已知的数据真值之间的差距(与理论值相符合的程度)；精密则是指当实验数据很精准时，会要求实验有高度的再现性，表示实验数据是可信的，也就是实验数据需要具有高精密度(多次量度或计算的结果的一致程度)。

9.【答案】A

【解析】掌握间隔修约的方法。根据《数值修约规则与极限数值的表示和判定》(GB/T 8170—2008)2.2,修约间隔是指修约值的最小数值单位。

10.【答案】D

【解析】《公路水运工程试验检测管理办法》(交通运输部令2016年第80号)第八条。

11.【答案】C

【解析】《检测和校准实验室能力的通用要求》(ISO/IEC 17025:2017)前言。在本准则中使用如下助动词:"应"表示要求;"宜"表示建议;"可"表示允许;"能"表示可能或能够。

12.【答案】A

【解析】见《公路水运工程试验检测机构等级标准》(交安监发〔2017〕113号)表1人员配备要求。

13.【答案】B

【解析】见《检验检测机构资质认定管理办法》(质检总局令第163号)第三条。

14.【答案】C

【解析】见《公路水运工程试验检测管理办法》(交通运输部令2016年第80号)第十九条。

15.【答案】C

【解析】《交通运输部办公厅关于印发工地试验室标准化建设要点的通知》(厅质监字〔2012〕200号)2.3。母体检测机构应在其等级证书核定的业务范围内对工地试验室进行授权,上年度信用评价等级在C级及以下的检测机构不宜作为授权设立工地试验室的母体检测机构。

16.【答案】C

【解析】《交通运输部办公厅关于印发工地试验室标准化建设要点的通知》(厅质监字〔2012〕200号)3.1.7。这里注意是必须满足。选项A、B、D是可以满足,但不是必须满足。

17.【答案】B

【解析】这里需要知道设备获取检定结果后需要进行确认,而确认的依据是检验检测机构制定的设备检定校准规程。选项A是检定校准机构使用的并依据规范出具设备检定报告。

18.【答案】C

【解析】期间核查的概念。了解需要进行期间核查的几种情形。检验检测机构应根据设备的稳定性和使用情况来判断设备是否需要进行期间核查,判断依据包括但不限于:a)设备检定或校准周期;b)历次检定或校准结果;c)质量控制结果;d)设备使用频率;e)设备维护情况;f)设备操作人员及环境的变化;g)设备使用范围的变化。

19.【答案】D

【解析】见《检验检测机构资质认定管理办法》(质检总局令第163号)第十三条。CMC:"中华人民共和国制造计量器具许可证"标志,英文缩写"China Metrology Certification",意为中国制造计量器具许可证。取得制造计量器具许可证的企业,可在其生产的计量器具上标注CMC标志。该标志表明,计量器具制造企业具备生产计量器具的能力。

20.【答案】D

【解析】这里需要注意的是机构推荐且考核合格。

21.【答案】C

【解析】见《公路水运工程试验检测机构等级标准》(交安监发〔2017〕113号)表2-5注3。

22.【答案】B

【解析】见《公路水运工程试验检测管理办法》(交通运输部令2016年第80号)第四十四条。质监机构实施监督检查时,有权采取以下措施:(1)查阅、记录、录音、录像、照相和复制与检查相关的事项和资料;(2)进入检测机构的工作场地(包括施工现场)进行抽查;(3)发现有不符合国家有关标准、规范、规程和本办法规定的试验检测行为时,责令即时改正或限期整改。

23.【答案】C

【解析】偏离程序的概念。

24.【答案】D

【解析】检测机构等级评定受理时间的规定。根据《公路水运工程试验检测机构等级评定及换证复核工作程序》(交安监发〔2017〕113号)第二章第六条,省级交通质监机构收到申请材料后,应在5个工作日内完成符合性审查。

25.【答案】A

【解析】见《公路水运工程试验检测专业技术人员职业资格考试实施办法》(人社部发〔2015〕59号)第四条。

26.【答案】C

【解析】检验检测报告或证书签发后,若有更正或增补应予以记录。修订的检验检测报告或证书应标明所代替的报告或证书,并注以唯一性标识。

27.【答案】C

【解析】见《检验检测机构资质认定管理办法》第十三条。编号由11位变为12位,发证年份代码+发证机关代码+专业领域类别代码+行业主管部门代码+发证流水号。这里需要注意的是,代码所代表的5个内容一定要记忆准确。

28.【答案】A

【解析】搬迁会变化机构的设施设备、影响机构的运行,所以需要增加内审次数。

29.【答案】D

【解析】检验检测机构需分包检验检测项目时,应分包给依法取得资质认定并有能力完成分包项目的检验检测机构,具体分包的检验检测项目应当事先取得委托人书面同意,检验检测报告或证书应体现分包项目,并予以标注。

分包要求:

(1)承担分包任务的检验检测机构应取得资质认定。

(2)分包检验检测项目的行为应当事先取得委托人的书面同意,并在检验检测报告或证书中清晰标明分包情况。

(3)要求承担分包的机构提供合法的检验检测报告或证书,并予以使用和保存。

(4)机构应在分包协议中约定,承担分包任务的检验检测机构不得再次分包。

(5)除非是客户或法律法规指定的分包,机构应对分包结果负责。

30.【答案】C

【解析】使用非法定计量单位法律责任的规定。根据《中华人民共和国计量法实施细则》第十章第四十三条,使用非法定计量单位的,责令其改正。

31.【答案】D

【解析】合同评审是评价检验检测项目的可行性,与选项A、B、C无关。评审结果可行,即可与客户签订检测委任书。

32.【答案】C

【解析】《检验检测机构资质认定管理办法》第四十五条。

33.【答案】A

【解析】这是从校准参数去判断如何使用三种状态标识。

34.【答案】A

【解析】复现性的定义。根据《通用计量术语及定义》(JJF 1001—2011)5.16,复现性是指在复现性条件下的测量精密度。

35.【答案】D

【解析】计量溯源性的概念。根据《通用计量术语及定义》(JJF 1001—2011)4.14,计量溯源性是指通过文件规定的不间断的校准链,测量结果与参照对象联系起来的特性。

36.【答案】A

【解析】《检测和校准实验室能力的通用要求》(ISO/IEC 17025:2017)3.6。实验室是指从事下列一种或多种活动的机构:①检测;②校准;③与后续检测或校准相关的抽样(注:在本准则中,“实验室活动”指上述三种活动)。

37.【答案】C

【解析】记录需要保密,以此保护客户的秘密、技术秘密、商业秘密。

38.【答案】D

【解析】根据《检验检测机构资质认定管理办法》要求作出的判断。

39.【答案】B

【解析】本题是选择题的另外一种设计形式,以序号表明内容。辨识这类题时,应先找出4个选项的差别,再从差别中去研究题干中的内容。

40.【答案】B

【解析】见《关于进一步加强公路水运工程工地试验室管理工作的意见》第五条。工地试验室设立实行登记备案制。经试验检测机构授权设立的工地试验室,经建设单位初审后报送项目质监机构登记备案,质检机构对通过备案的工地试验室出具“公路水运工程工地试验室备案通知书”。

二、判断题

1.【答案】√

【解析】检验检测机构应明确其组织结构及质量管理、技术管理和行政管理之间的关系。技术管理是指检验检测机构从识别客户需求开始，将客户的需求转化为过程输入，利用技术人员、设施、设备等资源开展检验检测活动，通过检验检测活动得出数据和结果，形成检验检测机构报告或证书的全流程管理。对检验检测的技术支持活动，如仪器设备、试剂和消费性材料的采购，设备的检定和校准服务等，也属于技术管理的一部分。

2.【答案】×

【解析】《公路水运工程试验检测专业技术人员职业资格制度规定》第十三条。公路水运工程试验检测职业资格考试合格，由交通运输部职业资格中心颁发人力资源社会保障部、交通运输部监制，交通运输部职业资格中心用印的相应级别《中华人民共和国公路水运工程试验检测专业技术人员职业资格证书》。该证书在全国范围有效。这里主要注意提法的准确性。

3.【答案】√

【解析】见《公路水运工程试验检测管理办法》第三条。这是需要记忆的众多概念、定义之一。这类概念需要正确、准确记忆每个文字。

4.【答案】×

【解析】见《公路水运工程试验检测管理办法》第三十条。工程所在地省级交通质监机构应当对工地临时试验室进行监督。注意这里是“工程所在地”。

5.【答案】√

【解析】见《公路水运工程试验检测管理办法》第二十一条。换证复核是以书面审查为主。等级评定工作分为受理、初审、现场评审 3 个阶段。

6.【答案】√

【解析】见《公路水运工程试验检测管理办法》第三十六条。检测机构在同一公路水运工程项目标段中不得同时接受业主、监理、施工等多方的试验检测委托。

7.【答案】√

【解析】见《公路工程标准体系》1.6.3。这是关于体系编号定义规则的内容。

8.【答案】×

【解析】正确度是指大量测定的均值与真值的接近程度。

9.【答案】×

【解析】《检测和校准实验室能力的通用要求》(ISO/IEC 17025 :2017)术语和定义 3.1。公正性(impartiality)指客观性的存在。

注 1:客观性意味着:客观性意味着利益冲突不存在或已解决，不会对后续的实验室活动产生不利影响。

注 2:其他可用于表示公正性要素的术语有:无利益冲突、没有成见、没有偏见、中立、公平、思想开明、不偏不倚、不受他人影响、平衡。

怎么理解呢？公平、正义这是字面上的解释，公平、中立这是比较容易理解。怎么理解客观性呢？应该是与检测活动有关的双方没有利益关系，或者曾经有利益关系，现在没有了，这样在没有利益关系的条件下进行的检测活动，才是客观的才是具有公正性。

10.【答案】√

【解析】扩展不确定度的定义。

11.【答案】√

【解析】《公路水运工程试验检测信用评价办法》第八条。试验检测机构信用评价分为AA、A、B、C、D五个等级。

12.【答案】√

【解析】比对是指在规定条件下,对相同准确度等级或指不确定度范围的同种测量仪器复现的量值之间比较的过程。实验室间比对是按照预先规定的条件,由两个或多个实验室对相同或类似的测试样品进行检测的组织、实施和评价,从而确定实验室能力、识别实验室存在的问题与实验室间的差异,是判断和监控实验室能力的有效手段之一。

13.【答案】×

【解析】这里有两个错误,第一应该是不低于"本等级",第二应该是60%。见《公路水运工程试验检测机构等级标准》(交安监发〔2017〕113号)表2-5注3。

14.【答案】√

【解析】见《关于进一步加强公路水运工程工地试验室管理工作的意见》第八条。工地试验室应在母体试验检测机构授权的范围内,为工程建设项目提供试验检测服务,不得对外承揽试验检测业务。

15.【答案】√

【解析】《公路水运工程试验检测管理办法》(交通运输部令2016年第80号)第三十八条。

16.【答案】√

【解析】无论什么形式的投诉,都需要记录归档。

17.【答案】√

【解析】《公路水运工程试验检测管理办法》(交通运输部令2016年第80号)第三十六条。检测机构在同一公路水运工程项目标段中不得同时接受业主、监理、施工等多方的试验检测委托。

18.【答案】×

【解析】个体工商户制造、修理计量器具的范围和管理办法的制定部门。根据《中华人民共和国计量法》第三章第十七条,个体工商户制造、修理计量器具的范围和管理办法,由国务院计量行政部门制定。

19.【答案】√

【解析】《公路水运工程试验检测管理办法》(交通运输部令2016年第80号)第二十八条。取得《等级证书》,同时按照《中华人民共和国计量法》的要求经过计量行政部门考核合格,通过计量认证的检测机构,可向社会提供试验检测服务。取得《等级证书》的检测机构在《等级证书》注明的项目范围内出具的试验检测报告,可以作为公路水运工程质量评定和工程验收的依据。

20.【答案】×

【解析】《交通运输部办公厅关于印发工地试验室标准化建设要点的通知》(厅质监字〔2012〕200号)3.4.1。工地试验室应依据母体检测机构的质量体系文件,结合工程特点,编制简洁、适用、针对性和操作性强的质量体系文件及各项管理制度。这里讲的是依据母体体系文件,不是另外建立质量体系。

21.【答案】√

【解析】见《公路水运工程试验检测信用评价办法》第十二条。

22.【答案】√

【解析】《公路水运工程试验检测人员继续教育办法(试行)》(厅质监字〔2011〕229号)第三条。接受继续教育是试验检测人员的义务和权利。试验检测人员应按照本办法规定参加继续教育。

23.【答案】√

【解析】见《中华人民共和国计量法实施细则》第三章第十一条。从十一条内容可知,计量标准和工作计量器具都有强制检定的要求。

24.【答案】×

【解析】按照《公路工程试验检测仪器设备检定/校准指导手册》(质监综字〔2013〕5号)要求,分别进行Ⅰ～Ⅲ的分类管理。

25.【答案】×

【解析】建设单位提供工程原始资料的规定。根据《建设工程质量管理条例》第二章第九条,建设单位必须向有关的勘察、设计、施工、工程监理等单位提供与建设工程有关的原始资料。

26.【答案】×

【解析】示值误差的定义。根据《通用计量术语及定义》(JJF 1001—2011)7.32,示值误差是指测量仪器示值与对应输入量的参考量值之差。

27.【答案】×

【解析】《公路水运工程试验检测管理办法》第二十二条。换证复核合格的,予以换发新的《等级证书》。不合格的,质监机构应当责令其在6个月内进行整改,整改期内不得承担质量评定和工程验收的试验检测业务。

28.【答案】√

【解析】见《公路工程标准体系》的有关术语。

29.【答案】√

【解析】《检测和校准实验室能力的通用要求》(ISO/IEC 17025:2017)1范围。本准则适用于所有从事实验室活动的组织,不论其人员数量多少。

30.【答案】×

【解析】评审要求(设备租用)只能是使用权而不是所有权。检验检测机构租用仪器设备满足的条件是:纳入本机构管理体系;供本机构全权使用;租赁合同明确使用权等条件。

三、多项选择题

1.【答案】ABCD

【解析】《公路水运工程试验检测等级管理要求》(JT/T 1181—2018)7.3.6.2。试验检测环境应提出以下条件:具有长期稳定的工作场所;具有满足相应规范、标准、规程要求的环境条件;具有满足要求的检测用房面积;布局合理、干净整洁。

2.【答案】ABCD

【解析】根据《工地试验室标准化建设要点》(厅质监字〔2012〕200号),工地试验室应加强质量控制和管理,确保工地试验检测活动规范有效,试验检测数据客观准确,严禁编造虚假数据、记录和报告,严禁代签试验检测报告。同时试验检测操作应严格按照试验检测规程进行。试验检测所需的环境条件应满足有关标准、规范和规程要求。

3.【答案】BCD

【解析】《检测和校准实验室能力的通用要求》(ISO/IEC 17025:2017)5.6、5.7。选项A是管理层的职责。

5.6　实验室应有人员(不论其他职责)具有履行职责所需的权力和资源,这些职责包括:a)实施、保持和改进管理体系;b)识别与管理体系或实验室活动程序的偏离;c)采取措施以预防或最大程度减少这类偏离;d)向实验室管理层报告管理体系运行状况和改进需求;e)确保实验室活动的有效性。

5.7　实验室管理层应确保:a)针对管理体系有效性、满足客户和其他要求的重要性进行沟通;b)当策划和实施管理体系变更时,保持管理体系的完整性。

4.【答案】ABCD

【解析】《检验检测实验室技术要求验收规范》(GB/T 37140—2018)13.2.2.1。实验室应根据活动类型设置明确、明显、醒目的相应安全标志,包括通用安全标志、消防标志、化学品作收场所安全警示标志、工业管道标志、气瓶标志、设备标志等。对限制人员进人的实验室应在其明显部位或上设置警告装置或标志。

5.【答案】BCD

【解析】这里需要理解的是,检验检测其结果有效性是与样品的真实性、检测方法的科学性、仪器设备的准确性有关。至于样品的规格(品牌、等级、含量、尺寸、重量)如何,则没有关系。

6.【答案】ABCD

【解析】见《产品质量仲裁检验和产品质量鉴定管理办法》第八条。下列申请人有权提出仲裁检验申请:(1)司法机关;(2)仲裁机构;(3)质量技术监督部门或者其他行政管理部门;(4)处理产品质量纠纷的有关社会团体;(5)产品质量争议双方当事人。

申请人可以直接向质检机构提出申请,也可以通过质量技术监督部门向质检机构提出申请。

7.【答案】BCD

【解析】见《公路工程标准体系》(JTG 1001—2017)。标准编号由标准代号、板块序号、模块序号、标准序号和标准发布年号组成。

8.【答案】ABD

【解析】根据测量误差产生的原因,按照其性质,可分为系统误差、随机误差和过失误差。

9.【答案】ABCD

【解析】《检验检测机构信用评价规范》(GB/T 36308—2018)1 范围。本标准规定了检验检测机构诚信评价的评价原则、评价要求、评价指标、评价方法和评价结果。

10.【答案】 AB

【解析】 样品进入检验检测机构后,应该经历未检、在检、检毕三个过程。选项C、D不是样品检验状态。

11.【答案】 BC

【解析】《公路水运工程试验检测管理办法》第二章第六条。公路工程专业分为综合类和专项类;公路工程综合类设甲、乙、丙3个等级,公路工程专项类分为交通工程和桥梁隧道工程。水运工程专业分为材料类和结构类;水运工程材料类设甲、乙、丙3个等级,水运工程结构类设甲、乙2个等级。

12.【答案】 ABCD

【解析】 题干呈现的是,现在检测机构在报告签认过程中出现的种种错误做法,主要体现在跨专业、跨等级签认报告。正确的做法是,按照《公路水运工程试验检测管理办法》第三十八条的规定,试验检测报告应当由试验检测师审核、签发。具体按《公路水运工程试验检测等级管理要求》(JT/T 1181—2018)6.2.3条,等级标准中有关持证专业配置要求,是按照公路水运工程试验检测专业技术人员职业资格的专业规定,其与原试验检测工程师及试验检测员证书专业的对应关系表中规定的内容进行。

13.【答案】 AB

【解析】 见教材"校准数据的线性回归"一元线性回归方程。自变量和因变量采用不同的序列方式,会得到不同的回归方程。

14.【答案】 ABC

【解析】《公路水运工程试验检测机构等级评定及换证复核工作程序》第二章第八条。检测机构多项等级评定申请的初审工作,应符合以下要求:同一人持多证可在不同等级评定中使用,但不得超过2次;除行政、技术、质量负责人外,其他持单一证书人员不得重复使用。

15.【答案】 ABCD

【解析】 检测机构等级评定现场总体评审的内容。根据《公路水运工程试验检测机构等级评定及换证复核工作程序》第三章第十四条,现场总体评审的内容包括:检测场地面积及布局、环境条件、样品管理、设备配备及管理、文件控制、安全防护及环境保护等。

16.【答案】 ABCD

【解析】《检测和校准实验室能力认可准则》(CNAS-CL01:2018)7.7.1。实验室应有监控结果有效性的程序。记录结果数据的方式应便于发现其发展趋势,如可行,应采用统计技术审查结果。实验室应对监控进行策划和审查,适当时,监控应包括但不限于以下方式:a)使用标准物质或质量控制物质;b)使用其他已校准能够提供可溯源结果的仪器;c)测量和检测设备的功能核查;d)适用时,使用核查或工作标准,并制作控制图;e)测量设备的期间核查;f)使用相同或不同方法重复检测或校准;g)留存样品的重复检测或重复校准;h)物品不同特性结果之间的相关性;i)审查报告的结果;j)实验室内比对;k)盲样测试。

17.【答案】 ABD

【解析】《公路水运工程安全生产监督管理办法》(交通运输部令2017年第25号)。

第二十一条 从业单位应当保证本单位所应具备的安全生产条件必需的资金投入。建设单位在编制工程招标文件及项目概预算时,应当确定保障安全作业环境及安全施工措施所需的安全生产费用,并不得低于国家规定的标准。施工单位在工程投标报价中应当包含安全生产费用并单独计提,不得作为竞争性报价。安全生产费用应当经监理工程师审核签认,并经建设单位同意后,在项目建设成本中据实列支,严禁挪用。

第十五条 从业单位应当依法对从业人员进行安全生产教育和培训。未经安全生产教育和培训合格的从业人员,不得上岗作业。

第三十八条 施工单位应当根据施工规模和现场消防重点建立施工现场消防安全责任制度,确定消防安全责任人,制定消防管理制度和操作规程,设置消防通道,配备相应的消防设施、物资和器材。

这三条内容分别就专款专用、人员培训、费用内容提出了要求。选项A属于安全设施,选项B属于个人安全保护器具,选项D属于人员培训;选项C是无关选项。

18.【答案】ACD

【解析】《检测和校准实验室能力认可准则》(CNAS-CL01:2018)6.5.1。实验室应通过形成文件的不间断的校准链,将测量结果与适当的参考对象相关联,建立并保持测量结果的计量溯源性,每次校准均会引入测量不确定度。《内部校准要求》(CNAS-CL31:2011)4 内部校准活动的要求:4.1 检测实验室对使用的与认可能力相关的测量设备实施的内部校准,应满足CNAS-CL01《检测和校准实验室能力认可准则》和CNAS-CL01-A025《检测和校准实验室能力认可准则在校准领域的应用说明》的相关要求。4.2 实验室的管理体系应覆盖开展的内部校准活动,并对内部校准活动的范围建立文件清单。4.3 实施内部校准的人员,应经过相关计量知识、校准技能等必要的培训、考核合格并持证或经授权。4.4 实验室实施内部校准的校准环境、设施应满足校准方法的要求。

19.【答案】ACD

【解析】此题考查的是重力换算力值问题。重力加速度$g \approx 9.8\text{N/kg}$;为方便计算,g有时取10N/kg。选项A、C是错在认为重力等于重量,选项D为干扰项。

20.【答案】BD

【解析】《检验检测机构资质认定 标志及其使用要求》四。检验检测机构在资质认定证书确定的能力范围内,对社会出具具有证明作用数据、结果时,应当标注资质认定标志。资质认定标志加盖(或印刷)在检验检测报告或证书封面上部适当位置。《公路水运工程试验检测等级管理要求》(JT/T 1181—2018)8.1.11。取得等级证书的检测机构应规范、合理地使用专用标识章,应在所出具数据报告首页右上角。

21.【答案】AB

【解析】《公路水运工程试验检测管理办法》(交通运输部令2016年第80号)第十九条。《等级证书》有效期为5年。《等级证书》期满后拟继续开展公路水运工程试验检测业务的,检测机构应提前3个月向原发证机构提出换证申请。该条文说明了登记证书是有期限的到期未换证,证书视为无效,即选项A。机构在运行过程中,因为自己的原因或者因为违规违法被注销了的证书,也即失效,即选项B。选项C是机构的违规行为,选项D是机构未按程序办事问题。

22.【答案】BCD

【解析】《检测和校准实验室能力的通用要求》(ISO/IEC 17025:2017) 6.2.5。实验室应有以下活动的程序,并保存相关记录:a)确定能力要求;b)人员选择;c)人员培训;d)人员监督;e)人员授权;f)人员能力监控。要注意的是,选项B人员的授权和选项C人员能力的确认,都应该编制相应的程序,并且按照程序来进行活动。

23.【答案】AB

【解析】《关于印发工地试验室标准化建设要点的通知》(厅质监字〔2012〕200号)。工地试验室标准化建设是促进工程建设项目管理水平进一步提升的重要举措,其核心是质量管理精细化、检测工作规范化、硬件建设标准化和数据报告信息化。

24.【答案】BCD

【解析】相对误差指的是测量所造成的绝对误差与被测量(约定)真值之比乘以100%所得的数值,以百分数表示。相对误差$\delta = \Delta / L \times 100\%$。选项B、D错在计算为差值,选项C错在负误差,应该是正误差。

25.【答案】AB

【解析】将总体中的抽样单元按一定顺序排列,在规定的范围内随机抽取一个或一组初始单元,然后按照一定规则确定其他样本单元的抽样叫做系统抽样。系统抽样分为等距抽样和定位系统抽样。

模拟试题二

一、单项选择题

1.【答案】B

【解析】《公路水运工程试验检测等级管理要求》(JT/T 1181—2008)附录C表C.1中GLQ03005。选项B是集料(粗)的吸水率试验方法。

2.【答案】C

【解析】产品质量才是检验检测机构作为使用者应关注的内容。

3.【答案】D

【解析】《公路水运工程试验检测等级管理要求》(JT/T 1181—2008)附录A(资料性附录)A.3.1。本等级流水号由3位阿拉伯数字组成,每个等级从“001”开始编写。

4.【答案】C

【解析】管理体系的作用就是在所有场所中得到贯彻。

5.【答案】C

【解析】标准差的定义。根据《通用计量术语及定义》(JJF 1001—2011)5.17,标准差s用于表征测量结果的分散性。

6.【答案】D

【解析】《检验检测机构资质认定能力评价　检验检测机构通用要求》(RB/T 214—2017)4.2.3。质量负责人应确保管理体系得到实施和保持。选项A、B、C是对技术负责人的要求。

7.【答案】A

【解析】这是最高管理者的职责。

8.【答案】D

【解析】《公路工程试验检测仪器设备检定/校准指导手册》(六)。管理方式是指仪器设备量值溯源的具体方式,分为Ⅰ类、Ⅱ类(Ⅱ-1、Ⅱ-2、Ⅱ-3)、Ⅲ类。

9.【答案】B

【解析】《检验检测机构资质认定能力评价　检验检测机构通用要求》(RB/T 214—2017)4.2.4。授权签字人是经资质认定部门批准,可以签发带认可标识的报告或证书的人员。

10.【答案】D

【解析】见《数值修约规则与极限数值的表示和判定》(GB/T 8170—2008)4.2.2.1。

11.【答案】B

【解析】《中华人民共和国产品质量法》第五十七条。产品质量检验机构、认证机构伪造检验结果或者出具虚假证明的,责令改正,对单位处五万元以上十万元以下的罚款,对直接负责的主管人员和其他直接责任人员处一万元以上五万元以下的罚款;有违法所得的,并处没收违法所得;情节严重的,取消其检验资格、认证资格;构成犯罪的,依法追究刑事责任。产品质量检验机构、认证机构出具的检验结果或者证明不实,造成损失的,应当承担相应的赔偿责任;造成重大损失的,撤销其检验资格、认证资格。产品质量认证机构违反本法第二十一条第二款的规定,对不符合认证标准而使用认证标志的产品,未依法要求其改正或者取消其使用认证标志资格的,对因产品不符合认证标准给消费者造成的损失,与产品的生产者、销售者承担连带责任;情节严重的,撤销其认证资格。

12.【答案】A

【解析】见《公路试验检测数据报告编制导则》(JT/T 828—2012)试验检测报告基本信息区内容。"报告编号"属于报告标题区的内容。

13.【答案】A

【解析】见《公路试验检测数据报告编制导则》(JT/T 828—2012)7.1.3。基本信息区包含但不限于施工单位、工程名称、工程部位/用途、委托单编号、样品编号、样品描述、试验依据、判定依据、主要仪器设备等信息。

14.【答案】D

【解析】《检测和校准实验室能力的通用要求》(ISO/IEC 17025:2017)6.4.5。用于测量的设备应能达到所需的测量准确度和(或)测量不确定度,以提供有效结果。

15.【答案】D

【解析】只有D选项是全面的。

16.【答案】D

【解析】《检验检测实验室技术要求验收规范》(GB/T 37140—2018)5.2.3.3。实验室功能区域划分中在垂直布局中应遵循如下原则:

——大型或重型设备宜布置在建筑物的底层。

——大型或重型测试样品对应的测试区域宜布置在建筑物的底层。

——较大振动或噪声较大的设备宜布置在建筑物的底层。

——对振动极其敏感的设备宜布置在建筑物的底层。

——需要做设备强化地基的实验室宜布置在建筑物的底层。

——产生有毒有害气体的实验室宜布置在建筑物的顶层。

——产生粉尘物质的实验室宜布置在建筑物的顶层。

17.【答案】D

【解析】见《检验检测机构资质认定管理办法》(质检总局令第163号)第一章第三条。

18.【答案】B

【解析】首先,检验检测机构必须具有在法律上的独立性,以保证对其行为担负法律责任。其次,法人又有独立法人和非独立法人之分,非独立法人经法人授权后独立开展工作对本机构的行为负全部的法律责任。《检测和校准实验室能力认可准则》(CNAS-CL01:2018)5.1。实验室应为法律实体,或法律实体中被明确界定的一部分,该实体对实验室活动承担法律责任。

19.【答案】C

【解析】见《〈公路试验检测数据报告编制导则〉释义手册》8.4表5。即“土工”+“检”的首字母。

20.【答案】D

【解析】《内部校准要求》(CNAS-CL31:2011)4.3。实施内部校准的人员,应经过相关计量知识、校准技能等必要的培训、考核合格并持证或经授权。这里注意的是考核合格了还必须持《计量员》证书。

21.【答案】A

【解析】设备的期间核查中设备比对的方法。开展同一机构内部同一型号设备的比对,目的是采用比对的方式,了解设备在两次检定期间内是否能保持设备准确度。选项B、C、D都是保证比对结果可信度的条件,而选项A到不一定是必须条件。

22.【答案】C

【解析】考生要注意区别评价方法和评价模式。《检验检测机构诚信评价规范》(GB/T 36308—2018)7评价方法。评价采用定性与定量相结合的评价方法。检验检测机构诚信评价评分具体按该规范附录A执行;同时,针对具体的评分项再进行定性评价,具体按该规范附录B执行。否决项指标若有,应“一票否决”终止评价。评价采用自我评价、第三方评价和社会监督相结合的评价模式。

23.【答案】A

【解析】根据《工地试验室标准化建设要点》3.1.4,工地试验室工作区功能室一般分为:土工室、集料室、石料室、水泥室、留样室等,不包括收样室。

24.【答案】D

【解析】《检测和校准实验室能力的通用要求》(ISO/IEC 17025:2017)1范围。本准则规定了实验室能力、公正性以及一致运作的通用要求。这里要注意准则的适用范围,它是要求实验室按照准则诸条款进行组织架构,进行运行,只有按照条款运行才能确保实验室的行为在运行期间的一致性,才能保证实验室对外活动的公正性。

25.【答案】C

【解析】见《数值修约规则与极限数值的表示和判定》(GB/T 8170—2008)有效位数

的定义。

26.【答案】C

【解析】校准的结果可以给出《校准证书》或《校准报告》。检定则必须依据“检定规程”规定的量值误差范围,给出测量装置合格与不合格的判定,超出“检定规程”规定的量值误差范围为不合格;在规定的量值误差范围之内则为合格,即《检定合格证书》。

27.【答案】D

【解析】《检验检测机构诚信评价规范》(GB/T 36308—2018)5.3 连续性。诚信评价应是连续的。得出评价结果后,应按年度对检验检测机构的诚信建设能力和表现进行持续评价,包括对年度诚信报告的确认。至少每6年复评一次,达到保持和改进的目的。

28.【答案】D

【解析】根据《国际单位制及其应用》(GB 3100—1993)5.5,书写组合单位名称时,不加乘或(和)除的符号或(和)其他符号。

29.【答案】C

【解析】题干加上选项C构成质量管理的全部活动。

30.【答案】B

【解析】《公路水运工程试验检测机构等级标准》第一条表3。交通工程专项检测用房面积,应不少于900m^2(不含办公面积)。考生需要注意公路和水运试验检测机构的试验检测用房面积要求不一样。

31.【答案】C

【解析】见《公路水运工程试验检测机构等级标准》表2-2。这里需要注意的是首先看清楚是“属于”还是“不属于”;其次,还要区分必选设备和可选设备。李氏比重瓶是在设备范围内但不是必选设备。

32.【答案】B

【解析】《检测和校准实验室能力的通用要求》(ISO/IEC 17025:2017)6.4.9、7.10.1。

6.4.9 如果设备有过载或处置不当、给出可疑结果、已显示有缺陷或超出规定要求时,应停止使用。这些设备应予以隔离以防误用,或加贴标签/标记以清晰表明该设备已停用,直至经过验证表明能正常工作。实验室应检查设备缺陷或偏离规定要求的影响,并应启动不符合工作管理程序。

7.10.1 当实验室活动或结果不符合自身的程序或与客户协商一致的要求时(例如,设备或环境条件超出规定限值,监控结果不能满足规定的准则),实验室应有程序予以实施。这里容易混淆的选项A与选项B。要从定义上理解方法偏离和不符合工作。

33.【答案】C

【解析】《检测和校准实验室能力的通用要求》(ISO/IEC 17025:2017)7.2.1.4。当客户未指定所用的方法时,实验室应选择适当的方法并通知客户。推荐使用以国际标准、区域标准或国家标准发布的方法,或由知名技术组织或有关科技文献或期刊中公布的方法,或设备制造商规定的方法。实验室制定或修改的方法也可使用。这是一个比较常见的问题,选项A、B是多数机构采取的做法,这是不对的。

34.【答案】A

【解析】见《检验检测机构资质认定　公正性和保密性要求》十～十二。选项B、C、D是规定的不属于保密范围。

十、应保密的信息包括:1)检验检测机构申请资质认定的资料及文件;2)评审或其他资质认定过程中所获取的有关信息;3)检验检测机构档案;4)特别规定的其他保密信息。

十一、在下列情况下,资质认定部门可以披露保密信息:1)得到获准资质认定的检验检测机构书面同意;2)履行法定责任。

十二、下列信息不属于保密范围:1)对外公布的关于获准资质认定状态的信息,包括获准资质认定、拒绝资质认定、暂缓资质认定、暂停或撤销资质认定、扩大或缩小资质认定范围的信息及获准资质认定的范围;2)检验检测机构获取资质认定应对外公开的信息;3)资质认定部门从其他合法渠道获得的有关检验检测机构的公开信息。

35.【答案】A

【解析】检测的定义,即用指定的方法检验测试某种物体(气体、液体、固体)指定的技术性能指标,适用于各种行业范畴的质量评定,如:土木建筑工程、水利、食品、化学、环境、机械、机器等。

36.【答案】B

【解析】《检验检测机构资质认定能力评价　评审员管理要求》(RB/T 213—2017)5.1。检验检测机构资质认定评审员编号由15位数字和字母组成:a)第1～4位:发证年份代码;b)第5～6位:发证机关代码;c)第7～8位:评审领域类别代码;d)第9～10位:行业主管部门类别代码;e)第11～14位:发证流水号代码;f)第15位:评审人员级别代码。

37.【答案】D

【解析】见《公路水运工程试验检测管理办法》第二十三条。检测机构名称、地址、法定代表人或者机构负责人、技术负责人等发生变更的,应当自变更之日起30日内到原发证质监机构办理变更登记手续。这类题目需要准确记忆时限。

38.【答案】C

【解析】管理评审的定义。《检验检测机构资质认定能力评价　检验检测机构通用要求》(RB/T 214—2017)4.5.13。

39.【答案】C

【解析】《公路水运工程试验检测人员继续教育办法(试行)》自2012年1月1日起施行。

40.【答案】B

【解析】采购服务包括供应品、试剂和消耗材料等,但不包括设备/设施的安装。这是容易误解的项目。

二、判断题

1.【答案】√

【解析】《统计学词汇及符号　第1部分:一般统计术语与用于概率的术语》(GB/T 3358.1—2009)2.60。均匀分布的概率密度函数$f(x)=\frac{1}{b-a}$,其中,$a \leqslant x \leqslant b$。

2.【答案】×

【解析】分层抽样的概念。根据《统计学词汇及符号　第2部分:应用统计》(GB/T 3358.2—2009)1.3,分层抽样是将总体N分成不同的层,然后按照各层比例,从每一层随机抽取一定个体组成样本n的方法。

3.【答案】×

【解析】见《公路水运工程试验检测人员继续教育办法(试行)》。试验检测机构应督促本单位试验检测人员按要求参加继续教育,并保证试验检测人员参加继续教育的时间,提供必要的学习条件。

4.【答案】√

【解析】《关于进一步加强公路水运工程工地试验室管理工作的意见》(厅质监字〔2009〕183号)第七条。工地试验室应按照母体试验检测机构质量管理体系的要求,建立完整的试验检测人员档案、仪器设备管理档案和试验检测业务档案,严格按照试验检测规程操作,并做到试验检测台账、仪器设备使用记录、试验检测原始记录、试验检测报告相互对应。试验检测报告签字人必须是持证的试验检测人员。

5.【答案】×

【解析】根据《公路水运工程试验检测管理办法》第三章第三十条,取得《等级证书》的检测机构,可设立工地临时试验室,并对其试验检测结果承担责任。

6.【答案】×

【解析】根据《公路水运工程试验检测管理办法》第三章第三十七条,检测机构依据合同承担公路水运工程试验检测业务,不得转包、违规分包。上诉案例应该按照相关程序进行合理分包,而不能进行检测项目合同的转包,且交通行业视“没有能力的分包”为违规行为。

7.【答案】×

【解析】题干是内部校准的定义。《内部校准要求》(CNAS-CL31:2011)3.1。内部校准是指在实验室或其所在组织内部实施的,使用自有的设施和测量标准,校准结果仅用于内部需要,为实现获认可的检测活动相关的测量设备的量值溯源而实施的校准。“内部校准”与“自校准”是不同的术语,“自校准”一般是利用测量设备自带的校准程序或功能(比如智能仪器的开机自校准程序)或设备厂商提供的没有溯源证书的标准样品进行的校准活动,通常情况下,其不是有效的量值溯源活动,但特殊领域另有规定除外。

8.【答案】×

【解析】见《公路水运工程试验检测管理办法》(交通运输部令2016年第80号)第二章第六条。检测机构等级,是依据检测机构的公路水运工程试验检测水平、主要试验检测仪器设备及检测人员的配备情况、试验检测环境等基本条件对检测机构进行的能力划分。

9.【答案】×

【解析】《公路水运工程试验检测信用评价办法》附件1中JJC201019。使用已过期《等级证书》和专用标识章出具报告的,扣20分。

10.【答案】×

【解析】《公路水运工程试验检测信用评价办法》附件2中JJC202019。试验样品管理存在人为选择性取样、样品流转工作失控、样品保管条件不满足要求、未按规定留样等不规范行为的,扣5分/项。

11.【答案】√

【解析】这一条具有很强的实用价值,比如样品的加工的特殊要求、制备的特殊要求、检测方法的特殊要求、样品养护的特殊要求等信息,都应该在检测报告中注明,以免去检测人员不应该承担的数据偏差责任。《〈公路水运工程试验检测数据报告编制导则〉释义手册》6.5.3编制要求:……e)特定检验检测方法或者客户所要求的其他附加信息。报告或证书涉及使用客户提供的数据时,应有明确的标识。当客户提供的信息可能影响结果的有效性时,报告或证书中应有免责声明。

12.【答案】×

【解析】见《公路试验检测数据报告编制导则》,每页都应该有页码。

13.【答案】×

【解析】自校准一般是利用测量设备自带的校准程序或者功能或者设备厂商提供的没有溯源证书的标准样品所进行的校准活动。通常情况下,其不是有效的量值溯源活动。

14.【答案】√

【解析】见《公路水运工程试验检测信用评价办法》附件2中JJC202001。注意区分机构失信行为与人员失信行为的扣分标准不一样。

15.【答案】√

【解析】见《公路水运工程试验检测信用评价办法》附件3中JJC203002。

16.【答案】√

【解析】无论什么原因造成检测活动的不符合。实验室都需要采取纠正行为消除不符合,同时还需要采取措施避免再次发生。这就是纠正与纠正措施的区别。《检测和校准实验室能力认可准则》(CNAS-CL01:2018)规定:

8.7.1　当发生不符合时,实验室应:

(1)对不符合作出应对,并且适用时:①采取措施以控制和纠正不符合;②处置后果。

(2)通过下列活动评价是否需要采取措施,以消除产生不符合的原因,避免其再次发生或者在其他场合发生:①评审和分析不符合;②确定不符合的原因;③确定是否存在或可能发生类似的不符合。

(3)实施所需的措施。

(4)评审所采取的纠正措施的有效性。

(5)必要时,更新在策划期间确定的风险和机遇。

(6)必要时,变更管理体系。

8.7.2　纠正措施应与不符合产生的影响相适应。

8.7.3　实验室应保存记录,作为下列事项的证据:①不符合的性质、产生原因和后续所采取的措施;②纠正措施的结果。

17.【答案】√

【解析】根据《关于进一步加强工地试验室管理工作的意见》第三条,建设单位可委托具有《等级证书》和《计量认证证书》的第三方试验检测机构设立工地试验室。

18.【答案】×

【解析】见《公路水运工程试验检测管理办法》(交通运输部令 2016 年第 80 号)第四十一条。检测人员不得同时受聘于两家以上检测机构,不得借工作之便推销建设材料、构配件和设备。

19.【答案】√

【解析】这个大部分实验室容易忽略的问题。见《检测和校准实验室能力认可准则》(CNAS-CL01:2018)8.3 管理体系文件的控制(方式 A)。

8.3.1 实验室应控制与满足本准则要求有关的内部和外部文件(注:本准则中,"文件"可以是政策声明、程序、规范、制造商的说明书、校准表格、图表、教科书、张贴品、通知、备忘录、图纸、计划等。这些文件可能承载在各种载体上,例如硬拷贝或数字形式)。

8.3.2 实验室应确保:a)文件发布前由授权人员审查其充分性并批准;b)定期审查文件,必要时更新;c)识别文件更改和当前修订状态;d)在使用地点应可获得适用文件的相关版本,必要时,应控制其发放;e)文件有唯一性标识;f)防止误用作废文件,无论出于任何目的而保留的作废文件,应有适当标识。

20.【答案】√

【解析】见《公路水运工程试验检测信用评价办法》第十一条。考生需要注意区分机构、人员、工地试验室授权负责人的几种不同信用评价方法。

21.【答案】×

【解析】《检测和校准实验室能力的通用要求》(ISO/IEC 17025:2017)7.1.3。当客户要求针对检测或校准作出与规范或标准符合性的声明时(如通过/未通过,在允许限内/超出允许限),应明确规定规范或标准以及判定规则。选择的判定规则应通知客户并得到同意,除非规范或标准本身已包含判定规则。

我们检测时,既要有检测依据,检测完毕又需要对检测结果作出判定,这也涉及使用的判定标准需要通知客户并得到客户同意的问题。

22.【答案】×

【解析】见《公路水运工程试验检测专业技术人员职业资格考试实施办法》(人社部发〔2015〕59 号),考试条件里没有免考条件。

23.【答案】√

【解析】《国家认监委关于实施〈检验检测机构资质认定管理办法〉的若干意见》(国认实〔2015〕49 号)二(一)。

24.【答案】√

【解析】《公路水运工程试验检测管理办法》第四章第四十五条。省级交通质监机构每年年初制定本行政区域检测机构年度比对计划并报部质量监督机构备案,年末上报比对试验的实施情况。

25.【答案】√

【解析】见《检验检测机构资质认定管理办法》(质监总局令第 163 号)第十一条。

26.【答案】×

【解析】见教材实验室管理相关内容。不能只有以书面形式表达的投诉。

27.【答案】×

【解析】见《检验检测机构资质认定管理办法》第三十条。报告和原始记录的保存期限不少于6年。

28.【答案】×

【解析】见《检验检测机构资质认定管理办法》第二十九条。

29.【答案】√

【解析】见《公路水运工程安全生产监督管理办法》第四条。

30.【答案】√

【解析】《公路水运工程安全生产监督管理办法》第三条。本办法所称公路水运工程，是指经依法审批、核准或者备案的公路、水运基础设施的新建、改建、扩建等建设项目。本办法所称从业单位，是指从事公路、水运工程建设、勘察、设计、施工、监理、试验检测、安全服务等工作的单位。

三、多项选择题

1.【答案】BD

【解析】利用互斥事件求概率。

(1)记事件A_1:从12只球中任取1球得红球;A_2:从中任取1球得黑球;A_3:从中任取1球得白球;A_4:从中任取1球得绿球。则:

$P(A_1)=\frac{5}{12}, P(A_2)=\frac{4}{12}, P(A_3)=\frac{2}{12}, P(A_4)=\frac{1}{12}$。

(2)根据题意,A_1、A_2、A_3、A_4彼此互斥,由互斥事件概率得:

①取出红球或黑球的概率为:$P(A_1 \cup A_2)=P(A_1)+P(A_2)=\frac{5}{12}+\frac{4}{12}=\frac{3}{4}$。

②取出红或黑或白球的概率为:$P(A_1 \cup A_2 \cup A_3)=P(A_1)+P(A_2)+P(A_3)=\frac{5}{12}+\frac{4}{12}+\frac{2}{12}=\frac{11}{12}$。

2.【答案】AD

【解析】无论什么原因,若设备脱离了检验检测机构的直接控制,应确保该设备返回后,在使用前对其功能和校准状态进行核查,并得到满意结果。

3.【答案】BD

【解析】参考标准是指在给定地区或在给定组织内,通常具有最高计量学特性的测量标准,在该处所做的测量均从它导出。参考标准是具有量值功能的实验室的最高计量标准,由有能够提供溯源的机构,即法定计量技术机构进行检定或校准。参考标准只能仅用于校准而不用于其他目的,除非能证明作为参考标准的性能不会失效。

4.【答案】BCD

【解析】见《检验检测机构资质认定管理办法》第十八条。评审组在技术评审中发现有不符合要求时,应当书面通知申请人限期整改,整改期不得超过30个工作日。逾期未完成整改或者整改后仍不符合要求的,相应评审项目应当判定不合格。

5.【答案】AB

【解析】见《中华人民共和国法定计量单位》(1984 年 2 月 27 日国务院发布)。

6.【答案】ABD

【解析】《公路水运工程安全生产监督管理办法》第二十条。对严重危及公路水运工程生产安全的工艺、设备和材料,应当依法予以淘汰。交通运输主管部门可以会同安全生产监督管理部门联合制定严重危及公路水运工程施工安全的工艺、设备和材料的淘汰目录并对外公布。

7.【答案】BC

【解析】《检验检测实验室技术要求验收规范》(GB/T 37140—2018)3.5。实验室家具是指实验用的成套实验台、设备台、天平台、通风柜、排气罩、试剂柜(架)等的总称。

8.【答案】AD

【解析】见《统计学词汇及符号 第一部分:一般统计术语与用于概率的术语》(GB/T 3358.1—2009/ISO 3534.1:2006)2.15。

9.【答案】BD

【解析】见《公路水运工程试验检测管理办法》(交通运输部令 2016 年第 80 号)第二章第十二条。初审主要包括以下内容:(1)试验检测水平、人员及检测环境等条件是否与所申请的等级标准相符;(2)申报的试验检测项目范围及设备配备与所申请的等级是否相符;(3)采用的试验检测标准、规范和规程是否合法有效;(4)检定和校准是否按规定进行;(5)质量保证体系是否具有可操作性;(6)是否具有良好的试验检测业绩。选项 A、C 是申请时应向所在地省级质检机构提交的材料。

10.【答案】ABCD

【解析】见《标准化工作指南 第 1 部分:标准化和相关活动的通用词汇》(GB/T 20000.1—2014)5.3。标准是指通过标准化活动,按照规定的程序经协商一致制定,为各种活动或其结果提供规则、指南或特性,供共同和重复使用的文件(注:规定的程序指制定标准的机构颁布的标准制定程序。必要时通过修正或修订保持与最新技术水平同步)。

11.【答案】ACD

【解析】校准可以内部校准、外校或内部校准与外部校准相结合。选项 B 不是校准的方式。

12.【答案】ABC

【解析】《检验检测机构资质认定能力评价 检验检测机构通用要求》(RB/T 214—2017)4.5.15。检验检测机构可在检验检测出现临界值、内部质量控制或客户有要求时,报告测量不确定度。

13.【答案】BC

【解析】《公路水运工程试验检测机构等级标准》二"表 1 人员配备要求"。

14.【答案】AC

【解析】见《公路水运工程试验检测专业技术人员职业资格制度规定》(人社部发〔2015〕59 号)第十八条。该文件第三章均涉及从业人员的从业资格问题。其中,第十六条和第十七条分别要求了助理试验检测师和检测师的能力,第十八条要求从业人员还应参加继续教育。

15.【答案】BCD

【解析】选项A虽然也是决定实验室仪器设备布置的需要考虑的因素,但是根据《检验检测实验室技术要求验收规范》(GB/T 37140—2018)6.2.2实验室平面尺寸,实验室平面尺寸要求如下:(1)实验室标准单元开间由实验台宽度、布置方式及间距决定。实验台平行布置的标准单元。开间尺寸一般不宜小于6.6m。(2)实验室标准单元进深由实验台宽度、通风柜及实验仪器设备布置决定,进深尺寸一般不宜6.6m,无通风柜时不宜小于5.7m。(3)实验室的开间和进深尺寸,应按照实验室仪器设备尺寸、安装操作及检修的要求确定。

16.【答案】CD

【解析】选项A、B是得到样品的方式不是样品的特征,选项C、D才是作为能力验证对样品特征的要求。《能力验证样品均匀性和稳定性评价指南》(CNAS-GL003:2018)1.前言。比对样品的一致性对利用实验室间比对进行能力验证至关重要。在实施能力验证计划时,组织方应确保能力验证中出现的不满意结果不归咎于样品之间或样品本身的变异性。因此,对于能力验证样品的检测特性量,必须进行均匀性检验和(或)稳定性检验。

对于制备批量样品的检测能力验证计划,通常必须进行样品均匀性检验。对于稳定性检验,则可根据样品的性质和计划的要求来决定。对于性质较不稳定的检测样品如生物制品,以及在校准能力验证计划中传递周期较长的测量物品,稳定性检验是必不可少的。

对于均匀性检验或稳定性检验的结果,可根据有关统计量表明的显著性或样品的变化能否满足能力验证计划要求的不确定度进行判断。

17.【答案】BCD

【解析】见《检测和校准实验室能力认可准则》(CNAS-CL01:2018)1范围。本准则规定了实验室能力、公正性以及一致运作的通用要求。

18.【答案】BD

【解析】见《公路水运工程试验检测管理办法》(交通运输部令2016年第80号)第二十九条。公路水运工程质量事故鉴定、大型水运工程项目和高速公路项目验收的质量鉴定检测,质监机构应当委托通过计量认证并具有甲级或者相应专项能力等级的检测机构承担。

19.【答案】BCD

【解析】《国际单位制及其应用》(GB 3100—1993)2.2。SI由SI单位(基本单位、导出单位)和SI单位的倍数单位构成。SI单位的倍数单位包括SI单位的十进倍数和分数单位。

20.【答案】ABCD

【解析】根据《公路水运工程试验检测机构等级标准》一的表1。除综合丙级外,其余四个等级(综合甲级、综合乙级、交通工程专项、桥梁隧道工程专项)均有要求。

21.【答案】CD

【解析】选项A是SI辅助单位,选项B是SI基本单位。根据《国际单位制及其应用》(GB 3100—1993)2.3,SI单位包括SI基本单位、SI导出单位(包括辅助单位在内的专门名称、组合形式)。

22.【答案】AB

【解析】《能力验证样品均匀性和稳定性评价指南》(CNAS-GL003:2018)。如果σ是某个能力验证计划中能力评价标准偏差的目标值,S_s为样品之间不均匀性的标准偏差。若

$S_S \leq 0.3\sigma$,则使用的样品可认为在本能力验证计划中是均匀的。单因子方差分析。若 $F <$ 自由度为(f_1, f_2)及给定显著性水平 σ(通常 $\sigma = 0.05$)的临界值 $F_\sigma(f_1, f_2)$,则表明样品内和样品间无显著性差异,样品是均匀的。

23.【答案】 ABCD

【解析】 见教材"能力验证"的基本步骤。

24.【答案】 ABD

【解析】《检验检测实验室技术要求验收规范》(GB/T 37140—2018)4 总则。4.1 新建检验检测实验室的设计应满足主体建筑的安全评价、环境评价、职业卫生评价及节能评价等方面的要求。原有建筑改为实验功能的变更、实验建筑内各单体的实验功能变更都应征得相关主管部同意,变更不得对生命和财产构成危害。4.2 在满足检验检测实验室功能需求的同时,还应体现标准化、智能化、人性化的特点,并考虑未来发展的需要,合理确定实验室建设规模。

25.【答案】 ACD

【解析】《关于印发工地试验室标准化建设要点的通知》(厅质监字〔2012〕200 号)3.2 人员配备。3.2.1 工地试验室应综合考虑工程特点、工程量大小及工程 复杂程度、工期要求等因素,科学合理地确定试验检测人员数量,确保试验检测工作正常开展。3.2.2 试验检测人员应持证上岗、专业配置合理,能涵盖工程涉及专业范围和内容。试验检测人员应注册登记在母体检测机构。

模拟试题三

一、单项选择题

1.【答案】 D

【解析】 该办法已于 2016 年 12 月 8 日经第 29 次部务会议通过。这是在关注每个规章制度、管理办法、法律法规的制定时间、依据、实施时间之外的另外一类问题。

2.【答案】 B

【解析】《公路水运工程试验检测管理办法》(交通运输部令 2016 年第 80 号)第四十七条。质监机构在监督检查中发现检测机构有违反本规定行为的,应当予以警告、限期整改,情节严重的列入违规记录并予以公示,质监机构不再委托其承担检测业务。

3.【答案】 B

【解析】 见《数值修约规则与极限数值的表示和判定》(GB/T 8170—2008)"修约的积"。

4.【答案】 B

【解析】 见《检验检测机构资质认定 分类监管实施意见》四。在首次启动分类监管时,所有检验检测机构起始默认类别为 B 类。

5.【答案】 B

【解析】《公路水运工程试验检测等级管理要求》(JT/T 1181—2018)7.3.4.3。现场评审抽取的实操参数应不低于必选参数总量的15%,一般可采取随机抽取参数的方式进行,且宜重点考虑:最近2年内标准规范发生变更的试验检测参数。

6.【答案】D

【解析】《检验检测实验室技术要求验收规范》(GB/T 37140—2018)1 范围。本标准不适用于生物安全、动植物检验、净化及医学实验室。

7.【答案】B

【解析】测量偏移的定义。根据《通用计量术语及定义》(JJF 1001—2011)5.5,测量偏移(简称偏移)是指系统误差的估计值。

8.【答案】C

【解析】合同评审的目的是评价检测合同的可行性,要使检验检测活动可行,当然必须是检测需要的环境条件、使用的仪器设备、检测方法等是有效的;样品信息、委托方提供的信息、被委托方在检验检测过程中需要的信息等是充分的。

9.【答案】D

【解析】见《公路水运工程试验检测管理办法》第四十条。检测人员应当严守职业道德和工作程序,独立开展检测工作,保证试验检测数据科学、客观、公正,并对试验检测结果承担法律责任。用一个词来表明要求、方针、原则的很多,考生需要联想加理解来记忆这类无关联而又必须记忆准确的一组词。

10.【答案】C

【解析】见《公路水运工程试验检测信用评价办法》第一章第五条。信用评价周期为1年。

11.【答案】C

【解析】《公路水运工程试验检测等级管理要求》自2018年05月01日起施行。选项A是2017年08月01日实施;选项B是2002年06月28日实施。

12.【答案】C

【解析】见《中华人民共和国计量法实施细则》第五章第二十五条。任何单位和个人不准在工作岗位上使用无检定合格印、证或者超过检定周期以及经检定不合格的计量器具。在教学示范中使用计量器具不受此限。为什么不是选项B,因为此说法不全面,除有检定证外,还有校准证等形式。

13.【答案】D

【解析】见《检测和校准实验室能力认可准则》(CNAS-CL01:2018)5 结构要求。

5.1　实验室应为法律实体,或法律实体中被明确界定的一部分,该实体对实验室活动承担法律责任(注:在本准则中,政府实验室基于其政府地位被视为法律实体)。

5.2　实验室应确定对实验室全权负责的管理层。

5.3　实验室应规定符合本准则的实验室活动范围,并制定成文件。实验室应仅声明符合本准则的实验室活动范围,不应包括持续从外部获得的实验室活动。

5.4　实验室应以满足本准则、实验室客户、法定管理机构和提供承认的组织要求的方式开展实验室活动,这包括实验室在固定设施、固定设施以外的地点、临时或移动设施、客户的设施中实施的实验室活动。

14.【答案】C

【解析】《检验检测机构资质认定管理办法》第十一条。资质认定证书有效期为6年。

15.【答案】B

【解析】无论是三层次或者四层次的体系文件构成,安全作业程序都应该归在程序文件范畴内。

16.【答案】C

【解析】见《中华人民共和国标准化法》第二章第十条。对保障人身健康和生命财产安全、国家安全、生态环境安全以及满足经济社会管理基本需要的技术要求,应当制定强制性国家标准。

17.【答案】C

【解析】见教材"常见随机变量的概率分布"正态分布曲线的特征。正态分布图具有单峰性、对称性、有界性和抵偿性。

18.【答案】C

【解析】《水运工程试验检测仪器设备检定/校准指导手册》四、有关说明(一)编号。"编号"是对本《指导手册》所列仪器设备的唯一标识,统一采用字母加数字的10位字符编码,其对应关系如下图。

SY □□ □□ □□□□
专业 项目 设备

10位编码中,除表示水运行业的"SY"为英文字母外,其余均为数字,字母后两位表示仪器设备使用时所归属的专业,共分为三个专业:材料检测专业(01)、结构(地基)检测专业(02)和水文地质测绘专业(03)。

19.【答案】D

【解析】检验检测机构在选择合格供应商时,只需要具备良好质量并可持续信任的单位,不需要通过认证认可,所以选项A、B不对;服务周到的单位不代表服务能力符合要求,故选项C也不对。

20.【答案】C

【解析】《国家认监委关于实施〈检验检测机构资质认定管理办法〉的若干意见》(国认实〔2015〕49号)八(二)。检验检测机构应当在资质认定的能力范围内开展检验检测工作,不含检验检测方法的各类产品标准、限值标准可不列入检验检测机构资质认定的能力范围,但在出具检验检测报告或者证书时可作为判定依据使用。

21.【答案】A

【解析】见《能力验证样品均匀性和稳定性评价指南》(CNAS-GL003:2018)5.3。若$|\overline{x}-\overline{y}|\leqslant 0.3\sigma$成立,则认为被检的样品是稳定的。

22.【答案】D

【解析】《国家认监委关于实施〈检验检测机构资质认定管理办法〉的若干意见》(国认实〔2015〕49号)十一(三)。根据举报投诉进行监管,对于检验检测机构违法违规行为的举报,资质认定部门经调查核实后,除按照行政处理、处罚程序进行相应处置外,还应当将涉事检验检测机构的违法违规行为记录入其诚信档案,加强对其后续跟踪和检查。

23.【答案】D

【解析】压强单位的定义。

24.【答案】D

【解析】这里强调是的是所有投诉的处理过程及结果归档，无论是什么方式表述的，无论是合理的和不合理。

25.【答案】C

【解析】这里注意区分规定、程序、措施的概念。规定是强调预先（即在行为发生之前）和法律效力，用于法律条文中的决定；程序是指事情进行的先后次序如工作程序；措施即为方法、方式、方案、解决问题的途径。所以应为选项C。

26.【答案】C

【解析】这里容易出错的是选项A、B，感觉有关。其实这两者均是题干中提到的检测结果，这都是原始记录应该包括的数据部分内容。根据《〈公路水运试验检测数据报告编制导则〉释义手册》6.4.2，检测类报告检测数据部分的相关内容来源于检测记录表，应包含检测项目、技术要求/指标、检测结果、检测结论等内容及反映检测结果与结论的必要图标信息。

27.【答案】D

【解析】见《公路水运工程试验检测人员继续教育办法（试行）》第一章第一条。注意该办法的上位文件是《公路水运工程试验检测管理办法》；另外，每个办法、规程、制度的制定一定是有依据的，这是一类问题。

28.【答案】D

【解析】《检验检测机构资质认定能力评价　检验检测机构通用要求》（RB/T 214—2017）4.2.3。检验检测机构的技术负责人应具有中级及以上专业技术职称或同等能力，全面负责技术运作。

29.【答案】C

【解析】见国际单位的基本单位。

30.【答案】D

【解析】《合格评定 能力验证的通用要求》（GB/T 27043—2012）3.1。指定值是指对能力验证物品的特定性质赋予的值。

31.【答案】D

【解析】《工地试验室标准化建设要点》（厅质监字〔2012〕200号）4.4.7。工地试验室应注意收集隐蔽工程、关键部位的工程质量检验图片及影像资料，及时整理归档。

32.【答案】C

【解析】具体加盖在什么位置，实际工作中比较混乱，四种选项情况都有出现。为此，《检验检测机构资质认定管理办法》（质检总局令第163号）第四章二十八条和《检验检测机构资质认定　标志及其使用要求》作出了明确规定：检验检测机构在资质认定证书确定的能力范围内，对社会出具具有证明作用数据、结果时，应当标注资质认定标志。资质认定标志加盖（或印刷）在检验检测报告或证书封面上部适当位置。

33.【答案】C

【解析】质量方针声明应经最高管理者授权发布，至少包括下列内容：a）最高管理者对良好职业行为和为客户提供检验检测服务质量的承诺;b)最高管理者关于服务标准的声明;c)管理体系的目的;d)要求所有与检验检测活动有关的人员熟悉质量文件,并执行相关政策和程序;e)最高管理者对遵循本准则及持续改进管理体系的承诺。选项C应该包含在为客户提供检验检测服务质量的承诺中。

34.【答案】A

【解析】《检验检测实验室技术要求验收规范》(GB/T 37140—2018)6.2.1。不设置空调系统时,净高不低于2.8m;设置空调系统时,净高不低于2.6m,局部小范围可不低于2.4m。

35.【答案】A

【解析】见《关于进一步加强公路水运工程工地试验室管理工作的意见》,注意文件对于检测数据的要求。题目中四个选项好像都对,而文件是指的客观性。"公路水运工程工地试验室是工程质量控制和评判的重要基础数据来源,是工程建设质量保证体系的重要组成部分。为进一步加强工地试验室管理,规范试验检测行为,提高试验检测数据的客观性、准确性,保证公路水运工程质量……"

36.【答案】C

【解析】见《关于进一步加强公路水运工程工地试验室管理工作的意见》第六条。母体试验检测机构应加强对授权工地试验室的管理和指导,根据工程现场管理需要或合同约定,合理配备工地试验室试验检测人员和仪器设备,并对工地试验室试验检测结果的真实性和准确性负责。

参与到工地试验室的单位较多,包括建设单位、监理单位、施工总承包单位、检测单位、监督单位等,谁负有直接责任,应该是母体试验检测机构。

37.【答案】A

【解析】《公路水运工程试验检测等级管理要求》(JT/T 1181—2018)7.2.1.2。检测机构等级评定申请试验检测参数的典型报告及业绩证明不应低于申请等级必选参数总量的10%。

38.【答案】C

【解析】见《公路水运工程试验检测管理办法》第十二条、第十四条。选项C是现场评审内容。这里需要注意的是首先要看清楚是"属于"还是"不属于";其次,还要知道初审完成的工作。

第十二条 初审主要包括以下内容:(一)试验检测水平、人员及检测环境等条件是否与所申请的等级标准相符;(二)申报的试验检测项目范围及设备配备与所申请的等级是否相符;(三)采用的试验检测标准、规范和规程是否合法有效;(四)检定和校准是否按规定进行;(五)质量保证体系是否具有可操作性;(六)是否具有良好的试验检测业绩。

第十四条 现场评审是通过对申请人完成试验检测项目的实际能力、检测机构申报材料与实际状况的符合性、质量保证体系和运转等情况的全面核查。

39.【答案】B

【解析】《通用计量术语及定义》(JJF 1001—2011)5.7。修正值时用代数方法与未修正测量结果相加,以补偿其系统误差的值。修正值等于负的系统误差估计值。

40.【答案】C

【解析】见《关于进一步加强公路水运工程工地试验室管理工作的意见》第十条(四)。实行不合格品报告制度,对于签发的涉及结构安全的产品或试验检测项目不合格报告,工地试验室授权负责人应在2个工作日之内报送试验检测委托方,抄送项目质量监督机构,并建立不合格试验检测项目台账。此条文要注意两点:一是不合格品报告制度,二是上报时限,强调的是"签发的涉及结构安全的产品或试验检测项目不合格报告"。

二、判断题

1.【答案】×

【解析】《检测和校准实验室能力的通用要求》(ISO/IEC 17025:2017)7.2.2方法确认。要区分的是实验室对各类标准需要事先进行选择,并确保使用最新的有效版本,使用前要证明本机构能够运用该标准。而对非标方法、自制方法、超出预定范围使用的方法、修改的方法,要用各种技术方法,比如方法比对、实验室间的比、对标准物质校准或者评估偏倚度和精密度等进行确认。

2.【答案】×

【解析】该文件是由交通运输部办公厅发布的。这是一个细节问题。发布机构很多,具体到某个文件是什么机构发布的需要细致辨析,尤其是《加强……工作的意见》好像是省级主管机构发布的,实际上不是。

3.【答案】×

【解析】见《公路水运工程试验检测信用评价办法》第六条。机构采用综合评分制。考生需要注意区分机构、人员、工地试验室授权负责人的几种不同评价方法。

4.【答案】√

【解析】见《检验检测机构资质认定能力评价　评审员管理要求》(RB/T 213—2017)4.5。检验检测机构资质认定评审员的义务包括:a)依照规定的程序或者时限实施评审活动;b)不对同一检验检测机构既实施咨询又实施评审;c)与所评审检验检测机构有利害关系或者其评审可能对公正性产生影响,应进行回避;d)不透露工作中所知悉的国家秘密、商业秘密和技术秘密;e)不收受和谋取当事人的钱财等其他形式的不当利益;f)不出具虚假或者不实的评审结论。

5.【答案】×

【解析】检定周期属于强制性约束的内容,而校准周期由组织根据使用计量器具的需要自行确定。

6.【答案】×

【解析】质量体系是为了实施质量管理所需的组织结构、程序、过程的资源。

7.【答案】×

【解析】见《中华人民共和国法定计量单位》(1984年2月27日国务院发布)。

8.【答案】√

【解析】见《数值修约规则与极限数值的表示和判定》(GB/T 8170—2008)。

9.【答案】√

【解析】在概率论中,我们把概率很接近于0(即在大量重复试验中出现的频率非常低)

的事件称为小概率事件。一般多采用0.01、0.05两个值,即事件发生的概率在0.01以下或0.05以下的事件称为小概率事件,这两个值称为小概率标准。小概率事件的意义重大,因为有这样一个推理,小概率事件通过上面的定义,它是很难发生的。但是,如果在一次抽样试验中它发生了,说明这件事违反常理;进一步,说明假设不成立。这就是小概率反证法。

10.【答案】√

【解析】《〈公路水运工程试验检测数据报告编制导则〉释义手册》。5.5.3 签字的工作人员,资格应符合《检测管理办法》的规定,并应经过授权。6.6.3 JT/T 1181—2018中7.3.9.2要求试验检测报告的审核、签发人应具备试验检测师资格,应被授权。

11.【答案】×

【解析】见教材“试验检测常用术语和定义”。修正值等于负的系统误差。

12.【答案】×

【解析】测量不确定度与测量方法有关,与具体测量得到的数值大小无关。

13.【答案】×

【解析】《公路水运工程试验检测信用评价办法》第三章第十三条。评价周期内检测人员在不同项目和不同工作阶段的违规行为累计扣分。一个具体行为涉及两项以上违规行为的,以扣分标准高者为准。

14.【答案】×

【解析】《公路水运工程试验检测信用评价办法》第三章第十二条。连续2年信用等级较差的试验检测人员,其当年信用等级为信用差;被确定为信用差的试验检测人员列入黑名单。

15.【答案】×

【解析】见《数值修约规则与极限数值的表示和判定》(GB/T 8170—2008)4.3.2。应该采用全数值比较法。

16.【答案】√

【解析】见《公路水运工程试验检测专业技术人员职业资格制度规定》第十九条。

17.【答案】√

【解析】任何设备在获取检定、校准证书后,都需要根据自己的使用要求对检定、校准的结果的符合性进行确认。

18.【答案】×

【解析】《公路水运工程安全生产监督管理办法》(交通运输部令2017年第25号)第三十二条。依合同承担试验检测或者施工监测的单位,应当按照法律、法规、规章、工程建设强制性标准和合同文件开展工作。所提交的试验检测或者施工监测数据应当真实、准确,数据出现异常时应当及时向合同委托方报告。

19.【答案】√

【解析】该手册适用于公路工程等级试验检测机构、工地试验室仪器设备的检定/校准工作,以及质量监督机构对试验检测行业的管理工作。

20.【答案】×

【解析】工地试验室失信行为(授权负责人)扣分标准的规定。根据《公路水运工程试验检测信用评价办法》第二章第六条和附件 2 中 JJC202005，工地试验室负责人不是母体机构派出人员或长期不在岗的，扣 10 分。

21.【答案】√

【解析】见《检验检测机构资质认定管理办法》（质检总局令第 163 号）。

22.【答案】×

【解析】见《检验检测机构资质认定管理办法》（质检总局令第 163 号）第十条（三）。资质认定部门应当自受理申请之日起 45 个工作日内，依据检验检测机构资质认定基本规范、评审准则的要求，完成对申请人的技术评审。

23.【答案】√

【解析】风险评估是控制风险的前提条件。

24.【答案】×

【解析】组织合同评审应该是在合同签订前进行。

25.【答案】√

【解析】对检测能力范围日常检测项目，可采用简化的方式，由收样员进行合同评审，并填写《委托协议书》，双方签字确认。

26.【答案】×

【解析】《检测和校准实验室能力的通用要求》（ISO/IEC 17025：2017）7.9.2。利益相关方有要求时，应可获得对投诉处理过程的说明。在接到投诉后，实验室应确认投诉是否与其负责的实验室活动相关，如相关，则应处理。实验室应对投诉处理过程中的所有决定负责。因此，在处理前应先要对有关性进行判断。

27.【答案】√

【解析】备份、更新、存储相关信息是保证检测数据真实性的需要。

28.【答案】×

【解析】见《公路水运工程试验检测管理办法》第三十七条。检测机构依据合同承担公路水运工程试验检测业务，不得转包、违规分包。注意"违规"一词。

29.【答案】×

【解析】期间核查的重点测量设备主要包括：1）仪器设备性能不稳定，漂移率大的；2）使用非常频繁的；3）经常携带到现场检测的；4）在恶劣环境下使用的仪器设备；5）曾经过载或怀疑有质量问题的；6）因设备使用频率较低，校准周期长于校准规范规定时间的。

30.【答案】×

【解析】测量准确度是指测量结果与被测量真值之间一致的程度；测量仪器的准确度是指测量仪器给出接近于真值的响应的能。准确度只是一个定性概念而无定量表达。测量误差的绝对值大，其准确度低。但准确度不等于误差。准确度只有诸如：高、低，大、小，合格、不合格等类表述。对于测量仪器的准确度，则还有级别或等别的表述。用量值给出准确度是错误的，例如：准确度为 0.5 毫克，这里 0.5 毫克是什么是不明确的。

三、多项选择题

1.【答案】ABCD

【解析】数据处理贯穿于从获得原始数据到得出结论的整个实验过程,包括数据记录、整理、计算、作图、分析等方面涉及数据运算的处理方法。常用的数据处理方法有:表格法、图示法、图解法、逐差法和最小二乘线性拟合法等。四个选项均为工程试验检测数据处理通常采用的方法。

2.【答案】ABCD

【解析】校准的内容和项目,只是评定测量装置的示值误差,以确保量值准确。而检定的内容则是对测量装置的全面评定,要求更全面,除了包括校准的全部内容之外,还需要检定有关项目。例如,某种计量器具的检定内容应包括计量器具的技术条件、检定条件、检定项目和检定方法、检定周期及检定结果的处置等。

3.【答案】ACD

【解析】《检测和校准实验室能力的通用要求》(ISO/IEC 17025:2017)6.3.3。当相关规范、方法或程序对环境条件有要求时,或环境条件影响结果的有效性时,实验室应监测、控制和记录环境条件。

4.【答案】ABCD

【解析】期间核查的方法有多种,可根据试验室及其检定、校准、检测样品的特点,从测量设备的特性以及可靠性、可行性等方面综合考虑。常用方法有仪器间的比对、标准物质验证、方法比对、加标回收、单点自校、用稳定性好的样品留样再测等。

5.【答案】AD

【解析】《国家认监委关于印发检验检测机构资质认定相关配套文件的通知》(国认实〔2017〕10号)文头。2015年7月29日,我委印发了《国家认监委关于印发检验检测机构资质认定配套工作程序和技术要求的通知》(国认实〔2015〕50号),该通知明确了相关文件试行期一年。经试行并调整完善,现正式印发《检验检测机构资质认定专业技术评价机构管理要求》及《检验检测机构资质认定申请书》《检验检测机构资质认定评审报告》《检验检测机构资质认定审核表》等文件。为确保新旧文件的有序过渡,本次印发文件自2017年7月1日正式施行。

6.【答案】ABC

【解析】《检验检测机构资质认定能力评价　检验检测机构通用要求》(RB/T 214—2017)4.5.15。检验检测机构可在检验检测出现临界值、内部质量控制或客户有要求时,报告测量不确定度。

7.【答案】BD

【解析】《能力验证结果的统计处理和能力评价指南(试用)》(CNAS-GL02)附件A“A.4总计统计量”。

8.【答案】ABD

【解析】《检测和校准实验室能力的通用要求》(ISO/IEC 17025:2017)4.1.4。实验室应持续识别影响公正性的风险。这些风险应包括其活动、实验室的各种关系,或者实验室人员的关系而引发的风险。然而,这些关系并非一定会对实验室的公正性产生风险[注:危及实验室公正性的关系可能基于所有权、控制权、管理、人员、共享资源、财务、合同、市场营销(包括品牌)、支付销售佣金或其他引荐新客户的奖酬等]。

9.【答案】ACD

【解析】见标准物质的定义,掌握标准物质的特性。标准物质具有三个显著特点:①具有特性量值的准确性、均匀性、稳定性;②量值具有传递性;③实物形式的计量标准。

10.【答案】ACD

【解析】《检测和校准实验室能力的通用要求》(ISO/IEC 17025:2017)7.2.2.1。实验室应对非标准方法、实验室制定的方法、超出预定范围使用的标准方法、或其他修改的标准方法进行确认。确认应尽可能全面,以满足预期用途或应用领域的需要。

注1:确认可包括检测或校准物品的抽样、处置和运输程序。

注2:可用以下一种或多种技术进行方法确认:

a)使用参考标准或标准物质进行校准或评估偏倚和精密度;

b)对影响结果的因素进行系统性评审;

c)通过改变控制检验方法的稳健度,如培养箱温度、加样体积等;

d)与其他已确认的方法进行结果比对;

e)实验室间比对;

f) 根据对方法原理的理解以及抽样或检测方法的实践经验,评定结果的测量不确定度。

11.【答案】ABC

【解析】《中华人民共和国认证认可条例》。取得认证机构资质,应当符合下列条件:(一)取得法人资格;(二)有固定的场所和必要的设施;(三)有符合认证认可要求的管理制度;(四)注册资本不得少于人民币300万元;(五)有10名以上相应领域的专职认证人员。从事产品认证活动的认证机构,还应当具备与从事相关产品认证活动相适应的检测、检查等技术能力。

12.【答案】ABC

【解析】《检测和校准实验室能力的通用要求》(ISO/IEC 17025:2017)7.3.2。抽样方法应描述:a)样品或地点的选择;b)抽样计划;c)从物质、材料或产品中取得样品的制备和处理,以作为后续检测或校准的物品。作为公路检测机构,抽样少不了,如何规范地选择抽样方案、确定抽样计划、编写抽样方法,是需要掌握的知识。该条款全面告诉我们在描述抽样方法时应该包括的内容。

13.【答案】ABC

【解析】《检测和校准实验室能力的通用要求》(ISO/IEC 17025:2017)7.5.1。实验室应确保每一项实验室活动的技术记录包含结果、报告和足够的信息,以便在可能时识别影响测量结果及其测量不确定度的因素,并确保能在尽可能接近原条件的情况下重复该实验室活动。技术记录应包括每项实验室活动以及审查数据结果的日期和责任人。原始的观察结果、数据和计算应在观察或获得时予以记录,并应按特定任务予以识别。

《〈公路水运工程试验检测数据报告编制导则〉释义手册》4.3,记录表应信息齐全、数据真实可靠、具有可追溯性;报告应结论准确、内容完整。

14.【答案】BCD

【解析】《检验检测机构资质认定能力评价　评审员管理要求》(RB/T 213—2017)4.4。评审员的行为包括:a)坚持原则、公正可靠、忠于职守;b)不损害检验检测机构资质认定主管部门的声誉;c)不介入与检验检测机构资质认定评审有关的冲突和违规利益;d)严格遵守保密协议;e)具有团体协同精神;f)持续符合检验检测机构资质认定评审员要求。

15.【答案】ABC

【解析】见《检验检测机构资质认定管理办法》(质检总局令第163号)第三十七条。

16.【答案】ABC

【解析】见《中华人民共和国计量法》第九条。

17.【答案】ABCD

【解析】《检验检测实验室技术要求验收规范》(GB/T 37140—2018)7.2.3.2。实验室污、废水按污、废水性质、成分及污染程度应进行物理、化学、生物等不同方式处理。产生的酸、碱污水应进行中和处理,中和后达到中性时,应采用反应池加药处理。

18.【答案】ABCD

【解析】《法定计量检定机构考核规范》(JJF 1069—2012)5.3.2。机构管理体系中与质量有关的政策,包括质量方针声明,应在质量手册中阐明。应制定总体目标并在管理评审时加以评审。总体目标应是可测量的,并与质量方针保持一致。质量方针声明由机构负责人授权发布,至少包括下列内容:a)机构管理层对良好职业行为和为顾客提供检定、校准和检测服务质量的承诺;b)管理层关于机构服务标准的声明;c)与质量有关的管理体系的目的;d)要求机构所有与检定、校准和检测活动有关的人员熟悉与之相关的体系文件,并在工作中执行这些政策和程序;e)机构管理层对遵守本规范及持续改进管理体系有效性的承诺。

19.【答案】AB

【解析】见《中华人民共和国法定计量单位》(1984年2月27日国务院发布)。

20.【答案】ABC

【解析】《检验检测实验室技术要求验收规范》(GB/T 37140—2018) 6.1.1。实验室建筑由实验区、辅助区、公用设施区等组成。建筑设计应合理安排各类分区用房,做到功能分区明确、交通合理、联系方便、互不干扰。

21.【答案】BC

【解析】见《中华人民共和国法定计量单位》(1984年2月27日国务院发布)。

22.【答案】ACD

【解析】计量检定是指为评定计量器具的计量性能,确定其是否合格所进行的全部工作,包括检验和加封盖印等。它是进行量值传递的重要形式,是保证量值准确一致的重要措施。

23.【答案】ABCD

【解析】见《公路水运工程试验检测信用评价办法》附件1中JJC201001~JJC201004。

24.【答案】ABCD

【解析】检测结果再现所需要的信息很多,这里只是举例说明什么是充分的信息。记录还应包括抽样的人员、每项检验检测人员和结果校核人员的标识。观察结果、数据和计算应在产生时予以记录,对记录的所有改动应有改动人的签名或签名缩写。记录可存于任何媒体上。

25.【答案】CD

【解析】见《检验检测机构资质认定管理办法》第二十二条。检验检测机构及其人员从事检验检测活动，应当遵守国家相关法律法规的规定，遵循客观独立、公平公正、诚实信用的原则，恪守职业道德，承担社会责任。条文中增加了“诚信”方面的内容。这是从业人员的行为规范。

模拟试题四

一、单项选择题

1.【答案】C

【解析】《中华人民共和国标准化法》第二条。标准包括国家标准、行业标准、地方标准和团体标准、企业标准。

2.【答案】D

【解析】《公路工程标准体系》(JTG 1001—2017)3.1.2。选项D属于“公路管理”板块。

3.【答案】A

【解析】《公路工程标准体系》(JTG 1001—2017)5.0.2，见下图。

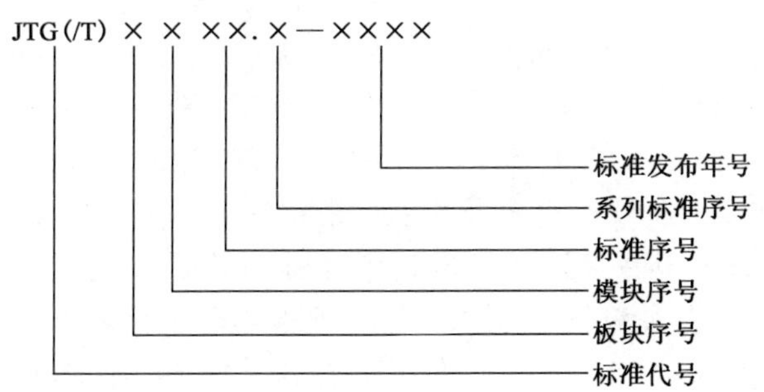

公路工程推荐性标准编号示意图

4.【答案】D

【解析】《公路工程试验检测仪器设备检定/校准指导手册》(二)编号，见下图。

GL □□ □□ □□□□

专业　项目　设备

5.【答案】D

【解析】《公路水运试验检测机构等级评定及换证复核工作程序》(交安监发〔2017〕113号)第三章第十五条(四)。

6.【答案】C

【解析】均匀分布的定义表明，均匀分布是连续随机变量的一种概率分布，这个连续随机变量在区间$[a,b]$内任意等长度区间内事件出现的概率相同。

7.【答案】C

【解析】《公路工程试验检测仪器设备检定/校准指导手册》(五)。计量参数是指除外观质量等目测、手感项目外的，影响仪器设备量值准确性的技术参数。

8.【答案】C

【解析】见《检验检测机构资质认定管理办法》(质监总局令第163号)第二十四条。检验检测机构应当定期审查和完善管理体系,保证其基本条件和技术能力能够持续符合资质认定条件和要求,并确保管理体系有效运行。管理体系需要在一定时期内保证相对的稳定性,所以只是需要定期而不是随时审查,更不能定期修订和改版了,只有在大部分内容发生变化时才需要改版。

9.【答案】D

【解析】《检验检测机构资质认定管理办法》(质检总局令第163号)第一章第二条。本办法所称检验检测机构,是指依法成立,依据相关标准或者技术规范,利用仪器设备、环境设施等技术条件和专业技能,对产品或者法律法规规定的特定对象进行检验检测的专业技术组织。本办法所称资质认定,是指省级以上质量技术监督部门依据有关法律法规和标准、技术规范的规定,对检验检测机构的基本条件和技术能力是否符合法定要求实施的评价许可。选项A、B应该是包含在选项D里面的。

10.【答案】D

【解析】《检测和校准实验室能力认可准则》(CNAS-CL01:2018)6.4.6。检验检测机构应对检验检测结果、抽样结果的准确性或有效性有显著影响的设备,包括用于测量环境条件等辅助测量设备有计划地实施检定或校准。设备在投入使用前,应采用检定或校准等方式,以确认其是否满足检验检测的要求,并标识其状态。这里说明设备都需要检定校准。《公路工程试验检测仪器设备检定/校准指导手册》(质监综字〔2013〕5号)(六):管理方式指的是仪器设备量值溯源的具体方式,分为三类。Ⅱ类:主要为公路工程专用试验检测仪器设备,分为Ⅱ-1、Ⅱ-2、Ⅱ-3三个层次。其中,Ⅱ-3:仪器设备名称为非黑体这类仪器设备的检定/校准目前没有可直接依据的公开发布的技术文件。检测机构可参照行业内相关仪器设备计量管理指南,或自行、或委托有能力的单位(如有关科研院所、高校、大型仪器设备研发及生产单位等)编制仪器设备测试工作的指导性技术文件,采取机构间比对或自校验等管理方式,对所列出的计量参数进行检验。说明属于内部校准(自校准)的仅限于非强制检定的仪器设备。因此选项D是正确的。

11.【答案】A

【解析】检验检测机构应对所有从事抽样、检验检测、签发检验检测报告或证件、提出意见和解释以及操作设备等工作的人员,按要求根据相应的教育、培训、经验、技能进行资格确认并持证上岗。

12.【答案】B

【解析】《检验检测机构资质认定管理办法》第九条。申请资质认定的检验检测机构应当符合以下条件:①依法成立并能够承担相应法律责任的法人或其他组织;②具有与其从事检验检测活动相适应的检验检测技术人员和管理人员;③具有固定的工作场所,工作环境满足检验检测要求;④具备从事检验检测活动所必需的检验检测设备设施;⑤符合有关法律法规或者标准、技术规范规定的特殊要求。

13.【答案】B

【解析】省级交通质监机构收到申请材料后,应在5个工作日内完成符合性审核,作出书面受理或不受理决定。

14.【答案】B

【解析】《水运工程试验检测仪器设备检定/校准指导手册》四(一)编号。专业共分三个专业:材料检测专业(01)、结构(地基)检测专业(02)和水文地质测绘专业(03)。要注意《公路工程试验检测仪器设备检定/校准指导手册》的三个专业是:道路工程专业(01)、桥隧工程专业(02)和交通工程专业(03)。

15.【答案】C

【解析】制定目的是保障国家计量单位制的统一和量值的准确可靠。

16.【答案】C

【解析】若出具校准证书机构评定的测量设备示值误差的不确定度,小于或等于被评定测量设备的最大允许误差的绝对值的1/3,则可不考虑示值误差的测量不确定度的影响。

17.【答案】D

【解析】见《检验检测机构资质认定管理办法》(质检总局令第163号)第一章第三条。

18.【答案】D

【解析】检验检测机构应建立和保持控制其管理体系的内部和外部文件的程序,明确文件的批准、发布、标识、变更和废止,防止使用无效、作废的文件。见《检测和校准实验室能力认可准则》(ISO/IEC 17025:2017)。7.5.2　实验室应确保技术记录的修改可以追溯到前一个版本或原始观察结果。应保存原始的以及修改后的数据和文档,包括修改的日期、标识修改的内容和负责修改的人员。7.8.8　修改已发出的报告时,应仅以追加文件或数据传送的形式,并包含以下声明:“对序列号为……(或其他标识)报告的修改”,或其他等效文字。

19.【答案】B

【解析】《交通运输部办公厅关于印发工地试验室标准化建设要点的通知》(厅质监字〔2012〕200号)4.4.5。试验检测数据报告的格式和要素、记录表和报告的编制应符合《公路试验检测数据报告编制导则》(JT/T 828—2012)要求。试验记录一律用蓝、黑色钢笔或签字笔书写,字迹应清晰、工整,试验报告结论表述应规范、准确。

20.【答案】C

【解析】见《公路水运工程试验检测机构等级标准》表2。这里需要注意的是,首先要看清楚是“属于”还是“不属于”;其次,还要区分强制性设备和非强制性设备。

21.【答案】C

【解析】《国家认监委关于实施〈检验检测机构资质认定管理办法〉的若干意见》(国认实〔2015〕49号)十一(一)。根据风险程度分类监管　检验检测风险在不同区域、领域或者不同时期会有差异,资质认定部门应从实际出发,识别获得资质认定证书的检验检测机构的业务特点和风险点,逐步形成与实际情况相适应的风险管理机制。以下为风险程度较高领域:(1)涉及安全的领域,例如食品安全、信息安全、环境安全、建筑安全等领域;(2)涉及司法鉴定、质量仲裁等领域;(3)涉及民生、公益和消费者利益的领域,如装饰装修材料检验、机动车安全技术检验等领域。这里是检验检测风险不是施工风险。

22.【答案】D

【解析】见《关于进一步加强公路水运工程工地试验室管理工作的意见》第十一条

(四)。工地试验室授权负责人信用等级被评为信用较差的,2 年内不能担任工地试验室授权负责人。信用等级被评为信用很差的,5 年内不能担任工地试验室授权负责人。

23.【答案】C

【解析】《建设工程质量管理条例》第二章第十二条。建设单位应当委托具有相应资质等级的工程监理单位进行监理。

24.【答案】B

【解析】《建设工程质量管理条例》第七章第四十三条。国务院建设行政主管部门建设工程对全国建设工程质量实施统一监督管理。

25.【答案】B

【解析】《建设工程质量管理条例》第八章第六十五条。违反本条例规定,施工单位未对建筑材料、建筑构配件、设备和商品混凝土进行检验,或者未对涉及结构安全的试块、试件以及有关材料取样检测的,责令改正,处 10 万元以上 20 万元以下的罚款;情节严重的,责令停业整顿,降低资质等级或者吊销资质证书;造成损失的,依法承担赔偿责任。选项 D 是该条例第八章第七十三条的规定;选项 A 是该条例第八章第五十六条的规定。

26.【答案】A

【解析】《公路水运工程安全生产监督管理办法》总则第四条。公路水运工程安全生产工作应强化和落实从业单位(包括建设单位、施工单位、检测监测单位等)的主体责任。

27.【答案】A

【解析】《统计学词汇及符号　第 1 部分:一般统计术语与用于概率的术语》(GB/T 3358.1—2009)1.64。频率是指用事件或观测值发生的总数目除频数。

28.【答案】A

【解析】《统计学词汇及符号　第 1 部分:一般统计术语与用于概率的术语》(GB/T 3358.1—2009)2.7。分布函数 $F(x)$ 是指随机变量 X 取值落在 $(-\infty, x]$ 的概率,即 $F(x)=P(X \leqslant x)$。"小于或等于"采用的符号是"]",而不是用")"。

29.【答案】A

【解析】《数值修约规则与极限数值的表示和判定》(GB/T 8170—2008)3.2。拟舍弃数字的最左一位数字小于 5,则舍去,保留其余各位数字不变。

30.【答案】C

【解析】《数值修约规则与极限数值的表示和判定》(GB/T 8170—2008)中 0.5 单位修约。这里应该需要先计算软化点试验的代表值,然后进行 0.5 单位的修约。

31.【答案】C

【解析】《国际单位制及其应用》(GB 3100—1993)5.2。组合单位的名称与其符合表示的顺序一致,乘号无名称,除号名称为"每"且只出现一次。

32.【答案】B

【解析】虽然两组同学的平均成绩都是 70 分,A 组的标准差是 17.08,B 组的标准差是 2.16。说明 A 组同学之间的成绩差距比 B 组同学之间的成绩大得多。《通用计量术语及定义》(JJF 1001—2011)5.17,标准差 s 可按以下公式计算:$s=\sqrt{\frac{\sum_{i=1}^{n}(x_i-\bar{x})^2}{n-1}}$。

33.【答案】D

【解析】《公路水运工程试验检测等级管理要求》(JT/T 1181—2018)5.5.3。试验检测参数代码由试验检测专业、领域、项目及参数4部分组合而成，代码结构如下图。

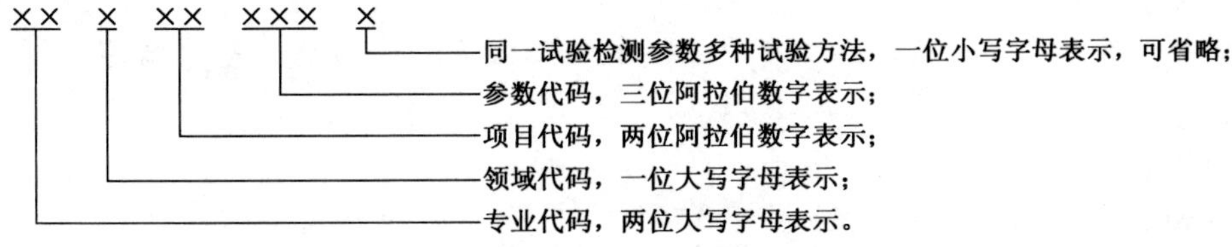

试验检测参数代码结构示意图

34.【答案】B

【解析】直方图的组距计算公式。组距是指每组的最高数值与最低数值之间的距离。在分组整理统计量数时，组的大小可因系列内量数的全距及所要划分的组数的不同而有所不同。每一组的最小限度叫做下限，最大限度叫做上限。下限和上限之间的距离，即为组距。组距＝(最大值－最小值)÷组数。选项D是组的上、下限的计算公式。

35.【答案】D

【解析】《公路水运工程试验检测等级管理要求》(JT/T 1181—2018)6.3.1。检测机构应具有检测用房的产权或长期(不少于5年)使用权。

36.【答案】C

【解析】《公路水运工程试验检测等级管理要求》(JT/T 1181—2018)7.2.4.4。检测机构申请等级评定初审不合格的，自通知之日起3个月内质监机构一般不再次受理等级评定申请。

37.【答案】A

【解析】见《数值修约规则与极限数值的表示和判定》(GB/T 8170—2008)不连续修约。

38.【答案】B

【解析】方差的特征。方差是用来刻画随机变量的取值与其中心位置的偏离程度。

39.【答案】A

【解析】检测机构应提倡盲样管理。题干涉及的是样品信息问题，为了保证检测数据的公正性，就需要在检测过程中不让检测人员知道样品的来源和样品的特征值，保持公正的获取样品的各种特征值，这就是盲样管理样品的实质目的。选项B、D都与样品有关，但选项B是为了保证样品的真实性，选项D是样品经历的过程，而选项C是抽样的方法。

40.【答案】B

【解析】《公路水运工程试验检测机构等级标准》第二条表3。水运材料甲级检测用房面积，应不少于900m^2(不含办公面积)。

二、判断题

1.【答案】×

【解析】《中华人民共和国标准化法》第二十一条。推荐性国家标准、行业标准、地方标准、团体标准、企业标准的技术要求不得低于强制性国家标准的相关技术要求。

2.【答案】 ×

【解析】《交通运输部办公厅关于公路水运工程试验检测机构等级评定工作有关事项的通知》五。试验检测机构用于培训、教育、演练等工作的场地不计入试验检测用房面积。

3.【答案】 ×

【解析】《交通运输部办公厅关于公路水运工程试验检测机构等级评定工作有关事项的通知》七。应该是占参数总量的30%。

4.【答案】 ×

【解析】还适用于水运工程水文勘察测绘机构开展仪器设备的检定/校准工作。《手册》适用范围:适用于工程质量监督机构对试验检测行业的计量管理,指导水运工程试验检测机构(含工地试验室)和水运工程水文勘察测绘机构开展仪器设备的检定/校准工作。仪器设备生产、使用等单位可参考使用。

5.【答案】 √

【解析】《检验检测机构资质认定能力评价　检验检测机构通用要求》(RB/T 214—2017)4.5.1。检验检测机构应建立、实施和保持与其活动范围相适应的管理体系,应将其政策、制度、计划、程序和指导书制订成文件,即机构的质量手册、程序文件、作业指导书、质量和技术记录表格。

6.【答案】 ×

【解析】《检验检测机构资质认定能力评价　评审员管理要求》(RB/T 213—2017)4.2.1。检验检测机构资质认定评审员分为评审员和主任评审员两个级别。评审员能够独立承担相关领域的评审工作,主任评审员可以担任评审组长。

7.【答案】 ×

【解析】《检测和校准实验室能力认可准则》(CNAS-CL01:2018)8.7。纠正措施是指为消除已发现的不符合或其他不期望发生的情况所采取的措施。检验检测机构应针对分析的原因制定纠正措施,纠正措施应编制成文件并加以实施,对纠正措施实施的结果应进行跟踪验证,确保纠正措施的有效性。

8.【答案】 ×

【解析】《公路水运工程试验检测信用评价办法》第二章第九条。项目业主于次年1月中旬将工地试验室、现场检测项目的评价意见和扣分依据以及母体机构失信行为报项目质监机构。

9.【答案】 √

【解析】根据《工地试验室标准化建设要点》2.3,上年度信用评价等级在C级及以下的检测机构,不宜作为设立工地试验室的母体机构。

10.【答案】 √

【解析】软件属于检验检测机构设备,应该纳入设备管理之中,是新管理办法明确的问题。《检测和校准实验室能力认可准则》(CNAS-CL01:2018)6.4.1。实验室应获得正确开展实验室活动所需的并影响结果的设备,包括但不限于:测量仪器、软件、测量标准、标准物质、参考数据、试剂、消耗品或辅助装置。

11.【答案】 ×

【解析】《公路工程试验检测仪器设备检定/校准指导手册》(质监综字〔2013〕5 号)在Ⅱ类仪器设备的检定/校准服务中,还应该注意区分Ⅱ-1、Ⅱ-2、Ⅱ-3 的不同要求。

12.【答案】 ×

【解析】《公路水运工程试验检测信用评价办法》第二章第十条。质监机构信用复评依据包括:1)检测机构自评;2)各级交通运输主管部门、质监机构事中事后监管和建设单位、监理单位发现的失信行为;3)投诉举报查实的违规行为;4)交通运输主管部门或质监机构通报批评或行政处罚的失信行为;5)等级评定、换证复核中发现的失信行为;6)检测机构及工地试验室在各级质监机构、行业的比对试验中出现的失信行为;7)交通运输管理部门在公共信用信息服务平台中发布的有关行政处罚行为。

13.【答案】 ×

【解析】《〈公路水运工程试验检测数据报告编制导则〉释义手册》4.3。数据的真实可靠,是指如实地记录当时当地的试验检测的实际情况,包括试验检测过程中的数据、现象、仪器设备、环境条件等信息,确保试验检测所得原始数据、计算、修约的正确性,以及环境条件、设备状态等信息的准确性。

14.【答案】 √

【解析】 要求建立合格供应商名单。

15.【答案】 ×

【解析】《国家认监委关于实施〈检验检测机构资质认定管理办法〉的若干意见》(国认实〔2015〕49 号)三(一)。国家认监委不再对各省、自治区、直辖市、副省级城市、计划单列市的质检院(所)以及省级纤维检验机构实施验收许可工作,交由省级资质认定部门负责管理,上述机构首次申请、复查换证、变更(含扩项)等事项均由省级资质认定部门负责实施。省级资质认定部门对相关检验检测机构的验收和授权工作与检验检测机构资质认定合并实施,但沿用颁发有效期为 3 年的验收或者授权证书,自 2015 年 8 月 1 日起执行。

16.【答案】 ×

【解析】《国家认监委关于实施〈检验检测机构资质认定管理办法〉的若干意见》(国认实〔2015〕49 号)九(二)。检验检测机构为科研、教学、内部质量控制等活动出具检验检测数据、结果时,在资质认定证书确定的检验检测能力范围内的,出具的检验检测报告或者证书上可以不标注检验检测机构资质认定标志;在资质认定证书确定的检验检测能力范围外的,出具的检验检测报告或者证书上,不得标注检验检测机构资质认定标志。

17.【答案】 √

【解析】 见《检验检测机构资质认定管理办法》第三章第三十六条。

18.【答案】 ×

【解析】《公路水运工程安全生产监督管理办法》第二章第二十三条。施工单位应在劳动合同中载明有关保障从业人员劳动安全等事项,同时还应书面告知危险岗位的操作规程。题干的问题是没有明确以什么方式告知,管理办法中明确的是以书面形式。

19.【答案】 √

【解析】《关于进一步加强工地试验室管理工作的意见》第十一条。对于工地试验室授权负责人的管理包括:1)监督。母体检测机构制定授权负责人管理制度,质监机构应建立授权负责人专业信息库;2)变更。由母体检测机构提出申请,经建设单位同意后上报质监机构备案;3)担任资格。

20.【答案】√

【解析】《工地试验室标准化建设要点》3.1.2。工地试验室规划应遵循总体布局合理、功能分区明确、组织协调顺畅的原则。另需注意的是,工地试验室仪器设备应按照优化检测工作流程、整体布局合理、同步作业不相互干扰的原则进行布置。

21.【答案】×

【解析】《关于进一步加强工地试验室管理工作的意见》第七条。工地试验室应遵循母体检测机构的质量管理体系的要求。

22.【答案】√

【解析】《公路水运工程试验检测等级管理要求》(JT/T 1181—2018)5 试验检测分类及代码,表1、表2、表3,附录C表C.1(续)。

23.【答案】×

【解析】《公路水运工程试验检测管理办法》第三章第三十条。取得《等级证书》的检测机构,可设立工地临时试验室,承担相应公路水运工程的试验检测业务,并对其试验检测结果承担责任。

24.【答案】×

【解析】应该是免责声明。《检测和校准实验室能力的通用要求》(ISO/IEC 17025:2017)7.8.2.2。实验室对报告中的所有信息负责,客户提供的信息除外。客户提供的数据应予明确标识。此外,当客户提供的信息可能影响结果的有效性时,报告中应有免责声明。当实验室不负责抽样(如样品由客户提供),应在报告中声明结果仅适用于收到的样品。

25.【答案】√

【解析】《数值修约规则与极限数值的表示和判定》(GB/T 8170—2008)2.3。极限数值是指标准(或技术规范)中规定考核的以数量形式给出且符合要求的指标数值范围的界限值。

26.【答案】√

【解析】《数值修约规则与极限数值的表示和判定》(GB/T 8170—2008)中极限偏差数值用语的规定。$A^{+b_1}_{-b_2}$是指从$A-b_2$到$A+b_1$满足要求。

27.【答案】×

【解析】《通用计量术语及定义》(JJF 1001—2011)5.22。在数学模型中的输入量相关的情况下,当计算合成标准不确定度时,必须考虑协方差。

28.【答案】√

【解析】《公路水运工程试验检测专业技术人员职业资格考试实施办法》(人社部发〔2015〕59号)第四条。公路水运工程助理试验检测师、试验检测师考试成绩均实行2年为一个周期的滚动管理。在连续2个考试年度内,参加公共基础科目和任一专业科目的考试并合格,可取得相应专业和级别的职业资格证书。

29.【答案】√

【解析】《国家认监委关于实施〈检验检测机构资质认定管理办法〉的若干意见》(国

认实〔2015〕49号）七（一）。检验检测机构授权签字人应当具有中级及以上技术职称或者同等能力，“博士研究生毕业，从事相关专业检验检测工作1年及以上；硕士研究生毕业，从事相关专业检验检测工作3年及以上；大学本科毕业，从事相关专业检验检测工作5年及以上；大学专科毕业，从事相关专业检验检测工作8年及以上”可视为具有同等能力。

30.【答案】√

【解析】《中华人民共和国标准化法》总则第三十四条。标准制定部门未依法对标准进行编号、复审或者备案的，国务院标准化行政主管部门应要求其说明情况，并限期改正。

三、多项选择题

1.【答案】BCD

【解析】《中华人民共和国标准化法》第二十七条。国家实行团体标准、企业标准自我声明公开和监督制度。企业应当公开其执行的强制性标准、推荐性标准、团体标准或者企业标准的编号和名称；企业执行自行制定的企业标准的，还应当公开产品、服务的功能指标和产品的性能指标。国家鼓励团体标准、企业标准通过标准信息公共服务平台向社会公开。

2.【答案】ABD

【解析】《公路工程试验检测仪器设备检定/校准指导手册》（六）管理方式。三类分别为：Ⅰ类——主要为测量单一物理量（如质量、长度等）的通用计量器具；Ⅱ类——主要为公路工程专用试验检测仪器设备；Ⅲ类——为无量值输出的工具类仪器设备（采取自行维护的管理方式）。

3.【答案】BCD

【解析】《公路工程标准体系》3体系结构。考生应注意，选项A“检测评价”模块属于“公路养护”板块；而“检测”模块属于“公路建设”板块。

4.【答案】ABCD

【解析】《公路水运试验检测机构等级评定及换证复核工作程序》（交安监发〔2017〕113号）第三章第二十二条。除题干所述四种情况外，还包括：检测机构实际状况与申请资料严重不符；检测机构有意干扰评审工作；被考核人员冒名顶替、借（租）用试验检测仪器设备。

5.【答案】CD

【解析】选项A、B是技术记录。《检验检测机构资质认定能力评价　检验检测机构通用要求》（RB/T 214—2017）4.5.11。检验检测机构应建立和保持记录管理程序，确保记录的标识、贮存、保护、检索、保留和处置符合要求。释义里说明：（1）质量记录指检验检测机构管理体系活动中的过程和结果的记录，包括合同评审、分包控制、采购、内部审核、管理评审、纠正措施、预防措施和投诉等记录。（2）技术记录指进行检验检测活动的信息记录，应包括原始观察、导出数据和建立审核路径有关信息的记录，检验检测、环境条件控制、员工、方法确认、设备管理、样品和质量监控等记录，也包括发出的每份检验检测报告或证书的副本。

6.【答案】ABCD

【解析】《检验检测机构资质认定能力评价　检验检测机构通用要求》（RB/T 214—2017）4.5.3。释义里说明：文件包括法律法规、标准、规范性文件、质量手册、程序文件、作业指导书和记录表格，以及通知、计划、图纸、图表、软件等。

7.【答案】BCD

【解析】《检验检测机构诚信基本要求》(GB/T 31880—2015)4.1总则。检验检测机构应收集内部和外部诚信信息,开展诚信自我评价或第三方评价,以验证自身诚信的状况。

8.【答案】ABC

【解析】《检验检测机构信用评价规范》(GB/T 36308—2018)表A.1。一级指标:人员能力80分,设备管理25分,样品管理70分,标准方法30分,环境条件25分,能力验证20分,报告证书50分。

9.【答案】ABD

【解析】《检测和校准实验室能力的通用要求》(ISO/IEC 17025:2017)5.5。实验室应:a)确定实验室的组织和管理结构、其在母体组织中的位置,以及管理、技术运作和支持服务间的关系;b)规定对实验室活动结果有影响的所有管理、操作或验证人员的职责、权力和相互关系;c)将程序形成文件的程度,以确保实验室活动实施的一致性和结果有效性为原则。

10.【答案】ABC

【解析】《公路水运工程试验检测信用评价办法》附件1中JJC201004、JJC201001、JJC201003。选项D应该是JJC202018扣40分。

11.【答案】AD

【解析】《公路水运工程试验检测信用评价办法》第二章第六条和附件2。工地试验室及现场检测项目扣100分的失信行为包括:(1)出虚假数据报告造成质量安全事故或质量标准降低的;(2)未履行合同擅自撤离工地的。

12.【答案】ABD

【解析】《检验检测机构资质认定能力评价 评审员管理要求》(RB/T 213—2017)4.6评审员的监管。4.6.1 检验检测机构资质认定部门应建立和维护评审员数据库,公布评审员信息,接受社会监督。4.6.2 检验检测机构资质认定部门应对评审员进行持续培训,培训形式包括集中授课、现场观摩、会议研讨或者在线培训等。4.6.3 检验检测机构资质认定部门应采取现场评审观察、评审案卷审查、被评审方的意见、专项检查及其他相关方面的信息反馈等方式对评审员的评审行为进行监督。4.6.4 检验检测机构资质认定部门应根据评审员技术能力、工作态度、职业道德等方面的表现,对评审员实施动态管理。4.6.5 检验检测机构资质认定部门应建立评审员信息变更上报制度.及时跟踪评审员的基础信息,定期审核评审员的信息。4.6.6 必要时,检验检测机构资质认定部门可聘用技术专家参与评审工作。

13.【答案】ABD

【解析】《公路水运工程试验检测管理办法》第十四条。现场评审是通过对申请人完成试验检测项目的实际能力、检测机构申报材料与实际状况的符合性、质量保证体系和运转等情况的全面核查。

14.【答案】AD

【解析】正确理解期间核查的概念。期间核查是为保持对设备校准状态的可信度,在两次检定之间进行的核查,包括设备的期间核查和参考标准器的期间核查。为了解仪器状态,维护仪器设备在两次校准期间校准状态的可信度,减少由于仪器稳定性变化造成的结果偏差,有必要对其进行检查,除了在开机前和关机后检查仪器外,对重要的检测设备在两次周期检定

(校准)之间需进行期间核查。最终使其满足监测工作要求,保证监测结果的质量。

15.【答案】ABD

【解析】依据标准是指对仪器设备进行检定/校准时,应依据的技术文件。主要包括以下公开发布的技术文件:①国家计量检定规程及校准规范;②交通运输部部门计量检定规程;③其他行业部门计量检定规程或有关技术文件;④地方发布的计量检定规程。

16.【答案】ABCD

【解析】《检验检测机构资质认定能力评价　检验检测机构通用要求》(RB/T 214—2017)4.4.1。检验检测机构租用仪器设备开展检验检测时,应确保:

①租用仪器设备的管理应纳入本检验检测机构的管理体系;

②本检验检测机构可全权支配使用,即:租用的仪器设备由本检验检测机构的人员操作、维护、检定或校准,并对使用环境和贮存条件进行控制;

③在租赁合同中明确规定租用设备的使用权;

④同一台设备不允许在同一时期被不同检验检测机构共用租赁。

17.【答案】ACD

【解析】能力验证是指利用实验室间对比,按照预先制定的准则评价参加者能力的活动,实际上它是为确保实验室维持较高的校准和校测水平而对其能力进行考核、监督和确认的一种验证活动。

18.【答案】ABD

【解析】《工地试验室标准化建设要点》(厅质监字〔2012〕200号)4.6外委管理。工程建设项目的同一合同段中的施工、监理单位和检测机构不得将外委试验委托给同一家检测机构。

19.【答案】BCD

【解析】《工地试验室标准化建设要点》(厅质监字〔2012〕200号)3.4体系和文化建设。工地试验室应依据母体检测机构的质量体系文件,结合工程特点,编制简洁、适用、针对性和操作性强的质量体系文件及各项管理制度。

20.【答案】ABCD

【解析】《工地试验室标准化建设要点》(厅质监字〔2012〕200号)4.5样品管理。工地试验室应制定样品管理制度,对样品的取样、运输、标识、存储、留样及处置等全过程实施严格的控制和管理。

21.【答案】BC

【解析】需要区分手册编制的依据和设备检定校准的依据,选项A、D是手册编制的依据,而不是检定校准用依据。《水运工程试验检测仪器设备检定/校准指导手册》(五)依据标准,指对仪器设备进行检定/校准时,应依据的技术文件,包括以下公开发布的技术文件:(1)国家计量检定规程及校准规范;(2)交通运输部部门计量检定规程及校准规范。

22.【答案】BC

【解析】离散型随机变量的定义。随机变量分为离散型随机变量与连续型随机变量两种,随机变量的函数仍为随机变量。有些随机变量,它全部可能取到的不相同的值是有限个或可列无限多个,也可以说概率1以一定的规律分布在各个可能值上。这种随机变量称为

“离散型随机变量”。当随机变量的可取值全体为一离散集时,称其为离散型随机变量。选项B、C是概率分布的两条基本性质。

23.【答案】ABC

【解析】《公路水运工程试验检测等级管理要求》(JT/T 1181—2018)1 范围。本标准适用于公路水运工程试验检测机构建设与管理、等级评定、换证复核、检查评价等工作。

24.【答案】AC

【解析】《公路水运工程试验检测等级管理要求》(JT/T 1181—2018)2 规范引用文件。

25.【答案】AB

【解析】相关系数具有的性质。描述的是两个变量间线性相关强弱的程度。ρ_{xy}的取值在 -1 与 $+1$ 之间,若 $\rho_{xy}>0$,表明两个变量是正相关,即一个变量的值越大,另一个变量的值也会越大;若 $\rho_{xy}<0$,表明两个变量是负相关,即一个变量的值越大另一个变量的值反而会越小。ρ_{xy}的绝对值越大表明相关性越强,要注意的是这里并不存在因果关系。若 $\rho_{xy}=0$,表明两个变量间不是线性相关,但有可能是其他方式的相关。

第二部分　道 路 工 程

模拟试题一

说明:1. 本模拟试题设置单选题 30 道、判断题 30 道、多选题 20 道、综合题 5 道(含 25 道小题),总计 150 分;模拟自测时间为 150 分钟。

2. 本模拟试题仅供考生进行考前自测使用。

一、单项选择题(共 30 题,每题 1 分,共 30 分)

1. 路基顶面实测代表弯沉值应(　　)路基顶面验收弯沉值。

A. 不小于　B. 不大于　C. 等于　D. 小于

2. 工程质量等级应按(　　)顺序逐级进行评定。

A. 单位工程、分部工程、合同段　B. 分部工程、合同段、单位工程

C. 单位工程、合同段、分部工程　D. 分部工程、单位工程、合同段

3. 土方路基边线与边坡不应出现单向累计长度超过(　　)的弯折。

A. 10m　B. 20m　C. 50m　D. 100m

4. 公路技术状况分为优、良、中、次、差五个等级,中为(　　)。

A. ≥90　B. ≥80,<90　C. ≥70,<80　D. <70

5. 土的三项基本物理指标不包括(　　)。

A. 比重　B. 饱和度　C. 含水率　D. 密度

6. 通过土颗粒表面静电引力所吸附的表面水是(　　)。

A. 结合水　B. 毛细水　C. 重力水　D. 自由水

7. 在土的粒组划分中,粗粒组和细粒组的区分界限为(　　)。

A. 0.002mm　B. 0.015mm　C. 0.075mm　D. 2mm

8. 扰动土样采用击实法制备试件时,同一组试件与制备标准之差值,密度不大于(　　)g/cm^3,含水率不大于(　　)%。

A. ±0.2; 1　B. ±0.5; 1

C. ±0.1; 1　D. ±0.1; 2

9. 经试验测定,某土层 $P_c > r_z$(P_c 为先期固结压力,r_z 为土的自重压力),则该土层是(　　)状态。

A. 正常固结　B. 超固结　C. 欠固结　D. 次固结

10. 慢剪试验中,若1min内剪切变形不超过(　　),则施加下一级水平荷载。

A. 0.01mm　　B. 0.02mm　　C. 0.03mm　　D. 0.04mm

11. 在沥青混合料中,细集料是指粒径小于(　　)的天然砂、人工砂(包括机制砂)及石屑。

A. 1.18mm　　B. 2.36mm　　C. 4.75mm　　D. 9.5mm

12. 集料压碎值越大,集料抵抗压碎能力(　　)。

A. 越好　　B. 不变　　C. 越差　　D. 难以确定

13. 碾压贫混凝土7d龄期无侧限抗压强度应不低于7MPa,且不宜高于(　　)。

A. 10MPa　　B. 15MPa　　C. 20MPa　　D. 25MPa

14. 对于水泥稳定材料,工地实际采用的水泥剂量宜比室内试验确定的剂量多(　　)。

A. 0.2% ~0.5%　　B. 0.5% ~1.0%

C. 1.0% ~1.5%　　D. 1.5% ~2.0%

15. 一组水泥混凝土标准立方体试件进行抗压强度试验,极限荷载分别为780kN、710kN、900kN,该组试件的抗压强度为(　　)。

A. 35.4MPa　　B. 34.7MPa　　C. 33.1MPa　　D. 作废

16. 为满足施工要求,水泥凝结时间要求初凝不宜过(　　),而终凝又不宜过(　　)。

A. 长;短　　B. 长;长　　C. 短;长　　D. 短;短

17. 通过采用贯入阻力的测定方法,明确混凝土拌和物的凝结时间,绘制单位面积贯入阻力与测试时间的关系曲线,当贯入阻力为(　　)MPa和(　　)MPa时,对应确定混凝土的初凝时间和终凝时间。

A. 3.0; 28　　B. 3.0; 38　　C. 3.5; 28　　D. 3.5; 38

18. 混凝土配合比设计中,水胶比是根据(　　)确定的。

A. 混凝土强度　　B. 混凝土工作性

C. 混凝土耐久性　　D. 混凝土强度与耐久性

19. 我国规定在(　　)℃温度条件下进行针入度试验。

A. 20　　B. 25　　C. 30　　D. 35

20. 空隙率在18%以上的沥青混合料类型为(　　)。

A. AC　　B. OGFC　　C. SMA　　D. AM

21. VFA表示沥青混合料试件的(　　)。

A. 空隙率　　B. 矿料间隙率

C. 沥青饱和度　　D. 沥青体积百分率

22. 车辙试验主要是用来评价沥青混合料的(　　)。

A. 高温稳定性　　B. 低温抗裂性　　C. 耐久性　　D. 抗滑性

23. 公路技术状况检测与调查应以(　　)路段长度为基本检测(或调查)单元。

A. 500m　　B. 1000m　　C. 1500m　　D. 2000m

24. 含水率(比重法)计算公式为:(　　)。

A. $w = \left[\frac{m(G_S + 1)}{G_S(m_1 - m_2)} - 1\right] \times 100$　　B. $w = \left[\frac{m(G_S - 1)}{G_S(m_1 - m_2)} - 1\right] \times 100$

C. $w=\left[\frac{m(G_S+1)}{G_S(m_1-m_2)}+1\right]\times 100$　　D. $w=\left[\frac{m(G_S-1)}{G_S(m_1-m_2)}+1\right]\times 100$

25. 矿渣水泥不适宜用于(　　)。

A. 耐热耐火要求的混凝土　　B. 大体积混凝土

C. 有抗硫酸盐侵蚀要求的混凝土　　D. 早期强度要求高的混凝土

26. 级配碎石目标配合比曲线确定后,还需进行(　　)的确定。

A. 级配的离散度　　B. 级配合理变化范围

C. 级配的关键筛选择　　D. 级配的均匀性

27. 采用烘干法对石灰稳定土含水率进行测定时,下列做法正确的是(　　)。

A. 将石灰稳定土取样后,置于烘箱中,将烘箱调整到 110℃

B. 将石灰稳定土取样后,置于烘箱中,将烘箱调整到 105℃

C. 将石灰稳定土取样后,置于温度已达到 105℃的烘箱中

D. 将石灰稳定土取样后,置于温度已达到 110℃的烘箱中

28. 使用自动弯沉仪采集沥青路面弯沉数据时,当路面横坡超过(　　)时,应进行弯沉值的横坡修正。

A. 1%　　B. 2%　　C. 3%　　D. 4%

29. 落锤式弯沉仪测定的弯沉为(　　)。

A. 回弹弯沉　　B. 总弯沉

C. 动态回弹弯沉　　D. 动态总弯沉

30. 检验高速公路表面层的摩擦系数,可采用摩擦系数测定车测定(　　)。

A. 纵向力系数　　B. 横向力系数

C. 20℃时的摆值　　D. 以上均不对

二、判断题(共 30 题,每题 1 分,共 30 分)

1. 稳定粒料基层厚度检查频率为每 200m 测 2 点。(　　)

2. 注浆强度属于边坡锚固防护的关键项目。(　　)

3. 悬臂式和扶壁式挡土墙沉降缝及伸缩缝应竖直、贯通,采用弹性材料填充密实。(　　)

4. 混合料加水拌和到碾压终了的时间应大于水泥的终凝时间。(　　)

5. 土中的气体分为与大气相连通的自由气体和与大气隔绝的封闭气体。(　　)

6. 沉降分析法适用于粒径大于 0.075mm 的土颗粒组成。(　　)

7. 通过砂的相对密度试验,可以了解土在自然状态或经压实松紧情况和土粒结构的稳定性。(　　)

8. 相对下沉系数试验目的是测定黄土(黄土类土)的大孔隙比和相对下沉系数。(　　)

9. 土的无侧限抗压强度试验当百分表达到峰值或读数达到稳定,需继续剪至轴向应变达 20% 方可停止试验。(　　)

10. 压缩系数 a 越大,土的压缩性就越大。(　　)

11. 单位毛体积(含物质颗粒固体及其闭口、开口孔隙体积)粗集料的质量称为毛体积密度。 ( )

12. 当集料中二氧化硅含量大于52%时,属于酸性集料。 ( )

13. 普通硅酸盐水泥的终凝时间不大于390min。 ( )

14. 无机结合稳定材料无侧限抗压强度试验试件制备时,试模的直径×高=100mm×100mm。 ( )

15. 采用代用维卡仪法测定水泥标准稠度用水量时,如果固定用水量法和调整用水量法的结果有冲突时,以固定用水量法的结果为准。 ( )

16. 水泥强度的高低与水泥自身的熟料矿物组成密切相关,但与细度无关。 ( )

17. 在用贯入阻力法测定混凝土凝结时间的试验中,装入试模前不需要对混凝土拌和物进行过筛处理。 ( )

18. 水泥混凝土配合比设计中,试拌时发现混凝土的坍落度不能满足要求,但黏聚性和保水性却较好时,此时应在保持原有水灰比不变的条件下,调整水和水泥用量,直到符合要求为止。 ( )

19. 针入度试验中的关键性条件为温度和测试时间。 ( )

20. 当沥青试样软化点小于80℃时,重复性试验的允许误差为1℃,复现性试验的允许误差为4℃。 ( )

21. 沥青延度试验中试模的两个端模不要涂抹隔离剂。 ( )

22. 动力黏度很好地反映了沥青在温度条件下的黏滞性,通常采用毛细管法测定。 ( )

23. 当针对坚硬、易碎、含有粗粒、形状不规则的土样时,密度试验需采用环刀法。 ( )

24. 无机结合料稳定材料应钻取芯样检验其整体性,且芯样的高度应不小于实际摊铺厚度的70%。 ( )

25. EDTA滴定法适用于水泥在初凝之前的水泥含量测定,并可用于检查现场拌和与摊铺均匀性。 ( )

26. 沥青密度与相对密度试验中密度瓶水值的测定步骤:瓶塞顶部需要擦拭干净,膨胀瓶塞上不得有小水滴。 ( )

27. 蜡在高温时融化,使沥青黏度增加,影响高温稳定性,减小温度敏感性。 ( )

28. 当路面温度大于20℃时,弯沉的温度修正系数大于1。 ( )

29. 摆式仪测定路面抗滑值,当路面试验温度不是20℃时,应进行温度修正。 ( )

30. 挖坑及钻芯法会对路面造成一定的破坏,需做填补处理。 ( )

三、多项选择题(共20题,每题2分,共40分。下列各题的备选项中,至少有两个符合题意,选项全部正确得满分,选项部分正确按比例得分,出现错误选项该题不得分)

1. 下列选项中,属于砂垫层实测项目的是( )。

A. 反滤层设置　B. 压实度　C. 砂垫层厚度　D. 竖直度

2. 下列有关稳定土、稳定粒料、级配碎(砾)石、填隙碎石基层和底基层的实测关键项目、评定标准及检查要求,说法正确的包括( )。

A. 其他公路基层厚度和高速、一级公路底基层厚度的允许偏差相同
B. 稳定土、稳定粒料基层和底基层关键实测项目为压实度、厚度及强度
C. 级配碎（砾）石、填隙碎石基层和底基层关键实测项目为固体体积率及厚度
D. 外观质量要求：表面连续离析不得超过10m，累计离析不得超过50m

3. 下列有关水泥混凝土弯拉强度合格标准，说法错误的包括（　　）。
A. 当试件组数为11～19组时，允许有一组最小弯拉强度小于0.85f_r，但不得小于0.80f_r
B. 当试件组数大于20组时，高速公路和一级公路允许有一组最小弯拉强度小于0.85f_r，但不得小于0.75f_r
C. 当试件组数大于10组时，高速公路和一级公路水泥混凝土最小弯拉强度均不得小于0.85f_r
D. 试件组数少于或等于10组时，试件平均强度不得小于1.10f_r，任一组强度均不得小于0.85f_r

4. 土是由（　　）组成的集合体。
A. 固相　　B. 液相　　C. 气相　　D. 有机质

5. 灌水法适用于现场测定（　　）的密度。
A. 细粒土　　B. 中粒土　　C. 粗粒土　　D. 巨粒土

6. 下列关于土的击实试验，说法正确的是（　　）。
A. 土体积缩小是因为气体排出
B. 土体积缩小是因为水和气体同时排出
C. 击实试验分为轻型击实和重型击实
D. 体积缩小是因为土颗粒被压缩

7. 矿质混合料有多重组成设计方法，目前一般习惯于采用（　　）。
A. 图解法　　B. 电子表格法　　C. 正规方程法　　D. 试算法

8. 关于细度模数的描述，正确的有（　　）。
A. 细度模数在2.2～1.6之间为中砂
B. 细度模数反映的是集料的平均颗粒大小，常用于细集料粗细程度的评定
C. 细度模数越大，表示砂的颗粒越粗
D. 普通混凝土用砂的细度模数范围一般在3.7～1.6，以其中的中砂为宜

9. 下列关于公路无机结合料稳定材料无侧限抗压强度试验，正确的选项有（　　）。
A. 试件进行28d养护
B. 试验过程加载速率为1mm/min
C. 试验前试件表面应用刮刀刮平，避免试件表面不均匀的凸起物在试验过程中造成应力集中，导致试验数据失真
D. 试件强度不符合要求时，应重新进行混合料配合比设计

10. 测定水泥标准稠度用水量的方法有（　　）。
A. 维勃稠度法　　B. 标准维卡仪法
C. 勃氏法　　D. 代用维卡仪法

11. 判断水泥是否合格的指标包括(　　)。

A. 烧失量　　B. 凝结时间　　C. 安定性　　D. 强度

12. 水泥混凝土配合比设计步骤包括(　　)。

A. 计算基准配合比　　B. 提出基准配合比

C. 确定试验室配合比　　D. 换算施工配合比

13. 道路石油沥青延度试验温度是(　　)。

A. 25℃　　B. 15℃　　C. 10℃　　D. 5℃

14. 路面结构通常是分层铺筑的,面层可由(　　)构成。

A. 一层　　B. 二层　　C. 三层　　D. 四层

15. 下列属于土工合成材料水力性能试验方法的有(　　)。

A. 恒水头法　　B. 耐静水压试验　　C. 网篮法　　D. 干筛法

16. 公路中线的平面线形由(　　)等组成。

A. 直线　　B. 圆曲线　　C. 缓和曲线　　D. 竖曲线

17. 土的膨胀性试验包括(　　)。

A. 自由膨胀率试验　　B. 有荷载膨胀率试验

C. 无荷载膨胀率试验　　D. 膨胀力试验

18. 以下关于路面渗透性检测方法论述,正确的有(　　)。

A. 路面渗透性能可用渗水系数表征

B. 路面渗水系数与空隙率有很大关系

C. 渗水系数越小,路面越容易渗水

D. 渗水系数法可用于公称最大粒径大于26.5mm的下面层或基层混合料

19. 已知某一批次土样的相对密度,则下列(　　)土样的状态属于中密状态。

A. 0.25　　B. 0.35　　C. 0.55　　D. 0.75

20. SBS改性沥青的高温低温性能都好,且有良好的弹性恢复性能,所以采用(　　)作为主要指标。

A. 软化点　　B. 5℃低温延度　　C. 回弹率　　D. 闪点

四、综合题(共5道大题,每道大题10分,共50分。下列各题的备选项中,有一个或一个以上符合题意,选项全部正确得满分,选项部分正确按比例得分,出现错误选项该题不得分)

1. 关于水泥混凝土立方体抗压强度和抗弯拉强度试验方法,请回答以下问题。

(1)水泥混凝土立方体抗压强度试验方法试验步骤正确的有(　　)。

A. 以成型时侧面为上下受压面,试件中心应与压力机几何对中

B. 强度等级小于C30的混凝土取0.3~0.5MPa/s的加荷速度

C. 强度等级大于C30、小于C60时,则取0.5~0.8MPa/s的加荷速度

D. 强度等级大于C60的混凝土,取0.8~1.0MPa/s的加荷速度

(2)水泥混凝土立方体抗压强度试验方法测定的3个试件测值中的最大值或最小值,如

有一个与中间值之差超过中间值的(　　),则取中间值为测定值。

A. 5%　　B. 10%　　C. 15%　　D. 20%

(3)采用 100mm×100mm×400mm 非标准试件时,在三分点加荷的试验方法同前,但所取得的抗折强度值应乘以尺寸换算系数(　　)。

A. 0.80　　B. 0.85　　C. 0.90　　D. 0.95

(4)水泥混凝土抗弯拉强度试验方法注意事项,正确的有(　　)。

A. 3 根试件中如果有 1 根试件均出现断裂面位于加荷点外侧,则该组结果无效

B. 弯拉强度试验装置对于试验结果有显著影响,所以试验过程中必须使用符合规定的装置

C. 试验时应选择合适的压力机加载量程,否则可能引起较大误差

D. 试验要求的加载速率单位是 MPa/s

(5)水泥混凝土立方体抗压强度和抗弯拉强度试验结果计算,下列说法正确的有(　　)。

A. f_{cu}——混凝土抗弯拉强度

B. f_{cf}——混凝土立方体抗压强度

C. 混凝土立方体抗压强度试验结果计算精确至 0.1MPa

D. 混凝土抗弯拉强度试验结果计算精确至 0.01MPa

2. 关于土的颗粒分析试验、CBR 试验、酸碱度试验、烧失量试验、有机质含量试验方法,请回答以下问题。

(1)关于土颗粒分析试验(密度计法),下列说法正确的有(　　)。

A. 酸性土(pH<6.5),30g 土样加 0.5mol/L 氢氧化钠 20mL

B. 中性土(pH=6.5~7.5),30g 土样加 0.25mol/L 草酸钠 18mL

C. 碱性土(pH>7.5),30g 土样加 0.083mol/L 六偏磷酸钠 15mL

D. 甲种密度计应准确至 0.001,估读至 0.0001;乙种密度计应准确至 1,估读至 0.1

(2)有关土的 CBR 试验方法,下列说法正确的有(　　)。

A. 试样浸润时间:重黏土不得少于 24h;轻黏土可缩短到 12h;砂土可缩短到 1h;天然砂砾可缩短到 2h 左右

B. 加荷使贯入杆以 1~1.25mm/min 的速度压入试件,记录测力计内百分表某些读数(如 20、40、60)时的贯入量,并注意使贯入量为 250×10^{-2}mm 时,能有 5 个以上的读数

C. 如果 p-l 关系曲线的开始段是凹曲线,需要进行修正。修正时在变曲率点引一切线,与纵坐标交于 O'点,O'即为修正后的原点

D. 如三个试件结果计算的干密度偏差超过 0.03g/cm^3,则去掉一个偏离大的值,取其余两个结果的平均值

(3)土的酸碱度试验需要用到的试剂有(　　)。

A. pH=4.01 标准缓冲溶液　　B. pH=6.87 标准缓冲溶液

C. pH=9.18 标准缓冲溶液　　D. 饱和氯化钾溶液

(4)土的烧失量试验中,重复灼烧称量至前后两次质量相差小于(　　)mg,即为恒量。

A. 0.5　　B. 1　　C. 1.5　　D. 2

(5)土的有机质含量试验方法适用于有机质含量不超过(　　)的土。

A. 10%　　B. 15%　　C. 20%　　D. 25%

3. 某水泥混凝土用砂样筛分数据如下表。关于细集料筛分试验方法、筛分结果的计算、细度模数的计算、砂粗细程度的判定,请回答下列问题。

筛孔尺寸(mm)	4.75	2.36	1.18	0.6	0.3	0.15	0.075
筛余量(g)	10	150	75	110	130	20	5

(1)细集料筛分试验需要注意的有(　　)。

A. 对水泥混凝土用砂可采用干筛法,如果需要也可采用水筛法筛分

B. 不能以水泥混凝土用砂的筛分方式代替沥青混合料的筛分

C. 砂的粗细程度改变,对水泥混凝土的影响程度远不如对沥青混合料影响程度大

D. 干筛法中所有各筛上存留量加上底盘上保留质量之和与筛分试验用量相比,其差不得超过总质量的1%

(2)有关细集料筛分试验结果计算,描述正确的有(　　)。

A. 分计筛余百分率是指某孔径筛上的筛余质量占试样总质量百分率

B. 通过百分率是指通过某一筛孔的试样质量占总质量的百分率,在数值上等于100减去该孔径筛的累计筛余百分率

C. 细度模数由规定的数个筛上的累计筛余百分率计算得到,细度模数越大,表示砂的颗粒越粗

D. 进行两次平行试验,以试验结果的算术平均值作为测定值,如两次试验所得的细度模数之差大于0.2,应重新进行试验

(3)该砂0.6mm筛的累计筛余百分率为(　　)。

A. 22%　　B. 31%　　C. 47%　　D. 69%

(4)该砂的细度模数为(　　)。

A. 2.9　　B. 3.0　　C. 3.2　　D. 3.4

(5)根据细度模数判断该砂为(　　)。

A. 粗砂　　B. 中砂　　C. 细砂　　D. 特细砂

4. 高速公路路基施工完成后进行压实度检测工作,现场采用挖坑灌砂方法测定路基压实度,请结合相关标准规范对以下问题作答。

(1)挖坑灌砂法试验适用于(　　)的压实度检测。

A. 基层　　B. 路基土　　C. 填石路堤　　D. 砂石路面

(2)下列(　　)不是标定灌砂筒下部圆锥体内砂质量的步骤。

A. 按规定方法向灌砂筒内装砂并称取砂的质量,以后每次标定均维持该装砂质量

B. 将装有一定质量砂的储砂筒放在标定罐上,打开开关让砂流出至不再下流时,关闭开关,取下灌砂筒,称量筒内剩余砂的质量

C. 将灌砂筒轻移至玻璃板上,打开开关让砂流出,直至砂不再流出,关闭开关,取走灌砂筒

D. 收集并称量玻璃板上砂的质量

(3)灌砂法测定过程中,下列(　　)操作会使测定结果偏小。

A.测定层表面不平整而操作时,未先放置基板测定粗糙表面的耗砂量

B.标定砂锥质量时,未先流出一部分与试坑体积相当的砂而直接用全部的砂来形成砂锥

C.开凿试坑时飞出的石子未捡回

D.所挖试坑的深度只达到测定层的一半

(4)测压实度正确的试验步骤排序为(　　)。

①移开灌砂筒并取出试坑内的量砂以备下次再用。

②移开灌砂筒并清理测点表面。

③测定粗糙面上砂锥的质量。

④将装有量砂的灌砂筒放置在基板中心。

⑤放置基板使基板中心对准测点。

⑥在灌砂筒内装入量砂,把灌砂筒放在基板上,使灌砂筒中心正好对准基板中心,打开灌砂筒,测定灌入试坑内砂的质量。

⑦沿基板中心向下挖坑至下一结构层顶面,并尽快称量所挖出试样的质量和含水率。

⑧选点并将其表面清理干净。

A.⑧⑤④③②⑦⑥①　　　　B.⑧⑤④③②⑤⑥⑦①

C.⑧⑤③②④⑦⑥①　　　　D.⑧④③②⑤⑦⑥①

(5)灌砂法试验得出试坑材料湿密度为2.30g/cm^3,含水率为5.5%,该材料室内标准击实试样最大干密度为2.25g/cm^3,则该测点压实度为(　　)。

A.92.40%　　B.96.60%　　C.96.90%　　D.102.20%

5.关于无机结合料稳定材料击实试验方法,请回答以下问题。

(1)无机结合料稳定材料击实试验甲、乙两类方法区别在于(　　)。

A.试样尺寸　　　　B.每层击数

C.平均单位击实功　　　　D.容许最大公称粒径

(2)关于无机结合料稳定材料击实试验准备,说法正确的有(　　)。

A.如试料是细粒土,将已捣碎的具有代表性的土过4.75mm筛备用(用甲法或乙法做试验)

B.如试料中含有粒径大于4.75mm的颗粒,则先将试料过19mm的筛,如存留在孔径为19mm筛中颗粒的含量不超过10%,则过26.5mm筛,留作备用(用甲法或乙法做试验)

C.如试料中粒径大于19mm的颗粒含量超过10%,则将试料过37.5mm筛,如存留在孔径为37.5mm筛中颗粒的含量不超过10%,则过53mm筛备用(用乙法或丙法做试验)

D.如试料中粒径大于37.5mm的颗粒含量超过10%,则过53mm筛备用(用丙法做试验)

(3)无机结合料稳定材料击实试验丙类方法每层锤击次数为(　　)次。

A.27　　B.59　　C.98　　D.112

(4)当试样中大于规定最大粒径的超尺寸颗粒含量为(　　)时,对试验所得最大干密度和最佳含水率进行校正。

A. 5% ~30%　　B. 10% ~30%　　C. 15% ~30%　　D. 20% ~30%

(5)无机结合料稳定材料击实试验报告应包括(　　)。

A. 试样的最大粒径、超尺寸颗粒的百分率

B. 水泥和石灰的剂量(%)或石灰粉煤灰土(粒料)的配合比

C. 所用试验方法类别

D. 最大干密度(g/cm^3)和最佳含水率(%)

模拟试题二

说明：1. 本模拟试题设置单选题30道、判断题30道、多选题20道、综合题5道(含25道小题)，总计150分；模拟自测时间为150分钟。

2. 本模拟试题仅供考生进行考前自测使用。

一、单项选择题(共30题，每题1分，共30分)

1. 路基工作区是指汽车荷载通过路面传递到路基的应力与路基自重应力之比大于(　　)的应力分布深度范围。

A. 0.01　　B. 0.02　　C. 0.1　　D. 0.2

2. 反压护道高度、宽度应满足设计要求，压实度不低于(　　)。

A. 85%　　B. 90%　　C. 95%　　D. 100%

3. 每一双车道评定路段(不超过1km)测量检查点数，落锤式弯沉仪为(　　)。

A. 40　　B. 50　　C. 80　　D. 100

4. 砌体和片石混凝土挡土墙与悬臂式和扶壁式挡土墙共同的关键实测项目为(　　)。

A. 砂浆强度　　B. 断面尺寸　　C. 混凝土强度　　D. 墙面坡度

5. (　　)是指水与土空隙管壁接触时，由于湿润和静电引力作用，在毛细管壁形成的水。

A. 结晶水　　B. 自由水　　C. 结合水　　D. 毛细水

6. 当液性指数为0时，土处于(　　)。

A. 液限　　B. 塑限　　C. 缩限　　D. 软塑状态

7. 击实试验是为了获得路基土的最大干密度和(　　)。

A. 最大孔隙率　　B. 最佳含水率

C. 最小孔隙率　　D. 天然稠度

8. 土从液体状态向塑性体状态过渡的界限含水率称为(　　)。

A. 液限　　B. 塑限　　C. 缩限　　D. 塑性指数

9. 影响毛细性的因素中(　　)影响最为显著。

A. 孔隙比　　B. 土的粒度成分

C. 毛细水　　D. 饱和度

10. CBR试验中，试样的最大粒径宜控制在20mm以内，最大不得超过(　　)且含量不超过5%。

A. 10mm　　B. 20mm　　C. 30mm　　D. 40mm

11. 标准筛由(　　)种不同孔径筛子组成。

A. 15　　B. 16　　C. 17　　D. 18

12. 粗集料堆积密度中最大的是(　　)。

A. 堆积密度　　B. 振实密度　　C. 捣实密度　　D. 密实密度

13. 无机结合料稳定材料振动压实试验方法适用于( )的稳定材料。

A. 粗集料含量较大的
B. 粗集料含量较小的
C. 细集料含量较大的
D. 细集料含量较小的

14. 用 EDTA 滴定法测定水泥和石灰稳定材料中水泥或石灰的剂量时,溶液颜色变化为( )。

A. 玫瑰红色-紫色-蓝色
B. 玫瑰红色-蓝色-紫色
C. 紫色-蓝色-玫瑰红色
D. 蓝色-紫色-玫瑰红色

15. 下列不属于通用硅酸盐水泥的选项为( )。

A. 普通硅酸盐水泥
B. 矿渣硅酸盐水泥
C. 道路硅酸盐水泥
D. 火山灰硅酸盐水泥

16. 水泥标准稠度测定中,水泥是指( )。

A. 水泥净浆　B. 水泥砂浆　C. 水泥混凝土　D. 以上都是

17. 下列关于水泥凝结时间的说法,正确的是( )。

A. 水泥的凝结时间是指水泥浆从最初的可塑状态到开始失去塑性所需的时间
B. 水泥的凝结时间是指水泥浆从最初的可塑状态到逐渐失去可塑性所需的时间
C. 水泥的凝结时间是指从水泥全部加入水中到水泥浆开始失去塑性所需的时间
D. 水泥的凝结时间是指从水泥全部加入水中到水泥浆完全失去塑性所需的时间

18. 沥青析漏试验用以检验沥青玛蹄脂碎石混合料(SMA)、排水式大空隙沥青混合料(OGFC)或沥青碎石类混合料的( )沥青用量。

A. 最大　B. 最小　C. 最佳　D. 平均

19. 摆式摩擦仪调零允许误差为( )BPN。

A. ±1　B. ±2　C. ±3　D. ±4

20. 在进行挖坑法厚度检测时,在选择试验地点时,需选一块( )的平坦表面。

A. 20cm×20cm
B. 30cm×30cm
C. 40cm×40cm
D. 50cm×50cm

21. 表干密度是指在规定条件下的单位体积物质颗粒的饱和面干质量,其中单位体积不包括( )。

A. 颗粒间间隙体积
B. 开口孔隙体积
C. 闭口孔隙体积
D. 材料的实体矿物成分

22. 测试某土样时,测得湿土质量为 m,含水率为 w,则该土样干重为( )。

A. $m_s = m \times (1 - w)$
B. $m_s = m \times (1 + w)$
C. $m_s = \dfrac{m}{1 + w}$
D. $m_s = \dfrac{m}{1 - w}$

23. 对于同一土样,在孔隙率一定的情况下,下列关系式正确的是( )。

A. $\rho_{sat} > \rho' > \rho_d$
B. $\rho_d > \rho' > \rho_{sat}$
C. $\rho_{sat} > \rho_d > \rho'$
D. $\rho_d > \rho_{sat} > \rho'$

24. 下列不属于水泥熟料中所加混合材料作用的是( )。

A. 增加水泥产量
B. 有效提高水泥的水化热

C. 降低水泥的生产成本　　D. 改善水泥品质

25. 不同类型沥青混合料采用的级配应不同，ATB-25 宜采用(　　)。

A. 连续级配　　B. 间断级配　　C. 开级配　　D. 半开级配

26. 交通荷载等级为中等时，混凝土设计弯拉强度标准值为(　　)MPa。

A. 5　　B. 4.5　　C. 4　　D. 3.5

27. 黏附性直接影响沥青路面的使用质量和(　　)，是评价沥青技术性能的一项重要指标。

A. 黏滞性　　B. 延性　　C. 抗滑性　　D. 耐久性

28. 引起沥青老化的直接因素有(　　)。

①热的影响；②氧的影响；③光的影响；④水的影响；⑤渗流硬化。

A. ①②③④　　B. ①③④　　C. ②③④⑤　　D. ①②③④⑤

29. 以下关于短脉冲雷达法测量路面厚度的说法，错误的是(　　)。

A. 路面过度潮湿情况下不适用该方法

B. 设备通常工作在 0～40℃

C. 测量深度 8cm 时，系统的测量误差应不超过 3mm

D. 可以采用 500MHz 地面耦合天线检测

30. 非经注明，测定沥青密度的标准温度为 15℃，而沥青的相对密度是指(　　)时与相同温度下水的密度之比。

A. 10℃　　B. 15℃　　C. 20℃　　D. 25℃

二、判断题(共 30 题，每题 1 分，共 30 分)

1. 路面结构中的功能层包括封层、黏层、透层、排水层和防冻层。(　　)

2. 关键项目的合格率应不低于 95%(机电工程为 100%)，否则该检查项目为不合格。(　　)

3. 路基边坡、护坡道、碎落台不得有滑坡、塌方或深度超过 100mm 的冲沟。(　　)

4. 土方路基实测项目中的关键项目只有压实度。(　　)

5. 孔隙率是指土中孔隙体积与土体总体积之比。(　　)

6. 土的塑性指标包括液限、塑限和塑性指数。(　　)

7. 在塑限滚搓法中，当土条搓至直径为 3mm 时，其产生裂缝并开始断裂，则这时土条的含水率即为土的塑限含水率。(　　)

8. 土的液限与天然含水率之差与塑性指数之比，称为土的天然稠度。(　　)

9. CBR 是指试料贯入量达 1.5mm 时，单位压力对标准碎石压入相同贯入量时标准强度的比值。(　　)

10. 土回弹模量的测定方法有承载板法和强度仪法。(　　)

11. 通常集料的最大粒径比公称最大粒径大一个粒级。(　　)

12. 细集料筛分试验有水洗法和干筛法。对沥青混合料用细集料必须采用干筛法。(　　)

13. 硅铝粉煤灰是指粉煤灰中 CaO 含量为 10% ~40%。 (　　)

14. 如果制作 EDTA 标准曲线所用素土、水泥或石灰发生改变,则必须重做标准曲线。 (　　)

15. 硅酸盐水泥中掺入混合料不超过 5% 的称为Ⅰ型硅酸盐水泥。 (　　)

16. 水泥凝结时间测定时,当达到凝结时间,要立即重复测定一次,当两次结果不同时,以第二次结果为准。 (　　)

17. 水泥安定性试验雷氏夹法和试饼法试验结果相矛盾时,以雷氏夹法的结果为准。 (　　)

18. 水泥混凝土强度试验中,试件移至标准养护室,养护条件温度 20℃ ±5℃,相对湿度 50% 以上,直至到规定龄期。 (　　)

19. 水泥细度对水泥的性能有显著影响,因此,细度越大越好。 (　　)

20. 水泥标准稠度是指水泥净浆对标准试杆沉入时所产生的阻力达到规定状态所具有的水和水泥用量百分率。 (　　)

21. 石灰中有效氧化镁含量越高,石灰的品质越低。 (　　)

22. 由于粉煤灰质量不稳定,所以高速公路沥青面层不宜采用粉煤灰作填料。 (　　)

23. 激光构造深度仪既适用于沥青混凝土路面,也适用于水泥混凝土路面的构造深度检测。 (　　)

24. 石灰稳定土类混合料组成设计时,成型好的试件应在规定温度下保温养护 6d,浸水 24h 后,再进行无侧限抗压强度试验。 (　　)

25. 可通过适当提高抗压强度的方法来提高半刚性基层的抗冲刷性能。 (　　)

26. 水泥属于偏碱性材料,其中碱性成分在水的参与下,与集料中的活性氧化硅或活性碳酸盐发生碱集料反应,使混凝土迅速形成强度。 (　　)

27. 目前沥青与集料之间黏附性好坏的常规评价方法是水煮法或水浸法,通过一定条件下考察集料表面沥青膜抵御水剥离的能力,来界定沥青黏附性的好坏。 (　　)

28. 对于中粒式或粗粒式密级配沥青混合料,可以适当减少沥青的用量来提高混合料的高温稳定性。 (　　)

29. 路面损坏自动化检测应纵向连续检测,横向检测宽度应不小于车道宽度的 80%。 (　　)

30. 平整度指标 σ 值越大,则路面平整性越差。 (　　)

三、多项选择题(共 20 题,每题 2 分,共 40 分。下列各题的备选项中,至少有两个符合题意,选项全部正确得满分,选项部分正确按比例得分,出现错误选项该题不得分)

1. 若要计算砂的相对密度,则需已知(　　)。

A. 最小孔隙比　　B. 最大孔隙比　　C. 天然含水率　　D. 天然孔隙比

2. 根据细度模数大小将砂分为四级,下面叙述正确的有(　　)。

A. 粗砂 3.7 ~3.1　　B. 中砂 3.0 ~2.5

C. 细砂 2.2 ~1.6　　D. 特细砂 1.5 ~0.7

3. 细集料亚甲蓝试验可能加入(　　)亚甲蓝溶液。

A. 5mL　　B. 10mL　　C. 18mL　　D. 22mL

4. 基层、底基层施工全过程质量控制检验包括(　　)。

A. 原材料检验　　B. 混合料检验　　C. 施工过程检验　　D. 质量检查验收

5. 土颗粒组成特征应以土的(　　)指标表示。

A. 不均匀系数　　B. 通过率　　C. 曲率系数　　D. 公称最大粒径

6. 沥青薄膜加热试验与旋转薄膜加热试验的区别在于(　　)。

A. 试样质量　　B. 旋转速度　　C. 加热温度　　D. 加热时间

7. 下列选项中,(　　)属于集料的具体类型。

A. 砾石　　B. 碎石　　C. 人工砂　　D. 石屑

8. 下面对粗集料压碎值试验的描述,正确的有(　　)。

A. 选用石料若过于潮湿则需加热烘干,烘箱温度不得超过100℃,烘干时间不超过2h

B. 将试样分2次(每次数量大体相同)均匀装入试模中

C. 用2.36mm标准筛筛分经压碎的全部试样,可分几次筛分,均需筛到在1min内无明显的筛出物为止

D. 石料压碎值为试验后通过2.36mm筛孔的细料质量与试验前试样质量的比值

9. 关于沥青与粗集料的黏附性能试验,说法正确的是(　　)。

A. 水煮法和水浸法都要由两名以上经验丰富的试验人员分别目测评定取平均等级

B. 同一种原料既有大于又有小于13.2mm不同粒径的粒料时,取大于13.2mm的水煮法试验结果为准

C. 水浸法的浸泡水温度为80℃ ±1℃

D. 评价沥青混合料的综合抗水损能力还需要进行浸水马歇尔试验和渗水试验

10. 下列有关水泥凝结时间的说法,正确的有(　　)。

A. 水泥的矿物组成和细度会影响水泥的凝结时间

B. 水泥的终凝时间是指从水泥全部加入水中到水泥浆完全失去塑性所需的时间

C. 水泥的终凝时间是指从水泥全部加入水中到水泥浆开始失去塑性所需的时间

D. 水泥的凝结时间分为初凝时间和终凝时间

11. 水泥的强度等级主要是以不同龄期的(　　)进行划分的。

A. 抗拉强度　　B. 抗剪强度　　C. 抗压强度　　D. 抗折强度

12. 测得混凝土坍落度值后,通过侧向敲击,进一步观察混凝土坍落体的下沉情况,若混凝土拌和物出现(　　),说明混凝土黏聚性差。

A. 突然折断　　B. 崩坍、石子散落

C. 底部明显有水流出　　D. 表面泌水

13. 下列属于路基排水设施中地面排水设施的有(　　)。

A. 边沟　　B. 截水沟　　C. 渗沟　　D. 排水沟

14. 下列属于土工试验项目中物理性质试验的有(　　)。

A. 含水率　　B. 毛细水上升高度

C. 土基承载比　　D. 颗粒分析

15. 当试拌实测之后,发现水泥混凝土流动性能够达到设计要求,但黏聚性和保水性却不好,经过调整后的基准配合比同初步配合比对照,(　　)用量肯定发生改变。

A. 水泥　　B. 水　　C. 砂　　D. 石

16. 以下属于按空隙率大小分类的沥青混合料有(　　)。

A. 密实型沥青混合料　　B. 多孔透水沥青混合料

C. 沥青碎石混合料　　D. 开级配沥青混合料

17. 公路技术状况评价包括(　　)的损坏程度和技术性能。

A. 路基　　B. 沥青(水泥)路面

C. 桥隧构造物　　D. 沿线设施

18. 关键项目是分项工程中对(　　)起决定性作用的检查项目。

A. 结构安全　　B. 施工进度

C. 主要使用功能　　D. 耐久性

19. 土工合成材料宽条拉伸试验时,如果试样在夹具中滑移,或者多于 1/4 的试样在钳口附近 5mm 范围内断裂,可采取(　　)措施。

A. 夹具内加衬垫　　B. 对夹在钳口内的试样加以涂层

C. 改进夹具钳口表面　　D. 调整拉伸速度

20. 下列有关抗滑性能试验方法,说法正确的有(　　)。

A. 构造深度是指路表面开口空隙的平均深度,即宏观构造深度 TD,以 mm 计

B. 激光构造深度仪测试结果是沿测线断面一定间距长度内的平均深度数据

C. 摆值(BPN)是摆式仪的刻度值,为摩擦系数的 100 倍。摆值越小,摩擦系数越大

D. 单轮式和双轮式横向力测试系统测定的都是潮湿路面上的横向力系数

四、综合题(共 5 道大题,每道大题 10 分,共 50 分。下列各题的备选项中,有一个或一个以上符合题意,选项全部正确得满分,选项部分正确按比例得分,出现错误选项该题不得分)

1. 关于路面几何尺寸、平整度、强度及模量、承载能力、抗滑性能测试方法,请回答以下问题。

(1)关于挖坑或钻芯法测定路面厚度试验方法试坑或钻孔的填补,说法正确的有(　　)。

A. 对无机结合料稳定层及水泥混凝土路面板,应按相同配比用新拌的材料分层填补并用小锤压实。水泥混凝土中宜掺加少量快凝早强的外掺剂

B. 对无结合料粒料基层,可用挖坑时取出的材料,适当加水拌和后分层填补,并用小锤压实

C. 对正在施工的沥青路面,用相同级配的热拌沥青混合料分层填补,并用加热的铁锤或热夯压实,旧路钻孔也可用乳化沥青混合料修补

D. 所有补坑结束时,宜比原面层略鼓出少许,用重锤或压路机压实平整

(2)激光平整度仪的测试技术指标是(　　)。

A. h　　B. σ　　C. VBI　　D. IRI

(3)承载板法测试土基回弹模量试验步骤,正确的顺序应为(　　)。

①测定土基的压力-变形曲线。

②测定总影响量。

③用千斤顶开始加载,注视测力环或压力表,至预压和稳压,使承载板与土基紧密接触,同时检查百分表的工作情况应正常,然后放松千斤顶油门卸载。

④在紧靠试验点旁边的适当位置,用灌砂法或环刀法等测定土基的密度。

⑤计算各级荷载的回弹变形和总变形。

⑥在试验点下取样,测定材料含水率。

A. ③①⑤⑥②④　　B. ③①②⑤⑥④

C. ③①⑤②⑥④　　D. ③①②⑥⑤④

(4)下列关于弯沉仪的支点变形修正,说法正确的有(　　)。

A. 当采用长度为3.6m的弯沉仪进行弯沉测定时,若支点变形,则需要进行支点变形修正

B. 当采用长度为5.4m的弯沉仪测定时,可不进行支点变形修正

C. 当在同一结构层上测定时,可在不同位置测定5次,求取平均值,以后每次测定时以此作为修正值

D. 5.4m的弯沉仪和3.6m的弯沉仪测定时均需要进行支点变形修正

(5)采用铺砂法测定路面表面构造深度,若细砂没有摊铺好,表面留有浮动余砂或用的砂过粗,则试验结果(　　)。

A. 表面留有浮动余砂,试验结果偏小;若用的砂过粗,试验结果偏小

B. 表面留有浮动余砂,试验结果偏大;若用的砂过粗,试验结果偏大

C. 表面留有浮动余砂,试验结果偏小;若用的砂过粗,试验结果偏大

D. 表面留有浮动余砂,试验结果偏大;若用的砂过粗,试验结果偏小

2. 某沥青混合料物理力学指标测定结果见下表,请回答以下问题。

油石比(%)	密度(g/cm^3)	VV(%)	VMA(%)	VFA(%)	稳定度(kN)	流值(0.1mm)
3.5	2.470	5.0	15.1	60.0	10.70	19.5
4.0	2.480	4.5	15.2	68.0	11.60	22.0
4.5	2.490	3.8	15.3	73.0	12.50	25.0
5.0	2.480	3.4	15.4	80.0	11.70	28.0
5.5	2.470	2.9	15.5	84.0	10.60	30.0
技术标准	—	3~6	≥15	70~85	≥7.5	20~40

(1)关于沥青混合料组成材料技术要求,下列说法正确的有(　　)。

A. 对于渠化交通的道路,或位于路面顶层的沥青混合料应选择标号较低的沥青

B. 沥青混合料用粗集料,可以采用碎石、破碎砾石、筛选砾石、矿渣等

C. 用于拌制沥青混合料的细集料,可以采用天然砂、机制砂或石屑

D. 常用填料大多是采用石灰岩或憎水的强基性岩浆岩,加工磨细制得

(2)关于沥青混合料矿料级配组成设计,下列说法正确的有(　　)。

A. 对夏季温度高、高温持续时间长,重载交通多的路段,宜选用细型密级配,并取较低的设计空隙率

B. 对冬季温度低、且低温持续时间长的地区,或者重载交通较少的路段,宜选用粗型密级配,并取较高的设计空隙率

C. 配合比设计时,宜适当减少公称最大粒径附近的粗集料用量,减少 0.6mm 以下部分细粉的用量,使中等粒径集料较多,形成 S 形级配曲线,并取中等或偏高水平的设计空隙率

D. 设计合成级配不得有太多的锯齿形交错,且在 0.3 ~0.6mm 范围内不出现“驼峰”

(3)该沥青混合料的最佳沥青用量 OAC_1 为(　　)。

A. 4.30　　B. 4.31　　C. 4.32　　D. 4.33

(4)该沥青混合料的最佳沥青用量 OAC_2 为(　　)。

A. 4.75　　B. 4.80　　C. 4.85　　D. 4.90

(5)根据 OAC_1 和 OAC_2 综合确定最佳沥青用量 OAC,下列说法正确的有(　　)。

A. 一般情况下,当 OAC_1 和 OAC_2 的结果接近时(差值不超过 0.3% 个单位),可取两者的平均值作为最佳沥青用量 OAC

B. 当 OAC_1 和 OAC_2 结果有一定差距,则不宜采用平均的方法确定最佳沥青用量 OAC

C. 对热区道路,预计有可能出现较大车辙时,可以在 OAC_1 和 OAC_{min} 的范围内决定最佳沥青用量,但一般不宜小于 OAC_2 的 0.5%

D. 对寒区道路、旅游区道路,可以在 OAC_2 和 OAC_{max} 的范围内决定最佳沥青用量,但一般不宜大于 OAC_2 的 0.3%

3. 某试验室拟设计一组质量比为石灰:粉煤灰:土 = 10:14:76 的二灰稳定细粒土试件,经击实试验得到的最大干密度为 1.68g/cm^3,最佳含水率为 18%,压实度 96%,原材中粉煤灰的含水率 20%,土样含水率 10%,不考虑试件成型过程中的质量损耗,请回答以下问题。

(1)单个试件的湿质量 = (　　)g。

A. 158.25　　B. 164.85　　C. 186.74　　D. 194.52

(2)单个试件石灰的用量 = (　　)g。

A. 15.8　　B. 16.5　　C. 18.7　　D. 19.4

(3)单个试件粉煤灰的用量 = (　　)g。

A. 22.1　　B. 26.1　　C. 26.6　　D. 31.4

(4)单个试件土的用量 = (　　)g。

A. 120.3　　B. 132.3　　C. 141.9　　D. 156.1

(5)单个试件水的用量 = (　　)g。

A. 12.0　　B. 14.2　　C. 28.5　　D. 33.6

4. 关于水泥胶砂强度检验方法(ISO 法)测定方法,请回答以下问题。

(1)水泥胶砂强度检验方法(ISO 法)要求水泥与 ISO 砂的质量比为(　　),水灰比为(　　)。

A. 1:2;0.4　　B. 1:3;0.4　　C. 12;0.5　　D. 1:3;0.5

(2)水泥胶砂强度检验方法(ISO 法)要求各龄期(试件龄期从水泥加水搅拌开始算起)的

试件应在(　　)时间内进行强度试验。

A. 龄期 24h,试验时间 24h ±15min

B. 龄期 48h,试验时间 48h ±30min

C. 龄期 7d,试验时间 7d ±2h

D. 龄期 28d,试验时间 28d ±8h

(3)水泥胶砂强度检验方法(ISO 法)试件的养护要求有(　　)。

A. 对于 24h 龄期的,应在破型试验前 20min 内脱模

B. 对于 24h 以上龄期的,应在成型 24h 脱模

C. 脱模时要非常小心,应防止试件损伤。硬化很慢的水泥允许延期脱模,但须记录脱模时间

D. 试件脱模后即放入水槽中养护,试件之间间隙和试件上表面的水深不得小于 5mm

(4)水泥胶砂强度检验方法(ISO 法)试验步骤,要求正确的是(　　)。

A. 采用杠杆式抗折试验机试验时,试件放入前,应使杠杆成水平状态,将试件成型侧面朝上放入抗折试验机内

B. 抗折强度试验,试件放入后调整夹具,使杠杆在试件折断时尽可能地接近水平位置

C. 抗压试验不用夹具进行,试件受压面为试件成型时的两个侧面,面积为 40mm ×40mm

D. 抗压强度试验,压力机加荷速度应控制在 2400N/s ±200N/s 速率范围内,在接近破坏时应更严格掌握

(5)某水泥抗折强度试验结果分别为 4.4MPa、3.6MPa、3.8MPa,则其抗折强度为(　　)。

A. 3.6MPa　　B. 3.7MPa　　C. 3.8MPa　　D. 3.9MPa

5. 关于粗集料针片状颗粒含量试验方法以及影响试验的重要因素,请回答以下问题。

(1)有关该试验的说法,正确的有(　　)。

A. 规准仪法适用于测定粗集料的针状及片状颗粒含量,以百分率计

B. 游标卡尺法适用于测定水泥混凝土使用的 4.75mm 以上的粗集料的针状及片状颗粒含量,以百分率计

C. 游标卡尺法测定的粗集料中,针片状颗粒的含量,可用于评价集料的形状和抗压碎能力

D. 规准仪法测定的粗集料中针片状颗粒的含量,可用于评价集料的形状及其在工程中的适用性

(2)规准仪法需要注意的事项有(　　)。

A. 用规准仪测定粗集料针片状颗粒含量的测定方法,仅适用于沥青混合料集料

B. 如果需要,可以分别计算针状颗粒和片状颗粒的含量百分数

C. 采用规准仪进行颗粒形状判断前要通过标准筛将粗集料进行分级

D. 针状颗粒及片状颗粒的定义比例为 1:6

(3)有关游标卡尺法的试验步骤,说法错误的有(　　)。

A. 用 4.75mm 标准筛将试样过筛,取筛上部分供试验用

B. 按分料器法或四分法选取 1000g 左右的试样

C. 稳定状态是指平放的状态,不是直立状态

D. 侧面厚度的最大尺寸 t 为颗粒中最薄部位的厚度

(4)试验要平行测定两次,计算两次结果的平均值。如两次结果之差小于平均值的(　　),取平均值为试验值;如大于或等于(　　),应追加测定一次,取三次结果的平均值为测定值。

A. 10%;10%　　B. 10%;20%　　C. 20%;10%　　D. 20%;20%

(5)碎石或砾石中,针片状颗粒含量精确至(　　)。

A. 0.01%　　B. 0.1%　　C. 1%　　D. 无要求

模拟试题三

说明:1. 本模拟试题设置单选题30道、判断题30道、多选题20道、综合题5道(含25道小题),总计150分;模拟自测时间为150分钟。

2. 本模拟试题仅供考生进行考前自测使用。

一、单项选择题(共30题,每题1分,共30分)

1. 热拌沥青混合料路面摊铺完成,自然冷却到表面温度低于(　　)℃后,方可开放交通。

A. 20　　B. 30　　C. 40　　D. 50

2. 浆砌挡土墙的浆砌缝开裂、勾缝不密实和脱落的累计换算面积不得超过该面面积的(　　)。

A. 0.5%　　B. 1.0%　　C. 1.5%　　D. 2.0%

3. 水泥混凝土上加铺沥青面层复合式路面的沥青面层可不检查(　　)。

A. 压实度　　B. 平整度　　C. 弯沉　　D. 厚度

4. 水泥混凝土路面坑洞应为板面出现直径大于(　　)mm、深度大于10mm的坑槽。

A. 10　　B. 20　　C. 25　　D. 30

5. 已知某土样的天然含水率为25%,塑限为19%,液限为36%,则其液性指数为(　　)。

A. 0.06　　B. 0.17　　C. 0.35　　D. 0.54

6. 有机土是指试样中有机质含量大于或等于(　　)的土。

A. 5%　　B. 10%　　C. 25%　　D. 50%

7. 石灰性土的烧失量不包括(　　)。

A. 吸湿水　　B. 结合水　　C. 有机质　　D. 二氧化碳

8. 某孔径筛上的筛余质量占试样总质量百分率指的是(　　)。

A. 通过百分率　　B. 累计筛余百分率

C. 分计筛余百分率　　D. 未通过百分率

9. 承载板法测定土基回弹模量的试验方法,预压值采用(　　),稳压时间为(　　),使承载板与土基紧密接触。

A. 0.5MPa;3min　　B. 0.05MPa;1min

C. 0.1MPa;3min　　D. 0.01MPa;1min

10. 贝克曼梁测定路基路面回弹模量的原理:在土基或者厚度不小于(　　)的粒料整层表面用弯沉仪测试数个测点的回弹弯沉值,根据圆形均布荷载作用下的弹性半无限理论,计算求得该材料的回弹模量值。

A. 2m　　B. 1.5m　　C. 1m　　D. 0.5m

11. 当路面温度为T(℃)时测得的摆值为BPN_t,必须按式(　　)换算成标准温度20℃的

摆值 BPN_{20}。

A. $BPN_{20} = BPN_t - \Delta BPN$　　B. $BPN_{20} = BPN_t + \Delta BPN$

C. $BPN_{20} = BPN_t \times \Delta BPN$　　D. $BPN_{20} = BPN_t + 2\Delta BPN$

12. 使用倒锥法测定水泥浆体的流动度时,试验结果以两次以上试验结果的平均值为准,平均值修约到最近的 0.2s 上,每次试验的结果应在平均值(　　)s 以内。

A. 0.5　　B. 1.8　　C. ±0.5　　D. ±1.8

13. 级配碎石基层属于(　　)。

A. 柔性基层　　B. 半刚性基层

C. 刚性基层　　D. 有胶结料类基层

14. EDTA 滴定法的化学原理中,第一步是用浓度为(　　)的 NH_4Cl 弱酸溶出水泥稳定材料中的 Ca^{2+}。

A. 5%　　B. 10%　　C. 15%　　D. 20%

15. 进行混凝土凝结时间测定时,需要更换测针的情况是(　　)。

A. 贯入阻力超过一定程度

B. 经过一段时间之后

C. 环境温度或湿度发生改变

D. 贯入操作时在测孔边出现微裂缝

16. 现行标准中规定,采用标准维卡仪法测定水泥标准稠度用水量,当试杆沉入的距离正好距底板(　　)时,水泥浆的稠度就是水泥浆标准稠度。

A. 3mm ±1mm　　B. 4mm ±1mm

C. 5mm ±1mm　　D. 6mm ±1mm

17. 下列不属于水泥化学性质的是(　　)。

A. 有害成分　　B. 不溶物　　C. 烧失量　　D. 安定性

18. 水泥胶砂抗压强度以一组 3 个试件得到的 6 个抗压强度算数平均值为试验结果,如 6 个测定值中还有一个超出平均值(　　),舍去该结果,而以剩下 5 个的平均值为结果。如 5 个测定值中还有一个超过 5 个结果的平均值(　　),则该次试验结果作废。

A. ±5%;±5%　　B. ±10%;±5%

C. ±10%;±10%　　D. ±5%;±10%

19. 沥青密度与相对密度试验,对黏稠及液体沥青,重复性试验的允许误差为(　　);复现性试验的允许误差为(　　)。

A. $0.003g/cm^3$;$0.007g/cm^3$　　B. $0.003g/cm^3$;$0.006g/cm^3$

C. $0.002g/cm^3$;$0.007g/cm^3$　　D. $0.002g/cm^3$;$0.006g/cm^3$

20. 以下情况不适合用 B 级沥青的是(　　)。

A. 高速公路、一级公路沥青下面层及以下的层次

B. 三级及三级以下公路的各个层次

C. 二级及二级以下公路的各个层次

D. 用作改性沥青、乳化沥青、改性乳化沥青、稀释沥青的基质沥青

21. 若已知沥青混合料的密度时,则可根据试件的标准尺寸计算并乘以(　　)得到要求

的混合料质量。

A. 1.00　　B. 1.01　　C. 1.02　　D. 1.03

22. 锚杆、锚定板和加筋土挡土墙距面板(　　)范围以内的压实度实测项目是关键项目。

A. 0.5m　　B. 1m　　C. 1.5m　　D. 2m

23. 根据土样固结排水的不同条件,下列(　　)试验不是基本试验方法。

A. 不固结不排水剪　　B. 不固结排水剪

C. 固结不排水剪　　D. 固结排水剪

24. 路用粗集料的力学性质主要指抗压碎能力和(　　)。

A. 坚固性　　B. 抗冲击性　　C. 磨耗性　　D. 棱角性

25. 水泥凝结时间每次测定要避免试针落在同一针孔位置,并避开试模内壁至少(　　)。

A. 5mm　　B. 10mm　　C. 15mm　　D. 20mm

26. 通常我国将测定针入度的标准条件设定为:温度(　　)、针总质量(　　)、贯入时间(　　)。

A. 20℃;100g;5s　　B. 25℃;100g;5s

C. 20℃;150g;10s　　D. 25℃;150g;10s

27. 下列属于压实度的试验方法的是(　　)。

A. 无核密度仪法　　B. 振动台法

C. 击实法　　D. 贝克曼梁法

28. 土的含水率是指(　　)之比,通常用百分数表示。

A. 土中水的体积与土样体积

B. 土中水的体积与固体颗粒体积

C. 土中水的质量与固体颗粒质量

D. 土中水的质量与土样质量

29. 水泥密度试验时,两次试验结果的差值不应大于(　　)kg/cm^3。

A. 5　　B. 10　　C. 15　　D. 20

30. 路面基层、底基层材料配合比设计目标级配曲线优化选择过程中,应选择不少于(　　)条级配曲线。

A. 3　　B. 4　　C. 5　　D. 6

二、判断题(共30题,每题1分,共30分)

1. 旧混凝土路面的损坏状况应采用断板率和平均错台量两项指标评定。(　　)

2. 高速公路和一级公路分2~3层铺筑沥青面层时,不需要进行上面层厚度检查和评定。(　　)

3. 除压实度外,路基工程其他检查项目应在上路床进行检查测定。(　　)

4. 路面技术状况自动化检测路面构造深度MPD和横向力系数SFC应为二选一指标。(　　)

5. 比重法适用于砂类土和砾类土。 ( )

6. 缩限试验适用于粒径小于 0.5mm 和有机质含量不超过 10% 的土。 ( )

7. 高速公路和一级公路的基层,钙质消石灰和镁质消石灰的含水率均要求≤4%。 ( )

8. 级配碎石或砾石用作基层时,高速公路和一级公路公称最大粒径应不大于 26.5mm,二级及二级以下公路公称最大粒径应不大于 31.5mm;用作底基层时,公称最大粒径应不大于 37.5mm。 ( )

9. 基层、底基层施工过程中,前场质量控制检验每天取样的击实试验应不少于 3 次平行试验,且相互之间的最大干密度差值应不大于 0.02g/cm^3;否则,应重新进行试验,并取平均值作为当天压实度检测标准。 ( )

10. 测定水泥初凝时间时,达到初凝时间应立即重复测定一次。 ( )

11. 水泥混凝土中水泥起胶凝和填充作用。 ( )

12. 初凝时间未达到要求但相差不远的水泥,可以应用在对水泥性能要求不高的建筑结构工程中。 ( )

13. 水泥稳定碎石不属于水泥稳定类材料。 ( )

14. 级配碎石配合比设计以合成集料的 CBR 值作为强度控制指标。 ( )

15. 水泥的细度越大,水化反应和凝结速度就越慢,早期强度就越低。 ( )

16. 测定水泥初凝时间时,当试针沉至距底板 5mm ± 1mm 时,表征水泥达到初凝状态。 ( )

17. 粉煤灰细度试验采用负压筛法,筛析时间为 3min。 ( )

18. 水泥混凝土立方体抗压强度试验时,试件的尺寸越小,测得结果越高。 ( )

19. 沥青薄膜加热试验通过加热状态下测定道路石油沥青薄膜加热后的质量损失以及其他指标的变化,以评价沥青的高温性能。 ( )

20. 蜡随着温度升高极易融化,使沥青的黏度增加,进而减小沥青的温度敏感性。 ( )

21. 沥青饱和度是指压实沥青混合料试件中沥青实体体积占矿料骨架实体以外的空间体积的百分率,又称为沥青填隙率。 ( )

22. 坡面防护按照材料组成和环境效应可分为三大类:植物防护、骨架植物防护和工程防护。 ( )

23. 土的含水率试验方法主要有酒精燃烧法和比重法两种。 ( )

24. 高速公路和一级公路应验证基层和底基层无机结合料稳定材料的 7d 龄期无侧限抗压强度与 14d 或 28d 龄期弯拉强度的关系。 ( )

25. 土工合成材料试验的试样应在同一样品中截取。 ( )

26. 目前采用的安定性检测方法只是针对游离的 CaO 的影响,并未涉及游离 MgO 和石膏中 SO_3 造成的安定性问题。 ( )

27. 聚合物改性沥青混合料不得采用真空法测定理论最大相对密度。 ( )

28. 动力锥贯入仪测定路基路面 CBR 试验方法适用于在现场测定各种土基材料的现场 CBR 值,同时也适合于基层、底基层砂类土、天然砂砾、级配碎石等材料 CBR 值的试验。 ( )

29. 木质素纤维的灰分含量越低说明纤维纯度越高,因此灰分含量越低纤维质量越好。（　）

30. 混合料的空隙率随着沥青用量的增加先降低后升高。（　）

三、多项选择题(共20题,每题2分,共40分。下列各题的备选项中,至少有两个符合题意,选项全部正确得满分,选项部分正确按比例得分,出现错误选项该题不得分)

1. 下列选项中,属于水泥稳定碎石需检测的项目的是(　　)。

A. 弯沉值　B. 压实度　C. 平整度　D. 强度

2. 下列四个选项中,(　　)是级配碎(砾)石基层的实测关键项目。

A. 压实度　B. 厚度　C. 平整度　D. 横坡

3. 下列有关基层厚度评定的说法,正确的是(　　)。

A. 水泥稳定粒料基层厚度按代表值和单个合格值的允许误差进行评定

B. 按规定频率,采用挖验和钻取芯样测定厚度

C. 一级公路和二级公路的保证率不同

D. 厚度代表值为厚度的加权平均值的上置信界限值

4. 在土的工程分类中,特殊土包括(　　)。

A. 黄土　B. 红黏土　C. 盐渍土　D. 冻土

5. 路面弯沉测量时应首先检查(　　)。

A. 贝克曼梁长度　B. 轮胎充气压力

C. 百分表灵敏度　D. 制动性能

6. 现场检测水泥混凝土路面强度可采用以下(　　)方法检测。

A. 回弹仪法　B. 低应变法　C. 落球仪法　D. 超声回弹法

7. 矿粉筛分试验(水洗法)用到的标准筛有(　　)。

A. 4.75mm　B. 2.36mm　C. 0.6mm　D. 0.075mm

8. 沥青混合料标准飞散试验可用于确定沥青路面表面层使用的(　　)所需的最少沥青用量。

A. AC　B. SMA　C. OGFC　D. AM

9. 以下关于无机结合料养护方法的说法,正确的是(　　)。

A. 标准养护和快速养护相对湿度分别为95%、98%以上

B. 标准养护时,发现湿度不够,应立即对试件冲水保湿

C. 快速养护的温度为60℃ ±1℃

D. 高温养护需确定龄期与强度的关系

10. 下列有关代用法测定水泥标准稠度用水量的说法,不正确的是(　　)。

A. 当调整水量法和固定水量法的结果有冲突时,以固定水量法的结果为准

B. 代用法可分为调整水量法和固定水量法

C. 代用法测定水泥标准稠度用水量时,要求整个操作必须在搅拌结束后1.5min内完成

D. 采用调整用水量法不适宜试锥下沉深度小于13mm时的水泥

11. 测定水泥安定性的方法有(　　)。

A. 雷氏夹法　　B. 勃氏法　　C. 试饼法　　D. 维卡仪法

12. 影响新拌混凝土工作性的主要因素有(　　)。

A. 水灰比　　B. 砂率

C. 组成材料性质　　D. 时间和温度

13. 细集料的亚甲蓝试验用以评价集料的洁净程度,下列有关亚甲蓝试验的说法中,正确的是(　　)。

A. 通过化学滴定测定亚甲蓝值,精度要求高,需要精度为0.001g的分析天平

B. 亚甲蓝标准溶液应储存在深色瓶,避光保存

C. 试验结束的标准是滴于滤纸上的沉淀物周围出现1mm稳定浅蓝色色晕

D. 亚甲蓝试验主要是评定细集料是否存在膨胀性黏土矿物

14. 沥青软化点试验过程中,对试验结果产生影响的因素包括(　　)。

A. 试验起始温度　　B. 升温速度

C. 球的质量　　D. 球的直径

15. 路基高度是指(　　)。

A. 路堤的填筑高度或路堑的开挖深度

B. 路中线设计高程与原地面高程之差

C. 填方坡脚或挖方坡顶与路基边缘的相对高差

D. 路基设计高程与原地面高程之差

16. 土工试验项目分为(　　)。

A. 物理性质试验　　B. 水理性质试验

C. 力学性质试验　　D. 化学性质试验

17. 热拌热铺沥青混合料的施工温度包括(　　)。

A. 拌和温度　　B. 摊铺温度　　C. 碾压温度　　D. 运输温度

18. 现场承载板法测定土基回弹模量时,需要检测以下哪些参数(　　)。

A. 土基含水率　　B. 测点的表面温度

C. 测点的密度　　D. 总影响量

19. 下列关于单轮式横向力系数测试系统测定路面摩擦系数试验方法描述,正确的是(　　)。

A. 与摆式仪测量的摆值一样,用于评价路面抗滑性能

B. 测试轮胎所受到的侧向摩擦阻力与垂直荷载的比值称为横向力系数

C. 测定轮与行车方向成15°偏角

D. SFC值可能需要速度和温度修正

20. 在水泥混凝土路面加铺设计前,需要调查的内容包括(　　)。

A. 路表弯沉　　B. 接缝传荷能力

C. 板底脱空状况　　D. 面层厚度

四、综合题(共5道大题,每道大题10分,共50分。下列各题的备选项中,有一个或一个以上符合题意,选项全部正确得满分,选项部分正确按比例得分,出现错误选项该题不得分)

1. 关于无机结合料稳定材料击实试验方法、试件制作方法(圆柱形)、养护试验方法、无侧限抗压强度试验方法、水泥或石灰剂量测定方法(EDTA滴定法),请回答以下问题。

(1)无机结合料稳定材料击实试验(甲法)步骤,正确的顺序应为(　　)。

①齐筒顶细心刮平试样,并拆除底板。

②用刮土刀沿套环内壁削挖(使试样与套环脱离)后,扭动并取下套环。

③进行第1层试样及其余4层试样的击实。

④按预定含水率制备试样。

⑤用脱模器推出筒内试样。

⑥将所需要的稳定剂水泥加到浸润后的试样中。

⑦用工字形刮平尺齐筒顶和筒底将试样刮平。

A. ④⑥③①⑤⑦②　　B. ④⑥③①⑤②⑦

C. ④⑥③②①⑤⑦　　D. ④⑥③②①⑦⑤

(2)关于无机结合料稳定材料试件制作方法(圆柱形)试验准备,正确的有(　　)。

A. 试件的径高比一般为1:1,根据需要也可成型1:1.5或1:2的试件

B. 在预定做试验的前一天,取有代表性的试料测定其风干含水率。对于稳定细粒材料,试样应不少于1000g;对于中、粗粒材料,试样应不少于2000g

C. 对ϕ100mm×100mm干密度的大小的试件,1个试件需干土1700～1900g;对于ϕ150mm×150mm的试件,1个试件需干土5700～6000g

D. 对于稳定细粒材料,一次可称取6个试件所需的土;对于稳定中粒材料,一次宜称取一个试件所需的土;对于粗粒材料,一次只称取一个试件的土

(3)无机结合料稳定材料养护试验方法对养护90d的试件要求试件质量损失应符合(　　)。

A. 稳定细粒材料试件不超过1g

B. 稳定中粒材料试件不超过5g

C. 稳定粗粒材料试件不超过10g

D. 质量损失超过规定的试件,应该作废

(4)某无机结合稳定材料7d无侧限抗压强度的试验结果见下表,下列说法正确的是(　　)。

试件1	试件2	试件3	试件4	试件5	试件6
3.0MPa	2.7MPa	4.4MPa	4.5MPa	2.5MPa	3.3MPa

A. 试件3试验结果不是异常值　　B. 试件3试验结果是异常值

C. 试件4试验结果不是异常值　　D. 试件4试验结果是异常值

(5)有关EDTA滴定法试验操作,正确的有(　　)。

A. 对无机结合料稳定中、粗粒土取试样约3000g,对稳定细粒土取试样约1000g

B. 对水泥或石灰稳定细粒土,称300g放在搪瓷杯中,用搅拌棒将结块搅散,加10%氯化铵溶液600mL

C. 对水泥或石灰稳定中、粗粒土,可直接称取1000g左右,放入10%氯化铵溶液2000mL

D. 利用所绘制的标准曲线,根据EDTA二钠消耗量,确定混合料中的水泥或石灰剂量

2. 关于土的颗粒分析试验、密度试验、含水率试验、界限含水率试验、天然稠度试验方法,请回答以下问题。

(1)关于土颗粒分析试验(筛分法),下列说法正确的有(　　)。

A. 筛后各级筛上和筛底土总质量与筛前试样质量之差,不应大于1%

B. 如2mm筛下的土不超过试样总质量的10%,可省略细筛分析,如2mm筛上的土不超过试样总质量的10%,可省略粗筛分析

C. 将大于2mm颗粒及2~0.075mm的颗粒质量从原称量的总质量中减去,即为小于0.075mm颗粒质量

D. 如果小于0.075mm颗粒质量超过总土质量的10%,有必要时,将这部分土烘干、取样,另做密度计或移液管分析

(2)有关土的密度试验方法,下列说法正确的有(　　)。

A. 环刀法操作简便而准确,在室内和野外都得到广泛采用,但当针对坚硬、易碎、含有粗粒、形状不规则的土样时,不宜采用环刀法

B. 蜡封法试验中若试件蜡膜上有气泡,需用热针刺破气泡,再用石蜡填充针孔,涂平孔口

C. 灌砂法在凿洞过程中,应注意不使凿出的试样丢失,并随时将凿松的材料取出,放在已知质量的塑料袋内,密封

D. 灌水法在往薄膜形成的袋内注水时,牵住薄膜的某一部位,一边拉松,一边注水,使薄膜与坑壁间的空气得以排出,从而提高薄膜与坑壁的密贴程度

(3)某砂土样含水率烘干法测定结果为23.5%,酒精燃烧法测定结果为19.6%,造成酒精燃烧法测定结果比烘干法测定结果小的原因可能在于(　　)。

A. 酒精纯度低于95%　　　　B. 酒精未充分燃烧

C. 注入称量盒里的酒精量不够　　　　D. 酒精燃烧法不适用于砂土

(4)关于土的界限含水率试验方法,说法正确的有(　　)。

A. 液塑限联合测定法试验若采用100g锥做液限试验,则在h-w图上查得纵坐标入土深度$h=17$mm所对应的横坐标的含水率w,即为该土样的液限含水率w_L

B. 液限碟式仪法试验根据试验结果,以含水率为纵坐标,以击实次数的对数为横坐标,绘制曲线,查得曲线上击数25次对应的含水率,即为该试样的液限

C. 塑限滚搓法试验当搓到土条直径恰好为3mm左右时,土条自动断裂为若干段,此时土条的含水率即为塑限

D. 缩限:含水达液限的土在105~110℃条件下水分继续蒸发至体积不变时的含水率

(5)某土样的液限 w_L 为41%,塑限 w_P 为27%,天然含水率 w 为35.7%,则该土样的天然稠度 w_C 为(　　)。

A.0.20　　B.0.21　　C.0.38　　D.0.62

3.关于粗集料表观密度、毛体积密度、针片状颗粒含量、压碎值、洛杉矶磨耗、坚固性试验方法,请回答以下问题。

(1)粗集料密度试验方法(网篮法)试验步骤,正确的顺序应为(　　)。

①将吊篮挂在天平的吊钩上,浸入溢流水槽中,向溢流水槽中注水,水面高度至水槽的溢流孔,将天平调零。

②取试样一份装入干净的搪瓷盘中,注入洁净的水,轻轻搅动石料,使附着在石料上的气泡完全逸出。

③在保持表干状态下,立即称取集料的表干质量 m_f。

④调节水温,将试样移入吊篮中,溢流水槽中的水面高度由水槽的溢流孔控制,维持不变,称取集料的水中质量 m_w。

⑤将集料置于浅盘中,放入烘箱中烘干至恒重。取出浅盘,冷却至室温,称取集料的烘干质量 m_a。

⑥提起吊篮,稍稍滴水后,较粗的粗集料可以直接倒在拧干的湿毛巾上。

A.②①④⑥③⑤　　B.②④⑥①③⑤

C.②①③④⑥⑤　　D.②③①④⑥⑤

(2)有关粗集料针片状颗粒含量试验,下列说法正确的有(　　)。

A.针对水泥混凝土用粗集料试验结果可分别采用针状或片状颗粒进行计算,并得到针、片状颗粒的总含量

B.针对沥青混合料用粗集料试验结果仅以针片状颗粒总含量表示

C.可以用规准仪法替代游标卡尺法判定沥青混合料用粗集料的形状

D.2.36~4.75mm 粒径属于沥青混合料用粗集料,因卡尺测量有困难,一般可不做测定

(3)下列粗集料压碎值试验的试验步骤,描述不正确的有(　　)。

①开动压力机,均匀地施加荷载,在10min左右的时间内达到总荷载400kN,稳压5s,然后卸荷。

②将要求质量的试样分3次(每次数量大体相同)均匀装入试模中。

③将试模从压力机上取下,取出试样。

④将装有试样的试模放到压力机上,同时将压头放入试筒内石料面上。

⑤将试筒安放在底板上。

⑥称取通过4.75mm筛孔的全部细料质量。

⑦用4.75mm标准筛筛分经压碎的全部试样。

A.①②　　B.①⑥　　C.⑥⑦　　D.②⑦

(4)粗集料洛杉矶磨耗试验过筛所用筛的筛孔尺寸为(　　)。

A.2.36mm　　B.2mm　　C.1.7mm　　D.1.5mm

(5)粗集料坚固性试验中,在网篮浸入溶液时应上下提降(　　)次,以排除试样中的气泡,然后静置于该容器中。

A. 10　　B. 15　　C. 20　　D. 25

4. 关于路面钻芯取样、压实度、平整度、强度及模量、承载能力测试方法,请回答以下问题。

(1)路面钻芯取样方法钻孔采取芯样的直径不宜小于最大集料粒径的(　　)倍。

A. 1　　B. 2　　C. 3　　D. 5

(2)某路段压实度检测结果:平均值为96.3%,标准偏差为2.2%,则压实度代表值为(　　)。(注:$t_\alpha/\sqrt{n}=0.518$)

A. 92.7%　　B. 95.2%　　C. 97.4%　　D. 99.9%

(3)连续平整度仪可记录(　　)。

A. 测试长度

B. 曲线振幅大于某一定值的次数

C. 曲线振幅的单向(凸起或凹下)累计值

D. 以3m机架为基准的中点路面偏差曲线图

(4)在用承载板法测试土基回弹模量试验中,下列说法正确的有(　　)。

A. 安置承载板前,应在土基表面撒一层细砂

B. 荷载小于0.1MPa时,每级增加0.02MPa,以后每级增加0.04MPa左右

C. 各级压力的回弹变形值加上该级的影响量后,则为计算回弹变形值

D. 如果 p-L 曲线起始部分出现反弯,应进行原点修正

(5)下列关于贝克曼梁测定路基路面回弹弯沉试验方法,说法正确的有(　　)。

A. 当路面平均温度不在20℃ ±2℃以内,对沥青层厚度大于5cm的沥青路面,弯沉值应进行温度修正

B. 弯沉仪只能是单侧测定,不能双侧同时测定

C. 当表针转动到最大值时,迅速读取初读数 L_1。待表针回转稳定后,再次读取终读数 L_2

D. 当采用长度为5.4m的弯沉仪测定时,可不进行支点变形修正

5. 某沥青混合料马歇尔稳定度试验结果如下表所示,请回答以下问题。

试件编号	1	2	3	4	5
稳定度值(kN)	8.20	8.50	8.82	7.04	11.62
k	1.67				

(1)该沥青混合料的马歇尔稳定度为(　　)kN。

A. 8.14　　B. 8.50　　C. 8.66　　D. 8.84

(2)沥青混合料马歇尔稳定度试验要求包括(　　)。

A. 当集料公称最大粒径小于或等于26.5mm时,宜采用101.6mm×63.5mm标准马歇尔试件

B. 当集料公称最大粒径大于26.5mm时,宜采用152.4mm×95.3mm大型马歇尔试件

C. 用马歇尔试件高度测定器或用卡尺在十字对称的4个方向量测离试件边缘10mm处的高度,准确至0.1mm,并以其平均值作为试件的高度

D. 如试件高度不符合 63.5mm ± 1.3mm 或 95.3mm ± 2.5mm 要求或两侧高度差大于 1mm 时，此试件应作废

(3) 沥青混合料马歇尔稳定度试验步骤，正确的顺序应为(　　)。

①启动加载设备，使试件承受荷载，加载速度为 50mm/min ± 5mm/min。

②将流值计安装在导棒上，使导向套管轻轻地压住上压头。

③在上压头的球座上放妥钢球，并对准荷载测定装置的压头。

④将流值计读数调零。调整压力环中百分表，对零。

⑤当试验荷载达到最大值的瞬间，取下流值计，同时读取压力环中百分表读数及流值计的流值读数。

⑥将试件置于下压头上，盖上上压头，然后装在加载设备上。

A. ②③④⑥①⑤　　B. ②④③⑥①⑤

C. ⑥③②④①⑤　　D. ⑥②④③①⑤

(4) 沥青混合料马歇尔稳定度试验注意事项包括(　　)。

A. 试件直径及高度必须合乎规范要求，高度不符者一定要剔除

B. 从恒温水箱中取出时间至测出最大荷载值的时间，不得超出 30s

C. 将试件置于下压头上，盖上上压头，需要上下对准

D. 在工程上有时出现马歇尔试验的荷载—变形曲线的顶部很平坦的现象

(5) 关于沥青混合料马歇尔稳定度试验结果，下列说法正确的有(　　)。

A. 马歇尔试验结果修正使得马歇尔模数值增大

B. 马歇尔稳定度越大，沥青混合料抗车辙能力越好

C. 流值越小，表示沥青混合料抗裂性能越好

D. 当最大荷载处的变形很大时，可以以最大荷载的 98% 对应的变形值作为流值

模拟试题四

说明:1. 本模拟试题设置单选题 30 道、判断题 30 道、多选题 20 道、综合题 5 道(含 25 道小题),总计 150 分;模拟自测时间为 150 分钟。

2. 本模拟试题仅供考生进行考前自测使用。

一、单项选择题(共 30 题,每题 1 分,共 30 分)

1. 一般项目的合格率应不低于(　　),否则检查项目评定为不合格。

A. 75%　　B. 80%　　C. 85%　　D. 90%

2. 在软土地基处置中,砂垫层应分层碾压施工;砂垫层宽度应宽出路基边脚(　　),两侧端以片石护砌。

A. 0.5 ~ 1.0m　　B. 1.0 ~ 1.5m　　C. 1.5 ~ 2.0m　　D. 2.0 ~ 2.5m

3. 粒料桩实测项目中关键项目是(　　)。

A. 桩距　　B. 桩径　　C. 桩长　　D. 粒料灌入率

4. RQI 是(　　)。

A. 公路技术状况指数　　B. 路面使用性能指数

C. 路面行驶质量指数　　D. 路面车辙深度指数

5. 下列适合移液管法进行颗粒分析的是(　　)。

A. 粒径 >0.25mm 的土样　　B. 粒径 <0.25mm 的土样

C. 粒径 >0.075mm 的土样　　D. 粒径 <0.075mm 的土样

6. 以下(　　)不是土的比重试验方法。

A. 比重法　　B. 浮称法　　C. 浮力法　　D. 虹吸筒法

7. 土工格室的用途不包括(　　)。

A. 路基防水　　B. 路基加筋　　C. 防沙固沙　　D. 路基防护

8. 下列用于评价土基承载能力的指标是(　　)。

A. 塑性指数　　B. CBR 值　　C. 渗透系数　　D. 固结系数

9. 已知土样在 50kPa 到 100kPa 荷载范围内的孔隙比分别为 1.021 和 0.982,则其压缩系数为(　　)。

A. 0.39MPa^{-1}　　B. 0.50MPa^{-1}　　C. 0.78MPa^{-1}　　D. 1.56MPa^{-1}

10. 已知某土样的黏聚力为 15kPa,剪切滑动面上的法向应力为 45kPa,内摩擦角为 30°,则该土样的抗剪强度为(　　)。

A. 37.5kPa　　B. 41.0kPa　　C. 53.7kPa　　D. 54.0kPa

11. 粗集料坚固性试验中,试样所浸入的硫酸钠溶液的体积不应小于试样的总体积的(　　)倍。

A. 1　　B. 2　　C. 3　　D. 5

12. 规准仪法适用于测定粒径大于(　　)的碎石或卵石中,针、片状颗粒的总含量。

A. 1.18mm　　B. 2.36mm　　C. 4.75mm　　D. 9.5mm

13. 级配碎石或砾石用作底基层时,公称最大粒径应不大于(　　)。

A. 26.5mm　　B. 31.5mm　　C. 37.5mm　　D. 53mm

14. 一般情况下,粗集料磨光值试验应取(　　)的集料颗粒进行磨光试验。

A. 9.5 ~ 13.2mm　　B. 4.75 ~ 9.5mm　　C. 2.36 ~ 4.75mm　　D. 没有要求

15. 水泥熟料中加入石膏主要对水泥起到(　　)作用。

A. 降低成本　　B. 提高细度

C. 改善化学性质　　D. 调节凝结速度

16. 代用维卡仪法测定水泥标准稠度用水量时,规定以试锥下沉深度为(　　)时的净浆为标准稠度净浆。

A. 28mm ± 1mm　　B. 30mm ± 1mm　　C. 32mm ± 1mm　　D. 36mm ± 1mm

17. 沥青溶解度测试采用(　　)对沥青进行过滤。

A. 古氏坩埚　　B. 沥青过滤装置

C. 沥青过滤装置和玻璃纤维滤纸　　D. 古氏坩埚和玻璃纤维滤纸

18. 国家标准规定,硅酸盐水泥的初凝时间为(　　),终凝时间为(　　)。

A. 不小于 45min;不大于 390min　　B. 不小于 45min;不小于 390min

C. 不大于 45min;不大于 390min　　D. 不大于 45min;不小于 390min

19. 根据沥青(　　)的大小划定沥青标号的范围。

A. 针入度　　B. 软化点　　C. 延度　　D. 密度

20. 沥青软化点试验中,当试样软化点小于 80℃时,重复性试验的允许误差为(　　),复现性试验的允许误差为(　　)。

A. 1℃;8℃　　B. 1℃;4℃　　C. 2℃;8℃　　D. 2℃;4℃

21. 根据经验,击实成型操作中,一个标准马歇尔试件的材料用量约为(　　)。

A. 1000g　　B. 1250g　　C. 4050g　　D. 1200g

22. 路床分为上路床和下路床两层。上路床厚度为(　　)m;下路床厚度在轻、中等及重交通公路为(　　)m,特重、极重交通公路为(　　)m。

A. 0.2;0.5;0.8　　B. 0.2;0.6;0.8　　C. 0.3;0.5;0.9　　D. 0.3;0.6;0.9

23. 饱和度用来描述土中水充满孔隙的程度,则饱和度 $S_r = 0.6$ 时砂土为(　　)状态。

A. 干燥　　B. 稍湿　　C. 潮湿　　D. 饱和

24. 某集料筛分后在 19mm 筛上的通过率是 100%,16mm 时的通过率小于 100%,有不超过 10% 的存留,则该集料的最大粒径为(　　)mm,公称最大粒径为(　　)mm。

A. 16;19　　B. 19;19　　C. 19;16　　D. 16;16

25. 级配碎石配合比设计与技术要求中,施工参数的确定应符合下列规定:通过混合料中实际含水率的测定,确定(　　);通过击实试验,确定(　　);通过 CBR 试验,确定(　　)。

下列顺序对应正确的为(　　)。

①施工过程中水流量计的设定范围;

②确定含水率变化对混合料最大干密度的影响;

③材料的实际强度水平和拌和工艺的变异水平。

A. ①②③　　B. ②①③　　C. ②③①　　D. ③②①

26. 无机结合料稳定材料钻取芯样，细粒材料的芯样直径宜为(　　)。

A. 90mm　　B. 100mm　　C. 110mm　　D. 120mm

27. 采用碎石拌制的混凝土的强度比采用卵石拌制的混凝土强度(　　)，在相同的用水量情况下，流动性(　　)。

A. 高；较大　　B. 高；较小　　C. 低；较大　　D. 低；较小

28. 对固体沥青密度试验，重复性试验的允许误差为(　　)，复现性试验的允许误差为(　　)。

A. 0.01g/cm^3；0.02g/cm^3　　B. 0.01g/cm^3；0.03g/cm^3

C. 0.02g/cm^3；0.03g/cm^3　　D. 0.02g/cm^3；0.05g/cm^3

29. 车载式颠簸累积仪直接测量的是(　　)。

A. IRI　　B. σ　　C. VBI　　D. RN

30. 高速公路施工现场沥青混凝土矿料级配进行检测时，实测结果应满足(　　)要求。

A. 目标配合比　　B. 生产配合比

C. 矿料级配范围　　D. 经验配合比

二、判断题(共 30 题，每题 1 分，共 30 分)

1. 用两台弯沉仪同时进行左右轮弯沉值测定时，应按照两个独立测点计。(　　)

2. 当挖坑灌砂法测定压实度产生争议时，可采用无核密度仪进行仲裁检测。(　　)

3. 细集料棱角性试验有间隙法和流动时间法，但间隙法更为准确，应优先选用。(　　)

4. 累计筛余百分率是指某孔径筛上的分计筛余百分率和大于该筛孔的各筛上分计筛余百分率之和。(　　)

5. 同一采石场同一类集料，当集料规格较多时，可分别进行洛杉矶磨耗试验。(　　)

6. 集料磨光值是加速磨光机磨光集料，并以摆式摩擦系数仪测定集料磨光后的摩擦系数值，以评定混凝土路面表层的抗磨光性，判断在高等级公路混凝土路面表层的适用性。(　　)

7. 灌水法属于测定土的密度常用方法。(　　)

8. 含水率、击实功、压实机具和土粒级配都是影响压实的因素。(　　)

9. 承载板法适用于不同湿度、密度的细粒土及其加固土。(　　)

10. CBR 试验根据 3 个平行试验结果计算得的承载比变异系数大于 12% 时，则去掉一个偏离大的值，取其余 2 个结果的平均值。(　　)

11. 细度模数是划分集料粗细程度的指标，细度模数越大，表示砂的颗粒越粗。(　　)

12. 沥青的闪点高于燃点。(　　)

13. 半刚性基层在抗冻性试验过程中，试件的平均质量损失率应不超过 10%。(　　)

14. 水泥稳定碎石圆柱形试件，养护期边角发现损伤，应立即进行修补。(　　)

15. 石灰未消化残渣含量试验适用于生石灰、生石灰粉和消石灰粉的未消化残渣含量的测定。(　　)

16. 用雷氏夹法测定水泥安定性时，沸煮箱中的水始终能够没过试件，不可中途补水，同时要保证水在 30min ±5min 内开始沸腾。（ ）

17. 随着砂率越大，混凝土拌和物的流动性越大。（ ）

18. 无论混凝土的抗压强度还是抗折强度，试验结果均以 3 个试件的算术平均值作为测定值。如任一个测定值与中值的差超过中值的 15%，取另外两个测定值的算术平均值作为测定结果。（ ）

19. 对道路石油沥青，延度试验中要求温度为 15℃ 或 10℃，拉伸速度通常为 5cm/min ± 0.25cm/min。（ ）

20. 沥青与集料的黏附性试验主要是评价沥青与集料的吸附能力。（ ）

21. 标准马歇尔试件质量按 1200g 计，当 1200g 乘以油石比可得所需沥青的质量。（ ）

22. 公路按使用任务、功能和适应的交通量分为高速公路、一级公路、二级公路和三级公路四个技术等级。（ ）

23. 土的三相就是指土颗粒、水、气体。（ ）

24. 通常集料最大粒径比公称最大粒径要小一个粒级。（ ）

25. C30 表示混凝土的立方体抗压强度标准值为 30MPa。（ ）

26. 进行沥青软化点实际试验操作时，根据沥青实际软化点的高低采用两种不同方式进行，分别为软化点在 80℃ 以下的沥青和软化点在 80℃ 以上的沥青。（ ）

27. 竣工验收时，交工验收提出的工程质量缺陷等遗留问题必须全部处理完毕，项目法人视情况决定是否对处理结果验收。（ ）

28. 沥青路面 11 类损坏中，损坏程度分轻度、重度两级的有 8 类。（ ）

29. 黏性土抗剪强度主要取决于土的内摩擦角 φ。（ ）

30. 水泥安定性试验不能检测出游离氧化钙引起的水泥体积变化。（ ）

三、多项选择题（共 20 题，每题 2 分，共 40 分。下列各题的备选项中，至少有两个符合题意，选项全部正确得满分，选项部分正确按比例得分，出现错误选项该题不得分）

1. 下列选项中，属于地面排水设施的有（ ）。
A. 渗沟　　B. 截水沟
C. 排水沟　　D. 边沟

2. 砌体坡面防护基本要求包括（ ）。
A. 坡面下端基础埋置深度及其地基承载力应满足设计要求
B. 护面下填土密实度应满足设计要求，对坡面刷坡整平后方可铺砌
C. 浆砌时砌块应坐浆挤紧，砂浆饱满；干砌时无松动、无叠砌和浮塞
D. 应按设计要求设置沉降缝、伸缩缝、泄水孔、坡面防排水设施

3. 下列有关基层压实度的说法，不正确的是（ ）。
A. 高速公路、一级公路基层和底基层的保证率为 95%
B. 当压实度代表值小于压实度标准值时，评定压实度为不合格

C. 当压实度代表值大于或等于压实度标准值,且单点压实度全部大于或等于规定极值时,按测定值不低于规定值减 2 个百分点的测点数计算合格率

D. 当压实度代表值大于压实度标准值时,则评定路段的压实度合格率为 100%

4. 以下(　　)属于细粒土。

A. 粉质土　　B. 砂类土　　C. 有机质土　　D. 黏质土

5. 液限和塑限联合测定法测定土的液限和塑限的目的是用于(　　)。

A. 划分土类　　B. 计算天然稠度

C. 确定最佳含水率　　D. 计算塑性指数

6. CBR 试验制件时,制备的 3 种干密度试件每层击实次数分别为(　　)次。

A. 30　　B. 50　　C. 59　　D. 98

7. 洛杉矶磨耗试验是用于测定规定条件下粗集料抵抗(　　)的综合力学能力。

A. 摩擦　　B. 磨耗　　C. 撞击　　D. 磨光

8. 下述关于道瑞磨耗试验的说法,正确的是(　　)。

A. 制作试件时,试模中排布的集料颗粒不得少于 24 块

B. 填充集料颗粒之间的空隙的细砂高度约为颗粒高度的 3/4

C. 环氧树脂中应按比例加入固化剂,再加入 0.1 ~0.45mm 的细砂拌和均匀,要求三者比例为环氧树脂:固化剂:细砂 = 1g:0.25mL:3.8g

D. 磨耗机转盘转动 500 圈,不可分 5 个 100 圈重复 5 次磨完

9. 沥青混合料目标配合比设计阶段中,经马歇尔试验确定 OAC 后,还应进行(　　)。

A. 水稳定性试验　　B. 车辙试验

C. 沥青含量试验　　D. 低温弯曲应变试验

10. 车辙测定的基准测量宽度应符合下列(　　)规定。

A. 对高速公路和一级公路,以发生车辙的一个车道两侧标线宽度中点到中点的距离为基准测量宽度

B. 对二级公路,以形成车辙部位的一个设计车道的宽度,作为基准测量宽度

C. 对二级以下公路,有车道区画线时,以发生车辙的一个车道两侧标线宽度中点到中点的距离为基准测量宽度

D. 对二级以下公路,无车道区画线时,以形成车辙部位的一个设计车道的宽度,作为基准测量宽度

11. 有机质土中,位于塑性图 A 线以下,则该土样可能是(　　)。

A. 有机质高液限黏土　　B. 有机质低液限黏土

C. 有机质高液限粉土　　D. 有机质低液限粉土

12. 关于砂当量试验,下列说法不正确的是(　　)。

A. 砂当量可以测定天然砂、人工砂所含黏土及杂质的含量,但不适宜于石屑

B. 砂当量冲洗液由氧化钙、甘油按一定的比例配制

C. 砂当量越大,说明黏土或杂质的含量越低,细集料洁净度越高

D. 筛洗法、砂当量和亚甲蓝试验都能对砂的洁净程度评价,但砂当量能更加准确地评价

13. 目前我国针对沥青性能评价的核心指标为(　　)。

A. 针入度　　B. 软化点　　C. 沥青耐久性　　D. 延度

14. 沥青混合料的路用性能有(　　)。

A. 高温稳定性　　B. 低温抗裂性　　C. 耐久性　　D. 抗滑性

15. 下列属于道路按行政等级分类的是(　　)。

A. 国道　　B. 省道　　C. 镇道　　D. 村道

16. 土的固相分为(　　)和(　　)两大类。

A. 无机矿物颗粒;有机质

B. 原生矿物、次生矿物;有机质

C. 无机矿物颗粒;原生矿物、次生矿物

D. 原生矿物;次生矿物

17. 路面基层与底基层施工质量控制的内在质量控制包括(　　)。

A. 原材料质量控制　　B. 拌和质量控制

C. 摊铺质量　　D. 碾压质量

18. 通过 ISO 法,测定水泥的实际强度,需用到下列哪些仪器(　　)。

A. 胶砂振实台　　B. 胶砂搅拌机

C. 刮平尺　　D. 播料器

19. 沥青在装卸、运输和储存过程中混入水和异物,会影响之后试验检测的结果,操作原理是通过(　　)方式,将水分和异物分别除去。

A. 蒸发　　B. 加热　　C. 萃取　　D. 过筛

20. 落锤式弯沉仪(FWD)传感器布置必须包括自承载板中心开始(　　)点。

A. 0cm　　B. 30cm　　C. 60cm　　D. 90cm

四、综合题(共 5 道大题,每道大题 10 分,共 50 分。下列各题的备选项中,有一个或一个以上符合题意,选项全部正确得满分,选项部分正确按比例得分,出现错误选项该题不得分)

1. 某路基工程中对土样进行液塑限试验,请回答以下问题。

(1)以下对塑性指数 I_p 描述正确的是(　　)。

A. 塑性指数 I_p 为天然含水率与塑限之差

B. 塑性指数 I_p 越大,土的可塑性越小

C. 塑性指数 I_p 越大,土的可塑性越人

D. 塑性指数 I_p 为液限与塑限之差

(2)采用液塑限联合测定法试验时用到的主要仪器有(　　)。

A. 联合测定仪,锥体质量 100g 或 76g,锥角 30°

B. 天平,感量 0.01g

C. 筛,孔径 0.5mm

D. 游标卡尺,准确度 0.02mm

(3)当试验采用质量为100g的锥时,液限w_L对应锥入深度h为(　　)。

A. 5mm　　B. 17mm　　C. 20mm　　D. 25mm

(4)以下关于试验过程的说法,正确的有(　　)。

A. 试验前给锥尖涂少许凡士林

B. 按动锥下降按钮后10s读取锥入深度

C. 锥尖两次锥入位置距离不少于1cm

D. 两次锥入深度允许平行误差为1mm

(5)液塑限试验须进行两次平行试验,取其算术平均值,对于高液限土,允许差值要求不大于(　　)。

A. 0.5%　　B. 1.0%　　C. 1.5%　　D. 2.0%

2. 某高速公路开展竣工验收工作,为了对工程质量进行鉴定,开展试验检测工作,请根据相关规定回答以下问题。

(1)竣工验收工作开展的时间(　　)。

A. 与交工验收同年　　B. 交工验收后12个月

C. 通车试运行2年以上　　D. 通车试运行3年以上

(2)以下与竣工验收工程实体检测抽样频率有关的说法,正确的有(　　)。

A. 路基工程边坡每公里抽查不少于1处

B. 排水工程断面尺寸每公里抽查2~3处

C. 涵洞抽查不少于总数的10%,且每种类型抽查不少于1道

D. 高速公路路面弯沉以每公里为评定单元进行评价

(3)以下哪些内容属于特别严重问题(　　)。

A. 路基大面积高边坡失稳

B. 路面平整度指标IRI超过3.0m/km

C. 路基重要支挡工程严重变形

D. 路面车辙深度大于10mm路段累计长度超过合同段车道总长度的5%

(4)以下属于工程质量鉴定中路基工程抽查项目的有(　　)。

A. 小桥混凝土强度　　B. 沥青路面车辙

C. 排水工程铺砌厚度　　D. 涵洞工程涵底铺砌厚度

(5)沥青路面工程竣工验收需要复测的项目有(　　)。

A. 路基边坡　　B. 路面车辙　　C. 路面弯沉　　D. 路面厚度

3. 关于水泥混凝土拌和物的含气量试验方法(混合式气压法)和凝结时间试验方法,请回答以下问题。

(1)水泥混凝土拌和物含气量试验方法(混合式气压法)适用于含气量不大于(　　)且有坍落度的水泥混凝土。

A. 5%　　B. 10%　　C. 15%　　D. 20%

(2)水泥混凝土拌和物含气量试验方法(混合式气压法)的仪器标定有(　　)。

A. 量钵容积的标定　　B. 含气量0%点的标定

C. 含气量1%~10%的标定　　D. 含气量10%~20%的标定

(3)关于水泥混凝土拌和物含气量试验方法(混合式气压法)测定要求,下列说法正确的是(　　)。

A. 将新拌混凝土拌和物均匀适量地装入量钵内,用振动台振实,振动时间 15 ~ 30s 为宜

B. 刮去表面多余的混凝土拌和物,用镘刀抹平,并使其表面光滑无气泡

C. 开启排气阀,压力仪表应归零,对容器中试样测定一次压力值 P_{01}

D. 按下阀门杆 1 ~ 2 次,待表压指针稳定后,测得压力表读数 P_{02}

(4)贯入阻力达到(　　)MPa 的时间,是新拌混凝土的终凝时间。

A. 27.5　　B. 28.0　　C. 28.5　　D. 29.0

(5)关于混凝土拌和物凝结时间,下列说法正确的是(　　)。

A. 混凝土的凝结时间与水泥的凝结时间并不一致

B. 水灰比越大,凝结时间越长

C. 混凝土的凝结时间受到温度、外加剂等因素的影响

D. 混凝土的凝结时间要求初凝不宜过短,终凝时间不宜过长

4. 关于沥青混合料马歇尔试件制作,密度、马歇尔稳定度、车辙试验,请回答以下问题。

(1)沥青混合料试件制作方法(击实法)要求包括(　　)。

A. 试验室成型的一组试件的数量不少于 4 个,必要时宜增加至 5 ~ 6 个

B. 大部分聚合物改性沥青,混合料的拌和与压实温度通常比普通沥青提高 10 ~ 20℃

C. 将各种规格的矿料置于 105℃ ±5℃的烘箱中烘干至恒重(一般不少于 4 ~ 6h)

D. 沥青混合料保持在要求的拌和温度范围内,标准的总拌和时间为 3min

(2)沥青混合料试件制作方法(击实法)成型步骤,正确的顺序应为(　　)。

①插入温度计至混合料中心附近,检查混合料温度。

②在装好的混合料上面垫一张吸油性小的圆纸。

③用小铲将混合料铲入试模中,插捣后将沥青混合料表面整平。

④将装有击实锤及导向棒的压实头放入试模中。

⑤试件击实一面后,以同样的方法和次数击实另一面。

⑥将试模装在底座上,放一张圆形的吸油性小的纸。

⑦将试模连同底座一起放在击实台上固定。

A. ③①②⑥⑦④⑤　　B. ⑥③①⑦②④⑤

C. ③①⑥②⑦④⑤　　D. ⑥⑦③①②④⑤

(3)压实沥青混合料密度试验方法包括(　　)。

A. 表干法　　B. 水中重法　　C. 蜡封法　　D. 体积法

(4)沥青混合料马歇尔稳定度试验要求包括(　　)。

A. 用马歇尔试件高度测定器或用卡尺在十字对称的 4 个方向量测离试件边缘 10mm 处的高度,准确至 0.1mm,并以其平均值作为试件的高度

B. 如试件高度不符合 63.5mm ±1.3mm 或 95.3mm ±2.5mm 要求或两侧高度差大于 2mm 时,此试件应作废

C. 从恒温水箱中取出时间至测出最大荷载值的时间,不得超出 30s

D. 浸水马歇尔试验中试件在已达规定温度恒温水槽中的保温时间为24h

(5)沥青混合料车辙试验注意事项包括(　　)。

A. 将试件连同试模一起,置于已达到试验温度(60℃ ±1℃)的恒温室中,保温不少于5h,也不得多于24h

B. 试验轮其行走方向须与试件碾压或行车方向一致

C. 如果在未到60min试件变形已达到20mm时,则以达到20mm时的时间为t_2

D. 当3个试件动稳定度变异系数小于20%时,取其平均值作为试验结果

5. 请回答有关挖坑及钻芯法测定路面厚度试验方法的问题。

(1)根据《公路路基路面现场测试规程》(JTG E60—2008),挖坑法适用于(　　)。

A. 沥青面层厚度　　B. 基层厚度

C. 水泥混凝土路面板厚度　　D. 砂石路面厚度

(2)下列不属于钻孔取芯样法厚度测试步骤的有(　　)。

A. 按随机选点方法,决定钻孔检查的位置

B. 在选择试验地点时,选一块平坦表面,用毛刷将其清扫干净

C. 仔细取出芯样,清除底面灰土,找出与下层的分界面

D. 测量洞底至洞口平放钢板尺的距离,即为检查层的厚度,准确至1mm

(3)对基层材料有可能损坏试件时,可采用直径(　　)的钻头。

A. 50mm　　B. 100mm　　C. 150mm　　D. 以上均可

(4)对正在施工的沥青路面,应(　　)。

A. 按相同配比新拌的材料分层填补并用小锤压实

B. 挖坑时取出的材料,适当加水拌和后分层填补,并用小锤压实

C. 用相同级配的热拌沥青混合料分层填补,并用加热的铁锤或热夯压实

D. 用乳化沥青混合料修补

(5)以下关于挖坑或钻孔的填补,说法正确的有(　　)。

A. 适当清理坑中残留物,钻孔时留下的积水应用棉纱吸干

B. 对水泥混凝土路面板,应按相同配合比用新拌的材料分层填补并用小锤压实

C. 对无机结合料稳定层,可用挖坑时取出的材料,适当加水拌和后分层填补,并用小锤压实

D. 所有补坑结束时,宜比原面层略鼓出少许,用重锤或压路机压实平整

参考答案及解析

模拟试题一

一、单项选择题

1.【答案】B

【解析】路基顶面实测代表弯沉值应不大于路基顶面验收弯沉值。

2.【答案】D

【解析】工程质量等级应按分部工程、单位工程、合同段、建设项目逐级进行评定。

3.【答案】C

【解析】土方路基边线与边坡不应出现单向累计长度超过50m的弯折。

4.【答案】C

【解析】公路技术状况分为优、良、中、次、差五个等级，中为≥70，<80。

5.【答案】B

【解析】工程设计和工程检验中，常用土的物理性质指标有：土的密度（湿密度）、土颗粒比重、饱和密度、干密度、浮密度、含水率、孔隙比、孔隙率、饱和度9个。土的指标中，土的比重、土的密度、土的含水率是由试验室直接测量其数值，是实测指标，是土的三相基本物理指标；其他指标是换算指标。

6.【答案】A

【解析】通过土颗粒表面静电引力所吸附的表面水是结合水。

7.【答案】C

【解析】粗粒组和细粒组的区分界限为0.075mm。

8.【答案】D

【解析】扰动土样采用击实法制备试件时，同一组试件与制备标准之差值，密度不大于±0.1g/cm³，含水率不大于2%。

9.【答案】B

【解析】当P_c大于目前的上覆压力情况，P_c大于r_z为超固结状态，OCR>1；当P_c就是目前的上覆压力情况，P_c等于r_z为正常固结状态，OCR=1；当P_c小于目前的上覆压力情况，P_c小于r_z为欠固结状态，OCR<1。

10.【答案】A

【解析】若1min内剪切变形不超过0.01mm，则施加下一级水平荷载。

11.【答案】B

【解析】在沥青混合料中，细集料是指粒径小于2.36mm的天然砂、人工砂（包括机制砂)及石屑;在水泥混凝土中,细集料是指粒径小于4.75mm的天然砂、人工砂。

12.【答案】C

【解析】集料压碎值越大,集料抵抗压碎能力越差。

13.【答案】A

【解析】碾压贫混凝土7d龄期无侧限抗压强度应不低于7MPa,且不宜高于10MPa。

14.【答案】B

【解析】对于水泥稳定材料,工地实际采用的水泥剂量宜比室内试验确定的剂量多0.5%~1.0%。

15.【答案】B

【解析】无论是抗压强度还是抗折强度,试验结果均以3个试件的算术平均值作为测定值。如任一个测定值与中值的差超过中值的15%,取中值为测定结果;如两个测定值与中值的差都超过15%时,则该组试验结果作废。

16.【答案】C

【解析】水泥的初凝时间太短,不利于整个混凝土施工工序的正常进行;但终凝时间太长,又不利于混凝土结构的形成、模具的周转,以及影响养护周期时间的长短等。

17.【答案】C

【解析】通过采用贯入阻力的测定方法,明确混凝土拌和物的凝结时间,绘制单位面积贯入阻力与测试时间的关系曲线。当贯入阻力为3.5MPa和28MPa时,对应确定混凝土的初凝时间和终凝时间。

18.【答案】D

【解析】混凝土配合比设计时,按配制强度计算出水胶比后,还应根据混凝土所处环境条件对耐久性要求的允许水胶比进行校核。

19.【答案】B

【解析】我国规定针入度标准试验条件为温度25℃,针总质量100g,贯入时间5s。

20.【答案】B

【解析】OGFC和ATPB混合料空隙率往往在18%以上。

21.【答案】C

【解析】VFA表示沥青混合料试件的沥青饱和度,沥青混合料试件的空隙率是VV,沥青混合料试件的矿料间隙率是VMA。

22.【答案】A

【解析】沥青混合料车辙试验适用于测定沥青混合料的高温抗车辙能力。

23.【答案】B

【解析】公路技术状况检测与调查应以1000m路段长度为基本检测(或调查)单元。

24.【答案】B

【解析】含水率(比重法)计算公式为:$w = \left[\dfrac{m(G_S - 1)}{G_S(m_1 - m_2)} - 1\right] \times 100$。

25.【答案】D

【解析】矿渣水泥不适用的范围是:早期强度要求高的工程、有抗冻性要求的混凝土工程。

26.【答案】B

【解析】级配碎石目标配合比曲线确定后，应根据已确定的各档材料使用比例和各档材料级配的波动范围，计算实际生产中混合料的级配波动范围，并应针对这个波动范围的上、下限验证性能。

27.【答案】C

【解析】对于水泥稳定材料，将烘箱温度调到110℃；对于其他材料，将烘箱调到105℃；待烘箱达到设定的温度后，取下盒盖，并将盛有试样的铝盒放在盒盖上，然后一起放入烘箱中进行烘干。

28.【答案】D

【解析】当路面横坡不超过4%时，不进行超高影响修正。

29.【答案】D

【解析】落锤式弯沉仪测定在动态荷载作用下产生的动态总弯沉。

30.【答案】B

【解析】测定车以一定速度在潮湿路面上行驶时，试验轮胎受到侧向摩阻作用。此摩阻力除以试验轮上的载重，即为横向力系数，摩擦系数测定车测定的是横向力系数。

二、判断题

1.【答案】√

【解析】稳定粒料基层厚度检查频率为每200m测2点。

2.【答案】√

【解析】注浆强度属于边坡锚固防护的关键项目。

3.【答案】√

【解析】悬臂式和扶壁式挡土墙沉降缝及伸缩缝应竖直、贯通，采用弹性材料填充密实。

4.【答案】×

【解析】混合料加水拌和到碾压终了的时间应短于水泥的终凝时间。

5.【答案】√

【解析】土中的气体分为与大气相连通的自由气体和与大气隔绝的封闭气体。

6.【答案】×

【解析】沉降分析法适用于粒径小于0.075mm的土颗粒组成。

7.【答案】√

【解析】借助相对密度试验结果，可以了解土在自然状态或经压实后的松紧情况和土粒结构的稳定性。

8.【答案】√

【解析】相对下沉系数试验目的是测定黄土(黄土类土)的大孔隙比和相对下沉系数。

9.【答案】×

【解析】当百分表达到峰值或读数达到稳定,再继续剪3% ~5%应变值即可停止试验。如读数无稳定值,则轴向应变达20%时即可停止试验。

10.【答案】√

【解析】压缩系数 a 表示单位压力增量作用下土的孔隙比的减小。因此,压缩系数 a 越大,土的体积减小越快,压缩性就越大。

11.【答案】√

【解析】毛体积密度是在规定条件下,单位毛体积(含物质颗粒固体及其闭口、开口孔隙体积)粗集料的质量。

12.【答案】×

【解析】当集料中二氧化硅含量大于65%时,属于酸性集料。

13.【答案】×

【解析】普通硅酸盐水泥的终凝时间不大于600min。

14.【答案】×

【解析】试模大小因材料而异,细粒土,试模的直径×高=50mm×50mm;中粒土,试模的直径×高=100mm×100mm;粗粒土,试模的直径×高=150mm×150mm。

15.【答案】×

【解析】采用代用维卡仪法测定水泥标准稠度用水量时,如果固定用水量法和调整用水量法的结果有冲突时,以调整用水量法的结果为准。

16.【答案】×

【解析】水泥强度高低除了与水泥自身熟料矿物组成和细度有关外,还与水和水泥混合比例的多少、试件制作方法、养护条件以及龄期等因素密切相关。

17.【答案】×

【解析】取出代表性的混凝土拌和物,用4.75mm的标准筛尽快过筛,筛去4.75mm以上的粗集料。经人工翻拌后,装入试模。

18.【答案】√

【解析】水泥混凝土配合比设计中,试拌时发现混凝土的坍落度不能满足要求,但黏聚性和保水性却较好时,此时应在保持原有水灰比不变的条件下,调整水和水泥用量,直至通过试验证实工作性满足要求。

19.【答案】×

【解析】针入度试验的三项关键性条件分别为温度、测试时间和针的质量。

20.【答案】√

【解析】当沥青试样软化点小于80℃时,重复性试验的允许误差为1℃,复现性试验的允许误差为4℃。

21.【答案】√

【解析】沥青延度试验需要将隔离剂涂抹于试模底板和两个侧模的内侧表面。

22.【答案】×

【解析】动力黏度通常采用真空减压毛细管法测定。

23.【答案】×

【解析】当针对坚硬、易碎、含有粗粒、形状不规则的土样时，不宜采用环刀法，则需采用蜡封法。

24.【答案】×

【解析】无机结合料稳定材料应钻取芯样检验其整体性，且芯样的高度应不小于实际摊铺厚度的90%。

25.【答案】×

【解析】EDTA 滴定法适用于水泥在终凝之前的水泥含量测定。

26.【答案】×

【解析】沥青密度与相对试验中，密度瓶水值测定要求瓶塞顶部只能擦拭一次，即使由于膨胀瓶塞上有小水滴也不能再擦拭。

27.【答案】×

【解析】蜡在高温时融化，使沥青黏度降低，影响高温稳定性，增大温度敏感性。

28.【答案】×

【解析】当路面温度大于20℃时，温度修正系数 K 小于1。

29.【答案】√

【解析】摆值受温度影响很大，一般以20℃为标准温度，当路面为其他温度时应进行温度修正。

30.【答案】√

【解析】挖坑及钻芯法测定路面厚度的试验方法必然会在路面上留下一定面积的坑孔，为了保持路面的完整性，需要及时填补所有坑孔，避免成为路面损坏的隐患。

三、多项选择题

1.【答案】ABC

【解析】砂垫层实测项目包括反滤层设置、压实度、砂垫层厚度、砂垫层宽度。

2.【答案】AB

【解析】C 选项应为：级配碎(砾)石基层和底基层实测项目中的关键项目为压实度和厚度，填隙碎石(矿渣)基层和底基层实测项目中的关键项目为固体体积率和厚度；稳定土基层和底基层无 D 选项外观质量要求。

3.【答案】BCD

【解析】B 选项应为：当试件组数大于20组时，高速公路和一级公路水泥混凝土最小弯拉强度均不得小于 $0.85f_r$；C 选项应为：当试件组数为11～19组时，允许有一组最小弯拉强度小于 $0.85f_r$，但不得小于 $0.80f_r$；D 选项应为：试件组数少于或等丁10组时，试件平均强度不得小于 $1.15f_r$，任一组强度均不得小于 $0.85f_r$。

4.【答案】ABC

【解析】从工程概念上讲，土是由土颗粒(固相)、气体(气相)和水(液相)三种物质组成的集合体。

5.【答案】CD

【解析】灌水法适用于现场测定粗粒土和巨粒土的密度。

6.【答案】AC

【解析】在击实的过程中,由于击实功系瞬时作用土体,土体内的气体部分排除,而所含的水量则基本不变。击实试验分为轻型击实和重型击实。

7.【答案】AD

【解析】矿质混合料有多重组成设计方法,目前一般习惯于采用图解法和试算法。

8.【答案】BCD

【解析】A 选项应为:细度模数在 3.0~2.3 之间为中砂。

9.【答案】BCD

【解析】A 选项应为:无机结合料稳定材料无侧限抗压强度试验,试件标准养护龄期是 7d。

10.【答案】BD

【解析】测定水泥标准稠度用水量的方法有标准维卡仪法和代用维卡仪法。

11.【答案】ABCD

【解析】水泥的烧失量、凝结时间、安定性和强度必须满足规范要求,凡不符合其中任何一条的均为不合格产品。

12.【答案】BCD

【解析】水泥混凝土配合比设计步骤包括:计算初步配合比、提出基准配合比、确定试验室配合比和换算施工配合比。

13.【答案】BC

【解析】道路石油沥青延度试验温度为 15℃或 10℃。

14.【答案】ABC

【解析】路面结构通常是分层铺筑的,面层可由一层、二层、三层构成。

15.【答案】ABD

【解析】土工合成材料水力性能试验方法有:垂直渗透性能(恒水头法)、耐静水压试验、有效孔径试验(干筛法)、淤堵试验。

16.【答案】ABC

【解析】竖曲线和直坡段是公路的纵面线形。

17.【答案】ABCD

【解析】土的膨胀性试验包括:自由膨胀率试验、有荷载膨胀率试验、无荷载膨胀率试验和膨胀力试验。

18.【答案】AB

【解析】C 选项应为:渗水系数越大,路面越容易渗水;无 D 选项说法。

19.【答案】BC

【解析】一般认为土的相对密度 $1/3 < D_r \leq 2/3$ 时土属于中密状态。

20.【答案】ABC

【解析】SBS 改性沥青的高温、低温性能都好,且有良好的弹性恢复性能,所以采用软化点、5℃低温延度、回弹率作为主要指标。

四、综合题

1.【答案】(1)ABCD (2)C (3)B (4)BCD (5)CD

【解析】(1)选项全部正确。

(2)无论是抗压强度还是抗弯拉强度试验,试验结果均以3个试件的算术平均值为测定值。3个试件中最大值或最小值中如有1个与中间值之差超过中间值的15%,则把最大值和最小值舍去,以中间值作为试件的抗弯拉强度;如最大值和最小值与中间值之差值均超过中间值15%,则该组试验结果无效。

(3)抗弯拉强度试验非标准试件尺寸换算系数为0.85。

(4)A选项应为:3根试件中如果有2根试件均出现断裂面位于加荷点外侧,则该组结果无效。

(5)A选项应为:f_{cu}——混凝土立方体抗压强度;B选项应为:f_{cf}——混凝土抗弯拉强度。

2.【答案】(1)ABC (2)ABCD (3)ABCD (4)A (5)B

【解析】(1)D选项应为:甲种密度计应准确至1,估读至0.1;乙种密度计应准确至0.001,估读至0.0001。

(2)选项全部正确。

(3)选项全部正确。

(4)土的烧失量试验中,重复灼烧称量至前后两次质量相差小于0.5mg,即为恒量。

(5)土的有机质含量试验方法适用于有机质含量不超过15%的土。

3.【答案】(1)ABD (2)ABCD (3)D (4)D (5)A

【解析】(1)C选项应为:砂的粗细程度改变,对沥青混合料的影响程度远不如对水泥混凝土影响程度大。

(2)选项全部正确。

(3)集料总质量 = 10 + 150 + 75 + 110 + 130 + 20 + 5 = 500g,计算各筛分计筛余率:$a_{4.75} = 10/500 \times 100\% = 2\%$;$a_{2.36} = 150/500 = 30\%$;$a_{1.18} = 75/500 = 15\%$;$a_{0.6} = 110/500 = 22\%$;$a_{0.3} = 130/500 = 26\%$;$a_{0.15} = 20/500 = 4\%$,计算各筛累计筛余百分率:$A_{4.75} = 2\%$;$A_{2.36} = 32\%$;$A_{1.18} = 47\%$;$A_{0.6} = 69\%$;$A_{0.3} = 95\%$;$A_{0.15} = 99\%$。

(4)该砂的细度模数:

$\mu_f = [(A_{2.36} + A_{1.18} + A_{0.6} + A_{0.3} + A_{0.15}) - 5A_{4.75}]/(100 - A_{4.75}) = [(32 + 47 + 69 + 95 + 99) - 5 \times 2]/(100 - 2) = 3.4$。

(5)粗砂细度模数为3.7~3.1,所以该砂为粗砂。

4.【答案】(1)ABD (2)B (3)AC (4)B (5)C

【解析】(1)挖坑灌砂法试验不适用于填石路堤等有大孔洞或大孔隙的材料压实层的压实度检测。

(2)B选项正确说法应为:将开关打开,使灌砂筒筒底的流砂孔、圆锥形漏斗上开口圆孔及开关铁板中心的圆孔上下对准重叠在一起,让砂自由流出,并使流出砂的体积与工地所挖试坑内的体积相当(或等于标定罐的容积),然后关上开关。

(3)B选项和D选项会导致测定结果偏大。

(4)第⑤步在第④步之前,且第⑤步需要重复做一次,所以选 B。

(5)压实度 = 干密度/最大干密度 ×100 = [2.30/(1 +5.5%)]/2.25 ×100 =96.9%,所以选 C。

5.【答案】(1)AB (2)AB (3)D (4)A (5)ABCD

【解析】(1)无机结合料稳定材料击实试验甲、乙两类方法区别在于试样尺寸和每层击数。

(2)C 选项应为:如试料中粒径大于 19mm 的颗粒含量超过 10%,则将试料过 37.5mm 筛,如存留在孔径为 37.5mm 筛中颗粒的含量不超过 10%,则过 53mm 筛备用(用丙法试验);无 D 选项说法。

(3)无机结合料稳定材料击实试验丙类方法每层锤击次数是 98 次。

(4)当试样中大于规定最大粒径的超尺寸颗粒含量为 5% ~30% 时,对试验所得最大干密度和最佳含水率进行校正。

(5)选项全部正确。

模拟试题二

一、单项选择题

1.【答案】C

【解析】路基工作区是指汽车荷载通过路面传递到路基的应力与路基自重应力之比大于 0.1 的应力分布深度范围。

2.【答案】B

【解析】反压护道的压实度不低于 90%。

3.【答案】A

【解析】每一双车道评定路段(不超过 1km)测量检查点数:落锤式弯沉仪为 40,自动弯沉仪或贝克曼梁为 80。

4.【答案】B

【解析】砌体和片石混凝土挡土墙与悬臂式和扶壁式挡土墙共同的关键实测项目为断面尺寸。

5.【答案】D

【解析】毛细水是指水与土空隙管壁接触时,由于湿润和静电引力作用,在毛细管壁形成的水。

6.【答案】B

【解析】液性指数,当 $I_L = 0$,即 $w = w_p$,土处于塑限。

7.【答案】B

【解析】击实试验是为了获得路基土压实的最大干密度和相应的最佳含水率。

8.【答案】A

【解析】液限指的是土从液体状态向塑性体状态过渡的界限含水率。

9.【答案】B

【解析】影响毛细性的因素中,土的粒度成分影响最为显著。

10.【答案】D

【解析】试样的最大粒径宜控制在20mm以内,最大不得超过40mm且含量不超过5%。

11.【答案】C

【解析】标准筛由17种不同孔径筛子组成。

12.【答案】C

【解析】粗集料堆积密度中最大的是捣实密度。

13.【答案】A

【解析】无机结合料稳定材料振动压实试验方法适用于粗集料含量较大的稳定材料。

14.【答案】A

【解析】用EDTA滴定法测定水泥和石灰综合稳定材料中结合料的剂量时,溶液颜色由玫瑰红色变为紫色时,放慢滴定速度,直至变为蓝色为止,确定EDTA二钠消耗量。

15.【答案】C

【解析】通用硅酸盐水泥按混合材料的品种和掺量,分为硅酸盐水泥、普通硅酸盐水泥、矿渣硅酸盐水泥、火山灰质硅酸盐水泥、粉煤灰硅酸盐水泥和复合硅酸盐水泥。

16.【答案】A

【解析】水泥标准稠度是指标准试杆在沉入水泥净浆时,经受水泥浆阻力达到规定贯入深度所具有的水和水泥用量百分率。

17.【答案】B

【解析】水泥的凝结时间是指水泥浆从最初的可塑状态到逐渐失去可塑性所需要的时间,以标准试杆沉入标准稠度水泥净浆达到规定深度所需的时间来表示。

18.【答案】A

【解析】沥青析漏试验用以检验沥青玛蹄脂碎石混合料(SMA)、排水式大空隙沥青混合料(OGFC)或沥青碎石类混合料的最大沥青用量。

19.【答案】A

【解析】摆式摩擦仪调零允许误差为±1BPN。

20.【答案】C

【解析】在进行挖坑法厚度检测时,在选择试验地点时,需选一块40cm×40cm的平坦表面。

21.【答案】A

【解析】单位体积包括开口孔隙体积、闭口孔隙体积和材料的实体矿物成分。

22.【答案】C

【解析】含水率(%)的概念:$w = \frac{m_w}{m_s} \times 100$。则其含水量为$m_w = wm_s$,由于$m = m_w + m_s$,所以土样干重为$m_s = \frac{m}{1 + w}$。

23.【答案】C

【解析】湿密度ρ、干密度ρ_d、饱和密度ρ_{sat}和浮密度ρ'的概念:$\rho=\frac{m}{V}$、$\rho_d=\frac{m_s}{V}$、$\rho_{sat}=\frac{m_s+V_v\rho_w}{V}$和$\rho'=\frac{m_s-V_s\rho_w}{V}$。可以看出,$\rho_{sat}>\rho_d>\rho'$。

24.【答案】B

【解析】在水泥熟料中加入混合材料可以在增加水泥产量、降低生产成本的同时,改善水泥的品质。

25.【答案】A

【解析】沥青稳定碎石 ATB-25 宜采用连续级配。

26.【答案】B

【解析】交通荷载等级为中等时,混凝土设计弯拉强度标准值为4.5MPa。

27.【答案】D

【解析】黏附性直接影响沥青路面的使用质量和耐久性,是评价沥青技术性能的一项重要指标。

28.【答案】D

【解析】引起沥青老化的直接因素有:①热的影响;②氧的影响;③光的影响;④水的影响;⑤渗流硬化。

29.【答案】D

【解析】D选项应为:喇叭形空气耦合天线,带宽能适应所选择的发射脉冲频率,不是地面耦合天线。

30.【答案】D

【解析】非经注明,测定沥青密度的标准温度为15℃,而沥青的相对密度是指25℃时与相同温度下水的密度之比。

二、判断题

1.【答案】√

【解析】路面结构中的功能层包括封层、黏层、透层、排水层和防冻层。

2.【答案】√

【解析】关键项目的合格率应不低于95%(机电工程为100%),否则该检查项目为不合格。

3.【答案】√

【解析】路基边坡、护坡道、碎落台不得有滑坡、塌方或深度超过100mm的冲沟。

4.【答案】×

【解析】土方路基实测项目中的关键项目有压实度和弯沉。

5.【答案】√

【解析】孔隙率是指土中孔隙体积与土体总体积之比。

6.【答案】√

【解析】土的塑性指标包括液限、塑限和塑性指数。

7.【答案】√

【解析】当土条搓至直径为3mm时,其产生裂缝并开始断裂,则这时土条的含水率即为土的塑限含水率。

8.【答案】√

【解析】土的液限与天然含水率之差与塑性指数之比称为土的天然稠度。

9.【答案】×

【解析】CBR是指试料贯入量达2.5mm时,单位压力对标准碎石压入相同贯入量时标准强度的比值。

10.【答案】√

【解析】土回弹模量的测定方法有承载板法和强度仪法。

11.【答案】√

【解析】通常集料的最大粒径比公称最大粒径大一个粒级。

12.【答案】×

【解析】对水泥混凝土用细集料可采用干筛法,如果需要也可采用水洗法筛分;对沥青混合料及基层用细集料必须用水洗法筛分。

13.【答案】×

【解析】当粉煤灰中CaO含量为2%~6%时,称为硅铝粉煤灰,CaO含量为10%~40%时,称为高钙粉煤灰。

14.【答案】√

【解析】如果制作EDTA标准曲线所用素土、水泥或石灰发生改变,则必须重做标准曲线。

15.【答案】×

【解析】硅酸盐水泥中完全不掺混合料的称为Ⅰ型硅酸盐水泥,掺入量不超过5%称为Ⅱ型硅酸盐水泥。

16.【答案】×

【解析】水泥凝结时间测定时,当达到凝结时间,要立即重复测定一次,只有当两次测定结果都表示达到初凝或终凝状态时,才可认定。

17.【答案】√

【解析】水泥安定性试验雷氏夹法和试饼法试验结果相矛盾时,以雷氏夹法的结果为准。

18.【答案】×

【解析】水泥混凝土强度试验中,试件移至标准养护室,养护条件温度20℃±2℃,相对湿度95%以上,直至到规定龄期。

19.【答案】×

【解析】随着水泥细度的提高,需水量随之增加,水泥水化过程中产生的收缩变形明显加大,且不易长期存放。同时,提高水泥细度必定加大粉末的投入,增加成本。因此,水泥细度应控制在合理范围。

20.【答案】√

【解析】水泥标准稠度是指水泥净浆对标准试杆沉入时所产生的阻力达到规定状态所具有的水和水泥用量百分率。

21.【答案】×

【解析】石灰中有效氧化镁含量越高,石灰品质越高。

22.【答案】√

【解析】考虑到我国粉煤灰的质量有很大差异,工程上很难控制,故只允许在二级及二级以下的公路中使用。

23.【答案】×

【解析】激光构造深度仪不适用于带有沟槽构造的水泥混凝土路面构造深度的测定。

24.【答案】√

【解析】石灰稳定土类混合料组成设计时,成型好的试件应在规定温度下保温养护6d,浸水24h后,再进行无侧限抗压强度试验。

25.【答案】√

【解析】有试验研究表明,通常混合料的抗压强度越高,其抗冲刷性能越好,因此可通过适当提高抗压强度的方法来提高半刚性基层的抗冲刷性能。

26.【答案】×

【解析】水泥属于偏碱性材料,其中碱性成分在水的参与下,与集料中的活性氧化硅或活性碳酸盐发生碱集料反应,对混凝土造成结构性破坏。

27.【答案】√

【解析】沥青与集料之间黏附性好坏的常规评价方法是水煮法或水浸法,通过一定条件下考察集料表面沥青膜抵御水剥离的能力,来界定沥青黏附性的好坏。

28.【答案】√

【解析】适当降低沥青混合料中的沥青数量,将有利于沥青混合料的高温稳定性。

29.【答案】×

【解析】路面损坏自动化检测应纵向连续检测,横向检测宽度应不小于车道宽度的70%。

30.【答案】√

【解析】标准差σ越大,路表面越不平整。

三、多项选择题

1.【答案】ABD

【解析】从相对密度的计算公式可以得知,需要的已知量为最大孔隙比、最小孔隙比、天然状态孔隙比。

2.【答案】ACD

【解析】粗砂细度模数在3.7~3.1;中砂细度模数在3.0~2.3;细砂细度模数在2.2~1.6;特细砂细度模数在1.5~0.7。

3.【答案】ABD

【解析】亚甲蓝溶液每次加入5mL(A选项),每1min进行一次色晕试验。若色晕在最初的4min内消失,再加入5mL亚甲蓝溶液(B选项);若色晕在第5min消失,再加入2mL亚甲蓝溶液(D选项)。两种情况下,均应继续搅拌并进行色晕试验,直至色晕可持续5min为止。

4.【答案】ABCD

【解析】基层、底基层施工全过程质量控制检验包括原材料检验、混合料(施工参数)检验、施工过程检验、质量检查验收四个方面。

5.【答案】AC

【解析】土颗粒组成特征应以土的级配指标的不均匀系数(C_u)和曲率系数(C_c)表示。

6.【答案】ABD

【解析】沥青薄膜加热试验与旋转薄膜加热试验温度都是163℃。

7.【答案】ABCD

【解析】集料的具体类型包括砾石、碎石、天然砂、人工砂、石屑、矿粉和填料。

8.【答案】CD

【解析】A选项应为:选用石料若过于潮湿则需加热烘干,烘箱温度不得超过100℃,烘干时间不超过4h。B选项应为:将试样分3次(每次数量大体相同)均匀装入试模中。

9.【答案】ABC

【解析】D选项应为:评价沥青混合料的综合抗水损能力还需要进行浸水马歇尔试验或冻融劈裂试验。

10.【答案】ABD

【解析】C选项应为:终凝时间是指从水泥全部加入水中到水泥浆完全失去塑性所需的时间。

11.【答案】CD

【解析】水泥的强度等级主要是以不同龄期的抗压强度和抗折强度进行划分的。

12.【答案】AB

【解析】当拌和物在敲击时突然折断崩坍,或者石子离析出来,则表示混凝土的黏聚性较差。

13.【答案】ABD

【解析】地面排水设施有:边沟、截水沟、排水沟、跌水与急流槽、蒸发池、油水分离池、排水泵站。地下排水设施有:排水垫层与隔离层、暗沟、渗沟、仰斜式排水孔、渗井、排水隧洞、检查井与疏通井。

14.【答案】AD

【解析】物理性质试验包括:含水率、密度、颗粒分析、相对密度等。

15.【答案】CD

【解析】当试拌实测之后,发现水泥混凝土流动性能够达到设计要求,但黏聚性和保水性却不好,经过调整后的基准配合比同初步配合比对照,水泥和水的用量可能未变,但砂和石用量肯定发生改变。

16.【答案】ABC

【解析】按空隙率大小分类的沥青混合料有密实型沥青混合料、多孔透水沥青混合料、沥青碎石混合料。

17.【答案】ABCD

【解析】公路技术状况评价包含路基、沥青(水泥)路面、桥隧构造物和沿线设施四部分内容。

18.【答案】ACD

【解析】关键项目是分项工程中对结构安全、耐久性和主要使用功能起决定性作用的检查项目。

19.【答案】ABC

【解析】土工合成材料宽条拉伸试验时,如果试样在夹具中滑移,或者多于1/4的试样在钳口附近5mm范围内断裂,可采取夹具内加衬垫,对夹在钳口内的试样加以涂层,改进夹具钳口表面等措施。

20.【答案】ABD

【解析】C选项应为:摆值越小,摩擦系数越小。

四、综合题

1.【答案】(1)ABCD (2)D (3)C (4)ABC (5)D

【解析】(1)选项全部正确。

(2)激光平整度仪的测试技术指标是国际平整度指数IRI。

(3)第⑤应在第②之前,第②应在第⑥之前。

(4)无D选项说法。

(5)表面留有浮动余砂,试验结果偏大;若用的砂过粗,试验结果偏小。

2.【答案】(1)ABCD (2)CD (3)D (4)B (5)ABCD

【解析】(1)选项全部正确。

(2)A选项应为:对夏季温度高、高温持续时间长,重载交通多的路段,宜选用粗型密级配,并取较高的设计空隙率;B选项应为:对冬季温度低、且低温持续时间长的地区,或者重载交通较少的路段,宜选用细型密级配,并取较低的设计空隙率。

(3)该沥青混合料的最佳沥青用量OAC_1为4.33。

(4)该沥青混合料的最佳沥青用量OAC_2为4.80。

(5)选项全部正确。

3.【答案】(1)C (2)A (3)C (4)B (5)A

【解析】(1)单个试件的湿质量=试件体积×最大干密度×(1+最佳含水率)×压实度$=\pi R^2 h\times1.68\times(1+18\%)\times96\%=\pi\times2.5^2\times5\times1.68\times(1+18\%)\times96\%=186.74$g(因是细粒土,所以试件的尺寸是直径×高=$\phi$50mm×50mm)。

单个试件的干质量=单个试件的湿质量/(1+最佳含水率)=186.74/(1+18%)=158.25g。

(2)单个试件石灰的用量=单个试件的干质量×10%=158.25×10%=15.8g。

(3)单个试件粉煤灰的用量=单个试件的干质量×14%×(1+20%)=26.6g。

(4)单个试件土的用量=单个试件的干质量×76%×(1+10%)=132.3g。

(5)单个试件水的用量＝单个试件的干质量×18%－(158.25×14%×20%＋158.25×76%×10%)＝12.0g。

4.【答案】(1)D　(2)ABCD　(3)ACD　(4)ABD　(5)B

【解析】(1)水泥胶砂强度检验方法(ISO法)要求水泥与ISO砂的质量比为1:3,水灰比为0.5。

(2)选项全部正确。

(3)B选项应为:对于24h以上龄期的,应在成型后20～24h内脱模。

(4)C选项应为:抗压试验须用抗压夹具进行,试件受压面为试件成型时的两个侧面,面积为40mm×40mm。

(5)抗折强度试验结果的平均值＝(4.4＋3.6＋3.8)/3＝3.9MPa,因(4.4－3.9)/3.9＝12.8%＞10%,所以应剔除,则该水泥抗折强度＝(3.6＋3.8)/2＝3.7MPa。

5.【答案】(1)ACD　(2)BC　(3)D　(4)D　(5)B

【解析】(1)B选项应为:对2.36～4.75mm级粗集料,由于卡尺量取有困难,故一般不做测定。

(2)A选项应为:由于沥青路面对粗集料针片状颗粒的要求更为严格,两种不同用途集料的针片状颗粒检测方法采用不同的手段,因此不能用规准仪法代替游标卡尺法判定沥青混合料粗集料的形状。D选项应为:针状颗粒及片状颗粒的定义并没有一定的比例。

(3)D选项应为:侧面厚度的最大尺寸t(即底面到颗粒的最高点)是在颗粒最薄的一个面上测量的,但并非颗粒中最薄部位的厚度。

(4)正确答案为D。

(5)正确答案为B。

模拟试题三

一、单项选择题

1.【答案】D

【解析】热拌沥青混合料路面摊铺完成,自然冷却到表面温度低于50℃后,方可开放交通。

2.【答案】C

【解析】浆砌挡土墙的浆砌缝开裂、勾缝不密实和脱落的累计换算面积不得超过该面面积的1.5%。

3.【答案】C

【解析】水泥混凝土上加铺沥青面层复合式路面的沥青面层可不检查弯沉。

4.【答案】D

【解析】水泥混凝土路面坑洞应为板面出现直径大于30mm、深度大于10mm的坑槽。

5.【答案】C

【解析】液性指数:$I_L=\dfrac{w-w_P}{w_L-w_P}$,则可计算得到液性指数为0.35。

6.【答案】B

【解析】有机土是指试样中有机质含量大于或等于10%的土。

7.【答案】A

【解析】烧失量不包括吸湿水,仅包括有机质和结合水,石灰性土中还包括二氧化碳(由碳酸盐所产生的)。

8.【答案】C

【解析】分计筛余百分率指的是某孔径筛上的筛余质量占试样总质量百分率。

9.【答案】B

【解析】承载板法测定土基回弹模量的试验方法,预压值采用0.05MPa,稳压时间为1min,使承载板与土基紧密接触。

10.【答案】C

【解析】贝克曼梁测定路基路面回弹模量的原理:在土基或者厚度不小于1m的粒料整层表面用弯沉仪测试数个测点的回弹弯沉值,根据圆形均布荷载作用下的弹性半无限理论,计算求得该材料的回弹模量值。

11.【答案】B

【解析】当路面温度为T(℃)时测得的摆值为BPN_t,必须按式$BPN_{20} = BPN_t + \Delta BPN$换算成标准温度20℃的摆值$BPN_{20}$。

12.【答案】D

【解析】根据规范《公路工程水泥及水泥混凝土试验规程》(JTG E30—2005)P42规定,使用倒锥法测定水泥浆体的流动度时,试验结果以两次以上试验结果的平均值为准,平均值修约到最近的0.2s上,每次试验的结果应在平均值±1.8s以内。

13.【答案】A

【解析】级配碎石基层是无胶结料的粒料类基层,粒料类和沥青结合料类基层属于柔性基层。

14.【答案】B

【解析】EDTA滴定法的化学原理是:先用10%的NH_4Cl弱酸溶出水泥稳定材料中的Ca^{2+}。

15.【答案】D

【解析】当观察到测针压入砂浆表面时,测孔周围出现微小裂缝,则应改换截面积较小的测针。

16.【答案】D

【解析】我国现行标准规定:水泥标准稠度测定方法是让标准试杆沉入水泥净浆,当试杆沉入的距离正好距底板6mm±1mm,此时水泥浆的稠度就是水泥浆标准稠度。

17.【答案】D

【解析】水泥的化学性质包括有害成分、不溶物和烧失量。

18.【答案】C

【解析】水泥胶砂抗压强度以一组3个试件得到的6个抗压强度算数平均值为试验结果,如6个测定值中还有一个超出平均值±10%,舍去该结果,而以剩下5个的平均值为结果。

如 5 个测定值中还有一个超过 5 个结果的平均值 ±10%，则该次试验结果作废。

19.【答案】A

【解析】沥青密度与相对密度试验，对黏稠及液体沥青的密度，重复性试验的允许误差为 0.003g/cm^3；再现性试验的允许误差为 0.007g/cm^3。

20.【答案】B

【解析】适用范围为三级及三级以下公路的各个层次的沥青等级为 C 级。

21.【答案】D

【解析】当已知沥青混合料的密度时，可根据试件的标准尺寸计算并乘以 1.03 得到要求的混合料数量。

22.【答案】B

【解析】锚杆、锚定板和加筋土挡土墙距面板 1m 范围以内的压实度实测项目是关键项目。

23.【答案】B

【解析】根据土样固结排水的不同条件，三轴试验可分为不固结不排水剪、固结不排水剪、固结排水剪三种基本方法。

24.【答案】C

【解析】路用粗集料的力学性质主要指抗压碎能力和磨耗性两大指标。

25.【答案】B

【解析】水泥凝结时间每次测定要避免试针落在同一针孔位置，并避开试模内壁至少 10mm。

26.【答案】B

【解析】通常我国将测定针入度的标准条件设定为：温度 25℃、针总质量 100g、贯入时间 5s。

27.【答案】A

【解析】压实度的试验方法有：挖坑灌砂法、核子密度湿度仪、环刀法、无核密度仪法、钻芯法。

28.【答案】C

【解析】土的含水率是指土中水的质量与固体颗粒质量之比，通常用百分数表示。

29.【答案】D

【解析】水泥密度试验时，两次试验结果的差值不应大于 20kg/cm^3。

30.【答案】B

【解析】目标级配曲线优化选择过程中，应选择不少于 4 条级配曲线。

二、判断题

1.【答案】√

【解析】旧混凝土路面的损坏状况应采用断板率和平均错台量两项指标评定。

2.【答案】×

【解析】沥青面层一般按沥青铺筑层总厚度评定，高速公路和一级公路分 2 ~ 3 层铺筑时,还应进行上面层厚度检查和评定。

3.【答案】√

【解析】降压实度外,路基工程其他检查项目应在上路床进行检查测定。

4.【答案】√

【解析】路面技术状况自动化检测路面构造深度 MPD 和横向力系数 SFC 应为二选一指标。

5.【答案】×

【解析】比重法仅适用于砂类土。

6.【答案】×

【解析】缩限试验适用于粒径小于0.5mm和有机质含量不超过5%的土。

7.【答案】√

【解析】

指　　标	钙质消石灰			镁质消石灰		
	Ⅰ	Ⅱ	Ⅲ	Ⅰ	Ⅱ	Ⅲ
含水率(%)	≤4	≤4	≤4	≤4	≤4	≤4

8.【答案】√

【解析】说法正确。

9.【答案】√

【解析】击实试验应不少于3次平行试验,且相互之间的最大干密度差值应不大于0.02g/cm^3;否则,应重新进行试验,并取平均值作为当天压实度检测标准。

10.【答案】√

【解析】测定水泥初凝时间时,达到初凝时间应立即重复测定一次。当两次结论相同时才可认为达到初凝状态。

11.【答案】√

【解析】水泥混凝土中水泥起胶凝和填充作用,集料起骨架和密实作用。

12.【答案】×

【解析】初凝时间未达到要求的水泥就是不合格品,不得应用在任何结构工程中。

13.【答案】×

【解析】水泥稳定类材料主要有:水泥稳定级配碎石、级配砂砾、未筛分碎石、石屑、土、碎石土、砂砾土,以及经加工、性能稳定的钢渣和矿渣等。

14.【答案】√

【解析】级配碎石配合比设计以合成集料的CBR值作为强度控制指标。

15.【答案】×

【解析】水泥的细度越大,水化反应和凝结速度就越快,早期强度就越高,因此水泥颗粒达到较高的细度是确保水泥品质的基本要求。

16.【答案】×

【解析】测定水泥初凝时间时,当试针沉至距底板4mm±1mm时,表征水泥达到初凝状态。

17.【答案】√

【解析】粉煤灰细度试验采用负压筛法，筛析时间为3min。

18.【答案】√

【解析】边长100mm的非标准试件尺寸换算系数是0.95，缩小测定结果，边长200mm的非标准试件尺寸换算系数是1.05，放大测定结果，间接证明试件的尺寸越小，测得结果越高。

19.【答案】×

【解析】沥青薄膜加热试验通过加热状态下测定道路石油沥青薄膜加热后的质量损失以及其他指标的变化，以评价沥青的耐老化性能。

20.【答案】×

【解析】蜡随着温度升高极易融化，使沥青的黏度降低，加大沥青的温度敏感性。

21.【答案】√

【解析】沥青饱和度是指压实沥青混合料试件中沥青实体体积占矿料骨架实体以外的空间体积的百分率，又称为沥青填隙率。

22.【答案】√

【解析】坡面防护按照材料组成和环境效应可分为三大类：植物防护、骨架植物防护和工程防护。

23.【答案】×

【解析】土的含水率试验方法主要有烘干法、酒精燃烧法和比重法。

24.【答案】×

【解析】高速公路和一级公路应验证基层和底基层无机结合料稳定材料的7d龄期无侧限抗压强度与90d或180d龄期弯拉强度的关系。

25.【答案】√

【解析】土工合成材料全部试验的试样应在同一样品中裁取。取样时应尽量避免污渍、折痕、孔洞或其他损伤部分，否则要加放足够数量。

26.【答案】√

【解析】目前采用的安定性检测方法只是针对游离的CaO的影响，并未涉及游离MgO和石膏中SO_3造成的安定性问题。

27.【答案】√

【解析】改性沥青混合料理论最大（相对）密度只可采用公式计算获得。

28.【答案】×

【解析】动力锥贯入仪测定路基路面CBR试验方法适用于动力锥贯入仪现场快速测定或评估无结合料材料路基、路面强度。

29.【答案】×

【解析】依据《公路沥青路面施工技术规范》，木质素纤维的灰分含量要求是18% ± 5%，所以并不是灰分含量越低纤维质量越好。

30.【答案】×

【解析】随沥青用量的增加，沥青混合料的空隙率减小。

三、多项选择题

1.【答案】BCD

【解析】水泥稳定碎石需检测压实度、平整度、纵断高程、宽度、厚度、横坡和强度。

2.【答案】AB

【解析】级配碎(砾)石基层的实测关键项目包括压实度和厚度。

3.【答案】ABC

【解析】D 选项应为:厚度代表值为厚度算数平均值的下置信界限值。

4.【答案】ABCD

【解析】特殊土包括黄土、膨胀土、红黏土、盐渍土和冻土。

5.【答案】BCD

【解析】贝克曼梁测定路基路面回弹弯沉试验方法有关准备工作的规定,路面弯沉测量时,应首先检查并保持测定用标准车的车况及制动性能良好、轮胎内胎符合规定充气压力。检查弯沉仪百分表量测灵敏情况。

6.【答案】AD

【解析】现场检测水泥混凝土路面强度可采用回弹仪法、超声回弹法。

7.【答案】CD

【解析】矿粉筛分试验(水洗法)用到的标准筛有 0.6mm、0.3mm、0.15mm、0.075mm。

8.【答案】BCD

【解析】沥青混合料标准飞散试验可用于确定沥青路面表面层使用的沥青玛蹄脂碎石混合料(SMA)、排水式大空隙沥青混合料(OGFC)、抗滑表层混合料、沥青碎石(AM)或乳化沥青碎石混合料所需的最少沥青用量。

9.【答案】CD

【解析】A 选项应为:标准养护和快速养护相对湿度都是大于或等于 95%;B 选项应为:试件表面应保持一层水膜,并避免用水直接冲淋。

10.【答案】AD

【解析】A 选项应为:用代用法测定水泥标准稠度用水量时,若调整水量法和固定水量法的结果有冲突时,以调整水量法的结果为准;D 选项应为:用代用法中的固定水量法测定水泥标准稠度用水量时,当试锥下沉深度小于 13mm 时,应改用调整水量法测定。

11.【答案】AC

【解析】测定水泥安定性的主要方法有雷氏夹法和试饼法。

12.【答案】ABCD

【解析】能够影响到混凝土拌和物工作性的因素概括地分为内因和外因两大类。外因主要指施工环境条件,包括外界环境的气温、湿度、风力大小以及时间等。内因主要指构成混凝土组成材料的特点及其配合比例,其中包括原材料特性、单位用水量、水灰比和砂率等方面。

13.【答案】BD

【解析】A 选项应为:称量 1000g,感量 0.1g 天平和称量 100g,感量 0.01g 天平;C 选项应为:试验结束的标准是稳定浅蓝色色晕可持续 5min 为止。

14.【答案】ABCD

【解析】沥青软化点试验过程中,四个选项都会对试验结果产生影响。

15.【答案】AD

【解析】路基高度是指路堤的填筑高度或路堑的开挖深度,是路基设计高程与原地面高程之差。路基中心高度是指路中线设计高程与原地面高程之差。路基两侧边坡的高度是指填方坡脚或挖方坡顶与路基边缘的相对高差。

16.【答案】ABCD

【解析】土工试验项目分为四个方面:物理性质试验、水理性质试验、力学性质试验、化学性质试验。

17.【答案】ABC

【解析】热拌热铺沥青混合料的施工温度包括:拌和温度、摊铺温度、碾压温度等。

18.【答案】ACD

【解析】无需检测测点的表面温度。

19.【答案】ABD

【解析】C选项应为:测定轮与行车方向成20°偏角,双轮式横向力系数测试系统测定路面摩擦系数试验方法的两个测定轮互成15°夹角。

20.【答案】ABCD

【解析】旧水泥混凝土路面调查:路面损坏状况(包括损坏类型、轻重程度、范围及修补措施等)和路面结构强度(包括路表弯沉、接缝传荷能力、板底脱空状况、面层厚度和混凝土强度等)。

四、综合题

1.【答案】(1)D　(2)ABCD　(3)AD　(4)AC　(5)ABCD

【解析】(1)第②应在①之前,第⑦应在第⑤之前。

(2)选项全部正确。

(3)B选项应为:稳定中粒材料试件不超过10g。C选项应为:稳定粗粒材料试件不超过20g。

(4)与平均值相差大于3倍均方差的试验结果为异常值,该组试件7d无侧限抗压强度试验结果平均值$R_c=3.4$MPa,均方差$S=0.8$MPa,因试件3和4试验结果与平均值相差均小于3倍均方差,所以都不是异常值。

(5)选项全部正确。

2.【答案】(1)ABCD　(2)ABCD　(3)ABC　(4)BCD　(5)C

【解析】(1)选项全部正确。

(2)选项全部正确。

(3)因酒精燃烧法适用于砂土,故D选项说法有误。

(4)A选项应为:液塑限联合测定法试验若采用100g锥做液限试验,则在h-w图上查得纵坐标入土深度$h=20$mm所对应的横坐标的含水率w,即为该土样的液限含水率w_L。

(5)$w_C=(w_L-w)/I_P=(w_L-w)/(w_L-w_P)=(41\%-35.7\%)/(41\%-27\%)=0.38$。

3.【答案】(1)A (2)ABD (3)C (4)C (5)D

【解析】(1)第①应在第④之前,第③应在第④之后。

(2)C选项应为:不能用规准仪法替代游标卡尺法判定沥青混合料用粗集料的形状。

(3)⑥步骤应为:称取通过2.36mm筛孔的全部细料质量。⑦步骤应为:用2.36mm标准筛筛分经压碎的全部试样。

(4)粗集料洛杉矶磨耗试验过筛所用筛的筛孔尺寸为1.7mm。

(5)粗集料坚固性试验中在网篮浸入溶液时应上下提降25次,以排除试样中的气泡,然后静置于该容器中。

4.【答案】(1)C (2)B (3)ABCD (4)BCD (5)ACD

【解析】(1)路面钻芯取样方法钻孔采取芯样的直径不宜小于最大集料粒径的3倍。

(2)压实度代表值 $K=\overline{K}-\frac{t_{\alpha}}{\sqrt{n}}S=96.3\%-0.518\times2.2\%=95.2\%$。

(3)选项全部正确。

(4)A选项应为:仔细平整土基表面,撒干燥洁净的细砂填平土基凹处,细砂不可覆盖全部土基表面,避免形成夹层。

(5)B选项应为:弯沉仪不仅可以单侧测定而且可以双侧同时测定。

5.【答案】(1)D (2)ABC (3)C (4)ABCD (5)AD

【解析】(1)①测值由小到大排序:7.04kN,8.20kN,8.50kN,8.82kN,11.62kN

②计算特征值:平均值=8.84kN,标准差 $S=1.70$kN

③计算统计值:$(8.84-7.04)/1.70=1.06<k=1.67$

$(8.84-8.20)/1.70=0.38<k=1.67$

$(8.84-8.50)/1.70=0.20<k=1.67$

$(8.84-8.82)/1.70=0.01<k=1.67$

$(11.62-8.84)/1.70=1.64<k=1.67$

④因所有测定值与平均值之差均小于标准差的1.67倍,所以取全部测定值的平均值作为该沥青混合料的马歇尔稳定度=8.84kN。

(2)D选项应为:如试件高度不符合63.5mm±1.3mm或95.3mm±2.5mm要求或两侧高度差大于2mm时,此试件应作废。

(3)第③应在②之前。

(4)正确答案为ABCD。

(5)正确答案为AD。

模拟试题四

一、单项选择题

1.【答案】B

【解析】一般项目的合格率应不低于80%,否则检查项目评定为不合格。

2.【答案】A

【解析】在软土地基处置中,砂垫层应分层碾压施工;砂垫层宽度应宽出路基边脚0.5~1.0m,两侧端以片石护砌。

3.【答案】C

【解析】粒料桩实测项目中,关键项目是桩长。

4.【答案】C

【解析】公路技术状况指数是MQI,路面使用性能指数是PQI,路面行驶质量指数是RQI,路面车辙深度指数是RDI。

5.【答案】D

【解析】移液管法适用于粒径 <0.075mm的土样。

6.【答案】A

【解析】比重法是土的含水率试验方法。

7.【答案】A

【解析】土工格室可用于路基加筋、防沙固沙、路基防护等场合。

8.【答案】B

【解析】CBR又称加州承载比,是用于评定路基土和路面材料的强度指标。

9.【答案】C

【解析】压缩系数计算公式为:$a=-\frac{\Delta e}{\Delta p}$,其中,$\Delta e$为孔隙比变化,$\Delta p$为压力变化。所以可以计算得到压缩系数为0.78$\text{MPa}^{-1}$。

10.【答案】B

【解析】抗剪强度表达式为:$\tau=c+\sigma\tan\varphi$,其中,c为黏聚力,φ为土的内摩擦角,σ为剪切滑动面上的法向应力。则可计算得到抗剪强度为41.0kPa。

11.【答案】D

【解析】粗集料坚固性试验中,试样所浸入的硫酸钠溶液的体积不应小于试样的总体积的5倍。

12.【答案】C

【解析】规准仪法适用于测定水泥混凝土使用的4.75mm以上的粗集料的针状及片状颗粒含量。

13.【答案】C

【解析】级配碎石或砾石用作底基层时,公称最大粒径应不大于37.5mm。

14.【答案】A

【解析】一般情况下,粗集料磨光值试验应取9.5~13.2mm的集料颗粒进行磨光试验。

15.【答案】D

【解析】在水泥熟料中加入石膏是用来调节水泥的凝结速度,使水泥水化反应速度的快慢适应实际应用的需要。因此,石膏是水泥组成中必不可少的缓凝剂。

16.【答案】B

【解析】代用维卡仪法测定水泥标准稠度用水量时,以试锥下沉深度为 30mm ± 1mm 时的净浆为标准稠度净浆。

17.【答案】D

【解析】沥青溶解度测试采用古氏坩埚和玻璃纤维滤纸对沥青进行过滤。

18.【答案】A

【解析】硅酸盐水泥初凝时间不小于 45min,终凝时间不大于 390min。

19.【答案】A

【解析】沥青标号根据沥青的针入度的大小划定范围。

20.【答案】B

【解析】沥青软化点试验中,当试样软化点小于 80℃时,重复性试验的允许误差为 1℃,复现性试验的允许误差为 4℃。当试样软化点大于或等于 80℃时,重复性试验的允许误差为 2℃,复现性试验的允许误差为 8℃。

21.【答案】D

【解析】根据经验,击实成型操作中,称取拌和好的沥青混合料一个试件所需的用量(标准马歇尔试件约 1200g,大型马歇尔试件约 4050g)。

22.【答案】C

【解析】路床分为上路床和下路床两层。上路床厚度为 0.3m;下路床厚度在轻、中等及重交通公路为 0.5m,特重、极重交通公路为 0.9m。

23.【答案】C

【解析】按饱和度可以把砂土划分为三种状态:$0 < S_r \leqslant 0.5$,稍湿状态;$0.5 < S_r \leqslant 0.8$,潮湿状态;$0.8 < S_r \leqslant 1.0$,饱和状态。

24.【答案】C

【解析】集料最大粒径:指集料颗粒能够 100% 通过的最小标准筛筛孔尺寸。集料公称最大粒径:指集料可能全部通过或允许有少量筛余(筛余量不超过 10%)的最小标准筛筛孔尺寸。

25.【答案】A

【解析】级配碎石配合比设计与技术要求中施工参数的确定应符合下列规定:通过混合料中实际含水率的测定,确定施工过程中水流量计的设定范围;通过击实试验,确定含水率变化对混合料最大干密度的影响;通过 CBR 试验,确定材料的实际强度水平和拌和工艺的变异水平。

26.【答案】B

【解析】无机结合料稳定材料钻取芯样,细粒材料的芯样直径宜为 100mm。

27.【答案】B

【解析】采用碎石拌制的混凝土,其形成的强度要比采用卵石拌制的混凝土强度高,但在相同的用水量情况下,流动性相对较小。

28.【答案】A

【解析】对固体沥青,重复性试验的允许误差为 $0.01g/cm^3$,复现性试验的允许误差为 $0.02g/cm^3$。

29.【答案】C

【解析】车载式颠簸累积仪直接测量的是单向累计值 VBI。

30.【答案】B

【解析】依据《公路工程质量检验评定标准　第一册　土建工程》表 7.3.2 规定,需要满足生产配合比要求。

二、判断题

1.【答案】√

【解析】用两台弯沉仪同时进行左右轮弯沉值测定时,应按照两个独立测点计。

2.【答案】×

【解析】无核密度仪测定压实度试验方法适用于现场快速测定沥青路面各层沥青混合料的密度,并计算施工压实度,但测定结果不宜用于评定验收或仲裁。

3.【答案】×

【解析】推荐流动时间法作为我国测定棱角性的标准试验方法使用。

4.【答案】√

【解析】累计筛余百分率是指某孔径筛上的分计筛余百分率和大于该筛孔的各筛上分计筛余百分率之和。

5.【答案】√

【解析】沥青混合料通常采用数种集料配合组成,同一个采石场生产的同一类集料,可以在一起组成进行洛杉矶磨耗试验。当集料规格较多时,也可分别进行试验。不同采石场生产的集料,必须分开进行试验。

6.【答案】×

【解析】集料磨光值是加速磨光机磨光集料,并以摆式摩擦系数仪测定集料磨光后的摩擦系数值,以评定沥青路面表层用粗集料的抗磨光性,判断粗集料在高等级公路沥青路面表层的适用性。

7.【答案】√

【解析】测定土的密度常用方法包括:环刀法、蜡封法、灌砂法、灌水法。

8.【答案】√

【解析】影响压实的因素包括:含水率、击实功、压实机具和土粒级配。

9.【答案】×

【解析】承载板法适用于不同湿度和密度的细粒土。

10.【答案】√

【解析】CBR 试验根据 3 个平行试验结果计算得的承载比变异系数大于 12% 时,则去掉一个偏离大的值,取其余 2 个结果的平均值。

11.【答案】√

【解析】细集料的粗细程度可用细度模数表征。理论上,细度模数与集料的对数平均粒径成正比,因此,它反映的是集料的平均颗粒大小,常用于细集料粗细程度的评定。细度模数越大,表示砂的颗粒越粗。

12.【答案】 ×

【解析】 沥青的燃点高于闪点。

13.【答案】 ×

【解析】 半刚性基层在抗冻性试验过程中,试件的平均质量损失率应不超过5%。

14.【答案】 ×

【解析】 如养护期间有明显的边角缺损,试件应该作废。

15.【答案】 √

【解析】 石灰未消化残渣含量试验适用条件。

16.【答案】 √

【解析】 用雷氏夹法测定水泥安定性时,调整好沸煮箱内的水位,要求在整个沸煮过程中始终能够没过试件,不可中途补水,同时保证水在30min ±5min 内开始沸腾。

17.【答案】 ×

【解析】 在水泥浆数量固定的情况下,随着砂率的增大,集料的总表面积也随之增大,使水泥浆的数量相对减小,当砂率超过一定的限度后,就会削弱由水泥浆所产生的润滑作用,反而又会导致混凝土拌和物流动性的降低。

18.【答案】 ×

【解析】 无论混凝土的抗压强度还是抗折强度,试验结果均以 3 个试件的算术平均值作为测定值。如任一个测定值与中值的差超过中值的 15%,取中值为测定结果;如两个测定值与中值的差都超过 15% 时,则该组试验结果作废。

19.【答案】 √

【解析】 道路石油沥青延度试验时的温度为 15℃或 10℃,拉伸速度通常为 5cm/min ±0.25cm/min。

20.【答案】 ×

【解析】 沥青与集料的黏附性试验主要是评价沥青与集料的抗水剥离能力,以间接评价沥青混合料水稳定性。

21.【答案】 ×

【解析】 标准马歇尔试件质量按 1200g 计,当 1200g 乘以沥青含量可得所需沥青的质量,沥青含量指沥青占沥青混合料的百分数,油石比指沥青与矿料质量比的百分数。

22.【答案】 ×

【解析】 公路按使用任务、功能和适应的交通量分为高速公路、一级公路、二级公路、三级公路、四级公路五个技术等级。

23.【答案】 √

【解析】 土是由土颗粒(固相)、水(液相)及气体(气相)三种物质组成的集合体。

24.【答案】 ×

【解析】 通常集料最大粒径比公称最大粒径要大一个粒级。

25.【答案】 ×

【解析】 C30 表示混凝土的立方体抗压强度标准值不低于 30MPa。

26.【答案】√

【解析】在实际试验操作时，根据沥青实际软化点的高低采用两种不同方式进行，分别为软化点在80℃以下的沥青和软化点在80℃以上的沥青。

27.【答案】×

【解析】依据《公路工程竣(交)工验收办法实施细则》，交工验收提出的工程质量缺陷等遗留问题，由项目法人责成施工单位限期完成整改。公路工程竣工验收应具备条件之一：交工验收提出的工程质量缺陷等遗留问题已全部处理完毕，并经项目法人验收合格。

28.【答案】√

【解析】沥青路面11类损坏中，损坏程度分轻度、重度两级的有块状裂缝、纵向裂缝、横向裂缝、沉陷、车辙、波浪拥包、坑槽、松散共8类。

29.【答案】×

【解析】黏性土的抗剪强度主要取决于黏聚力 c。

30.【答案】×

【解析】目前采用的安定性检测方法只是针对游离的CaO的影响，并未涉及游离MgO和石膏中 SO_3 造成的安定性问题。

三、多项选择题

1.【答案】BCD

【解析】A选项渗沟是地下排水设施。

2.【答案】ABD

【解析】C选项是砌石构筑物基本要求，不是砌体坡面防护基本要求。

3.【答案】AD

【解析】A选项应为：高速公路、一级公路基层和底基层的保证率为99%，D选项应为：当压实度代表值大于或等于压实度标准值，且单点压实度全部大于或等于规定值减2个百分点时，评定路段的压实度合格率为100%。

4.【答案】ACD

【解析】B选项砂类土是粗粒土。

5.【答案】ABD

【解析】液限和塑限联合测定法测定土的液限和塑限用于划分土类、计算天然稠度和塑性指数，供公路工程设计和施工使用。

6.【答案】ABD

【解析】需要时，可制备3种干密度试件。如每种干密度试件制3个，则共制9个试件。每层击数分别为30、50和98次，使试件的干密度从95%到等于100%的最大干密度。

7.【答案】AC

【解析】洛杉矶磨耗试验是用于测定规定条件下粗集料抵抗摩擦、撞击的综合力学能力。

8.【答案】ABC

【解析】D选项应为：磨耗机转盘转动共磨500圈，先转100圈，再磨400圈，可分4个

100 圈重复 4 次磨完,也可连续 1 次磨完。

9.【答案】ABD

【解析】沥青混合料目标配合比设计阶段中,经马歇尔试验确定 OAC 后,还应进行水稳定性检验(浸水马歇尔试验或冻融劈裂试验)、高温稳定性检验(车辙试验)、其他性能检验(低温弯曲应变试验、渗水试验)。

10.【答案】ACD

【解析】B 选项应为:对二级及二级以下公路,有车道区画线时,以发生车辙的一个车道两侧标线宽度中点到中点的距离为基准测量宽度;无车道区画线时,以形成车辙部位的一个设计车道的宽度,作为基准测量宽度。

11.【答案】CD

【解析】有机质土应按下列规定定名:位于塑性图 A 线或 A 线以上时为有机质高液限黏土或有机质低液限黏土;位于塑性图 A 线以下时为有机质高液限粉土或有机质低液限粉土。

12.【答案】ABD

【解析】A 选项应为:砂当量试验方法适用于测定天然砂、人工砂、石屑等各种细集料中所含黏土或杂质的含量;B 选项应为:砂当量冲洗液由氯化钙、甘油和甲醛按一定的比例配制;D 选项应为:筛洗法、砂当量和亚甲蓝试验都能对砂的洁净程度评价,但亚甲蓝试验能更加准确地评价。

13.【答案】ABD

【解析】目前,我国针对沥青性能评价的核心指标为针入度、软化点和延度。

14.【答案】ABCD

【解析】沥青混合料的路用性能有高温稳定性、低温抗裂性、耐久性、抗滑性与施工和易性。

15.【答案】ABD

【解析】道路按行政等级分为国道、省道、县道、乡道、村道。

16.【答案】AB

【解析】土的固相物质分为无机矿物颗粒和有机质,是土体的骨架物质。其中,无机矿物质又分为原生矿物和次生矿物两大类。

17.【答案】ABCD

【解析】路面基层与底基层施工质量控制的内在质量控制包括原材料质量控制、拌和质量控制、摊铺质量、碾压质量。

18.【答案】ABCD

【解析】通过 ISO 法,测定水泥的实际强度,需用到胶砂振实台、胶砂搅拌机、试模、下料漏斗、压力试验机、抗压试验夹具、刮平尺、播料器等。

19.【答案】BD

【解析】操作原理是通过加热和过筛方式,将水分和异物分别除去。

20.【答案】ABCD

【解析】落锤式弯沉仪(FWD)传感器布置必须包括自承载板中心开始 0、30cm、60cm、

90cm 四点。

四、综合题

1.【答案】(1)CD (2)ABC (3)C (4)AC (5)D

【解析】(1)塑性指数 I_p 为液限与塑限之差。塑性指数越大,表示土的可塑性越大。

(2)①联合测定仪(圆锥仪),锥体质量 100g 或 76g,锥角 30°;②盛土杯;③天平,感量 0.01g;④筛(孔径 0.5mm)。无游标卡尺。

(3)若采用 76g 锥做液限试验,则在 h-w 图上,查得纵坐标入土深度 $h=17$mm 所对应的横坐标的含水率 w,即为该土样的液限 w_L。若采用 100g 锥做液限试验,则在 h-w 图上,查得纵坐标入土深度 $h=20$mm 所对应的横坐标的含水率 w,即为该土样的液限 w_L。

(4)B 选项应为:按动锥下降按钮后 5s 读取锥入深度;D 选项应为:两次锥入深度允许平行误差为 0.5mm。

(5)液塑限试验须进行两次平行测定,取其算术平均值,以整数(%)表示。其允许差值为:高液限土小于或等于 2%,低液限土小于或等于 1%。

2.【答案】(1)C (2)ABC (3)AD (4)AC (5)BC

【解析】(1)竣工验收工作开展的时间应在通车试运营 2 年以上。

(2)D 选项应为:路面工程弯沉、平整度检测,高速公路、一级公路以每半幅每公里为评定单元,其他等级公路以每公里为评定单元。

(3)依据《公路工程竣(交)工验收办法实施细则》规定,B、C 选项不属于特别严重的问题。

(4)依据《公路工程竣(交)工验收办法实施细则》规定,路基工程抽查项目有:路基土石方(压实度、弯沉、边坡);排水工程(断面尺寸、铺砌厚度);小桥(混凝土强度、主要结构尺寸);涵洞(混凝土强度、结构尺寸);支挡工程(混凝土强度、断面尺寸)。

(5)依据《公路工程竣(交)工验收办法实施细则》规定,沥青路面工程竣工验收需要复测的项目有沥青路面弯沉、沥青路面车辙、平整度、抗滑。

3.【答案】(1)B (2)ABC (3)AB (4)B (5)ABCD

【解析】(1)根据《公路工程水泥混凝土试验规程》(JTG E30—2005)中 T 0526—2005 水泥混凝土拌和物含气量试验方法(混合式气压法)的相关内容。

(2)根据《公路工程水泥混凝土试验规程》(JTG E30—2005)中 T 0526—2005 水泥混凝土拌和物含气量试验方法(混合式气压法)的相关内容。

(3)根据《公路工程水泥混凝土试验规程》(JTG E30—2005)中 T 0526—2005 水泥混凝土拌和物含气量试验方法(混合式气压法)的相关内容。C 选项应为:开启排气阀,压力仪表应归零,对容器中试样测定一次压力值 P_{02},D 选项应为:按下阀门杆 1~2 次,待表压指针稳定后,测得压力表读数 P_{01}。

(4)根据《公路工程水泥混凝土试验规程》(JTG E30—2005)中 T 0527—2005 水泥混凝土拌和物凝结时间试验方法的相关内容。

(5)选项全部正确。

4.【答案】(1)ABCD (2)B (3)ABCD (4)ABC (5)ABD

【解析】(1)选项全部正确。

(2)第⑥应在第③之前,第①应在第⑦之前。

(3)选项全部正确。

(4)D 选项应为:浸水马歇尔试验中试件在已达规定温度恒温水槽中的保温时间为 48h。

(5)C 选项应为:如果在未到 60min 试件变形已达到 25mm 时,则以达到 25mm 时的时间为 t_2。

5.【答案】(1)BD (2)BD (3)C (4)C (5)ABD

【解析】(1)基层或砂石路面的厚度可用挖坑法测定,沥青面层及水泥混凝土路面板的厚度应用钻孔法测定。

(2)B 和 D 选项是挖坑法厚度测试步骤。

(3)对基层材料有可能损坏试件时,可采用直径 150mm 的钻头。

(4)对正在施工的沥青路面,用相同级配的热拌沥青混合料分层填补,并用加热的铁锤或热夯压实,旧路钻孔也可用乳化沥青混合料修补。

(5)C 选项应为:对无结合料粒料基层,可用挖坑时取出的材料,适当加水拌和后分层填补,并用小锤压实。

第三部分　桥梁隧道工程

模拟试题一

说明:1. 本模拟试题设置单选题30道、判断题30道、多选题20道、综合题6道,总计150分;模拟自测时间为150分钟。

2. 本模拟试题仅供考生进行考前自测使用。

一、单项选择题(共30题,每题1分,共30分)

1. 分项工程的实测项目检验中,要求合格率满足(　　)的要求。

A. 关键项目不低于90%,一般项目不低于80%

B. 关键项目不低于95%,一般项目不低于80%

C. 关键项目不低于95%,一般项目不低于85%

D. 关键项目不低于95%,一般项目不低于90%

2. 预应力混凝土用钢绞线最大力总伸长率试验试样数量为每批(　　)根。

A. 1　　B. 2　　C. 3　　D. 4

3. 锚具周期性荷载试验的循环周期为(　　)次。

A. 20　　B. 50　　C. 100　　D. 200

4. 某公路桥梁矩形普通氯丁橡胶支座,短边尺寸为300mm,长边尺寸为400mm,厚度为47mm,下列标记正确的是(　　)。

A. GJZ300×400×47(CR)　　B. GJZ300×400×47(NR)

C. GYZ300×400×47(CR)　　D. GYZ300×400×47(NR)

5. 桥梁用塑料波纹管环刚度试验,试件的长度为(　　)。

A. 250mm　　B. 350mm

C. 200mm±10mm　　D. 300mm±10mm

6. 回弹法检测某构件的混凝土强度,当回弹仪非水平方向弹击且测试面非混凝土的浇筑侧面时,在计算出测区回弹平均值后,应按(　　)的方法修正回弹值。

A. 先进行浇筑面修正,再进行弹击角度修正

B. 先进行弹击角度修正,再进行浇筑面修正

C. 仅考虑弹击角度进行修正

D. 仅考虑浇筑面进行修正

7.混凝土中钢筋锈蚀电位的检测方法是(　　)。

A.半电池电位法　　B.滴定条法

C.四电极法　　D.惠斯顿电桥法

8.氯离子含量检测,每一被测构件测区数不宜少于(　　)个,每一测区取粉的钻孔数不宜少于(　　)个。

A.2;3　　B.3;3　　C.6;5　　D.10;5

9.混凝土构件中钢筋保护层厚度检测,对于单个构件,每个构件的测区数不得少于(　　),对于同类批量构件,抽检数量不得少于构件数的(　　),且不少于3件。

A.5个,20%　　B.5个,30%　　C.3个,30%　　D.3个,20%

10.某超声波检测仪的零声时 $t_0 = 4\mu s$,某混凝土构件测试部位的测距 $L = 31cm$,仪器显示声时为 $99\mu s$,则超声波在该构件混凝土中传播的声速为(　　)。

A.3131m/s　　B.3263m/s　　C.3010m/s　　D.3310m/s

11.浅层平板荷载试验,当地基承载力实测值的极差不超过其平均值的(　　)的,取其平均值作为该土层的地基承载力基本容许值。

A.30%　　B.40%　　C.50%　　D.60%

12.直径2.0m桩长45m的摩擦桩成孔质量检测,当设计无要求时,其沉淀厚度应不超过(　　)。

A.500mm　　B.400mm　　C.300mm　　D.200mm

13.低应变反射波法基桩完整性检测,检测结果为:①曲线不规则,未见桩底反射;②第一反射子波与入射波同相位,但频率明显降低;③在桩身中、浅部位,可见到多次反射子波。则该桩身的缺陷应判断为(　　)。

A.离析　　B.扩径　　C.缩径　　D.桩底沉渣

14.根据桥梁检查结果,对需进一步判明损坏原因、缺损程度或使用能力的桥梁,针对病害进行的现场试验检测、验算与分析等鉴定工作称为(　　)。

A.经常检查　　B.定期检查　　C.专门检查　　D.应急检查

15.梁式桥相邻桥墩中线间水平距离称为(　　)。

A.净跨径　　B.标准跨径　　C.计算跨径　　D.总跨径

16.《公路桥梁技术状况评定标准》(JTG/T H21—2011)采用评定方法是(　　)。

A.统计加权评定

B.分层综合评定

C.按部件分别评定

D.分层综合评定与5类桥单项控制指标相结合

17.用电阻应变片测量混凝土表面应变,应采用(　　)的标距规格。

A.10mm　　B.20mm　　C.40mm　　D.80mm

18.测量桥梁结构纵向线形,应按(　　)测量要求进行闭合水准测量。

A.一等　　B.二等　　C.三等　　D.四等

19.设计荷载等级为公路—Ⅰ级的桥梁,《公路桥涵设计通用规范》(JTG D60—2015)将跨径≤5m的车道荷载的集中力提高到(　　)。

A. 180kN　　B. 240kN　　C. 270kN　　D. 360kN

20. 基于结构技术状况检查与检算的承载能力评定方法,其适用范围是(　　)。

A. 只适用于新建桥梁　　B. 只适用于在用桥梁

C. 新建桥梁和在用桥梁均适用　　D. 只适用于特大桥

21. 根据现行规范进行桥梁承载力检算评定时,对于交通繁忙或重载车辆较多的桥梁,可根据实际运营荷载状况,通过活载影响修正系数 ξ_q 对(　　)进行修正计算。

A. 结构刚度　　B. 承载能力检算系数

C. 结构抗力效应　　D. 设计汽车荷载效应

22. 公路隧道质量评定的外观检查中,衬砌钢筋混凝土结构裂缝宽度不得超过(　　)。

A. 0. 1mm　　B. 0. 2mm　　C. 0. 3mm　　D. 0. 4mm

23. 锚杆杆体长度应不小于设计长度,插入锚杆孔内的长度不得短于设计长度的(　　)。

A. 90%　　B. 95%　　C. 100%　　D. 105%

24. 隧道周边收敛和拱顶下沉检测断面,要求在距离开挖面 2m 以内、开挖后(　　)内埋设测点。

A. 6h　　B. 12h　　C. 18h　　D. 24h

25. 地表沉降测点横向间距宜为(　　),在隧道中线附近测点应适当加密。

A. 1 ~ 2m　　B. 1 ~ 3m　　C. 2 ~ 4m　　D. 2 ~ 5m

26. 防水混凝土抗渗等级以每组 6 个试件中有(　　)个未发现有渗水现象时的最大水压力来表示。

A. 2　　B. 3　　C. 4　　D. 5

27. 以下隧道注浆材料中不属于水泥浆的是(　　)。

A. 普通水泥浆液　　B. 超细水泥浆液

C. 水泥-水玻璃双液浆　　D. 水玻璃类

28. 如把路面的光反射视为漫反射,那么亮度 L 与照度 E、反射系数 ρ 间的关系为(　　)。

A. $L = \pi\rho E$　　B. $L = \pi\rho/E$　　C. $E = \pi\rho L$　　D. $L = \rho E/\pi$

29. 隧道衬砌技术状况描述为"材料劣化明显,钢筋表面全部生锈、腐蚀,断面强度有所下降,结构物功能可能受到损害",则衬砌的技术状况值应为(　　)。

A. 4　　B. 3　　C. 2　　D. 1

30. 公路隧道土建结构技术状况等级评定中,以下哪个分项的权重最高(　　)。

A. 路面　　B. 衬砌　　C. 排水设施　　D. 洞门

二、判断题(共 30 题,每题 1 分,共 30 分)

1. 分项工程得分不低于 75 分时,该分项工程方可评定为合格。(　　)

2. 所有在建的桥梁均应进行安全风险评估。(　　)

3. 石料冻融后的质量损失率取 3 个试件试验结果的算术平均值。(　　)

4. 锚具硬度检验,如有一个零件不合格,则应另取双倍数量的零件重做试验。(　　)

5. 隧道用高分子防水卷材长度、宽度尺寸应不小于规定值的 95%。(　　)

6. 锚具静载试验,若效率系数 $\eta_a \geq 0.95$、实测极限拉力的总应变 $\varepsilon_{apu} \geq 2.0\%$,且无其他异常,则该锚具应判定为合格。 ( )

7. 混凝土构件回弹测强,如测区数少于10个,则该构件的混凝土强度推定值取各测区中最小的混凝土强度换算值。 ( )

8. 实测某混凝土构件的电阻率测值为4500Ω·cm,则电阻率评定指标的标度为5。 ( )

9. 对钢筋混凝土桥梁进行锈蚀相关的耐久性检测,钢筋锈蚀电位评定标度小于3的区域还应进行混凝土碳化深度测试。 ( )

10. 超声单面平测法测定混凝土浅裂缝深度,如发现某测距处首波反相,则将该测距计算的结果作为裂缝深度值。 ( )

11. 对合金钢的焊接产品必须进行两次外部检查,即紧接焊接之后及15~30d之后均应进行检查。 ( )

12. 用于浅层平板荷载试验沉降观测的仪器设备分辨率不应低于0.01mm。 ( )

13. 对于钻孔灌注桩成孔质量检测时,单排桩桩孔中心位置最大允许偏差为100mm。 ( )

14. 低应变反射波法检测桩身完整性,所选择的锤头硬度越高,越不容易探测到桩身深部的缺陷。 ( )

15. 梁式桥进行技术状况评定中,桥面系各部件中伸缩缝装置的权重最大。 ( )

16. 桥梁部件的技术状况评分,由各构件评分的平均值和最低值计算得到,与构件数量无关。 ( )

17. 利用电阻应变片测量结构静应变,常采用半桥接法。 ( )

18. 桥梁静载试验,设计控制荷载应采用车道荷载进行计算。 ( )

19. 简支梁桥静载试验,如跨中挠度增量不超过计算跨径的1/600,则可判定结构刚度满足要求。 ( )

20. 桥梁实际承载力的最终评定结果是取所有部件实际承载力的平均值。 ( )

21. 对某桥梁进行承载能力检测评定,对承载能力恶化系数 ξ_e 的取值影响最大的检测指标是缺损状况。 ( )

22. 锚杆材质需具有一定的延展性,对于杆体材料为钢材的锚杆,其断后伸长率不应小于16%。 ( )

23. 地质雷达用于隧道混凝土衬砌厚度的实测项目检验时,应沿隧道纵向分别在拱顶、两侧拱腰、两侧边墙连续布置5条测线,每20m检查一个断面,每个断面测5点。 ( )

24. 隧道监控量测,钢弦式应变计埋设时要保证传感器受力方向与隧道开挖轮廓线垂直。 ( )

25. 声波测试中,获取的隧道围岩岩体完整性系数 K_v 不小于0.5,则可判定该围岩岩体完整。 ( )

26. 排水盲管和防水板都属于隧道的排水系统。 ( )

27. 超前小导管进行隧道围岩稳定的原理与超前管棚相同,且对围岩稳定作用的能力强于超前管棚。 ( )

28. 对于双向交通的隧道,必须设置出口段照明。 (　　)

29. 隧道土建结构技术状况评定共包含九个评定分项。 (　　)

30. 公路隧道技术状况评定中,当路面分项的评定状况值达到3或4时,土建结构技术状况应直接评为4类或5类。 (　　)

三、多项选择题(共20题,每题2分,共40分。下列各题的备选项中,至少有两个符合题意,选项全部正确得满分,选项部分正确按比例得分,出现错误选项该题不得分)

1. 以下(　　)可划分为一个单位工程。
   A. 小桥、人行天桥　　B. 特大斜拉桥
   C. 10×50m 简支梁桥　　D. 中桥或互通式立交

2. 下列需要进行弯曲试验的钢筋有(　　)。
   A. 热轧带肋钢筋　　B. 热轧光圆钢筋
   C. 预应力混凝土用钢绞线　　D. 预应力混凝土用钢棒

3. 盆式支座竖向承载能力试验,合格标准包括(　　)。
   A. 竖向设计荷载作用下,压缩变形不大于支座总高度的1%
   B. 竖向设计荷载作用下,压缩变形不大于支座总高度的2%
   C. 竖向设计荷载作用下,盆环上口径向变形不大于盆环外径的0.5%
   D. 卸载后,支座残余变形小于设计荷载下相应变形的5%

4. 隧道用土工布刺破强度试验的仪器设备应包含(　　)等装置和部件。
   A. 试验机　　B. 环形夹具　　C. 顶破夹具　　D. 平头顶杆

5. 与超声法相比,超声回弹综合法具有以下优点(　　)。
   A. 适用范围宽
   B. 受混凝土龄期和含水率的影响较小
   C. 简便快捷
   D. 能够较全面地反映混凝土质量,测试精度高

6. 钢筋检测仪检测混凝土中钢筋保护层厚度,以下(　　)等因素会影响测试结果。
   A. 混凝土含铁磁性物质　　B. 钢筋品种
   C. 混凝土含水量　　D. 钢筋间距

7. 以下对钢结构防腐涂层附着力现场检测方法的叙述,正确的包括(　　)。
   A. 可用方法包括划格法、划叉法及条分法
   B. 划格法适用于厚度不超过250μm的涂层
   C. 划叉法不受涂层厚度的限制
   D. 对于硬涂层,应采用划叉法

8. 浅层平板荷载试验,土层处于压密阶段的相关描述,正确的有(　　)。
   A. 土中各点的剪应力均小于土的抗剪强度
   B. 土中各点的剪应力均大于土的抗剪强度
   C. 土体压力与变形呈线性关系

D. 土体压力与变形不呈线性关系

E. 土体处于弹性平衡状态

9. 在用桥梁有下列(　　)情况之一时,应进行特殊检查。

A. 拟通过加固手段提高荷载等级的桥梁

B. 定期检查难以判明损坏原因及程度的桥梁

C. 日交通流量超过5万台车辆的桥梁

D. 技术状况等级为4、5类的桥梁

10. 桥梁技术状况评定中,某部件的得分与(　　)等有关。

A. 所属构件中的最低得分　　B. 所属构件得分平均值

C. 相似部件的得分　　D. 所属构件的数量

11. 桥梁荷载试验适用以下(　　)情形的桥梁。

A. 桥梁技术状况为3、4类　　B. 需要提高桥梁荷载等级

C. 需要通行特殊重型车辆　　D. 遭受重大自然灾害和意外事故

12. 采用频域法测定桥梁振型,振型通过实测得到的(　　)信息进行识别。

A. 时间　　B. 应变　　C. 振幅　　D. 相位

13.《公路桥梁承载能力检测评定规程》(JTG/T J21—2011)规定,在用桥梁有下列(　　)情况之一时,应进行承载能力检测评定。

A. 使用10年以上的桥梁　　B. 遭受重大自然灾害或意外事件的桥梁

C. 拟提高荷载等级的桥梁　　D. 需通行特殊重型车辆的桥梁

14. 影响隧道围岩稳定的因素包括(　　)等。

A. 围岩的完整性　　B. 围岩的性质

C. 地下水的影响　　D. 开挖方式、支护结构等施工因素

15. 隧道混凝土衬砌质量检验评定时,实测项目包括(　　)。

A. 混凝土强度　　B. 衬砌厚度

C. 衬砌背部密实情况　　D. 渗漏水情况

16. 隧道周边收敛和拱顶下沉监控断面的位置应相同,断面埋设和数据测读应满足(　　)等要求。

A. 每5~50m设一个断面　　B. 检测断面距离开挖面不超过5m

C. 开挖后24h内埋设测点　　D. 埋设后1~15d内,每天观测1~2次

E. 周边收敛每次测读2次数据

17. 关于对隧道内防水层铺设的基面要求,下列表述正确的有(　　)。

A. 喷射混凝土基面应平整

B. 防水层施工时,基面不得有明水

C. 隧道断面变化或转弯处的阴角应抹成半径大于3cm的圆弧

D. 基面不得有钢筋、凸出的构件等尖锐突出物

18. 根据岩层及地质条件的差异,选择不同的辅助工程进行涌水处置,井点降水适用于(　　)。

A. 均质砂土

B. 亚黏土地段

C. 浅埋地段

D. 地下水丰富且排水时夹带泥沙引起开挖面失稳

19. 根据度量空气静压大小所选择的基准不同,检测时将隧道内的空气压力分为(　　)。

A. 静压强　　B. 空气动压

C. 全压　　D. 绝对压力

E. 相对压力

20. 隧道经常性检查的结论主要以判断为主,对各个检查项目的判定结果分为(　　)等几种。

A. 情况正常　　B. 完好

C. 一般异常　　D. 严重异常

四、综合题(从6道大题中选答5道大题,每道大题10分,共50分。下列各题的备选项中,有一个或一个以上符合题意,选项全部正确得满分,选项部分正确按比例得分,出现错误选项该题不得分)

1. 采用三组同条件制作和养护的标准试件进行混凝土抗弯拉强度试验,请回答下列问题。

(1)所用的仪器主要包括(　　)。

A. 压力试验机　　B. 抗弯拉试验装置

C. 百分表　　D. 液压千斤顶

(2)若混凝土强度等级为C50,则下列加荷速度正确的有(　　)。

A. 0.03MPa/s　　B. 0.06MPa/s　　C. 0.07MPa/s　　D. 0.9MPa/s

(3)实测1号~3号试件的抗弯拉强度分别为5.50MPa、6.50MPa、6.60MPa,断裂面均发生在两个加荷点之间,则该混凝土的抗弯拉强度为(　　)。

A. 5.50MPa　　B. 6.20MPa　　C. 6.50MPa　　D. 试验结果无效

(4)若题(3)中第3号试件断面位于加荷点以外,则该混凝土的抗弯拉强度为(　　)。

A. 5.50MPa　　B. 6.50MPa　　C. 6.00MPa　　D. 试验结果无效

(5)若题(3)中试验采用的试件尺寸为100mm×100mm×400mm,则该试件的抗弯拉强度为(　　)。

A. 6.50MPa　　B. 5.52MPa　　C. 6.18MPa　　D. 6.82MPa

2. 采用圆锥动力触探试验确定桥涵地基的承载力,请回答下列问题。

(1)如地基为黏性土组成的素填土和粉土,应选用的仪器为(　　)。

A. 特轻型圆锥动力触探仪　　B. 轻型圆锥动力触探仪

C. 重型圆锥动力触探仪　　D. 超重型圆锥动力触探仪

(2)圆锥动力触探试验的设备主要由(　　)组成。

A. 触探头　　B. 触探杆　　C. 穿心锤　　D. 发射装置

(3)重型圆锥动力触探试验,采用质量为63.5kg穿心锤自动脱钩,以(　　)cm落距自由下落,对土层连续触探将标准触探头打入土中(　　)cm,记录其锤击数 $N_{63.5}$。

A.76;30　　B.76;10　　C.50;30　　D.100;10

(4)关于重型圆锥动力触探试验的相关表述,正确的包括(　　)。

A.地面上触探杆的高度不宜超过 1.5m,以免倾斜和摆动过大

B.应尽量连续贯入,锤击速率宜为每分钟 15～30 击

C.每贯入 20cm,记录其相应的锤击数

D.该试验方法为岩土工程勘察常用的一种原位测试方法

(5)圆锥动力触探试验的结果可用于(　　)。

A.评价地基密实度　　B.评价地基承载力

C.确定地基土的变形模量　　D.评价地基均匀性和确定地基持力层

3.对某预应力简支 T 梁构件进行单梁跨中抗弯静载试验,该梁标准跨径为 30.6m,计算跨径为 30.0m,跨中设计弯矩为 4000.0kN · m(不计冲击),冲击系数为 0.25,采用重物堆载方式在全桥跨范围进行均布加载,荷载集度为 45kN/m。最大试验荷载作用下,跨中挠度初始值、加载测值、卸载测值分别为0.05mm、18.05mm、2.05mm,挠度理论计算值为 20.00mm。请回答以下问题。

(1)试验梁跨中试验弯矩为(　　)kN · m。

A.5267.0　　B.5062.5　　C.5000.0　　D.4000.0

(2)跨中截面静力试验荷载效率为(　　)。

A.1.27　　B.1.05　　C.1.01　　D.0.63

(3)跨中的实测挠度校验系数为(　　)。

A.1.250　　B.0.903　　C.0.900　　D.0.800

(4)关于该梁的相对残余变形,表述正确的是(　　)。

A.实测相对残余变形为 12.5%

B.实测相对残余变形为 11.1%

C.实测相对残余变形超过 10%,该梁弹性工作性能较差,不满足要求

D.实测相对残余变形未超过 20%,该梁弹性工作性能正常

(5)试验加载过程中,如出现下列(　　)情形之一时,应停止试验,查明原因,采取措施后再确定是否继续试验。

A.实测挠度值超过理论计算值

B.实测应变值超过理论计算值

C.最大试验荷载作用下,$L/4$ 截面挠度为 $3L/4$ 截面挠度的 1.25 倍

D.加载过程中,梁体发出持续异响,并出现宽度为 0.1mm 的横向裂缝

4.某在用圬工混凝土拱桥,位于厂区主干道上,交通繁忙且重车较多,受业主委托,需对进行桥梁承载能力的检测评定,试完成以下相关分析和检测评定。

(1)为获取承载能力检算所需的各分项检算系数,需完成(　　)等工作。

A.桥梁缺损状况检查评定　　B.钢筋锈蚀状况检测

C.实际运营荷载状况调查　　D.材质状况检测

(2)对该桥进行承载能力检算,需要确定的分项检算系数除截面折减系数外,还应包

括( )。

A. 承载能力检算系数 Z_1 或 Z_2

B. 活载影响系数

C. 钢筋截面折减系数

D. 承载能力恶化系数

(3)为确定该桥的截面折减系数,需检测的技术指标包括( )。

A. 混凝土弹性模量　　B. 材料风化

C. 混凝土碳化状况　　D. 物理与化学损伤

(4)根据检测和计算结果,该桥的承载能力检算系数评定标度 $D=2.3$,经各分项检算系数修正后拱顶截面正弯矩的实际抗力效应为 5600kN · m,实际荷载作用效应为 5800kN · m,则现阶段可得出以下哪些推论( )。

A. 拱顶正弯矩实际荷载效应大于实际抗力效应,承载能力满足要求

B. 拱顶正弯矩实际荷载效应大于实际抗力效应,承载能力不满足要求

C. 拱顶正弯矩的实际荷载效应与实际抗力效应的比值在 1.0~1.2 之间,承载能力不明确

D. 该桥的检算系数评定标度 $D<3$,按规范可不进行正常使用极限状态检算评定

(5)检算之后对该桥还进行了荷载试验检测,获取了承载能力检算系数 Z_2,经重新计算拱顶正弯矩的实际抗力效应为 5450kN · m,以下叙述哪些是正确的( )。

A. 该桥的承载能力满足要求

B. 该桥承载能力不明确,还应进行正常使用极限状态检算评定

C. 该桥的承载能力不满足要求

D. 该桥承载能力不明确,还应再次进行荷载试验验证

5. 某公路隧道穿越两条断层地带,围岩级别为Ⅱ~Ⅲ级,岩层富水性中等偏高,有较普遍的滴水渗水现象,采用以地震波反射法为主的综合超前地质预报法进行预报。请回答以下问题。

(1)根据实际情况,除采用以地震波反射法为主的超前地质预报外,还需要综合其他哪些预报方法( )。

A. 地质调查法　　B. 低应变法

C. 红外探测法　　D. 超声脉冲反射法

(2)下列哪些方法适用地下水发育情况的探测预报( )。

A. 高分辨直流电法　　B. 红外探测法

C. 地质雷达法　　D. 瞬变电磁法

(3)下列表述正确的选项有( )。

A. 地震波反射法的有效探距可达 300m

B. 地震波反射法的两次连续预报的重叠距离不应小于 10m

C. 红外探测法的有效探测距离一般不超过 30m,重叠长度应在 5m 以上

D. 高分辨率直流电法的有效探测距离一般不超过 80m,重叠长度应在 10m 以上

(4)关于地震波反射法的相关描述,正确的包括(　　)。

A. 属于弹性波反射法中的一种方法

B. 可用于地下水发育情况的探测预报

C. 可用于地质构造、不良地质体范围的探测预报

D. 采用炸药爆破激发地震波,炸药药量越大,探测效果越好

(5)地震波反射法的炮点、检波器(探头)布置等相关操作正确的有(　　)。

A. 炮点布置在隧道拱顶轴线处,检波器布置在隧道左右边墙上

B. 炮点和检波器均布置在隧道左右边墙上,且高度位置应相同

C. 激发前,炮孔应用水或其他介质填充

D. 所有炮点应同时激发,时间差不得超过1s

6. 针对施工隧道内空气中总粉尘浓度的试验检测,请回答以下问题。

(1)除滤膜和采样器外,试验所需的设备还包括(　　)。

A. 秒表　　B. 干燥器　　C. 分析天平　　D. 除静电器

(2)若预估隧道内的粉尘浓度≤$50mg/m^3$,则可选择的滤膜直径有(　　)。

A. 37mm　　B. 40mm　　C. 50mm　　D. 75mm

(3)关于采样器安装方法的表述,正确的包括(　　)。

A. 对于掘进工作面,采样器可安装在风筒出口后面距工作面4~6m处

B. 对于非掘进工作面,采样器一般安装在工作面上方

C. 采样器进口要迎着风流,距地面高度为1.3~1.5m

D. 采样器进口要背向风流,距地面高度为2.0~2.5m

(4)关于现场试验操作要点的描述,正确的有(　　)。

A. 滤膜毛面朝向进气方向

B. 滤膜毛面背向进气方向

C. 在测点处粉尘浓度稳定后,持续采用30min

D. 在测点处粉尘浓度稳定后,持续采样15min

(5)已知采样前滤膜质量为3.4255g,采样后滤膜质量为3.4375g,检测点处风速为20L/min,采样时间为900s,则测点处粉尘浓度为(　　)。

A. $0.04mg/m^3$　　B. $0.4mg/m^3$　　C. $4mg/m^3$　　D. $40mg/m^3$

模拟试题二

说明:1. 本模拟试题设置单选题30道、判断题30道、多选题20道、综合题6道,总计150分;模拟自测时间为150分钟。

2. 本模拟试题仅供考生进行考前自测使用。

一、单项选择题(共30题,每题1分,共30分)

1. 合同段中,具有独立施工条件的大桥、中桥、互通式立交应划分为( )。

A. 分项工程 B. 分部工程 C. 单位工程 D. 建设工程

2. 下列不属于石料抗冻性能评判指标的是( )。

A. 冻融循环后强度变化 B. 冻融循环后质量损失

C. 冻融循环后弹模变化 D. 冻融循环后外观变化

3. 对没有明显屈服现象的钢材,通常取塑性延伸率为( )所对应的应力作为规定塑性延伸强度。

A. 0.2% B. 0.3% C. 0.4% D. 0.5%

4. 某组混凝土立方体试件抗压强度试验结果分别为48.5MPa、51.0MPa、58.8MPa,则该组混凝土立方体抗压强度测定值为( )。

A. 52.8MPa B. 51.0MPa C. 48.5MPa D. 试验结果无效

5. 钢绞线的内缩量试验中,张拉端钢绞线内缩量应不大于( )。

A. 1mm B. 1cm C. 5mm D. 5cm

6. 下列不属于桥梁梳齿板式伸缩装置试验检测项目的是( )。

A. 拉伸、压缩试验 B. 变位均匀性试验

C. 防水性能试验 D. 水平摩阻力试验

7. 采用钻芯法进行单个构件混凝土强度推定时,有效芯样数量不得少于( )个,小尺寸构件不得少于( )个;按有效芯样试件抗压强度值的( )确定其推定值。

A. 6;46;平均值 B. 6;46;最小值

C. 3;2;平均值 D. 3;2;最小值

8. 混凝土中钢筋锈蚀电位水平测值为 -350mV,则该混凝土中钢筋的锈蚀状况评定标度为( )。

A. 1 B. 2 C. 3 D. 4

9. 混凝土桥梁的碳化评定标度是根据( )确定的。

A. 实测碳化深度平均值

B. 实测碳化深度最大值

C. 实测碳化深度平均值与设计钢筋保护层厚度的比值

D. 实测碳化深度平均值与实测钢筋保护层厚度的比值

10. 地基浅层平板试验,当极限荷载大于比例界限荷载2倍,取(   )为地基承载力基本容许值。

A 极限荷载的0.5倍 　　B. 比例界限荷载值

C. 极限荷载的0.75倍 　　D. 比例界限荷载的0.75倍

11. 依据《公路工程基桩动测技术规程》(JTG/T F81-01—2004)采用声波透射法检测混凝土灌注桩桩身完整性,待检桩桩身混凝土龄期应不少于(   )。

A. 7d 　　B. 14d 　　C. 21d 　　D. 28d

12. 进行单桩静压试验时,试桩桩头混凝土强度不得低于(   )。

A. C25 　　B. C30 　　C. C35 　　D. C40

13. 下列关于桥梁定期检查的频次要求,不正确的是(   )。

A. 一般情形,检查周期最长不得超过三年

B. 新建桥梁交付使用一年后,应进行首次检查

C. 临时桥梁每两年进行一次

D. 经常检查中发现重要部(构)件缺损明显,达到3、4、5类时,应立即进行定期检查

14. 桥梁上部结构和下部结构技术状况等级为3类,桥面系技术状况等级为4类,桥梁总体技术状况评分为58分,则该桥的总体技术状况等级应评为(   )。

A. 2类 　　B. 3类 　　C. 4类 　　D. 5类

15. 梁式桥相邻两支座中心间的水平距离称为(   )。

A. 净跨径 　　B. 标准跨径 　　C. 计算跨径 　　D. 总跨径

16. 桥梁静载试验某应变测点加载初值、加载测值、卸载测值分别为3×10^{-6}、103×10^{-6}和7×10^{-6},则该测点的残余应变为(   )。

A. 3×10^{-6} 　　B. 4×10^{-6} 　　C. 7×10^{-6} 　　D. -4×10^{-6}

17. 桥梁静载试验,与控制截面设计内力值相等(相当)的试验荷载称为(   )。

A. 车辆荷载 　　B. 强度荷载

C. 分布荷载 　　D. 等效荷载

18. 静载试验实测应力校验系数为0.70~0.80,说明实际桥梁结构(   )。

A. 强度不足 　　B. 刚度不足

C. 结构强度有储备 　　D. 结构刚度有储备

19. 桥梁动力特性测定试验的激励方法包括自由振动法、共振法和(   )。

A. 冲击回波法 　　B. 环境随机振动法

C. 测力分析法 　　D. 随机响应法

20. 在用桥梁承载能力检算评定,根据桥梁检查与检测结果,对极限状态设计表达式的修正系数统称为(   )。

A. 冲击系数 　　B. 横向分布系数

C. 车道折减系数 　　D. 分项检算系数

21. 对在用桥梁进行承载力评定,应按(   )和正常使用极限状态两种方式进行检算。

A. 承载能力极限状态 　　B. 线弹性工作状态

C. 容许应力 　　D. 安全系数法

22. 当桥梁承载能力检算系数评定标度 D（　　）时，可不进行正常使用极限状态评定检算。

A. <3　　B. ≤3　　C. >3　　D. ≥3

23. 在用配筋混凝土桥梁承载能力极限状态评定表达式为（　　）。

A. $\gamma_0 S \leqslant R(f_d, a_d)$　　B. $\gamma_0 S \leqslant R(f_d, \xi_c a_d) Z_1$

C. $\gamma_0 S \leqslant R(f_d, a_{dc}, a_{ds})$　　D. $\gamma_0 S \leqslant R(f_d, \xi_c a_{dc}, \xi_s a_{ds}) Z_1(1-\xi_e)$

24. 下列选项中，（　　）作为公路隧道的一个分部工程。

A. 隧道总体　　B. 装饰装修工程

C. 洞口工程（每个洞口）　　D. 洞身开挖（100m）

25. 采用钻爆法开挖隧道，硬岩的炮眼痕迹保存率不得低于（　　）。

A. 90%　　B. 80%　　C. 70%　　D. 60%

26. 采用地质雷达探测隧道混凝土衬砌施工质量时，出现“反射信号强，图像呈连续的小双曲线形”的波形特征，表明混凝土内部（　　）。

A. 不密实　　B. 有空洞　　C. 有钢筋　　D. 有钢架、预埋管件

27. 下列超前地质预报的物探方法中可用于长距离预报的是（　　）。

A. 地质雷达法　　B. 高分辨率直流电法

C. 红外探测法　　D. 地震波反射法

28. 充气法检查防水板焊缝质量，当压力表达到 0.25MPa 时，充气保持 15min，压力下降在（　　）以内，表明焊缝质量合格。

A. 10%　　B. 15%　　C. 20%　　D. 25%

29. 采用滤膜测尘法检测隧道内空气中粉尘浓度，若采用直径为 40mm 的滤膜，滤膜上总粉尘增量不得大于（　　）。

A. 5mg　　B. 10mg　　C. 15mg　　D. 20mg

30.（　　）可用于运营隧道内风速检测。

A. 水银气压计　　B. 皮托管　　C. 风表　　D. U 形压差计

二、判断题（共 30 题，每题 1 分，共 30 分）

1. 分项工程实测项目检验中，一般项目的合格率应不低于 80%。（　　）

2. 采用复合衬砌结构的公路隧道，分别将初期支护、模筑混凝土作为一个分部工程。（　　）

3. 混凝土棱柱体抗压弹性模量试验的标准试件尺寸为 150mm × 150mm × 300mm。（　　）

4. 混凝土抗压弹性模量试验可采用百分表或精度不低于 0.01mm 的其他仪表进行变形测量。（　　）

5. 钢筋应力松弛率为松弛后应力与初始应力之比。（　　）

6. 预应力混凝土用金属波纹管抗渗漏性能试验，在规定的弯曲情况下，波纹管允许水泥浆泌水渗出，但不得渗出水泥浆。（　　）

7. 混凝土中氯离子含量测定试验,应在距混凝土表面10mm深度处钻取混凝土粉末样品,通过化学分析进行测定。 ( )

8. 钢筋探测仪检测钢筋保护层厚度,如缺少资料、钢筋直径未知时,应首先测量钢筋直径。 ( )

9. 超声法不适用于检测钢管混凝土中的缺陷。 ( )

10. 浅层平板荷载试验,荷载-沉降曲线中,土体压力与变形呈线性关系的阶段为剪切阶段。 ( )

11. 含砂率不属于钻孔灌注桩泥浆性能的检测指标。 ( )

12. 超声法检测基桩质量,对同一根桩的检测过程中,如接收波幅过小,可适当调整声波发射电压。 ( )

13. 基桩完整性检测的最常用方法是钻芯取样法。 ( )

14. 当桥梁有中等缺损,尚能维持正常使用功能,该桥梁的总体技术状况等级为3类。 ( )

15. 某桥墩出现不稳定,出现滑动、下沉、位移和倾斜等现象,该桥的技术状况为5类桥。 ( )

16. 桥梁静载试验的荷载效率与实际加载车辆的重量和位置无关。 ( )

17. 桥梁静载试验的挠度校验系数大于1,则表明结构刚度储备小于设计要求。 ( )

18. 振动法索力测定,除需准确测定索自振频率值外,还需确定自振频率的阶数。 ( )

19. 某桥梁的技术状况等级评定为3类桥,按规范要求必须进行承载能力评定。 ( )

20. 对圬工桥梁进行承载力评定,其分项检算系数不包括承载能力恶化系数。 ( )

21. 承载能力检算系数 Z_2 根据荷载试验所得的挠度、应力校验系数的较大值查表确定。 ( )

22. 旧桥某截面的实际荷载效应为3200kN·m,设计抗力效应为3500kN·m,承载力恶化系数为0.1,检算系数 Z_1 为0.8,其他修正系数均为1.0,则可判定该截面的实际承载能力不满足要求。 ( )

23. 隧道开挖断面尺寸应满足设计要求,并严格控制欠挖,拱脚、墙脚以上0.5m范围内严禁欠挖。 ( )

24. 锚杆抗拔试验的合格判定指标为28d拔力平均值≥设计值、最小拔力≥0.9设计值。 ( )

25. 采用地质雷达进行衬砌背后回填检测,若反射信号强,信号同相轴呈绕射弧形,不连续且分散、杂乱,则表明衬砌背后回填有较大区域的空洞。 ( )

26. 地质雷达主要用于岩溶探测,不可用于断层破碎带、软弱夹层等不均匀地质体的探测。 ( )

27. 隧道防水混凝土衬砌按隧道长度每100m需要做一组抗渗试件。 ( )

28. 隧道辅助工程措施施工时需坚持"强支护、长进尺、强爆破、快封闭、勤量测"的施工原则。 ( )

29. 隧道内某点处的烟雾透过率与该点处路面照度有关。 ( )

30. 二级公路隧道结构常规定期检查的周期为1次/2月。 ( )

三、多项选择题（共20题，每题2分，共40分。下列各题的备选项中，至少有两个符合题意，选项全部正确得满分，选项部分正确按比例得分，出现错误选项该题不得分）

1.《公路工程质量检验评定标准　第一册　土建工程》(JTG F80/1—2017)是公路桥梁工程质量等级评定的标准尺度，作为开展以下(　　)等工作的依据。

A.质监部门质量检查监督　　B.监理工程师质量检查认定

C.施工单位质量自检　　D.桥梁定期检查

2.关于配制泵送混凝土的粗集料最大粒径的表述，正确的包括(　　)。

A.对于碎石不宜超过输送管径的1/3

B.对于碎石不宜超过输送管径的1/2.5

C.对于卵石不宜超过输送管径的1/3

D.对于卵石不宜超过输送管径的1/2.5

3.隧道用高分子防水卷材通过拉伸试验可获得的指标包括(　　)。

A.拉伸强度　　B.断裂伸长率

C.横向尺寸变化率　　D.纵向尺寸变化率

4.非金属超声检测仪可用于检测混凝土的(　　)。

A.匀质性　　B.钢筋保护层厚度

C.裂缝深度　　D.碳化深度

E.内部空洞

5.在对金属材料进行超声探伤时，以下哪些材料可用作耦合剂(　　)。

A.水　　B.化学浆糊　　C.甘油　　D.机油

6.关于浅层平板荷载试验，表述正确的包括(　　)。

A.承压板可选择面积为$2500cm^2$或$5000cm^2$的方板

B.最大荷载不小于设计要求2倍或接近土层极限荷载

C.每级加载后，连续1h内每小时沉降量小于0.1mm，方可进行下一级加载

D.每级加载后，连续2h内每小时沉降量小于0.1mm，方可进行下一级加载

7.钻孔灌注桩桩身完整性的检测方法包括(　　)。

A.低应变反射波法　　B.回弹法

C.声波透射法　　D.单桩竖向静载试验

8.《公路桥涵养护技术规范》(JTG H11—2004)将桥梁的检查分为(　　)。

A.经常性检查　　B.一般性检查

C.定期检查　　D.特殊检查

9.在用桥梁实际承载能力可通过(　　)方法进行评定。

A.桥梁定期检查

B.荷载试验

C.检测基础上的检算评定

D.按《桥规》进行的检算评定

10. 电阻应变仪是一种专用应变测量放大器,对其功能描述正确的包括(　　)。

A. 为测量电桥提供电源

B. 装有几个电桥补充电阻,以适用半桥测量

C. 能把微弱的电信号放大

D. 把放大后的信号变换显示或送给后续设备采集

11. 对桥梁进行承载力检测评定,应包括(　　)方面的检算。

A. 强度　　B. 刚度　　C. 抗裂性　　D. 稳定性

12. 配筋混凝土桥梁承载能力检算评定,承载能力检算系数 Z_1 根据(　　)检测结果确定。

A. 材质强度　　B. 结构自振频率

C. 混凝土碳化深度　　D. 结构或构件缺损状况

E. 钢筋锈蚀电位

13. 针对桥梁技术状况检查基础上的承载能力检测评定,以下表述正确的包括(　　)。

A. 荷载效应与抗力效应的比值大于 1.0 时,判定承载能力不满足要求

B. 荷载效应与抗力效应的比值小于 1.0 时,判定承载能力满足要求

C. 荷载效应与抗力效应的比值大于 1.2 时,判定承载能力不满足要求

D. 荷载效应与抗力效应的比值为 1.0～1.2 时,应通过荷载试验确定其承载能力

14. 公路隧道按照修建方式分类可包括(　　)。

A. 掘进机法隧道　　B. 沉管法隧道

C. 明挖隧道　　D. 暗挖隧道

15. 对公路隧道进行竣(交)工验收时,隧道混凝土衬砌的实测项目包括(　　)。

A. 混凝土强度　　B. 衬砌背部密实情况

C. 衬砌厚度　　D. 墙面平整度

16. 根据位移速率变化趋势判断围岩稳定性,表述正确的包括(　　)。

A. $\frac{d^2u}{dt^2}<0$,围岩处于稳定状态

B. $\frac{d^2u}{dt^2}<0$,围岩向不稳定状态发展

C. $\frac{d^2u}{dt^2}>0$,围岩进入危险状态,须立即停止施工

D. $\frac{d^2u}{dt^2}>0$,围岩向不稳定状态发展,需发出警告,加强支护系统

E. $\frac{d^2u}{dt^2}=0$,围岩向不稳定状态发展,需发出警告,加强支护系统

17. 隧道超前地质预报用于地下水探测预报的方法有(　　)。

A. 高分辨直流电法　　B. 地震波反射法

C. 红外探测法　　D. 瞬变电磁法

18. 下列属于超前锚杆实测项目的有(　　)。

A. 长度　　B. 孔位　　C. 钻孔深度　　D. 注浆饱满度

19. 施工隧道环境检测的内容包括(　　)。

A. 一氧化碳浓度　　　　B. 二氧化碳浓度

C. 硫化氢浓度　　　　D. 瓦斯浓度

20. 运营隧道通风检测指标包括(　　)。

A. 一氧化碳　　　　B. 粉尘浓度

C. 隧道内风压　　　　D. 隧道风速

四、综合题(从6道大题中选答5道大题,每道大题10分,共50分。下列各题的备选项中,有一个或一个以上符合题意,选项全部正确得满分,选项部分正确按比例得分,出现错误选项该题不得分)

1. 关于板式橡胶支座抗剪弹性模量的试验检测,请回答下列问题。

(1)400mm×500mm×100mm 型号的板式橡胶支座,试样安装对中允许偏差不得超过(　　)。

A. 4.0mm　　B. 5.0mm　　C. 6.0mm　　D. 8.0mm

(2)在正式试验前,需对支座预加水平荷载,下列表述正确的有(　　)。

A. 以0.002~0.003MPa/s 连续施加水平荷载至剪应力 $\tau=1.0$MPa,持荷5min

B. 以0.02~0.03MPa/s 连续施加水平荷载至剪应力 $\tau=1.0$MPa,持荷5min

C. 连续均匀地卸载至剪应力为零,持荷5min

D. 预载需进行3次

(3)正式加载试验中,下列表述正确的有(　　)。

A. 自剪应力 $\tau=0.0$MPa 开始,以0.2MPa 级差加载至 $\tau=1.0$MPa

B. 自剪应力 $\tau=0.1$MPa 开始,以0.1MPa 级差加载至 $\tau=1.0$MPa

C. 自剪应力 $\tau=1.0$MPa 卸载至0.10 MPa,持荷10min 后,再进行下一次循环加载

D. 正式加载需进行3次

(4)若某支座3次加载测得的综合抗剪弹性模量分别为1.03MPa、1.04MPa、1.08MPa,则该板式橡胶支座的综合抗剪弹性模量应取(　　)。

A. 1.03MPa　　B. 1.04MPa　　C. 1.05MPa　　D. 1.08MPa

(5)关于成品板式橡胶支座抗剪弹性模量试验结果的判定,下列表述正确的有(　　)。

A. 随机抽取3对,若有1对试验结果不能满足要求,则认为该批次产品不合格

B. 随机抽取3对,若有2对试验结果不能满足要求,则认为该批次产品不合格

C. 随机抽取3对,若有1对试验结果不能满足要求,应再抽取双倍支座进行复检,若仍有1对不合格,则判定该批次产品不合格

D. 随机抽取3对,若有2对试验结果不能满足要求,应再抽取双倍支座进行复检,若仍不合格,则判定该批次产品不合格

2. 某在用3×30m 预应力混凝土简支梁桥,上部结构T梁采用预制、吊装施工,每跨有9片T梁,经调查所有T梁的生产工艺、强度等级、原材料、配合比、养护工艺均相同,龄期相近。在一次特殊检查时,对混凝土强度进行了回弹检测,1号回弹测区布置在第1跨5号T梁的底面,回弹仪竖直向上弹击,回弹测值及相关资料见下表,请回答以下相关问题。

1 号测区实测回弹值

28	28	26	35	35	36	36	36
36	36	36	37	37	39	39	40

非水平方向弹击时修正值

平均回弹值 R_m	检测角度(弹击角度向上为正、向下为负)	
	90°	-90°
31.0	-4.9	3.5
32.0	-4.8	3.4
33.0	-4.7	3.4
34.0	-4.6	3.3
35.0	-4.5	3.3
36.0	-4.4	3.2
37.0	-4.3	3.2

混凝土浇筑面修正值

平均回弹值 R_m	浇 筑 面	
	表面	底面
30.0	1.5	-2.0
31.0	1.4	-1.9
32.0	1.3	-1.8
33.0	1.2	-1.7
34.0	1.1	-1.6
35.0	1.0	-1.5
36.0	0.9	-1.4
37.0	0.8	-1.3

(1)下列关于回弹仪率定的表述,正确的包括(　　)。

A. 回弹仪在每次检测的前后,都要用钢砧进行率定

B. 在标准钢砧上,回弹仪的率定平均值应为 80 ±2

C. 钢砧为硬度恒定的标准物质,平时妥善保管,无需送检

D. 率定时,回弹仪的弹击方向应尽量与待检混凝土测区的弹击方向一致

(2)关于上部构件 T 梁的回弹抽检数量,下列表述正确的包括(　　)。

A. 采用批量检测的方式随机抽检

B. 按照单个构件检测方式,每跨选取 2 片

C. 抽检 T 梁数量应不少于 10 个

D. 该桥 T 梁数量较多,根据规范抽检数量可适当减少,但不得少于 5 个

(3)在进行各项修正前,1 号回弹测区的平均回弹值为(　　)。

A. 35.0　　B. 36.0　　C. 33.2　　D. 36.8

(4)关于对 1 号测区回弹值的修正,以下表述哪些是错误的(　　)。

A. 先进行浇筑面修正,再进行弹击角度修正

B. 先进行弹击角度修正,再进行浇筑面修正

C. 仅考虑对弹击角度修正

D. 根据(3)小题计算结果,查表得角度和测面修正值

(5)进行修正后,1 号回弹测区的平均回弹值为(　　)。

A. 30.2　　B. 30.1　　C. 29.8　　D. 31.6

3. 低应变反射波法基桩完整性检测,已知待检桩桩长 42.0m,桩径 2.0m,混凝土设计强度为 C25,灌注龄期大于 28d,请回答下列问题。

(1)所采用的测振传感器可选择(　　)。

A. 压电式加速度传感器　　B. 磁电式速度传感器

C. 超声波换能器　　D. 位移传感器

(2)为获得较明显的桩底反射信号,应选用(　　)。

A. 质量大的锤头　　B. 质量小的锤头

C. 材质硬的锤头　　D. 材质软的锤头

(3)依据《公路工程基桩动测技术规程》(JTG/T F81-01—2004),下列传感器安装表述正确的有(　　)。

A. 传感器可安装在距桩心 0.6m 处

B. 传感器可安装在距桩心 0.2m 处

C. 应布置 3 个测点

D. 应布置 4 个测点

(4)低应变反射波法所得的试验结果,可用于基桩(　　)等方面的评价。

A. 桩身完整性类别　　B. 确定基桩承载力

C. 估计桩身混凝土强度　　D. 核对桩长

(5)如检测结果为"桩底反射波较明显,桩底前有轻微缺陷反射波,混凝土波速处于正常范围",则依据《公路工程基桩动测技术规程》(JTG/T F81-01—2004),应判定该桩为(　　)桩。

A. Ⅰ类　　B. Ⅱ类　　C. Ⅲ类　　D. Ⅳ类

4. 某跨径为 16m 在用钢筋混凝土简支梁桥荷载试验,桥面净宽为 2×1.0m(人行道)+7.5m(车行道)=9.5m。试完成以下相关试验设计、加载控制及结构性能评价等工作。

(1)静载试验的加载工况可包括(　　)。

A. 跨中截面最大正弯矩　　B. 支点附近截面最大剪力

C. $L/8$ 截面最大正弯矩　　D. 跨中截面最大负弯矩

(2)试验加载计算中,以下哪些考虑是正确的(　　)。

A. 以车道荷载作为加载控制　　B. 荷载效率取 0.85～1.05

C. 荷载效率取 0.95～1.05　　D. 人群荷载应计入冲击系数

(3)拟通过实测动应变来获取该桥的冲击系数,可采用(　　)方法。

A. 100mm 标距应变片布置跨中梁底混凝土表面上

B. 5mm 标距应变片布置在跨中梁底受拉主筋上

C. 100mm 标距应变片布置在跨中中性轴附近的混凝土表面上

D. 弓形应变计布置在跨中梁底混凝土表面上

(4)静力试验加载实施时,以下哪些做法是错误的(　　)。

A. 为便于试验组织,应安排在天气晴朗的时段进行加载

B. 可采用三轴车作为试验加载车辆

C. 试验桥梁为小跨径桥梁,无需进行分级加载

D. 试验荷载作用下,跨中附近出现新裂缝,最大宽度达到 0.18mm,因此需终止加载试验

(5)静载试验实测跨中应力、挠度校验系数分别为 0.60～0.85、0.65～0.91,最大实测竖

向缝宽为0.21mm,实测相对残余变形为5.5%~13.5%,基于上述结果,对该桥的试验结论正确的是(　　)。

A. 满足要求

B. 结构强度、刚度不满足要求

C. 结构刚度、强度满足要求,但有新裂缝出现,抗裂性能不满足要求

D. 结构刚度、强度、抗裂性能均不满足要求

5. 某隧道洞内温度变化较大,拱顶下沉采用精密水准仪测量,前视标尺为吊挂在拱顶测点的铟钢挂尺,后视标尺为放置在基点稳定处的铟钢尺;隧道净空变化(周边收敛)采用数显收敛计测量。初次观测拱顶下沉读数为前视4120.55mm、后视1079.45mm,收敛计三次测值分别为10388.26mm、10388.30mm、10388.28mm;第二次观测拱顶下沉读数为前视4118.56mm,后视1081.11mm,收敛计三次测值分别为10387.99mm、10388.12mm、10388.07mm。请回答下列问题。

(1)该隧道拱顶测点的沉降量为(　　)。

A. +0.33mm　　B. -0.33mm　　C. +3.65mm　　D. -3.65mm

(2)若不考虑温度影响,该隧道净空变化(周边收敛)的位移量为(　　)。

A. +0.22mm　　B. +0.11mm　　C. -0.22mm　　D. -0.11mm

(3)下列仪器中,可用于隧道净空变化(周边收敛)检测的包括(　　)。

A. 水准仪　　B. 全站仪　　C. 多点杆式位移计　　D. 收敛计

(4)下列关于隧道拱顶下沉、周边收敛量测的描述中,正确的是(　　)。

A. 拱顶下沉与周边收敛测点应布置在同一断面上

B. 拱顶下沉、周边收敛测试精度应优于2mm

C. Ⅳ级围岩测试断面布设间距为5~10m

D. 拱顶下沉每断面布设1~3个测点,测点横向间距2~3m

(5)下列表述正确的包括(　　)。

A. 周边收敛量测以水平测线为主,必要时可设置斜测线

B. 周边收敛测点的测桩可焊接在钢拱架上

C. 收敛计测试结果应作温度影响修正

D. 位移速度为0.2~0.5mm/d时,监控量测频率应为1次/(3d)

6. 对长度为1800m、年平均日交通流量6000pcu/d的二级公路隧道进行定期检查,检查结果包括:

①洞门拱部及其附近部位出现剥落,壁面存在严重渗水和挂冰,将会妨碍交通;

②衬砌存在较多裂缝,但宽度变化较小,边墙衬砌背部存在空隙,有扩大可能;

③路面大面积的明显沉陷、隆起、坑洞,路面板严重错台、断裂。

根据以上情况,请回答以下问题。

(1)依据《公路隧道养护技术规范》(JTG H12—2015),该隧道定期检查的周期应为(　　)。

A. 每3年一次　　B. 每2年一次

C. 每年一次　　D. 每6个月一次

(2)关于土建结构检查的内容和仪器应用,表述正确的有(　　)。

A. 可用地质雷达检测衬砌背后的空洞

B. 可用激光断面仪检测衬砌与初期支护的结合状况

C. 隧道渗漏水检查分为简易检测和水质检测两类

D. 隧道净空断面变形通常采用激光断面仪检测

(3)关于土建结构技术状况评定方法的相关表述,正确的有(　　)。

A. 评定分项包括洞口、洞门、衬砌等 9 部分

B. 各分项技术状况值越大,该分项状况越好

C. 分项检查结果取各段落评定结果的均值

D. 分项检查结果取病害最严重段落的评定结果

(4)根据题述,以下评定结果正确的包括(　　)。

A. 洞门技术状况值为 3　　B. 洞门技术状况值为 2

C. 衬砌技术状况值为 3　　D. 衬砌技术状况值为 2

(5)该隧道土建结构技术状况应评定为(　　)。

A. 5 类　　B. 4 类　　C. 3 类　　D. 2 类

模拟试题三

说明:1. 本模拟试题设置单选题30道、判断题30道、多选题20道、综合题6道,总计150分;模拟自测时间为150分钟。

2. 本模拟试题仅供考生进行考前自测使用。

一、单项选择题(共30题,每题1分,共30分)

1. 桥梁工程质量评定中,上部结构预制和安装被划归为(　　)工程。

A. 单位　B. 分项　C. 分部　D. 建设

2. 公路工程质量等级评定首先应进行工程划分,然后按照(　　)的原则进行评定。

A. 两级制度、逐级计分评定、合规定质

B. 两级制度、逐级评定、合规定质

C. 三级制度、逐级计分评定、合规定质

D. 四级制度、逐级评定、合规定质

3. 桥梁工程中的石料强度试验的立方体试件尺寸为(　　)。

A. 70mm×70mm×70mm　B. 75mm×75mm×75mm

C. 100mm×100mm×100mm　D. 150mm×150mm×150mm

4. 现有三种公称直径分别为12.70mm、15.20mm、18.00mm的1×7C结构钢绞线(L_0≥400mm),这三种钢绞线最大力总伸长率分别不应小于(　　)。

A. 2.0%、2.5%、3.0%　B. 2.5%、3.0%、3.5%

C. 3.0%、3.0%、3.0%　D. 3.5%、3.5%、3.5%

5. 球型固定支座非滑移方向水平承载能力不应小于支座竖向设计承载力的(　　)。

A. 5%　B. 10%　C. 15%　D. 20%

6. 采用回弹法并根据全国统一测强曲线计算非泵送混凝土的抗压强度时,该方法的适用范围为(　　)。

A. 龄期无限制、抗压强度为10~50MPa的混凝土

B. 龄期7~2000d、抗压强度为10~70MPa的混凝土

C. 龄期14~1000d、抗压强度为10~60MPa的混凝土

D. 龄期7~1000d、抗压强度为10~60MPa的混凝土

7. 下列关于混凝土电阻率测试的叙述,正确的是(　　)。

A. 混凝土电阻率越大,对结构耐久性越不利

B. 混凝土表面湿度不影响电阻率的测试结果

C. 混凝土表面碳化不影响电阻率的测试结果

D. 一般采用四电极法进行测定

8. 超声法检测混凝土结构内部缺陷,是否存在缺陷的判据不包括(　　)。

A. 零声时　　B 接收波幅　　C. 接收频率　　D. 声时

9.《钢结构工程施工质量验收规范》(GB 50205—2001)规定,对设计要求全焊透的一级焊缝应采用超声波法进行内部缺陷的检验,检验比例为(　　)。

A. 20%　　B. 50%　　C. 70%　　D. 100%

10. 平板荷载试验,每级加载稳定标准为(　　)。

A. 在连续 3h 内,每小时沉降量小于 0.1mm 时

B. 在连续 3 内,每小时沉降量小于 0.01mm 时

C. 在连续 2h 内,每小时沉降量小于 0.1mm 时

D. 在连续 2h 内,每小时沉降量小于 0.01mm 时

11. 钻孔桩成孔质量检测中,要求其倾斜度小于桩长的(　　)。

A. 1.0%　　B. 1.5%　　C. 2.0%　　D. 3.0%

12. 低应变反射波法检测桩身完整性,若实测平均波速为 4200m/s,反射波首先返回的时间为 0.006s,则缺陷位于桩顶以下(　　)处。

A. 12.6m　　B. 25.2m　　C. 50.4m　　D. 52.6m

13. 低应变反射波法检测桩身完整性,如桩身某处有轻微的反射波,且与入射波同相位,则此处的桩身缺陷可能是(　　)。

A. 扩径　　B. 断桩　　C. 缩径　　D. 无缺点

14. 按规范,将桥梁主要部件、次要部件和总体技术状况的评定等级分别划分为(　　)。

A. 1 ~5 类、1 ~4 类、1 ~5 类　　B. 1 ~4 类、1 ~4 类、1 ~5 类

C. 1 ~5 类、1 ~5 类、1 ~5 类　　D. 1 ~5 类、1 ~5 类、1 ~4 类

15. 依据《公路桥梁技术状况评定标准》(JTG/T H21—2011),最小的评定单元为(　　)。

A. 结构　　B. 构件　　C. 部件　　D. 分项

16. 某桥梁的结构形式为 1 跨 60m 圬工拱桥 +2 跨 16m 简支空心板引桥,对该桥进行技术状况评定时,应采用以下哪种方式划分评定单元(　　)。

A. 3 跨作为一个整体的评定单元

B. 拱桥和空心板桥分别当作不同部件进行评定

C. 把拱桥和空心板桥划分成两个单元分别评定

D. 以主桥(拱桥)的评定结果作为全桥的评定结果

17. (　　)适用桥隧结构施工过程的应力(应变)监测。

A. 电阻应变计　　B. 振弦式应变计

C. 电测位移计　　D. 千分表

18. 设计荷载等级为公路—Ⅰ级、计算跨径为 30m 的双车道桥梁,根据《公路桥涵设计通用规范》(JTG D60—2015),车道荷载中的集中力应取(　　)。

A. 180kN　　B. 270kN　　C. 280kN　　D. 320kN

19. 简支梁桥静载试验的主要加载工况是(　　)。

A. 支点最大负弯矩　　B. 跨中最大正弯矩

C. $L/4$ 最大正弯矩　　D. 跨中最大剪力

20. 以下哪个参数属于结构动力(自振)特性参数(　　)。

A. 动应变　　B. 自振频率　　C. 动挠度　　D. 加速度

21. 配筋混凝土桥梁承载能力检算评定,承载能力检算系数 Z_1 的取值与以下哪个参数有关(　　)。

A. 恶化状况评定标度　　B. 大吨位车辆混入率

C. 承载能力检算系数评定标度　　D. 材料风化状况评定标度

22. 关于配筋混凝土桥梁承载力恶化系数的表述,错误的是(　　)。

A. 结构或构件恶化状况评定标度 E 值越大,承载力恶化系数取值越大

B. 结构或构件恶化状况评定标度 E 值越大,承载力恶化系数取值越小

C. 承载力恶化系数取值与桥梁所处的环境条件有关

D. 对圬工桥梁无需计入承载力恶化系数

23. 某公路隧道采用钻爆法开挖,围岩为中硬岩,炮痕保存率应(　　)。

A. ≥90%　　B. ≥80%　　C. ≥70%　　D. ≥60%

24. 隧道初期支护承受的应力(应变)实测值与允许值之比大于或等于(　　)时,围岩不稳定,应加强初期支护。

A. 0.6　　B. 0.7　　C. 0.8　　D. 0.9

25. 隧道复合式衬砌防水卷材的接缝宽度应不小于(　　)。

A. 50mm　　B. 100mm　　C. 150mm　　D. 200mm

26. 隧道围岩稳定用超前锚杆充填砂浆多为早强砂浆,其强度等级不应低于(　　)。

A. M7.5　　B. M10　　C. M15　　D. M20

27. 隧道注浆材料中为保证浆液注入,砂性土孔隙直径须大于浆液颗粒直径的(　　)以上。

A. 1 倍　　B. 2 倍　　C. 2.5 倍　　D. 3 倍

28. 非高原地带施工隧道,一氧化碳短时间接触允许浓度不应大于(　　)。

A. $20mg/m^3$　　B. $25mg/m^3$　　C. $30mg/m^3$　　D. $40mg/m^3$

29. 某高速公路隧道长度为 3500m,设计车速为 80km/h,单向通行,该隧道中间段应分为(　　)个照明段。

A. 2　　B. 3　　C. 4　　D. 5

30. 某一级公路隧道长度为 2500m,年平均日交通量为 8000pcu/d,其定期检查的频率应为(　　)。

A. 1 次/月　　B. 1 次/3 月　　C. 1 次/年　　D. 1 次/3 年

二、判断题(共 30 题,每题 1 分,共 30 分)

1. 分部工程中,分项工程根据路段长度、结构部位及施工特点等进行划分。　(　　)

2. 预应力钢绞线应力松弛试验的环境温度应保持在 23℃ ±5℃内。　(　　)

3. 混凝土原材料砂的细度模数为 3.0,则该砂为中砂。　(　　)

4. 土工布撕裂强度是反映土工织物抵抗垂直织物平面的法向压力的能力。　(　　)

5. 超声回弹综合法检测混凝土强度,超声测试宜优先选用对测或角测,当不具备条件时,

也可采用单面平测法。（　）

6. 在自然干燥状态的构件上钻取芯样，采用钻芯法检测混凝土的抗压强度，芯样试件应在20℃ ±5℃的清水中浸泡40 ~48h。（　）

7. 超声法不适用于深度超过500mm的裂缝深度检测。（　）

8. 规范对于钢结构主体外表面涂层干膜厚度的要求是：允许有10%的读数低于规定值，但每一单独测量值不得低于规定值的90%。（　）

9. 重型圆锥动力触探试验落锤的落距为76cm。（　）

10. 钻孔灌注桩桩身完整性检测方法有低应变反射波法、声波透射法和钻探取芯法，其中钻芯法在桩基工程质量普查中应用最广。（　）

11. 超声透射波法检测桩身完整性，预埋的声测管内径应大于换能器外径15mm。（　）

12. 对于非软土地基基桩，采用静推试验检测其水平承载力时，当桩顶水平位移超过20 ~30mm时，即可终止加载。（　）

13. 桥梁技术状况评定，部件是最小的评定单元。（　）

14. 当桥梁总体技术状况等级达到5类时，应进行大修。（　）

15. 跨中截面最大正弯矩加载是简支梁桥荷载试验的主要加载工况。（　）

16. 桥梁静载试验一般分2 ~3级施加到最大荷载。（　）

17. 拟提高荷载等级的桥梁，必须进行荷载试验。（　）

18. 结构自振频率、阻尼是结构本身所固有的，与外荷载无关。（　）

19. 钢结构桥梁承载能力评定时，承载能力检算系数Z_1应按结构或构件的缺损状况、材质强度和结构自振频率的评定标度来确定。（　）

20. 当荷载效应与抗力效应的比值为0.95，可判定该桥的承载能力满足要求。（　）

21. 隧道开挖应严格控制欠挖，但当石质坚硬完整且岩石抗压强度大于20MPa并确认不影响衬砌结构稳定和强度时，岩石个别部分允许凸入衬砌断面。（　）

22. 喷射混凝土抗压强度试验，可在喷射混凝土板件上切割制取100mm×100mm×100mm试件，采用标准试验方法测得的极限抗压强度乘以0.95作为其检测结果。（　）

23. 隧道拱顶下沉应优先选用全站仪进行观测，当在变形较大的软弱围岩条件下，量测精度对量测结果影响较小时，也可采用精密水准仪进行观测。（　）

24. 隧道防水板焊缝拉伸强度不得小于防水板拉伸强度的70%，焊缝抗剥离强度不小于70N/cm。（　）

25. 渗透能力是隧道注浆材料的主要性能指标，悬浊液的渗透能力取决于颗粒大小，溶液的渗透能力取决于黏度。（　）

26. 采用光干涉瓦斯检定器检测隧道内瓦斯浓度时，用装有钠石灰的吸收管吸收水蒸气，以减小水蒸气对测试精度的影响。（　）

27. 对隧道内通风机进行检测时，必须检测风压这项指标。（　）

28. 采用滤膜法检测隧道内粉尘浓度，在对采样后的滤膜进行称量前，须对滤膜进行除静电操作。（　）

29. 当定期检查中出现状况值为3或4的项目，且其产生原因及详细情况不明时，应做专项检查。（　）

30. 高速公路隧道的总体技术状况评定中,土建结构权重为0.9。 ( )

三、多项选择题(共20题,每题2分,共40分。下列各题的备选项中,至少有两个符合题意,选项全部正确得满分,选项部分正确按比例得分,出现错误选项该题不得分)

1. 分项工程质量评定的合格标准包括( )。

A. 检查项目的合格率满足要求

B. 质量保证资料完整真实

C. 外观质量满足要求

D. 满足基本要求规定

2. 用人工振捣制作混凝土试件,下列操作正确的包括( )。

A. 混凝土拌和物应分两层装入模内,每层的装料厚度大致相等

B. 插捣应按螺旋方向从中心向边缘均匀进行

C. 在插捣底层混凝土时,捣棒应达到试模底部

D. 在插捣上层混凝土时,捣棒应贯穿上层后插入下层20~30mm

3. 钢绞线的产品标记包括( )。

A. 结构代号 B. 公称直径

C. 强度级别 D. 标准长度

E. 标准号

4. 下列属于板式橡胶支座力学性能试验检测项目的包括( )。

A. 极限抗压强度 B. 抗剪弹性模量

C. 抗压弹性模量 D. 水平承载能力

5. 回弹法检测混凝土强度,关于测区的选择,表述正确的包括( )。

A. 一般构件,测区数不宜少于5个

B. 相邻两测区的间距不应大于2m

C. 测区的面积不宜小于0.04m^2

D. 测区应优先选在能使回弹仪处于水平方向的混凝土浇筑侧面

6. 钻芯法的混凝土芯样试件内不宜含有钢筋,如不能满足此要求,则应符合以下规定( )。

A. 标准芯样试件,每个试件内直径小于10mm的钢筋不得多于2根

B. 公称直径小于100mm的芯样,每个试件内最多只允许有1根直径小于10mm的钢筋

C. 芯样试件内的钢筋应与芯样的轴线基本垂直并离开断面10mm以上

D. 芯样试件内的钢筋应与芯样的轴线基本平行

7. 当深层平板荷载试验出现( )情况之一时,即可终止加载。

A. 承载板周围的土体有明显侧向挤出或发生裂纹

B. 在某一级荷载下,12h内沉降速率不能达到稳定标准

C. 沉降量急剧增大,P-S曲线出现陡降段,且沉降量与承压板直径之比大于0.04

D. 本级荷载的沉降量大于前级荷载沉降的5倍

8. 反射波法检测桩身完整性，基于下图2种实测反射波，对桩身质量的分析判断正确的包括(　　)。

反射波特征曲线

A. 图a)表示桩身可能存在缩径　　B. 图a)表示桩身可能存在扩径
C. 图b)表示桩身可能存在缩径　　D. 图b)表示桩身可能存在扩径

9. 桥梁基桩成孔质量检验时需对泥浆(　　)性能指标进行检验。
A. 相对密度　　B. 黏度　　C. 含砂率　　D. 胶体率

10. 总体技术状况评定为4类的桥梁，对应的养护措施为(　　)。
A. 大修或改造　　B. 中修
C. 酌情进行交通管制　　D. 缺损严重时关闭交通

11. 桥梁技术状况评定，(　　)属于梁式桥的主要部件。
A. 桥台　　B. 基础　　C. 支座　　D. 横隔板

12. 荷载试验方案设计应包括(　　)等内容。
A. 测试截面　　B. 试验工况
C. 测试内容　　D. 测点布置
E. 试验荷载

13. 混凝土桥梁静载试验，当出现下述(　　)情形之一时，可判定桥梁承载力不满足要求。
A. 主要测点校验系数大于1　　B. 主要测点的相对残余大于10%
C. 主要测点的相对残余大于20%　　D. 裂缝宽度超过规范允许值

14. 桥梁结构实际承载能力的评定方法包括(　　)。
A. 根据桥梁设计图纸进行承载力验算
B. 桥梁定期检查
C. 在技术状况检测基础上的承载力检算
D. 桥梁荷载试验

15. 对配筋混凝土桥梁承载力进行正常使用极限状态评定，检算内容应包括(　　)。
A. 自振频率　　B. 限制应力
C. 结构变形　　D. 稳定性
E. 裂缝宽度

16. 当公路隧道跨度大且对地表沉降有严格要求时，通常采用的开挖方法有(　　)。
A. 环形开挖留核心土法　　B. 中隔壁法
C. 交叉中隔壁法　　D. 双侧壁导坑法

17. 一般情况下，隧道二次衬砌的施作应在满足下列(　　)等要求时进行。
A. 周边收敛及拱顶沉降的位移速度明显下降
B. 位移相对值已达到总相对位移量的90%以上

C. 拱顶下沉、净空收敛速率小于1.0mm/d

D. 拱顶下沉、净空收敛速率小于2.0mm/d

18. 施工隧道环境检测内容包括(　　)。

A. 粉尘浓度　　B. 一氧化碳浓度

C. 硫化氢浓度　　D. 核辐射

19. 用风表检测隧道内的风速,方法正确的包括(　　)。

A. 杯式风表用于检测大于10m/s的高风速

B. 杯式风表用于检测0.5~10m/s的中等风速

C. 翼式风表用于检测大于10m/s的高风速

D. 翼式风表用于检测0.5~10m/s的中等风速

20. 当(　　)分项的评定状况值达到4时,隧道土建结构技术状况应直接评为5类。

A. 洞口　　B. 洞门　　C. 衬砌　　D. 路面

四、综合题(从6道大题中选答5道大题,每道大题10分,共50分。下列各题的备选项中,有一个或一个以上符合题意,选项全部正确得满分,选项部分正确按比例得分,出现错误选项该题不得分)

1. 针对预应力筋用锚具静载锚固性能试验,请回答下列问题:

(1)锚具静载锚固性能试验用设备,一般由以下哪些装置组成(　　)。

A. 加载千斤顶　　B. 荷载传感器

C. 承力台座　　D. 液压油泵源及控制系统

(2)下列关于锚具静载锚固性能试验加载过程的描述,正确的包括(　　)。

A. 加载速率为80MPa/min

B. 以预应力钢绞线抗拉强度标准值的20%、40%、60%、80%,分4级等速加载

C. 加载至钢绞线抗拉强度标准值的80%后,持荷1h

D. 持荷1h后继续加载至钢绞线抗拉强度标准值的100%,终止试验

(3)试验过程中需量测的项目包括(　　)。

A. 预应力筋受拉段长度

B. 钢绞线及夹片相对初始位移

C. 钢绞线及夹片各分级加载相对位移

D. 试样破断后钢绞线及夹片相对位移

(4)试验过程中需观测锚具的变形,下列表述正确的有(　　)。

A. 在静载锚固性能满足后,夹片允许出现微裂和横向断裂

B. 预应力筋达到极限破断时,锚板不允许出现过大塑性变形

C. 预应力筋达到极限破断时,锚板中心残余变形不应出现明显挠度

D. 夹片回缩Δb比预应力筋应力为$0.8f_{ptk}$时成倍增加,表明已失去可靠的锚固性能

(5)若某一组件实测极限拉力为1846.5kN,组件中各根预应力筋计算极限拉力之和为1901.3kN,预应力筋效率系数为0.98,按照《预应力筋用锚具、夹具和连接器》(GB/T 14370—

2007）进行计算，该组件锚具效率系数为（　　）。

A. 0.95　　B. 0.97　　C. 0.99　　D. 1.03

2. 对某在用钢筋混凝土结构进行结构材质状况无损检测，请回答以下相关问题。

（1）下列哪些情形不适合采用半电池电位法检测钢筋锈蚀（　　）。

A. 处于盐雾中的混凝土结构　　B. 混凝土表面剥落、脱空

C. 混凝土表面有涂料　　D. 混凝土接近饱水状态

（2）半电池电位法检测钢筋锈蚀，对测试系统稳定性的要求包括（　　）。

A. 在同一测点，用相同参考电极重复两次测得的电位差值应小于 10mV

B. 在同一测点，读数变动不超过 2mV，可视为稳定

C. 在同一测点，用两只不同参考电极重复两次测得的电位差值应小于 20mV

D. 在同一测点连续测量 30min，读数变化应小于 5mV

（3）混凝土中氯离子含量测定，关于测区数量及钻孔数量的叙述正确的是（　　）。

A. 每构件测区数量不宜少于 3 个

B. 每构件测区数量不宜少于 2 个

C. 每测区取粉的钻孔数量不宜少于 3 个

D. 每测区取粉的钻孔数量不宜少于 2 个

（4）混凝土中氯离子含量测定，下列操作正确的包括（　　）。

A. 取粉孔可以与碳化深度测量孔合并使用

B. 钻孔取粉应分孔收集，即每个孔的粉末收集在一个袋中

C. 不同测区的测孔，但相同深度的粉末可收集在一个袋中

D. 钻孔取粉应分层收集，同一测区、不同测孔、相同深度的粉末可收集在一个袋中

（5）下列叙述正确的包括（　　）。

A. 混凝土碳化深度越大，则钢筋越不容易发生锈蚀

B. 混凝土中氯离子含量越高，诱发钢筋锈蚀的可能性越大

C. 混凝土电阻率越小，则钢筋锈蚀的发展速度越快

D. 混凝土内钢筋锈蚀电位差的绝对值越大，则钢筋锈蚀的可能性越大

3. 某在用预应力混凝土连续 T 梁桥，桥跨组合为 4×30m，横向由 5 片 T 梁组成，设计荷载为公路—Ⅰ级。选该桥的一边跨和中跨进行静、动载试验，试为回答以下问题。

（1）静载试验的主要试验加载工况应包括（　　）。

A. 边跨最大正弯矩　　B. 内支点最大负弯矩

C. 中跨跨中最大轴力　　D. 中跨跨中最大正弯矩

（2）可选用的静应变测试传感器包括（　　）等。

A. 钢筋应力计　　B. 振弦应变计

C. 电阻应变计　　D. 弓形应变计

（3）可选用的动应变测试传感器包括（　　）等。

A. 机械式千分表引伸计　　B. 振弦应变计

C. 电阻应变计　　D. 弓形应变计

(4)边跨最大正弯矩工况加载,已知某片T梁的试验内力为2000kN·m,T梁惯性矩$I=0.60m^4$,$Y_下=1.20m$,$Y_上=0.80m$,则该T梁梁底的混凝土应力增量计算值为(　　)MPa。

A. 2.67　　B. 4.00　　C. 26.67　　D. 40.00

(5)如(4)小题所指T梁梁底某测点的实测弹性应变为100×10^{-6},混凝土弹模$E=3.45\times10^4$MPa,则该测点的应力校验系数为(　　)。

A. 1.292　　B. 0.863　　C. 0.129　　D. 0.086

4. 对在用钢筋混凝土简支T梁桥进行承载能力检算评定,该桥计算跨径为20.0m,桥面横向布置为:0.3m(栏杆)+9.0m(车行道)+0.3m(栏杆)=9.6m,无人行道,设计荷载等级为公路—Ⅱ级。根据前期检测结果得到的跨中截面正弯矩计算结果和各分项检算系数见下表。

跨中截面正弯矩计算结果及取值表

计算内容	设计抗力效应 R		实际荷载效应 S
跨中截面正弯矩(kN·m)	4900.0		4710.0
各分项系数取值			
承载力检算系数评定标度 D	3.70	承载力检算系数 Z_1	0.93
承载能力恶化系数 ξ_e	0.05	混凝土截面折减系数 ξ_c	1.00
钢筋截面折减系数 ξ_s	1.00	活载影响修正系数 ξ_q	1.00

(1)基于桥梁技术状况检查的检算评定工作中,为计算桥梁跨中截面的抗力效应,除了确定承载力恶化系数、钢筋的截面折减系数以外,还需确定(　　)等分项检算系数。

A. 混凝土截面折减系数　　B. 活载影响修正系数

C. 承载力检算系数Z_1　　D. 挠度校验系数

(2)以下关于承载力检算方法的叙述(D为承载力检算系数评定标度),正确的包括(　　)。

A. $D<4$,可不作正常使用极限状态评定计算

B. $D\geqslant3$,应进行正常使用极限状态评定计算

C. $D\geqslant3$,可判定该桥承载能力不满足要求

D. 正常使用极限状态计算应包括限制应力、结构变形和裂缝宽度

(3)根据表中数据,跨中截面正弯矩实际抗力效应R的计算结果应为(　　)kN·m。

A. 4848.6　　B. 5103.8　　C. 4329.2　　D. 843.0

(4)根据表中数据,跨中截面正弯矩实际荷载效应与实际抗力效应的比值为(　　)。

A. 0.97　　B. 1.09　　C. 0.92　　D. 1.04

(5)根据现阶段检算结果,以S/R表示跨中实际荷载效应与实际抗力效应之比,则对跨中承载力评定结论哪些是错误的(　　)。

A. $S/R<1$,承载能力满足要求

B. $S/R>1$,承载能力不满足要求

C. S/R处于1.0~1.2之间,承载能力不明确

D. $S/R<1.05$,承载能力满足要求

5. 锚杆支护是隧道初期支护的重要形式，请回答下列关于锚杆试验检测和质量检查的问题。

(1)属于锚杆安装质量检查内容的包括(　　)。

A. 锚杆抗拔力　　B. 锚杆孔位、孔深

C. 锚杆抗拉强度　　D. 锚杆锚固密实度

(2)关于锚杆抗拔力检测和合格判定的相关表述，正确的包括(　　)。

A. 检测数量为锚杆数的1%，且每次不少于3根

B. 同组锚杆抗拔力的平均值应不小于设计值

C. 单根锚杆的抗拔力不得低于设计值的90%

D. 测试值极差不大于平均值的10%

(3)关于锚杆施工质量检查表述，正确的包括(　　)。

A. 锚杆插入孔内的长度不得短于设计长度的90%

B. 锚杆孔位允许偏差为±150mm

C. 锚杆孔深允许偏差为±50mm

D. 锚杆垫板与岩面之间应无间隙

(4)关于锚杆抗拔试验的相关表述，正确的包括(　　)。

A. 需测定杆体的应力(应变)值

B. 需测定抗拔力和锚杆位移

C. 抗拔力可通过油源的压力表测定

D. 加长套筒的强度不低于锚杆极限拉力的0.9倍

(5)声波反射法测定锚杆密实度，如反射波振幅值很小，则可判断该锚杆密实度为(　　)。

A. 密实　　B. 欠密实

C. 不密实　　D. 有较多空洞

6. 采用地质雷达法进行隧道超前地质预报，请回答以下问题。

(1)关于地质雷达法超前地质预报的相关特性描述，正确的包括(　　)。

A. 利用电磁波传播及反射特性，依据传播速度和反射走时及波形特征进行超前地质预报

B. 属于物探法的一种类型

C. 具有快速、无损、连续检测、实时显示等特点

D. 可进行长距离探测预报

(2)地质雷达法适用下列(　　)等的探测和超前预报。

A. 浅部地层　　B. 煤层瓦斯

C. 空洞　　D. 前方有无水体

(3)地质雷达的设备组成包括(　　)。

A. 发射单元和接收单元　　B. 工作天线

C. 超声换能器　　D. 主控器

(4)关于地质雷达法的预报距离的相关描述,正确的有(　　)。

A. 预报距离不宜超过30m,重叠距离不应小于5m

B. 预报距离不宜超过80m,重叠距离不应小于10m

C. 工作天线的频率较高,探测距离越远

D. 工作天线的频率越低,探测距离越远

(5)对于下列哪些不良地质体,可采用以地质调查法为基础,以地质雷达法探测为主的综合方法进行超前地质预报(　　)。

A. 煤层瓦斯　　B. 浅部断层

C. 地下水和导水结构　　D. 岩溶

模拟试题四

说明：1. 本模拟试题设置单选题30道、判断题30道、多选题20道、综合题6道，总计150分；模拟自测时间为150分钟。

2. 本模拟试题仅供考生进行考前自测使用。

一、单项选择题(共30题，每题1分，共30分)

1. 评定为不合格的分项工程，经返工、加固、补强或调测，满足(　　)要求后，可重新进行检验评定。

A. 设计　　B. 监理　　C. 业主　　D. 施工

2. 混凝土立方体抗压强度试件尺寸为200mm×200mm×200mm，则试验结果的尺寸修正系数为(　　)。

A. 0.9　　B. 0.95　　C. 1.05　　D. 1.1

3. 混凝土标准养护室的温度及相对湿度分别为(　　)。

A. 20℃±2℃、90%以上　　B. 20℃±2℃、95%以上

C. 20℃±5℃、90%以上　　D. 20℃±5℃、95%以上

4. 盆式支座竖向承载力试验正式加载前需对支座进行三次预压，预压初始荷载为该试验支座竖向设计承载力的(　　)。

A. 1%　　B. 2%　　C. 3%　　D. 5%

5. 锚具疲劳荷载性能试验后，钢绞线因锚具夹持作用发生疲劳破坏的截面面积不应大于原试样总截面面积的(　　)。

A. 2%　　B. 3%　　C. 4%　　D. 5%

6. 隧道用土工织物试样调湿与饱和的温度、湿度条件为(　　)。

A. 温度为20℃±2℃、相对湿度为65%±5%

B. 温度为20℃±2℃、相对湿度为75%±5%

C. 温度为23℃±2℃、相对湿度为65%±5%

D. 温度为23℃±2℃、相对湿度为75%±5%

7. 隧道高分子防水卷材拉伸性能试验时，试件的裁取尺寸(纵向×横向)为(　　)。

A. 100mm×50mm　　B. 150mm×150mm

C. 120mm×25mm　　D. 200mm×200mm

8. 回弹法或超声回弹综合法检测批量构件的混凝土强度，随机抽检的构件数量应满足(　　)。

A. 不少于构件总数的30%且不少于10件

B. 不少于构件总数的30%

C. 不少于构件总数的40%且不少于10件

D. 不少于 10 件

9. 桥梁结构混凝土材质强度的评定标度,是根据(　　)的取值范围确定的。

A. 推定强度匀值系数 K_{bt} 和平均强度匀值系数 K_{bm}

B. 强度推定值 $f_{cu,e}$

C. 强度标准差 $S_{f_{cu}^c}$

D. 测区强度换算值的平均值 $m_{f_{cu}^c}$

10. 当混凝土氯离子含量(　　)时,可判定钢筋锈蚀活化。

A. ≥0.20%　　B. ≥0.50%　　C. ≥1.00%　　D. ≥2.00%

11. 进行钢结构涂层干膜厚度检测,设计未规定检查频率时,每 $10m^2$ 时应测(　　)个点,每个点附近测(　　)次,取平均值。

A. 2;3　　B. 3 ~ 5;3　　C. 5;5　　D. 5 ~ 10;5

12. 标准贯入试验是采用质量为 63.5kg 的穿心锤,以 76cm 的落距将一定规格的标准贯入器每打入土中(　　),记录其相应的锤击数。

A. 5cm　　B. 10cm　　C. 15cm　　D. 20cm

13. (　　)不适用钻孔灌注桩桩身完整性的检测。

A. 低应变反射波法　　B. 声波透射法

C. 伞形孔径检测仪法　　D. 钻探取芯法

14. 低应变反射波法检测基桩完整性,如实测波速为 3800m/s,则该桩桩身混凝土质量应评定为(　　)。

A. 好　　B. 较好　　C. 差　　D. 极差

15. 超声透射波法检测桩径为 1.80m 基桩的完整性,应埋设(　　)根声测管。

A. 2 根　　B. 3 根　　C. 4 根　　D. 5 根

16. 单孔跨径为 20m 的桥梁属于(　　)。

A. 大桥　　B. 中桥　　C. 小桥　　D. 涵洞

17. 简支桥静载试验,实测 A、B 支点沉降量分别为 0.20mm 和 0.40mm,$L_0/4$ 截面(靠近 A 支点)实测竖向变位为 6.50mm,则 $L_0/4$ 截面的挠度为(　　)。

A. 6.30mm　　B. 6.10mm　　C. 6.25mm　　D. 6.75mm

18. 对某桥梁进行荷载试验检测,某截面设计活载弯矩为 980kN · m(不计冲击),计算试验弯矩为 1080kN · m,冲击系数为 0.10,该截面的静力荷载效率为(　　)。

A. 0.90　　B. 1.00　　C. 1.05　　D. 1.10

19. 对某桥梁进行荷载试验检测,某挠度测点初始值为 0.04mm,最大加载测值为 8.44mm,卸载后测值为 0.44mm,计算挠度为 10.00mm,则挠度校验系数为(　　)。

A. 0.800　　B. 0.840　　C. 0.844　　D. 1.250

20. 频域法测定某桥前 3 阶自振频率(频率计算值为 3.5 ~ 10Hz),则采样频率应取(　　)。

A. 7Hz　　B. 10Hz　　C. 15Hz　　D. 30Hz

21. 对桥梁进行承载能力检算评定时,当承载能力检算系数评定标度 D(　　),且荷载效应与抗力效应的比值(　　)时,可直接评定该桥承载能力满足要求。

A.≥3;在 1.0～1.2 之间　　B.<3; <1.0

C.≤3; <1.2　　D.<3; <1.05

22. 基于桥梁技术状况检查的承载力评定,如荷载效应与抗力效应之比为 1.05,结论正确的是(　　)。

A. 该桥承载能力不明确,应通过荷载试验进一步确认

B. 该桥承载能力不满足要求

C. 该桥承载能力满足要求

D. 评定该桥技术状况为 5 类桥

23. 隧道开挖部位为Ⅲ级围岩,则拱部超挖的允许偏差为(　　)。

A. 平均值 100mm,最大值 200mm　　B. 平均值 100mm,最大值 150mm

C. 平均值 150mm,最大值 200mm　　D. 平均值 150mm,最大值 250mm

24. 衬砌混凝土厚度检查的合格标准为(　　)。

A. 90% 测点的厚度≥设计值,且最小厚度≥0.5 设计值

B. 95% 测点的厚度≥设计值,且最小厚度≥0.5 设计值

C. 90% 测点的厚度≥设计值,且最小厚度≥0.6 设计值

D. 95% 测点的厚度≥设计值,且最小厚度≥0.6 设计值

25. 地表下沉横断面上至少布置(　　)个测点,两测点的间距为 2～5m。

A. 5　　B. 7　　C. 11　　D. 15

26. 隧道超前地质预报中,对于断层、岩溶以及(　　)等不良地质体,应采用两种或两种以上的方法进行综合预报。

A. 含水结构　　B. 不均匀体

C. 空洞　　D. 煤层瓦斯

27. 隧道施工防水处理用橡胶止水带的接头形式应采用(　　)。

A. 搭接或对接　　B. 搭接或复合接

C. 复合接或对接　　D. 以上方法均不能采用

28. 采用五点法检测隧道内某工作断面的瓦斯浓度,取其(　　)值作为该断面的瓦斯浓度。

A. 平均　　B. 最小　　C. 最大　　D. 中间

29. 隧道内交通分流段、合流段的亮度不宜低于中间段亮度的(　　)倍。

A. 1　　B. 2　　C. 3　　D. 4

30. 某公路隧道无吊顶及预埋件,在土建结构技术状况评定时,路面分项所占的权重为(　　)。已知规范规定的吊顶及预埋件、路面分项的权重分别为 10 和 15。

A. 15　　B. 16.50　　C. 16.67　　D. 21

二、判断题(共 30 题,每题 1 分,共 30 分)

1. 分项工程质量评定中,要求检查全部所用原材料的品质、规格、质量等是否符合技术标准规定和设计要求。　　(　　)

2. 工程质量评定按先分项工程、再分部工程、再单位工程这一顺序,逐级进行质量等级评定。( )

3. 石料单轴抗压强度试验,试件破坏荷载应不大于压力试验机最大量程的90%。( )

4. 100mm×100mm×100mm混凝土立方体试件抗压强度试验,直接测得的结果比标准试件小。( )

5. 常温下,对有明显屈服现象的钢材进行拉伸试验,通常取下屈服强度作为屈服强度特征值。( )

6. 锚具静载锚固性能试验每个组装件的试验结果均应满足力学性能要求,不得进行平均。( )

7. 对锚具的外观及尺寸检验,如表面无裂缝,尺寸符合设计要求,判为合格;如有一套表面有裂缝,并超过允许偏差,则结果判定为不合格。( )

8. 石油沥青油毡属于高分子防水卷材。( )

9. 回弹法检测混凝土强度,应优先选用专用测强曲线(标准)。( )

10. 采用钻芯法检测混凝土的抗压强度,应尽量选择在主要承重构件的关键部位钻取芯样。( )

11. 混凝土结构钢筋锈蚀电位检测,锈蚀电位水平的绝对值越大表明钢筋锈蚀的可能性越大。( )

12. 使用钢筋探测仪检测混凝土中钢筋的保护层厚度,如实际保护层厚度小于仪器的最小厚度探测范围时,则该方法不适用于此类构件的保护层厚度测试。( )

13. 基桩成孔质量检验包括泥浆性能和成孔质量两大方面的内容。( )

14. 低应变反射波法检测桩身完整性,当桩身混凝土严重离析或断裂时,一般见不到桩底反射波。( )

15. 声波透射法检测混凝土桩身完整性,一般采用单孔透射法(即单孔平测法)。( )

16. 对梁式桥进行技术状况评定时,支座属于上部结构主要构件。( )

17. 桥梁静载试验,钢筋混凝土受拉构件的应变测点应布置在纵向主筋上。( )

18. 根据现行桥规,汽车冲击系数是通过桥梁跨径计算得到。( )

19. 桥梁静载试验,为保证结构安全,不能选用可能产生最大挠度的加载工况。( )

20. 用于桥梁振动测试的磁电式传感器的输出与振动加速度成正比。( )

21. 高精度全站仪可用于桥梁低频振动动位移检测。( )

22. 在用桥梁承载力评定,如承载能力检算系数评定标度$D=2$,可只进行承载能力极限状态检算。( )

23. 承载能力检算系数、恶化系数以及活载影响修正系数都是对结构抗力效应的修正系数。( )

24. 地质雷达用于隧道衬砌检测前,应对衬砌混凝土的介电常数或电磁波波速进行现场标定。( )

25. 根据位移控制基准,隧道监控量测可分为三个管理等级。( )

26. 红外探测法是利用红外辐射原理制成的,可定量探测前方出水量大小。( )

27. 红外线气体传感器可以检测施工隧道空气中的粉尘浓度。( )

28. 隧道内风速检测,根据检测人员与风流方向相对位置的不同,分为迎面和侧面两种测风方法。 ( )

29. 当隧道渗漏水可能具有腐蚀作用时,应对水质进行检测。 ( )

30. 当洞门技术状况值为4时,应将隧道土建结构技术状况直接评定为4类。 ( )

三、多项选择题(共20题,每题2分,共40分。下列各题的备选项中,至少有两个符合题意,选项全部正确得满分,选项部分正确按比例得分,出现错误选项该题不得分)

1. 公路桥梁施工安全风险评估的内容包括( )。
   A. 危险识别 B. 风险评估
   C. 风险控制 D. 风险消除
2. 抗冻性符合标准要求的石料应为( )。
   A. 石料冻融试验后无明显损伤
   B. 冻融后的质量损失率不大于3%
   C. 冻融后的强度不低于试验前的0.75倍
   D. 冻融系数大于85%
3. 钢筋焊接接头的力学性能检验包括( )。
   A. 拉伸试验 B. 弯曲试验
   C. 冲击试验 D. 剪切试验
4. 预应力用塑料波纹管力学性能试验的检测项目包括( )。
   A. 环刚度 B. 径向刚度
   C. 抗冲击性能 D. 抗渗漏性能
5. 锚具的静载锚固性能应满足( )的力学性能要求。
   A. $\eta_a \geq 0.95$ B. $\eta_a \geq 0.92$ C. $\varepsilon_{apu} \geq 2.0\%$ D. $\varepsilon_{apu} \geq 2.5\%$
6. 影响钢筋锈蚀电位测试结果准确性的因素包括( )。
   A. 混凝土含水率 B. 环境温度
   C. 构件尺寸 D. 粗集料粒径
7. 混凝土中氯离子含量的测定方法包括( )。
   A. 实验室化学分析法 B. 物理分析法
   C. 钻芯法 D. 滴定条法
8. 超声透射波法检查桩身完整性,声测管埋设数量应为( )。
   A. 桩径≤1500mm,埋设3根 B. 桩径≤1200mm,埋设3根
   C. 桩径>1500mm,埋设4根 D. 桩径>1200mm,埋设4根
9. 采用单向多循环法进行基桩水平静推试验,表述正确的包括( )。
   A. 该方法适用承受反复水平荷载的基桩
   B. 该方法适用承受长期水平荷载的基桩
   C. 非软土地基,当桩顶水平位移超过20~30mm,应停止加载
   D. 当桩侧地表有明显裂纹或隆起时,应停止加载

10. 当出现下列(　　)情形之一时,可将桥梁整体技术状况直接评定为5类。

A. 斜拉桥拉索钢丝出现严重锈蚀、断丝

B. 钢筋混凝土桥梁存在宽度超标裂缝

C. 扩大基础存在冲刷现象,冲空面积达到15%

D. 圬工拱桥拱圈大范围砌体断裂,脱落现象严重

11. 预应力混凝土简支T梁桥静载试验,为试验所进行的结构计算应包括(　　)等内容。

A. 试验控制荷载　　B. T梁截面特性

C. 控制断面内力　　D. 静力荷载效率

E. 试验荷载作用下,测试部位应力、挠度计算

12. 桥梁荷载试验出现下列(　　)情形之一时,应停止试验,查明原因,采取措施后再确定是否继续试验。

A. 实测自振频率大于计算值

B. 控制测点的挠度、应变超过计算值

C. 试验加载过程中出现不明原因的异响

D. 试验荷载作用下,基础出现不稳定沉降变形

13. 实桥结构自振特性测定的激励方法包括(　　)。

A. 自由振动法　　B. 共振法

C. 环境随机激励法　　D. 行车振动法

14. 配筋混凝土桥梁承载力检算评定,(　　)属于该类桥型的分项检算系数。

A. 阻尼比　　B. 冲击系数

C. 混凝土截面折减系数　　D. 活载影响修正系数

15. 采用激光断面仪测量隧道开挖断面,可以获得的成果包括(　　)。

A. 隧道的设计开挖轮廓线　　B. 隧道的实际开挖轮廓线

C. 隧道的实际开挖量　　D. 隧道的超挖量

E. 隧道的欠挖量

16. 隧道工程质量检验评定,混凝土衬砌外观质量应符合(　　)等要求。

A. 每100延米,混凝土表面露筋不超过2处

B. 蜂窝麻面面积不得超过检查总面积的0.5%,深度不得超过20mm

C. 钢筋混凝土衬砌裂缝宽度不得超过0.2mm

D. 素混凝土衬砌裂缝宽度不得超过0.4mm

17. 根据位移变化速率判断围岩稳定性的相关分析判断,正确的包括(　　)。

A. 速率大于1mm/d时,围岩处于急剧变形状态,应加强初期支护

B. 速率变化在0.2~1.0mm/d时,应加强观测,做好加固的准备

C. 速率小于0.2mm/d时,围岩达到基本稳定

D. 在高地应力、岩溶地层和挤压地层等不良地质中,应根据具体情况制定判断标准

18. 隧道工程的防排水系统组成包括(　　)。

A. 防水层　　B. 二次衬砌

C. 环向、纵向排水管　　D. 路侧边沟

19. 关于隧道中间段路面照度的现场检测方法的表述，正确的有（　　）。

A. 沿隧道纵向取灯具间距长度均匀布置 5 个测点

B. 沿隧道纵向取灯具间距长度均匀布置 10 个测点

C. 横排测点由中间向两边均匀布置，分别取路中心、行车道中线、路缘点、侧墙 2m 处

D. 横排测点由中间向两边均匀布置，分别取路中心、侧墙底部、隧道拱顶处

20. 出现下列（　　）情形之一时，隧道土建结构的技术状况应评为 5 类。

A. 洞口边坡不稳定，存在严重的边坡滑动现象

B. 洞门砌体大范围断裂，危及通行安全

C. 路面出现局部积水

D. 路面板大范围严重错台、断裂

四、综合题（从 6 道大题中选答 5 道大题，每道大题 10 分，共 50 分。下列各题的备选项中，有一个或一个以上符合题意，选项全部正确得满分，选项部分正确按比例得分，出现错误选项该题不得分）

1. 采用超声法对某混凝土结构物进行内部缺陷无损检测，请回答以下问题。

（1）以下关于超声法检测混凝土缺陷的表述，正确的包括（　　）。

A. 混凝土结合面质量可采用对测法或斜测法进行检测

B. 混凝土表面损伤层厚度的检测方法有：单面平测法和逐层穿透法

C. 混凝土匀质性一般采用平面换能器进行对测法检测

D. 混凝土内部空洞一般采用单面平测法检测

（2）采用超声法检测混凝土裂缝深度，以下表述正确的有（　　）。

A. 测试前裂缝中应灌注清水作为耦合剂

B. 构件断面不大且具备条件件时，可采用平面对测法

C. 超声测点布置应尽量避开钢筋

D. 裂缝深度大于 500mm 时，可采用钻孔对测法

（3）对完好无缺陷部位的混凝土进行了超声测试，超声检测仪的零声时 $t_0 = 4.5\mu s$，某测点超声波实际传播距离为 497mm，声时 $t = 144.5\mu s$，则该测点的实测声速为（　　）。

A. 3.44m/s　　B. 3.44km/s　　C. 3.55m/s　　D. 3.55km/s

（4）单面平测法检测 1 号裂缝深度，已知声速为 3.8km/s，跨缝测试过程中，两换能器间距为 200mm，实测声时值为 68μs（已扣除零声时），则此测距计算的裂缝深度 h_i 约为（　　）。

A. 53mm　　B. 129mm　　C. 82mm　　D. 100mm

（5）单面平测法检测 2 号裂缝的深度，根据多个测距跨缝测试的数据分别计算裂缝深度 h_i，并记录首波情况，结果见下表，2 号裂缝的深度 h 为（　　）。

测距（mm）	100	120	140	160	180	200
该测距的裂缝深度 h_i（mm）	92	88	92	96	97	88
首波方向	↑	↑	↑	↓	↑	↑

A. 96mm B. 95mm C. 92mm D. 91mm

2. 某桥梁桩基直径为1.5m,桩长30.0m,采用慢速维持荷载法进行竖向静载试验,请回答以下问题。

(1)若采用锚桩横梁反力装置进行静载试验,下列选项表述正确的有( )。

A. 试验加载设备可采用千斤顶

B. 可采用重物加载

C. 锚桩一般采用4根,土质松软时,可增至6根

D. 试验过程锚桩的上拔量应加以观测和控制

(2)关于沉降观测的方法,表述正确的包括( )。

A. 可采用大量程电测位移计,分辨率不低于0.1mm

B. 可采用大量程百分表,分辨率不低于0.01mm

C. 应在桩径的两个正交方向对称安装4个沉降观测测点

D. 应在桩径的对称方向安装2个沉降观测测点

(3)加载分级和沉降观测方法符合要求的包括( )。

A. 加载分级不应少于8级

B. 加载分级不应少于10级

C. 每级加载后,每隔15min观测一次,累计1h后,每隔30min观测一次

D. 每级加载后,每隔30min观测一次

(4)当出现下列( )情形之一时,应终止加载。

A. 总位移量≥40mm,本级荷载沉降量大于前一级的3倍

B. 总位移量≥40mm,本级荷载沉降量大于前一级的5倍

C. 总下沉量≥40mm,本级荷载施加后12h尚未达到相对稳定标准时

D. 总下沉量≥40mm,本级荷载施加后24h尚未达到相对稳定标准时

(5)总位移量大于40mm,沉降量达到前一级荷载下沉降量的5倍后终止了加载试验,则单桩竖向抗压极限承载力取( )。

A. 终止试验时的荷载

B. 终止试验时的荷载与前一级荷载的均值

C. 终止试验时的前一级荷载

D. 终止试验时的荷载的一半

3. 对某4跨预应力混凝土简支T梁桥进行定期检查,请回答下列问题。

(1)桥梁定期检查的主要工作内容包括( )。

A. 现场校核桥梁的基本数据

B. 实地判断缺损原因,确定维修范围及方式

C. 对损坏严重、危机安全运行的危桥,提出限制交通或改建的建议

D. 根据桥梁的技术状况,确定下次检测时间

(2)上部结构检查内容包括( )。

A. 盖梁有无开裂、露筋锈蚀等

B. 主梁混凝土表面有无裂缝、渗水、露筋锈蚀等

C. 主梁横隔板是否开裂、露筋锈蚀等

D. 支座是否发生移动

(3)若检查中发现该桥存在下列(　　)情形时,可直接将该桥评定为5类桥。

A. 第1跨上游侧边梁断裂,有落梁危险

B. 第2跨有2片T梁的永久变形超过规范值

C. 第4跨桥面沥青混凝土铺装存在严重塌陷

D. 桥梁扩大基础冲空面积达10%以上

(4)关于桥梁部件技术状况评定方法的表述,错误的包括(　　)。

A. 构件数量不影响部件评分结果

B. 各构件评分分别乘以各构件的权重得到部件评分

C. 部件评分与构件平均得分、构件最低得分有关

D. 主要部件的最高评定标度值为5

(5)若该桥桥面系、上部结构和下部结构的技术状况评分分别为90.0、82.0和84.0,则该桥整体技术状况评定为(　　)。

A.1类　　B.2类　　C.3类　　D.4类

4. 某1×20m钢筋混凝土简支T梁桥,原设计荷载等级为汽车—超20级,使用多年后出现较多病害。目前已完成对该桥的加固改造,加固设计荷载等级为公路—Ⅰ级。现对该桥进行承载能力检测评定,请回答以下问题。

(1)根据题述,应按(　　)的荷载等级对该桥进行承载能力评定。

A. 汽车—超20级　　B. 汽车—20级

C. 公路—Ⅰ级　　D. 公路—Ⅱ级

(2)为获得承载能力评定所需的各分项检算系数,应完成以下哪些工作(　　)。

A. 桥梁缺损状况检查　　B. 桥下河道淤积情况检查

C. 实际运营荷载状况调查　　D. 材质状况检测

(3)为确定该桥的混凝土截面折减系数,需检测的指标包括(　　)。

A. 混凝土弹性模量　　B. 材料风化

C. 混凝土碳化状况　　D. 物理与化学损伤

(4)根据检测结果,该桥的承载能力检算系数评定标度 $D=2.0$,下列叙述中正确的是(　　)。

A. $D=2.0$,按规范规定应进行正常使用极限状态检算

B. $D=2.0$,按规范规定可不进行正常使用极限状态检算

C. D 值越大,则承载能力检算系数 Z_1 取值越小

D. $D<3$,表明桥梁承载能力满足要求

(5)对受力最不利T梁的跨中截面正弯矩进行承载能力检算,引入各分项检算系数修正后的荷载效应=2300 kN·m,修正后的抗力效应为2100 kN·m,则根据现阶段检算结果,以下结论正确的是(　　)。

A. 跨中实际抗力效应与实际荷载效应的比值为1.095,应通过荷载试验确定其承载力

B. 跨中承载能力满足要求

C. 还应进行正常使用极限状态检算,根据结果才能判定跨中截面承载能力

D. 该桥的承载能力不满足要求

5. 喷射混凝土支护是用高压将掺有速凝剂的混凝土拌和料,通过混凝土喷射机直接喷射到隧道开挖壁面上,形成喷射混凝土支护结构。请回答以下问题。

(1)影响喷射混凝土厚度的因素包括(　　)。

A. 爆破效果　　B. 回弹率

C. 喷射参数　　D. 施工控制措施

(2)关于喷射混凝土施工和质量要求,正确的包括(　　)。

A. 喷射混凝土的施工工艺分为干喷、潮喷和湿喷,隧道施工中要求采用潮喷工艺

B. 喷射混凝土采用的速凝剂应保证初凝时间和终凝时间满足要求

C. 喷射混凝土回弹率拱部不应大于25%

D. 喷射混凝土回弹率边墙不应大于10%

(3)喷射混凝土质量检验评定时,实测项目包括(　　)。

A. 喷射混凝土强度　　B. 喷层厚度

C. 喷层与围岩接触状况　　D. 墙面平整度

(4)下列表述正确的包括(　　)。

A. 喷射混凝土的背后允许存在局部空洞

B. 喷层厚度合格标准为:平均厚度≥设计厚度;60%测点≥设计厚度;最小厚度≥0.6设计厚度

C. 喷层厚度采用凿孔法检测时每10m检查1个断面,每个断面从拱顶中线起每5m测1点

D. 喷射混凝土外观质量应符合表面无漏喷、离鼓、钢筋网和钢架外漏等要求

(5)针对喷射混凝土强度的试验检测,表述正确的包括(　　)。

A. 抗压试件应在标准条件下养护28d

B. 某隧道长30m,应至少制取9个试件

C. 试件少于10组时,抗压强度均值应不低于设计值,任一组试件抗压强度应不低于0.9倍设计值

D. 喷射混凝土强度为关键实测项目

6. 某隧道在施工过程中遇大面积淋水,需采用注浆堵水措施进行围岩加固,确保隧道安全掘进。请回答下列问题。

(1)隧道注浆工程采用的注浆材料,应满足(　　)等要求。

A. 浆液无毒无臭,对人体无害,不污染环境

B. 浆液黏度高、流动性好、渗透力强

C. 浆液固化体稳定性好

D. 浆液对注浆设备、管道及混凝土结构物无腐蚀性

(2)注浆材料的主要性能指标包括(　　)。

A. 黏度　　B. 渗透能力　　C. 凝胶时间　　D. 抗拉强度

(3)以堵水为主要目的,宜采用以下哪些注浆材料(　　)。

A. 水玻璃　　B. 水泥-水玻璃双液浆

C. 水溶性聚氨酯浆液　　D. 超细水泥浆液

(4)化学浆液黏度测定的恒温水的温控要求为(　　)。

A. 20℃ ±1℃　　B. 25℃ ±1℃

C. 20℃ ±2℃　　D. 25℃ ±2℃

(5)注浆效果检查的方法包括(　　)。

A. 分析法　　B. 数理统计法

C. 检查孔法　　D. 物探无损检测法

参考答案及解析

模拟试题一

一、单项选择题

1.【答案】B

【解析】分项工程采用合格率评定法,即按规定的方法和频率对相应检查项目进行检验,由检查项目的观测点(组)数的合格率评定其是否符合要求;分项工程所属的检查项目均满足合格率要求且符合其他相关规定,分项工程才能评定为合格。实测项目合格判定的规定为:

(1)检查项目分关键项目(涉及结构安全和使用功能的)和一般项目;

(2)关键项目的合格率不应低于95%(机电工程为100%);

(3)一般项目的合格率不应低于80%;

(4)有极值规定的检查项目,任一单个检测值不得突破规定极值。

2.【答案】C

【解析】预应力混凝土用钢绞线的最大力、屈服力、最大力总伸长率试验试样数量均为3根/批,从每盘中任意一端截取。

3.【答案】B

4.【答案】A

【解析】公路桥梁板式橡胶支座产品标记由名称代码、型式代号、外形尺寸及橡胶种类四部分组成;矩形普通氯丁橡胶支座,短边尺寸为300mm,长边尺寸为400mm,厚度为47mm,标记为GJZ300×400×47(CR)。

5.【答案】D

【解析】塑料波纹管环刚度试验试样的制备是从5根管材上各截取长300mm±10mm试样一段,两端与轴线垂直切平。

6.【答案】B

【解析】回弹测区应优先选择能水平方向弹击的混凝土浇筑侧面,条件受限时,才选非水平弹击的浇筑表面或底面。对后一种情形,应先对回弹值进行角度修正,再对修正后的回弹值进行浇筑面修正,两次修正的顺序不能颠倒,也不允许用两个修正值直接与原始回弹值相加减。

7.【答案】A

8.【答案】B

【解析】每一被测构件的测区数量不宜少于3个,每一测区取粉的钻孔数量不宜少于3

个,取粉孔可以与碳化深度测量孔合并使用。

9.【答案】C

10.【答案】B

【解析】根据公式:$v=L/(t-t_0)$可得到超声波在混凝土中的传播速度。

11.【答案】A

12.【答案】C

【解析】对于摩擦桩,在成孔质量检测时,其沉淀厚度首先应满足设计要求。当设计无要求时,对于直径≤1.5m的桩,沉淀厚度应小于或等于200mm;对于桩径>1.5m或桩长>40m或土质较差的桩,其沉淀厚度应小于或等于300mm。

13.【答案】A

14.【答案】C

【解析】经常检查:主要针对桥面设施,上、下部结构及附属构造物的技术状况进行的检查;

定期检查:为评定桥梁使用功能,制订管理养护计划提供基本数据,对桥梁主体结构及其附属构造物的技术状况进行全面检查,评定桥梁技术状态等级(分1~5类),为桥梁养护管理提供依据;

应急检查:当桥梁受到灾害性损伤后,为了查明破损状况,采取应急措施,组织恢复交通,对结构进行的详细检查和鉴定工作;

特殊检测:包括专门检查和应急检查。

15.【答案】B

16.【答案】D

【解析】公路桥梁技术状况评定包括构件,部件,桥面系、上部结构、下部结构和全桥评定,采用分层综合法评定与5类桥梁单项控制指标相结合方法,先对各构件评定,后对各部件评定,再对桥面系、上部结构和下部结构分别评定,最后评定桥梁总体技术状况。

应特别注意掌握5类桥单项控制指标(共14条),还有类似的隧道土建结构技术状况评定中的7条5类单项控制指标的内容。

17.【答案】D

【解析】混凝土是非匀质材料,混凝土表面应变测量时,要求标距$L \geq 4\sim5$倍最大集料直径,通常选用80~100mm的标距规格。

电阻应变片电测的相关知识(应变片选用、组桥方式、布片方案,应变仪和测量电桥等)是历年考试的高频高点,分值占比大,应引起高度重视。

适用桥梁应变测试的仪器众多,其原理和适用性各有差异,包括电阻应变片、弓形应变计、振弦式应变计、钢筋应力计等,为便于选用和掌握各类仪器的基本特性,作如下分类说明。

(1)电阻应变片:其原理是依据电阻应变效应将结构应变转换为应变片的电阻变化。电阻应变片规格众多,长标距(80~100mm)可用于混凝土表面应变检测,短标距(3~6mm)可用于钢结构和混凝土内部钢筋应变检测;此类仪器受温度变化的影响大,不适用桥隧施工监测等长期观测,也不能重复使用。

(2)弓形应变计:在弓形弹性体上布置应变片(多为全桥),通过弹性体应变与结构应变的标定关系进行结构检测。弓形应变计可重复使用,故也称工具式应变计,只能用于表面应变检测,此类传感器灵敏度高、稳定性相对较好,但也不适用长期观测。

(3)钢筋应力(应变)计:事先将电阻应变片粘贴在钢筋上再埋入混凝土,进行混凝土的内部应力(应变)检测,其原理和特性与电阻应变片类似,此类仪器同样易受温度变化影响,不适合长期检测。

(4)振弦式应力(应变)计:传感器内有一根被张紧的钢丝,结构受力变形使得张丝的张力发生变化,而张力与振弦的横向振动频率相关,根据频率与应变的标定关系即可得到结构的应力(应变)数据。此类传感器安装方式有混凝土内部预埋和表面安装两种,稳定性较好,在桥隧施工监测等长期观测中应用十分广泛。要特别注意此类仪器不能用于动测。

(5)光纤(光栅)传感器:是一种新型传感器,规格众多,主要用于桥梁运营期间的应变和温度监测,荷载试验也有应用。可用于表面安装,也可在混凝土内部预埋(混凝土或钢筋应变监测),稳定性较好。

(6)千分表引伸计:在一定测试区域(标距 L)安装千分表测定结构变形(ΔL),计算得到应变值($\varepsilon=\Delta L/L$),该测试方法只能用于表面安装,大标距(不少于50cm)千分表引伸计可用于混凝土开裂后的应变检测。此类仪器采用人工读数,分辨力较低,实桥上应用较少。

18.【答案】B

【解析】《公路桥梁承载能力检测评定规程》(JTG/T J21—2011)规定,桥梁纵向线形应按二等工程水准测量要求进行闭合水准测量。桥线形通常采用全站仪测量,通过实测数据与新桥理想线形比较,可揭示桥梁是否存在因基础沉降、混凝土开裂、收缩徐变、预应力损失等因素所引起的结构异常变位。

桥梁纵向线形测量,还应注意以下重要信息。

(1)测点应按跨径等分布置,横断面设上、下游和桥轴线三条测线。

(2)中小跨径桥梁,单跨不宜小于5个截面(即4等分,两支点、$L/4$、$L/2$、$3L/4$)。

(3)大跨桥梁,单跨不宜小于9个截面(8等分)。

19.【答案】C

【解析】桥梁设计荷载分公路—Ⅰ和公路—Ⅱ两级,荷载形式分车道荷载和车辆荷载。车道荷载用于整体结构计算(如荷载试验),由一集中力和均布荷载组成,并有如下规定:

(1)公路—Ⅰ级:跨径≤5m集中力为270kN;跨径≥50m集中力为360kN;两者之间插值计算。均布荷载为10.5kN/m。

(2)公路—Ⅱ级:取公路—Ⅰ级的0.75倍。

另外还需注意:《公路桥涵设计通用规范》(JTG D60—2015)对于单车道桥梁,考虑了1.20倍的荷载提高系数。

20.【答案】B

21.【答案】D

【解析】活载影响修正系数 ξ_q 为不小于1的系数,根据实际交通量、大吨位车辆混入率和轴荷分布情况确定,反映实际通行汽车荷载较设计标准的变异,是对设计汽车荷载效应的修正系数。

22.【答案】B

【解析】《公路工程质量检验评定标准　第一册　土建工程》(JTG F80/1—2017)对混凝土衬砌外观有如下规定:蜂窝、麻面面积不超过总面积的0.5%,深度不超过10mm。衬砌钢筋混凝土结构缝宽不得超过0.2mm,混凝土结构缝宽不得超过0.4mm。

23.【答案】B

24.【答案】D

25.【答案】D

26.【答案】C

27.【答案】D

【解析】水玻璃类属于化学浆液。

28.【答案】D

【解析】在隧道照明检测中,路面亮度是最重要的技术指标,并且经常把路面的光反射视为理想漫反射。在此假设下,亮度L与照度E、反射系数ρ之间的关系为:$L=\rho E/\pi$。

29.【答案】C

【解析】衬砌破损技术状况评定标准详见教材或规范。

30.【答案】B

【解析】隧道土建结构中的九个分项,衬砌的权重最高,为40。各分项权重分配详见教材或规范。

二、判断题

1.【答案】×

【解析】《公路工程质量检验评定标准　第一册　土建工程》(JTG F80/1—2017)对分项工程评定采用合格率制,分项工程所属的关键项目合格率不应低于95%,一般项目合格率不应低于80%,且满足其他相关要求时,该分项工程方可评定为合格。

2.【答案】×

【解析】列入国家和地方基本建设计划的新建、改建、扩建以及拆除、加固的高等级公路桥梁工程项目,在施工阶段应进行安全风险评估。其他公路工程项目,可参照执行。

3.【答案】√

4.【答案】√

【解析】锚具硬度检验,当硬度值符合设计要求的范围判为合格,如有一个零件不合格,则应另取双倍数量的零件重做试验,如仍有一个零件不合格,则应逐个检验,合格者方可使用。

5.【答案】×

【解析】《氯化聚乙烯防水卷材》(GB 12953—2003)中对防水卷材的尺寸偏差进行了规定:长度、宽度尺寸偏差不小于规定值的99.5%。

6.【答案】√

【解析】锚具静载试验的合格标准为:效率系数$\eta_a \geq 0.95$,实测极限拉力的总应变$\varepsilon_{apu} \geq 2.0\%$,且锚具未出现破坏、断裂、失效(滑丝、零件断裂、严重变形等)等异常。这里还应注意,夹具静载锚固性能试验效率系数合格要求为$\eta_a \geq 0.92$。

7.【答案】√

【解析】当构件测区数不少于10个时,按数理统计的方法计算混凝土强度推定值;当构件测区数少于10个时,因样本太少,不宜采用数理统计的方法,取各测区强度换算值的最小值作为强度推定值。

8.【答案】√

【解析】根据规范,混凝土电阻率 <5000Ω·cm 时,钢筋锈蚀发展速率可能很快,评定标度为5。混凝土电阻率的评定标准见下表。

混凝土电阻率评定标准

电阻率(Ω·cm)	钢筋发生锈蚀可能的锈蚀速率	评定标度值
>20000	很慢	1
15000~20000	慢	2
10000~15000	一般	3
5000~10000	快	4
<5000	很快	5

9.【答案】×

【解析】钢筋锈蚀需满足基本条件,即:①钢筋表面钝化膜被破坏;②腐蚀介质、水分、空气侵入至钢筋附近。与钢筋锈蚀相关的耐久性检测指标包括:锈蚀电位、保护层厚度、电阻率、碳化深度和氯离子含量。其中锈蚀电位和钢筋保护层厚度是必测指标,锈蚀电位可评价钢筋表面的钝化膜是否被破坏(条件①),保护层厚度可评价混凝土是否具备阻止外界腐蚀介质、空气、水分侵入的能力(条件②),这两个指标反映了是否会发生锈蚀的基本条件;而混凝土电阻率越小则锈蚀发展速率越快,碳化会使混凝土对钢筋的保护作用减弱,氯离子含量过高会诱发并加速钢筋锈蚀,当满足锈蚀条件时,这3项指标变差会加速并恶化锈蚀状况,但不满足锈蚀条件时,这3项指标不良并不会直接导致钢筋锈蚀。

因此《公路桥梁承载能力检测评定规程》(JTG/T J21—2011)规定,当钢筋锈蚀电位评定标度≥3时,认为钢筋有锈蚀活动性、发生锈蚀的概率较大,应进行碳化深度、氯离子含量及电阻率检测,否则这3项指标可不测,其评定标度值取1。

10.【答案】×

【解析】采用超声平测法测定混凝土结构浅裂缝深度,如在某测距处发现首波反相,则取该测距及两个相邻测距裂缝深度计算值的均值,作为该裂缝的深度值。

11.【答案】√

【解析】由于合金钢内的裂纹形成得很慢,第一次检查时可能不会发现裂缝,因此需要在焊接之后的15~30d,进行第二次检查。

12.【答案】√

【解析】沉降用大量程百分表或电测位移计(量程不小于30mm)量测,分辨率不低于0.01mm。需提醒的是,测试精度与分辨率相关,但两者不等价,而教材有时未对精度和分辨率两指标作严格区分。

13.【答案】×

【解析】钻孔灌注桩成孔质量检测,群桩桩孔中心位置最大允许偏差为100mm,单排桩桩孔中心位置最大允许偏差为50mm。

14.【答案】√

【解析】采用低应变反射波法检测混凝土灌注桩桩身完整性时,锤头材料硬,产生的高频脉冲波有利于提高桩身缺陷分辨率,但高频信号衰减快,不容易探测桩身深部缺陷;锤头材料软,产生的低频脉冲波衰减慢,有利于获得桩底反射信号,但降低了桩身缺陷分辨率。

15.【答案】×

【解析】桥面系各部件中桥面铺装的权重最大,为0.40,伸缩缝的权重为0.25。

16.【答案】×

【解析】桥梁部件的技术状况评分与所属构件中的最低得分、得分均值、构件数量有关,如上部结构某部件的评分采用下式计算:

$$PCCI_i = \overline{PMCI} - (100 - PMCI_{min})/t$$

式中,t 为随构件数量而变的系数,构件数量越多 t 值越小。

17.【答案】√

【解析】应变片组桥方式有1/4桥、半桥、全桥三种。1/4桥只有一个应变片,无法实现温度补偿,现场试验很少采用;全桥接法主要用于电阻应变式传感器的制作,现场也很少采用。

18.【答案】√

【解析】现行桥规将设计荷载分车道荷载和车辆荷载两种形式:

(1)对于整体结构(主梁、主拱等)采用车道荷载计算,车道荷载由一个集中力和均布荷载组成。

(2)桥梁局部(如横隔板)加载、桥台、涵洞、挡土墙压力等的计算采用车辆荷载。

绝大多数情形,桥梁荷载试验针对的是整体结构的加载试验。

19.【答案】×

【解析】梁式桥静载试验,除要求最大挠度不得超过计算跨径的1/600的规范强制性条款外,还要求挠度校验系数(不超过1)和相对残余挠度(不超过20%)满足相关检测规程的要求。

20.【答案】×

【解析】桥梁由众多构件、部件组成后协同工作,应以承载能力最低的那部分作为全桥的通行荷载标准。

21.【答案】√

【解析】恶化系数 ξ_e 由7项指标及桥梁所处环境确定,7项指标包括缺损状况、钢筋锈蚀电位、混凝土电阻率、混凝土碳化、钢筋保护层厚度、氯离子含量及混凝土强度。缺损状况权重最大,为0.32。

22.【答案】√

【解析】锚杆是在隧道围岩发生变形后发挥作用,这就要求锚杆材质具有一定的延展性,对于杆体材料为钢材的锚杆,其断后伸长率不应小于16%。

23.【答案】√

24.【答案】×

【解析】钢弦式应变计埋设要保证传感器受力方向(轴线方向)与开挖轮廓线相切(平行方向)。

25.【答案】×

【解析】岩体完整性系数为 $K_v=\left(\frac{v_1}{v_2}\right)^2$,式中,$v_1$为岩体声波纵波速度,$v_2$为岩块声波纵波速度,系数越接近于1,表示岩体越完整。$K_v>0.75$ 时,围岩完整;K_v在 0.75~0.55 之间,围岩较完整;K_v在 0.55~0.35 之间,围岩较破碎;K_v在 0.35~0.15 之间,围岩破碎;$K_v<0.15$ 时,围岩极破碎。

26.【答案】×

【解析】隧道工程的排水系统组成包括环向排水管、纵向排水管、横向导水管、深埋水沟、路侧边沟;初期支护与二次衬砌之间铺设的防水层、二次衬砌属于防水系统。

27.【答案】×

【解析】超前小导管进行隧道围岩稳定的作用原理与超前管棚相同,对围岩稳定作用的能力比超前锚杆强,比超前管棚弱。

28.【答案】×

【解析】在单向交通隧道中,应设置出口段照明,出口段宜划分为两个照明段,每段长度宜取 30m;在双向交通隧道中,可不设出口段照明。

29.【答案】√

【解析】隧道土建结构技术状况评定共包含洞口、洞门、衬砌、路面、检修道、排水设施、吊顶及各种预埋件、内装饰、交通标志和标线九个分项。

30.【答案】√

【解析】公路隧道技术状况评定中,当路面、洞门、衬砌、路面、吊顶及各种预埋件分项的评定状况值达到 3 或 4 时,土建结构技术状况应直接评为 4 类或 5 类。

三、多项选择题

1.【答案】CD

【解析】小桥及符合小桥标准的通道、人行天桥、渡槽,以及涵洞、通道被划归为路基工程中,作为路基工程的分部工程;特大斜拉桥、悬索桥建设工程,应将单座桥梁划分为多个单位工程。

2.【答案】ABD

【解析】预应力混凝土用钢绞线无需进行弯曲试验,C 选项错误。

3.【答案】BD

【解析】盆式支座竖向承载能力试验,合格标准包括:

(1)在竖向设计承载力作用下,支座压缩变形不大于支座总高度的 2%;

(2)在竖向设计承载力作用下,盆环上口径向变形不大于盆环外径的 0.05%;

(3)实测荷载-竖向变形/环径向变形呈线性,且残余变形小于设计荷载下相应变形的 5%;

(4)试验合格支座,试验后可继续使用;加载过程中如支座损坏,则该支座为不合格。

4.【答案】ABD

【解析】土工布刺破强度试验仪器设备主要包含试验机、环形夹具、平头顶杆等装置;顶破夹具用于土工布顶破强力试验。

5.【答案】ABD

6.【答案】ABD

【解析】钢筋探测仪基于电磁感应原理制成,不适用含铁磁性物质的混凝土检测,同时还要避免外加磁场的影响;钢筋品种对测试结果有一定影响,主要是高强钢筋,应加以修正;另外多层布筋、钢筋间距过小也会影响测量结果。

7.【答案】BCD

【解析】钢结构防腐涂层附着力的现场检测一般采用划格法或划叉法。如现场条件较好,可使用拉开法测试。划格法适用厚度不超过250μm涂层;划叉法不受涂层厚度限制,适用硬涂层。

8.【答案】ACE

【解析】地基土在荷载的作用下达到破坏的过程分三个阶段,即压密阶段、剪切阶段和破坏阶段。压密阶段,土中各点的剪应力均小于土的抗剪强度,土体压力与变形呈线性关系,土体处于弹性平衡状态。另外两个阶段的特点详见教材。

9.【答案】ABD

【解析】根据规范,技术状况为4、5类的桥梁,拟通过加固手段提高荷载等级的桥梁,定期检查难以判明损坏原因及程度的桥梁,应进行特殊检查。C选项错误。

特殊检查包括专门检查和应急检查,专门检查的适用四种情形,除本题中A、B、D选项所述外,还包括"条件许可时,特殊重要桥梁可作周期性荷载试验"。

桥梁受自然灾害、漂流物或船舶撞击、超重车辆通过或其他影响造成损害时,应作应急检查。

10.【答案】ABD

11.【答案】BCD

【解析】桥梁技术状况为4、5类的可通过荷载试验进行承载力评定,此外规范还规定"通过其他方法难以准确确定桥梁承载力的"也可通过荷载试验进行评定。

桥梁荷载试验属于桥梁特殊检查中专门检查的一种方法。

12.【答案】CD

【解析】振型是指对应某阶模态频率的结构振动形态,描述结构空间位置的振幅比例和相位关系,系统有n个自由度,就有n个振型。要识别振型,须进行幅值归一计算和相位分析。振型的具体测定和分析方法请参见教材。

13.【答案】BCD

【解析】《公路桥梁承载能力检测评定规程》(JTG/T J21—2011)规定,对于以下情形的桥梁,应进行承载能力评定。

(1)技术状况为4、5类的桥梁。

(2)拟通过加固手段提高荷载等级的桥梁。

(3)需通行特殊重型车辆的桥梁(注:考试用书中此条有误)。

(4)遭受自然灾害、意外事件的桥梁。

14.【答案】ABCD

15.【答案】ABC

【解析】隧道衬砌质量评定的实测项目除 A、B、C 选项外,还有墙面平整度,但不包括渗漏水项目。

16.【答案】ACD

【解析】选项 B、E 错误,检测断面距离开挖面不超过 2m,周边收敛每次测读 3 次数据。

17.【答案】ABD

【解析】防水层铺设基面在隧道断面变化或转弯处的阴角应抹成 $R \geq 5$cm 的圆弧。

18.【答案】ABC

【解析】井点降水适用于均质砂土、亚黏土地段、浅埋地段;地下水丰富且排水时夹带泥沙引起开挖面失稳应采用超前围岩预注浆堵水。

19.【答案】DE

【解析】静压强:即隧道内大气压强,静压的大小与隧道的海拔高度相关。

空气动压:运动的物体受到阻碍时,就有压力作用在障碍物的表面上,压力的大小取决于物体动能的大小,当风流受到阻碍时,同样有压力作用在障碍物上,这个压力称为风流动压。

全压:风流的全压即静压与动压的代数和。

空气压力分为绝对压力和相对压力。绝对压力是以真空状态绝对零压为比较基准的静压,恒为正值;相对压力是以当地大气压为比较基准的静压,即绝对静压与大气压力之差。

20.【答案】ACD

四、综合题

1.【答案】(1)AB (2)BC (3)C (4)C (5)B

【解析】(1)混凝土抗弯拉强度试验的主要仪器设备有压力试验机或万能试验机、抗弯拉试验装置(即三分点处双点加荷和三点自由支承式混凝土抗弯拉强度试验装置)。

(2)加荷速度与混凝土强度等级有关,强度等级小于 C30 的加荷速度为 0.02 ~ 0.05MPa/s,强度等级大于 C30 小于 C60 时的加荷速度为 0.05 ~ 0.08MPa/s,强度等级大于 C60 的加荷速度为 0.08 ~ 0.10MPa/s。

(3)当断裂面发生在两个加荷点之间时,以 3 个试件测值的算数平均值为测定值。3 个测值中,最大值或最小值中如有一个与中间值之差超过中间值的 15%,则取中间值为测定值;如最大值和最小值与中间值之差均超过中间值的 15%,则该组试验结果无效。C 选项正确。

(4)3 个试件中,如有一个断裂面位于加荷点外侧,则抗弯拉强度取另两个试件测试值的均值,如果有 2 个试件均出现断裂面位于加荷点外侧,则该组试件结果无效。3 号试件断裂面位于加荷点外侧,故抗弯拉强度 = (5.50 + 6.50)/2 = 6.00(MPa)。

(5)当采用 100mm × 100mm × 400mm 非标准试件时,所取得的抗弯拉强度值应乘以尺寸换算系数 0.85,结合解析(3),故该试件的抗弯拉强度为 6.50 × 0.85 = 5.52(MPa)。

2.【答案】(1)B　(2)ABC　(3)B　(4)ABD　(5)ABCD

【解析】(1)轻型圆锥动力触探用于贯入深度小于4m的黏性土、黏性土组成的素填土和粉土,可用于施工验槽、地基检验和地基处理效果的检测;重型圆锥动力触探适用于砂土、中密以下的碎石土和极软岩;超重型圆锥动力触探适用于较密实的碎石土、极软岩和软岩。

(2)略。

(3)轻型、重型和超重型圆锥动力触探仪的参数详见下表。

圆锥动力触探类型及规格

类　型		轻型	重型	超重型
落锤	质量(kg)	10	63.5	120
	落距(cm)	50	76	100
探头	直径(mm)	40	74	74
	锥角(°)	60	60	60
探杆直径(mm)		25	42	50～60
指标		贯入30cm的锤击数N_{10}	贯入10cm的锤击数$N_{63.5}$	贯入10cm的锤击数N_{120}

(4)重型和超重型圆锥动力触探试验的要点包括:

①贯入时,穿心锤应自动脱钩,自由落下;

②地面上触探杆的高度不宜超过1.5m,以免倾斜和摆动过大;

③贯入过程应尽量连续贯入,锤击速率宜为每分钟15～30击;

④每贯入10cm,记录其相应的锤击数$N'_{63.5}$、N'_{120}。

(5)圆锥动力触探试验成果可用于:利用触探曲线进行力学分层;评价地基的密实度;评价地基承载力;确定地基土的变形模量;确定单桩承载力;确定抗剪强度、评价地基均匀性和确定地基持力层等。

3.【答案】(1)B　(2)C　(3)D　(4)BD　(5)ABCD

【解析】(1)均布荷载全跨加载,则跨中试验弯矩$M_{试验}=ql^2/8=45\times30^2/8=5062.5\text{kN}\cdot\text{m}$。

(2)跨中抗弯静载试验的荷载效率$\eta=\dfrac{跨中试验弯矩}{跨中设计静力弯矩\times(1+冲击系数)}=\dfrac{5062.5}{4000(1+0.25)}=1.01$。

(3)实测挠度总值为加载测值与初始值之差,为18.00mm;弹性挠度为加载测值与卸载测值之差,为16.00mm;挠度残余值为卸载测值与初始值之差,为2.00mm。测点的挠度校验系数为实测弹性值与计算挠度之比,即16.00/20.00=0.800。

(4)实测相对残余变形为残余值与挠度总值之比,即2.00/18.00=11.1%。《公路桥梁承载能力检测评定规程》(JTG/T J21—2011)规定,当荷载试验出现以下情形之一时,应判定桥梁承载力不满足要求:

①主要测点静力荷载试验校验系数大于1;

②主要测点相对残余变位或相对残余应变超过20%;

③裂缝宽度超过规范限值,且卸载后裂缝闭合宽度小于扩展宽度的2/3;

④在试验荷载作用下,桥梁基础发生不稳定沉降变位。

(5)相关规范规定,桥梁(或构件)荷载试验加载过程中,如出现下列情形之一时,应停止试验,查明原因,采取措施后再确定是否继续试验:

①控制测点应变值已达到或超过计算值;

②控制测点变位(或挠度)超过计算值;

③结构裂缝的长度、宽度、数量明显增加;

④实测变形分布规律异常;

⑤结构发生异常声响或其他异常情况;

⑥斜拉索或吊索(杆)实测索力增量超过计算值。

本案例中,试验荷载是为以跨中为对称轴的均布荷载,但出现了 $L/4$ 截面挠度为 $3L/4$ 截面挠度的1.25倍的情形,属变形分布异常。

4.【答案】(1)ACD (2)AB (3)BCD (4)CD (5)C

【解析】(1)圬工结构是指除钢筋混凝土、预应力混凝土、钢结构以外,由纯混凝土或砖石砌体材料建筑的结构。因此选项B错误,圬工桥梁无需进行钢筋锈蚀状况检测。

(2)题述中专门描述“该桥位于厂区主干道交通繁忙且重车较多”,应进行实际运营荷载状况调查,引入活载影响系数修正设计荷载作用效应。圬工桥梁无需计入钢筋截面折减系数和恶化系数。

(3)对配筋混凝土桥梁,因材料风化、碳化、物理与化学损伤引起的有效截面损失,以及因钢筋锈蚀剥落造成的钢筋有效面积损失,均会对抗力效应会产生不利影响。而圬工桥梁内部不含钢筋,无需考虑钢筋截面折减系数。

(4)拱顶截面正弯矩的实际荷载效应与实际抗力效应的比值在1.0~1.2之间,承载能力不明确,需进行荷载试验进一步判定;该桥的检算系数评定标度 $D<3$,按规范可不作正常使用极限状态检算。

(5)5800/5450=1.06>1.05,可判定该桥承载能力不满足要求。

按照规范要求,第一次检算的荷载效应与抗力效应之比为1.0~1.2时,认为承载能力不明确,应通过荷载试验进一步验证,即根据荷载试验的校验系数较大值确定检算系数 Z_2,代替 Z_1 进行第二次检算,如此时的荷载效应与抗力效应之比小于1.05,判定承载能力满足要求,否则不满足。

5.【答案】(1)AC (2)ABD (3)BCD (4)AC (5)BC

【解析】(1)对于断层的预报应以地质调查法为基础,以地震波反射法或地质雷达法为主的综合超前地质预报法;因隧道岩层富水性中等偏高,有较普遍的滴水渗水现象,因此还需采用红外探测法或高分辨直流电法或瞬变电磁法探测地下水发育情况。

(2)地质雷达法不适用地下水发育情况探测。

(3)地震波反射法属长距离预报方法,根据隧道地质条件的差异,有效预报距离为100~150m。

(4)地震波反射法采用小药量爆破激发地震波,药量大小根据直达波信号强弱进行调整;地震波反射法不适用地下水发育情况探测。

(5)炮点和检波器均布置在隧道左右边墙上,且保证高度位置相同;激发前,炮孔应用水或其他介质填充，封住炮孔，以确保激发的能量绝大部分在地层中传播。炮点激发按序进行，一次一个炮点。

6.【答案】(1)ABCD　(2)AB　(3)ABC　(4)AD　(5)D

【解析】(1)进行隧道内总粉尘浓度检测时，试验设备包括：滤膜、粉尘采样器(包括采样夹和采样器两部分)、分析天平、秒表或其他计时器、干燥器、镊子和除静电器等；当现场采用电动测尘仪时，还应包括抽气装置。秒表用于采样时间计时；滤膜在使用前，应置于干燥器内干燥2h以上；无论是滤膜使用前还是使用后，对其称量前，都应进行除静电工作，消除误差；分析天平用于称重。

(2)当空气中粉尘浓度≤50mg/m^{3}时，应采用直径为37mm或40mm的滤膜；当空气中粉尘浓度>50mg/m^{3}时，应采用直径为75mm的滤膜。

(3)滤膜测尘法检测隧道内空气中总粉尘浓度，采样器的安装位置对测试结果的影响较大，对于掘进工作面，可在风筒出口后面距工作面4~6m处采样，其他作业的一般在工作面上方采样；采样器进口要迎着风流(与风流方向相反)，距地面高度为1.3~1.5m。

(4)滤膜测尘法试验操作要点主要有以下几方面：

①滤膜在称量前，应在干燥器内干燥2h以上；

②测尘滤膜通常带有静电，影响其质量称量的准确性，因此，在每次称量前应进行除静电工作；

③现场安装时，滤膜毛面朝向进气方向，滤膜放置应平整，不能有裂隙或褶皱；当采用75mm的滤膜时，应做成漏斗状装入采样夹；

④在测点处粉尘浓度稳定后，一般在作业开始30min后开始采样，持续时间宜为15min。

(5)空气中总粉尘浓度的计算公式为$C=(m_2-m_1)/(Q\times t)\times 1000$，式中，$m_1$为采样前滤膜质量，$m_2$为采样后滤膜质量，$Q$为采样流量，$t$为采样时间。将相关数据代入，计算测点处粉尘浓度为40mg/m^3。

模拟试题二

一、单项选择题

1.【答案】C

2.【答案】C

【解析】石料的抗冻性试验是用来评估石料在饱和状态下经受规定次数的冻融循环后抵抗破坏的能力，包括冻融循环后强度变化(冻融系数≥75%)、质量变化(≤2%)、外观变化三个方面的评价。

3.【答案】A

【解析】在室温条件下，对没有明显屈服现象的钢材标准试样进行拉伸试验，由于没有明显的屈服现象，取塑性延伸率为0.2%所对应的应力作为规定塑性延伸强度，即$R_{P0.2}$。

4.【答案】B

【解析】混凝土立方体抗压试验，以3个试件的均值为测定值；如最大值或最小值中有一个与中间值之差超过中间值 15%,取中间值为测定值;如两个与中间值之差均超过中间值 15%,试验结果无效。

5.【答案】C

6.【答案】C

【解析】梳齿板式伸缩装置试验检测的项目包括拉伸、压缩试验,水平摩阻力试验,变位均匀性试验。防水性能试验为模数式伸缩装置、异型钢单缝式伸缩装置的试验检测项目。

7.【答案】D

【解析】钻芯法检测批量构件和单个构件抗压强度,芯样数量及数据处理均有差异。批量检测时,芯样数量根据批的容量确定,最小样本量不宜少于 15 个,小直径芯样的最小样本量应适当增加,按数理统计方法确定混凝土强度的推定值;单个构件检测时,有效芯样数量不应少于 3 个,构件尺寸较小时不得少于 2 个,按有效芯样的最小值确定混凝土强度的推定值。

8.【答案】C

【解析】采用半电池电位法进行钢筋锈蚀状况评判时,按惯例将电位值加以负号,绘制电位图,然后按下表进行判断。

混凝土桥梁钢筋锈蚀电位评定标准

电位水平(mV)	钢筋状况	评定标度
≥ -200	无锈蚀活动性或锈蚀活动性不确定	1
(-200, -300]	有锈蚀活动性,但锈蚀状态不确定,可能坑蚀	2
(-300, -400]	有锈蚀活动性,发生锈蚀概率大于 90%	3
(-400, -500]	有锈蚀活动性,严重锈蚀可能性极大	4
< -500	构件存在锈蚀开裂区域	5

9.【答案】D

10.【答案】B

【解析】地基浅层平板荷载试验,地基承载力基本容许值确定方法为:

(1)P-S 曲线有比例界限,取比例界限所对应的荷载值。

(2)极限荷载小于比例界限荷载 2 倍,取极限荷载一半。

(3)上述两款不能确定,压板面积为 2500 m^2 或 5000 m^2,取 $S/d = 0.01 \sim 0.015$ 所对应的荷载,但其值不应大于最大加载量一半。

(4)同一土层试验点 ≥ 3 个,极差不超过均值 30% 时,取均值作为地基承载力基本容许值。

可见,地基承载力基本容许值应取比例界限荷载、极限承载力 0.5 倍两者中的小者。

11.【答案】B

12.【答案】B

【解析】进行单桩静压试验时,试桩桩头混凝土强度不得低于 C30,一般可在桩顶配置加密钢筋网 2~3 层,以薄钢板圆筒做成加筋箍与桩顶混凝土浇筑一体,用高强度等级的砂浆将桩头抹平。

13.【答案】C

【解析】临时桥梁每年定期检查不得少于一次。

14.【答案】B

【解析】评定标准专门指出：当上部结构和下部结构技术状况等级为3类、桥面系技术状况等级为4类，且桥梁总体技术状况评分为$40 \leqslant D_r < 60$时，则桥梁总体技术状况等级应评定为3类。

15.【答案】C

16.【答案】B

【解析】静载试验位移或应变的测试数据按以下公式进行处理和分析：

总位移（或应变）：$S_t = S_l - S_i$；

弹性位移（或应变）：$S_e = S_l - S_u$；

残余位移（或应变）：$S_p = S_t - S_e = S_u - S_i$；

相对残余位移（或应变）：$\Delta S_p = S_p / S_t \times 100\%$。

式中，S_i为加载前初值；S_l为最大荷载测值；S_u为卸载测值；ΔS_p为相对残余位移（或应变）。

应特别重视相对残余和校验系数指标的计算方法，前者为实测弹性值与理论计算值之比，后者为实测残余值与总值之比。相对残余反映弹性工作性能，超过20%可判定承载力不满足要求。

17.【答案】D

【解析】利用一定数量的车辆布置在桥梁合适位置，通过计算使得某控制截面的试验内力或变位与设计活载内力或变位相当的过程称为荷载等效，是桥梁静力加载设计的关键环节。静力试验荷载效率是特别重要的参数，确定该参数的一系列计算过程就是荷载等效。

荷载效率：$\eta = \dfrac{S_t}{S \times (1+\mu)}$；式中，$S_t$为静力试验荷载作用下，加载控制截面内力（变位）的计算效应值；S为设计控制活载作用下，同一截面内力（变位）的最不利效应值；μ为按规范取用的冲击系数值，与结构基频相关。

《公路桥梁荷载试验规程》（JTG/T J21-01—2015）对静力荷载效率取值规定为：交（竣工）验收取0.85～1.05，其他取0.95～1.05。

18.【答案】C

【解析】应力校验系数为0.70～0.80，说明荷载作用下实测应力小于计算应力，结构强度有储备。刚度采用挠度指标评价，B、D选项错误。校验系数不超过1且相对较小，结构安全储备相对较大。

19.【答案】B

【解析】环境随机振动法也称为脉动法或不测力法，是实桥自振特性（即动力特性）测定的常用激励方法，也几乎是振型测定唯一可行且较为有效的方法。共振法有时也称为强迫振动法。

20.【答案】D

【解析】根据桥梁状况检测结果，考虑对桥梁实际工作状态、性能影响的各因素，需确定多个分项检算系数，对极限状态设计表达式进行修正。分项检算系数包括：反映桥梁总体状况的承载力检算系数 Z_1 或 Z_2;反映结构有效截面削弱的截面折减系数 ξ_c 和钢筋截面折减系数 ξ_s;反映结构耐久性影响因素的承载能力恶化系数 ξ_e;反映实际通行汽车荷载变异的活载影响系数 ξ_q。

21.【答案】A

22.【答案】A

【解析】承载力检算系数评定标度 D 反映桥梁的总体状况。$D \geqslant 3$ 说明桥梁存在较严重缺损或材质状况较差或实际刚度小于计算值,桥梁总体状况不容乐观,需进行正常使用极限状态评定,检算内容包括限制应力、变形和裂缝宽度;$D < 3$(注:规范和考试用书中的措辞"当 D 为 1 或 2 时"有误,D 多数情形下不是整数),表明桥梁总体状况较好,只需进行承载力极限状态的检算评定。

这里应特别注意,D 是通过结构缺损、材质强度、自振频率(反映结构刚度)三个指标的评定标度,再通过加权(三者的权重分别为 0.4、0.3、0.3)计算得到,而承载力检算系数 Z_1 则是通过 D 值查表确定,且与结构的受力方式有关。D 值越大,Z_1 取值越小,桥梁的状况也越差。

23.【答案】D

【解析】配筋混凝土桥梁的承载力极限状态评定,根据检测结果,引入承载力检算系数 Z_1 或 Z_2、混凝土截面折减系数 ξ_c、钢筋截面折减系数 ξ_s 和承载力恶化系数 ξ_e 修正结构抗力效应,通过比较判断结构或构件的承载能力状态。不同材质桥梁,所引入的分项检算系数也不同,如圬工桥梁无配筋,不考虑钢筋锈蚀等造成的质量衰退,无需引入恶化系数 ξ_e 和钢筋截面折减系数 ξ_s,其余参数及计算方式与配筋混凝土桥梁相同,其承载能力极限状态评定表达式为 $\gamma_0 S \leqslant R(f_d, \xi_c a_d) Z_1$。

24.【答案】C

【解析】《公路工程质量检验评定标准　第一册　土建工程》(JTG F80/1—2017)规定,公路隧道每座或每合同段为单位工程;分部工程分别为总体及装饰装修(每座或每合同段)、洞口工程(每个洞口)、洞身开挖(200m)、洞身衬砌(200m)、防排水(200m)、路面(1～3km 路段)、辅助通道(200m)。

25.【答案】B

【解析】对于不同性质的岩体,炮眼痕迹保存率应满足:硬岩不得低于 80%,中硬岩不得低于 70%,软岩不得低于 60%,松散软岩很难残留炮痕,主要以开挖轮廓是否平整圆顺来认定是否合格。

26.【答案】C

【解析】采用地质雷达进行衬砌背后状况及钢筋、钢架、预埋管件等检测的主要判定特征为:

(1)密实:反射信号弱,图像均一且反射界面不明显;

(2)不密实:反射信号强,信号同相轴呈绕射弧形,不连续且分散、杂乱;

(3)空洞:反射信号强,反射界面明显,下部有多次反射信号,两组信号时程差较大;

(4)钢架、预埋管件:反射信号强,图像呈分散的月牙状;

(5)钢筋:反射信号强,图像呈连续的小双曲线形。

27.【答案】D

【解析】距离在100m以上的为长距离预报。地震波反射法在软弱破碎地层或岩溶发育区,预报距离为100m左右,不宜超过150m;在岩体完整的硬质岩地层可预报120~180m,但不宜超过200m。地质雷达法在一般地段预报距离宜控制在30m以内。高分辨率直流电法有效预报距离不宜超过80m。红外探测法有效预报距离宜在30m以内。瞬变电磁法每次有效预报距离宜为100m左右。

28.【答案】A

29.【答案】B

【解析】滤膜测尘法检测粉尘浓度,根据空气中粉尘浓度、使用采样夹的大小和采样流量及采样时间,估算滤膜上总粉尘增量。直径≤37mm的滤膜,滤膜上总粉尘增量不得大于5mg;直径40mm的滤膜,滤膜上总粉尘增量不得大于10mg;直径为75mm滤膜,滤膜上总粉尘增量不限。

30.【答案】C

【解析】风表用于隧道内风速检测,分为杯式和翼式两种;水银气压计、U形压差计及皮托管用于隧道内风压检测,水银气压计用于空气绝对静压测定,U形压差计和皮托管用于空气相对静压测定。

二、判断题

1.【答案】√

2.【答案】×

【解析】公路隧道将洞身衬砌(200延米)作为一个分部工程,喷射混凝土、锚杆、钢筋网、钢架、仰拱、仰拱回填、衬砌钢筋、混凝土衬砌、超前锚杆、超前小导管、管棚为其中的分项工程。

3.【答案】√

4.【答案】×

【解析】混凝土棱柱体抗压弹性模量试验微变形测量仪应采用千分表2个,或精度不低于0.001mm的其他仪表,比如引伸计。

5.【答案】×

【解析】应力松弛是钢材在规定的温度和约束条件下,应力随时间而减少的现象。松弛率为松弛应力(初始应力与松弛后应力之差)与初始应力的比值,而不是松弛后应力与初始应力之比。

6.【答案】√

7.【答案】×

【解析】氯离子由外部环境侵入混凝土时,氯离子含量与混凝土深度有关。因此钻孔取粉应分层收集,一般深度间隔可取3mm、5mm、10mm、15mm、20mm、25mm、50mm等,测定结果应能反映氯离子在混凝土随深度的分布,根据钢筋处混凝土氯离子含量判断引起钢筋锈蚀的危险性。

8.【答案】√

【解析】钢筋探测仪检测混凝土中的钢筋保护层厚度,需在仪器上预设钢筋直径,如预设值与实际值相差较大,不能准确测量保护层厚度值。因此应首先测量钢筋直径。测读 5 ~ 10 次数据,求平均值。

9.【答案】×

【解析】对于直径不大的钢管混凝土,可采用超声仪以径向对测的方式检测其内部缺陷;对于直径较大的钢管混凝土,可采用预埋声测管的方法检测。

10.【答案】×

【解析】在浅层平板荷载试验中,压密阶段土体压力与变形呈线性关系,土体处于弹性平衡状态;剪切阶段土体荷载与变形不再呈线性关系,其沉降的增长率随荷载的增大而增大。

11.【答案】×

【解析】钻孔灌注桩泥浆性能检测指标有:相对密度、黏度、静切力、含砂率、胶体率、酸碱度、失水量和泥皮厚。

12.【答案】×

【解析】接收波幅(接收能量)衰减是混凝土内部存在缺陷的重要判据之一。为统一评判标准,在同一根桩的检测过程中,声波发射电压须保持不变。

超声法基桩完整性检测与混凝土缺陷检测的原理相同,都是在相同条件下(如声波发射电压相同、探测距离相同等),通过比较有缺陷部位与完好部位声学参数的相对变化来判定缺陷。用于比较判定的声学参数有 4 个:声时、振幅(接收波形首波高度)、接收频率、波形。

超声波穿透有缺陷部位时声学参数的变化规律为:声时增大(声速降低)、振幅(波幅)降低、接收频率降低、波形畸变。

基桩完整性检测的判据主要有声波声速(通过声时计算,声速临界值为$\overline{V}-2\times S$)、首波波幅(临界值为$\overline{A}-6\text{dB}$)和 PSD 判据$\left[K_i=\dfrac{(t_i-t_{i-1})^2}{H_i-H_{i-1}}\right]$。

13.【答案】×

【解析】桩身完整性检测方法有低应变反射波法、声波透射法和钻探取芯法三种,其中前两者较为常用,经这两种方法检测后,对桩身缺陷仍存在疑虑时,可用钻芯法进行验证。另外,钻芯法设备笨重、操作复杂、成本高,普遍使用受到限制,所钻取的芯样只能反映钻孔范围内的小部分混凝土质量,对桩身整个断面来说,以点代面容易造成误判或漏判。

14.【答案】√

【解析】桥梁总体技术状况等级所对应的类别如下表所示。

桥梁总体技术状况评定等级

评定标度	桥梁技术状况描述
1 类	全新状态,功能完好
2 类	有轻微缺损,对桥梁使用功能无影响
3 类	有中等缺损,尚能维持正常使用功能
4 类	主要构件有大的缺损,严重影响桥梁使用功能;或影响承载能力,不能保证正常使用
5 类	主要构件存在严重缺损,不能正常使用,危及桥梁安全,桥梁处于危险状态

15.【答案】√

【解析】当桥墩出现不稳定,出现滑动、下沉、位移和倾斜等现象时,桥梁技术状况应按照5类桥梁单项控制指标确定,5类桥梁单项控制指标的其他条款详见考试教材。

16.【答案】×

【解析】各台车辆的参数、加载位置等都会影响控制截面的试验内力(或变位),对静力荷载效率的取值也有影响。静载试验的荷载等效计算就是合理确定车辆参数及加载位置的反复试算过程。

17.【答案】√

【解析】结构校验系数是实测弹性值与计算值的比值。校验系数大于1,表明实测挠度大于计算挠度,结构刚度储备小于设计要求,反之则可认为结构工作状态正常。

18.【答案】√

【解析】不计索横向抗弯刚度时,振动法索力计算公式为 $T=\dfrac{4WL^2f_n^2}{n^2}$,式中,$W$(索单位长度质量)、$L$(索长)可根据设计图纸确定,现场需获取的是索自振频率值和相应的频率阶数。

19.【答案】×

【解析】技术状况等级为4、5类的桥梁,一般来说桥梁功能已严重退化,抗力下降,按规定应进行承载力评定。

20.【答案】√

【解析】承载能力恶化系数反映配筋混凝土结构缺损、钢筋锈蚀等造成的耐久性降低。圬工桥梁不存在钢筋锈蚀等造成的不利影响,其分项检算系数不包括承载能力恶化系数和钢筋截面折减系数。

21.【答案】√

【解析】校验系数为实测应力或变位与相应理论计算值的比值,系数越大,桥梁的实际状况相对越差,则 Z_2 取值也越小(抗力效应折减越多)。根据主要测点校验系数的较大值来确定检算系数 Z_2,体现了以较差状况为基准进行桥梁承载能力评定的理念。

22.【答案】√

【解析】根据题述,截面的实际抗力效应为 $3500\times0.8\times(1-0.1)=2520$(kN·m),实际荷载效应与抗力效应之比 $=3000/2520=1.27>1.20$,根据规范规定,可判定该截面的承载能力不满足要求。

23.【答案】×

【解析】隧道开挖应严格控制欠挖,拱脚、墙脚以上1m范围内严禁欠挖;当石质坚硬完整且岩石抗压强度大于30MPa并确认不影响衬砌结构稳定和强度时,岩石个别凸出部分(每 $1m^2$ 不大于 $0.1m^2$)可突入衬砌断面,锚喷支护时凸入不得大于30mm,衬砌时欠挖值不得大于50mm。

24.【答案】√

【解析】锚杆抗拔力实测时抽查1%,且不少于3根,合格标准为题干所述内容。

25.【答案】×

【解析】采用地质雷达进行衬砌背后状况检测的主要判定特征为:

(1)密实:反射信号弱,图像均一且反射界面不明显。

(2)不密实:反射信号强,信号同相轴呈绕射弧形,不连续且分散、杂乱。

(3)空洞:反射信号强,反射界面明显,下部有多次反射信号,两组信号时程差较大。

26.【答案】 ×

【解析】 地质雷达主要用于岩溶探测,亦可用于断层破碎带、软弱夹层等不均匀地质体的探测,只是断层破碎带、软弱夹层等不均匀地质体更多地采用探测距离较长的弹性波反射法来探测。

27.【答案】 ×

【解析】《公路隧道施工技术规范》(JTG F60—2009)规定,对于采用防水混凝土的衬砌,按隧道长度每200m需要做一组(6个)抗渗试件。

28.【答案】 ×

【解析】 依据《公路隧道施工技术规范》(JTG F60—2009)相关规定,隧道辅助工程措施施工时必须坚持"先支护(强支护)、后开挖(短进尺、弱爆破)、快封闭、勤量测"的施工原则。

29.【答案】 √

【解析】 烟雾透过率与隧道照明水平有关,路面照度 >30 lx 时,透过率应乘上相应的修正系数。

30.【答案】 √

【解析】 一、二、三级公路隧道对应的结构常规定期检查周期分别为1次/月、1次/2月和1次/季度。

三、多项选择题

1.【答案】 ABC

【解析】 该标准适用范围除了题述中的A、B、C项外,还有桥梁工程交竣工验收质量评定,适用桥梁工程施工期间直至交竣工验收全过程的质量管理。定期检查属于桥梁运营期间的检测评估工作。

2.【答案】 AD

【解析】 粗集料最大粒径宜按混凝土结构情况及施工方法选取,泵送混凝土的粗集料最大粒径对于碎石不宜超过输送管径的1/3;对于卵石不宜超过输送管径的1/2.5。

3.【答案】 AB

【解析】 横向和纵向尺寸变化率是通过此类卷材的热处理尺寸变化率试验获得。

4.【答案】 ACE

5.【答案】 ABCD

【解析】 金属超声探伤的耦合剂应选用适当的液体或糊状物,具有良好的透声性和流动性,不对检测对象和人员有损伤,且易清理。常用耦合剂有水、水玻璃、化学浆糊、甘油、机油等。

6.【答案】 ABD

7.【答案】 AC

【解析】静压试验用于承载力评定,无法得到桩身完整性的评价信息。

8.【答案】ACD

【解析】《公路桥涵养护规范》(JTG H11—2004)将桥梁的检查分为经常性检查、定期检查和特殊检查,其中特殊检查又分为专门检查和应急检查。

9.【答案】BC

【解析】技术状况检查基础上确定分项检算系数来修正荷载效应和抗力效应后进行承载力评定,适用在用桥梁;荷载试验适用于在用和新建桥梁的承载力评定。

按桥规进行的检算是针对设计理想状态的纯理论计算,不考虑桥梁缺损、质量衰退等客观因素;桥梁定期检查属于一般评定,用于桥梁的技术状况等级评定,无法评价桥梁的实际承载力。

10.【答案】ABCD

【解析】电阻应变仪在桥梁荷载试验中应用十分广泛,应熟知其基本功能:

(1)仪器的测量电桥(惠斯通电桥)须有工作电源才能将电阻变化转换为电压输出;

(2)实桥应变电测多采用半桥组桥方式,还需两个阻值恒定的机内电阻才能构成完整的电桥;

(3)信号转换、放大、采集等是一般测试仪器的必备功能。

11.【答案】ABCD

【解析】在用桥梁应按承载力极限状态和正常使用极限状态两类极限状态进行检测评定,其中前者需检算结构或构件的截面强度和稳定性,后者需检算结构或构件的刚度和抗裂性。

12.【答案】ABD

【解析】承载能力检算系数 Z_1 体现了桥梁的总体技术状况对承载力的直接影响,与结构或构件的缺损状况、材质强度和结构自振频率三项指标有关,权重分别为0.4、0.3、0.3。

13.【答案】BCD

【解析】经检算荷载效应与抗力效应比值为1.0~1.2的桥梁,应通过荷载试验确定检算系数 Z_2(根据挠度、应力校验系数的大者查表),代替 Z_1 重新检算,重新检算的荷载效应与抗力效应比值小于1.05,判定承载能力满足要求,否则不满足。比值小于1.0直接判定满足,比值大于1.2直接判定不满足。

14.【答案】BCD

【解析】按照修建方式,公路隧道可分为明挖隧道、暗挖隧道和沉管法隧道;按照开挖掘进方式可分为钻爆法隧道、掘进机法隧道、盾构法隧道和破碎机法隧道。

15.【答案】ABCD

【解析】依据《公路工程质量检验评定标准　第一册　土建工程》(JTG F80/1—2017),混凝土衬砌实测项目包括混凝土强度、衬砌厚度、墙面平整度和衬砌背部密实状况,其中混凝土强度和衬砌背部密实状况为关键项目。

16.【答案】ACE

【解析】由于岩体的流变特性,根据位移速率变化趋势判断围岩稳定性时,可将岩体破坏前变形时程曲线分为三个阶段:

(1)基本稳定区:$\frac{d^2u}{dt^2}<0$,表明围岩处于稳定状态;

(2)过渡区:$\frac{d^2u}{dt^2}=0$,表明围岩向不稳定状态发展,需发出警告,加强支护系统;

(3)破坏区:$\frac{d^2u}{dt^2}>0$,表明围岩进入危险状态,须立即停止施工,采取有效手段,控制其变形。

17.【答案】ACD

【解析】根据各种超前地质预报的方法原理,选项A、C、D可用于隧道地下水发育情况的探测预报,而地震波反射法主要用于预报地层界线、地质构造、不良地质体范围等。

18.【答案】ABC

【解析】超前锚杆实测项目为长度、孔位、钻孔深度、孔径。

19.【答案】ACD

【解析】施工隧道环境检测内容主要包括:粉尘浓度、一氧化碳浓度、硫化氢浓度、氡气浓度、洞内温度、瓦斯浓度和核辐射。二氧化碳浓度不属于施工隧道环境检测内容。

20.【答案】ACD

【解析】运营隧道通风检测的主要内容包括一氧化碳检测、烟雾浓度检测、隧道内风压检测和隧道风速检测。粉尘浓度检测是施工隧道环境检测的内容之一,不是运营隧道通风检测的指标。

四、综合题

1.【答案】(1)A (2)AD (3)BCD (4)C (5)BC

【解析】(1)在抗剪弹性模量试验中,将试样置于压力机的承载板与中间钢拉板上,按双剪组合配置好,对准中心,偏差应小于1%的试样短边尺寸。

(2)预加水平荷载时,将以0.002~0.003MPa/s的速率连续施加水平荷载至剪应力增至$\tau=1.0$MPa,持荷5min,然后连续均匀地卸载至剪应力为0.1MPa,持荷5min,记录初始值,预载3次。

(3)正式加载,每循环自剪应力$\tau=0.1$MPa开始,分级加载至$\tau=1.0$MPa;每级加载剪应力增加0.1MPa,持荷1min;连续均匀地从$\tau=1.0$MPa卸载至0.1 MPa,持荷10min;连续进行3次。

(4)综合抗剪弹性模量G_1取试样3次加载所得3个结果的均值,单次试验结果与均值之间的偏差应不大于平值的3%,否则重新复核试验一次。

(5)略。

2.【答案】(1)AB (2)AC (3)B (4)ACD (5)C

【解析】(1)选项C错误,钢砧的钢芯硬度和表面状态可能会随着弹击次数的增加而改变,因此钢砧也应送检或校准,周期为2年;选项D错误,回弹仪率定方向为竖直向下弹击。

(2)根据题述,该桥T梁的生产工艺、强度等级、原材料、配合比、养护工艺均相同,龄期相近,应采用批量检测,即随机抽检不少于总数30%且不少于10个构件进行回弹检测,故选项

A、C 正确；选项 D，规范规定当检验批构件总数大于 30 个时，抽检构件数量可适当调整，但不得少于国标规定的最少数量，本题中构件总数为 27 个，未达到此条件。

(3)修正前测区的平均回弹值计算方法为：从 16 个回弹值中剔除 3 个最大值和 3 个最小值，取其余 10 个回弹值的平均值。

(4)先进行弹击角度修正，再进行浇筑面修正，两次修正的顺序不能颠倒，也不允许用两个修正值直接与原始回弹值相加减，即在角度修正后的基础上，再查表进行测面修正值。

(5)略。

3.【答案】(1)AB　(2)AD　(3)AD　(4)ACD　(5)B

【解析】(1)采用低应变反射波法检测其桩身完整性时，传感器宜选用压电式加速度传感器或磁电式速度传感器，频响曲线的有效范围应覆盖整个测试信号的频带范围。

(2)对大直径长桩，应选择质量大的锤或力棒，以产生主频率低、能量大的激励信号，获得较清晰的桩底反射信号；锤头材料软，产生的低频脉冲波，衰减慢，有利于获得桩底反射信号。

(3)《公路工程基桩动测技术规程》(JTG/T F81-01—2004)规定：传感器宜安装在距桩中心 1/2 ~2/3 半径处，且距桩的主筋不宜小于 50mm。桩径不大于 1000mm，应安装 2 个测点；桩径大于 1000mm，应安装 4 个测点。

(4)该检测方法不能用于基桩承载力的直接判定；试验获取的应力波波速可用于估算桩身混凝土强度；根据桩底反射波返回桩顶的时间，可以核对桩长($L=0.5vt$)。

(5)《公路工程基桩动测技术规程》(JTG/T F81-01—2004)关于低应变反射波法桩身完整性判定依据详见下表。

桩身完整性判定

类　别	时域信号及频域特征	说　明
Ⅰ类桩	桩底反射波较明显，桩身无缺陷反射，频谱图中谐振峰排列基本等间距，混凝土波速处于正常范围	桩身完整、均匀，混凝土密实
Ⅱ类桩	桩底反射波较明显，桩底前有轻微反射波，混凝土波速处于正常范围，频谱图中轻微缺陷叠加在桩底谐振峰上	桩身基本完整，桩身混凝土存在局部离析、空洞、颈缩等缺陷
Ⅲ类桩	桩底反射信号不明显，可见缺陷二次反射波；或有桩底反射，但波速明显偏低	桩身完整性差，其缺陷对桩身承载能力有影响
Ⅳ类桩	无桩底反射波，可见因缺陷引起的多次强烈反射波；或平均波速明显高于正常波速	桩身有严重缺陷，强度和承载力不满足设计要求

4.【答案】(1)AB　(2)AC　(3)B　(4)ACD　(5)A

【解析】(1)针对简支梁桥受力特点，《公路桥梁荷载试验规程》(JTG/T J21-01—2015)规定的主要加载工况为跨中最大正弯矩，梁端支点附近最大剪力为附加工况。$L/8$ 截面的活载弯矩远小于跨中，该截面弯矩不控制设计，C 选项错误；简支桥跨中不产生负弯矩，D 选项错误。

(2)桥梁静载试验绝大多数情形下是针对整体结构加载,故应采用车道荷载进行控制(车辆荷载用于局部加载);对于旧桥,静力荷载效率应取0.95~1.05;人群荷载不计冲击效应。

(3)钢筋混凝土结构是允许带裂缝工作的构件,荷载作用下,梁底混凝土表面的应变值理论上为零,A、D选项错误;梁体中性轴附近应变值接近零,测点不具代表,C选项错误。针对本案例的桥型,静、动载试验主要应变测点应布置在跨中下缘受拉主筋上,可在测试区域凿除局部钢筋保护层,露出钢筋并布置小标距应变片进行测试,试验结束后及时修补钢筋保护层。

(4)桥梁荷载试验应尽量选择在夜间或阴天温度稳定时段,以减少温度变化对应变等测试结果的影响;社会上常见的两轴车和三轴车是荷载试验常用的荷载形式;即便是小跨径桥梁,也要按规定进行分级加载,以保证安全及获取结构响应与荷载的相关性数据;钢筋混凝土结构是允许开裂,荷载作用下出现新裂缝不属于应终止试验的异常情形,况且裂宽也未超过限值(0.25mm)。

(5)根据检测结果和相关评价指标,该桥挠度、应力校验系数均处于合理范围,相对残余小于20%,最大裂缝宽度小于规范限值,A选项正确。

5.【答案】(1)B (2)C (3)BD (4)AD (5)ACD

【解析】(1)注意题干中测量工具的放置位置是正立还是倒立,此类题目时可作简图辅助分析,可直观判断拱顶高程的计算方法。初次观测拱顶测点高程:$A=4120.55+1079.45=5200.00$(mm);二次观测拱顶测点高程:$B=4118.56+1081.11=5199.67$(mm);拱顶测点沉降量为$C=B-A=5199.67-5200.00=-0.33$(mm)。当$C<0$,拱顶测点下沉;当$C>0$,拱顶测点上移。

(2)单次净空变化值为本次测得净空值(3组读数的均值)与上次测得净空值之差,差值为负,表明围岩收缩;差值为正,表明围岩扩张。

(3)隧道净空变化可采用接触量测和非接触量测两种,其中接触量测主要为收敛计,非接触量测则主要为全站仪(只适应变形较大软围岩、精度对结果影响较小、接触法测量较困难时等情形),B、D选项正确。精密水准仪用于拱顶和地表沉降观测;多点杆式位移计用于围岩内部位移测量。

(4)拱顶下沉、净空收敛测试精度应为0.5~1mm;隧道量测监控必测项目的测试断面布设,《铁路隧道监控量测技术规程》(Q/CR 9218—2015)规定,Ⅲ级围岩布设间距为30~50m;Ⅳ级围岩布设间距为10~30m;Ⅴ~Ⅵ级围岩布设间距为5~10m。

(5)净空变化测点应在初期支护上钻孔埋设测桩。题设已经说明隧道内温度变化较大,对钢尺收敛计测取的读数应进行温度修正。

6.【答案】(1)B (2)ACD (3)AD (4)AD (5)A

【解析】(1)依据《公路隧道养护技术规范》(JTG H12—2015),该隧道养护等级为二级,应每2年进行一次定期检查。

(2)略。

(3)土建结构技术状况评定的分项内容包括洞门、洞口、衬砌、路面、检修道、排水设施、吊顶及预埋件、内装饰、交通标志及标线9部分,各分项的技术状况值反映该分项的完好状况,取值越小状况越好。分项检查结果取病害最严重段落的评定结果确定。

(4)各分项的具体评定方法详见教材。

(5)隧道路面大面积的明显沉陷、隆起、坑洞，路面板严重错台、断裂，这些现象符合5类土建结构技术状况单项控制指标，A选项正确。另外还应注意，当洞口、洞门、衬砌、路面和吊顶及预埋件分项的评定状况值达到3或4时，土建结构技术状况应直接评为4类或5类。

模拟试题三

一、单项选择题

1.【答案】C

【解析】桥梁的分部工程包括：基础及下部构造(1～3墩台)，上部构造预制与安装(1～3跨)，上部构造现场浇筑(1～3跨)，桥面系和附属工程及桥梁总体，防护工程，引道工程。

2.【答案】B

3.【答案】A

4.【答案】D

【解析】钢绞线按不同的结构形式、公称直径和强度等级，有不同的力学性能要求，但最大力总伸长率(L_0≥400mm)均不应小于3.5%。

5.【答案】B

6.【答案】C

【解析】规范给出了全国统一测强曲线的适用条件，包括混凝土集料、外加剂、成型工艺、模板、养护条件等，尤其应注意统一测强曲线适用自然养护14～1000d、抗压强度为10～60MPa的混凝土，超声回弹综合法适用自然养护7～2000d、抗压强度为10～70MPa的混凝土。

7.【答案】D

【解析】混凝土电阻率反映其导电性，钢筋一旦发生锈蚀，电阻率越小，越容易激发微电池的活动性，致使钢筋锈蚀的发展速度越快，扩展能力越强，选项A错误。电阻率测试通常采用四电极法，检测的是混凝土表面的电阻率，因此混凝土表面的碳化层和潮湿均会影响结果，选项B、C错误。测试时混凝土应保持自然状态(只在电极前端涂抹少量耦合剂)，并应去除混凝土表面的碳化层。

8.【答案】A

【解析】超声仪的发射换能器发射超声波，穿过混凝土后到达接收换能器，当混凝土内部存在缺陷时，一般会发生声速降低(即声时增大)、接收波幅(接收能量)衰减、接收频率降低、波形畸变，通过对比结构完好部位与有缺部位声学参数的差异性来判别混凝土是否存在缺陷。选项A为超声波在仪器内部和线缆上的声延时，检测时应加以扣除，不属于缺陷存在与否的判据。

9.【答案】D

【解析】规范要求，对设计要求全焊透的一级焊缝探伤比例为100%，二级焊缝探伤比例为20%。

10.【答案】C

【解析】无论浅层平板荷载试验还是深层平板荷载试验，每级荷载施加完毕后，第1

个小时内按10min、10min、10min、15min、15min测读沉降量,之后每半小时测读一次沉降量。当在连续2h内,每小时沉降量小于0.1mm时,则认为已稳定,可施加下一级荷载。

11.【答案】A

【解析】桩成孔质量检测,倾斜度应满足:钻孔桩小于桩长的1%;挖孔桩小于桩长的0.5%。

12.【答案】A

【解析】根据波的反射原理,反射波从桩顶至缺陷的距离等于传播时间乘以速度,所以缺陷位于桩顶下的距离为$(4200\times0.006)/2=12.6(\mathrm{m})$。

13.【答案】C

【解析】桩身性状及桩底不同支承,归纳成三种波阻抗变化类型:

(1)$Z_1\approx Z_2$,桩身连续、无明显阻抗差异,桩身无反射波信号,表示桩身完整;

(2)$Z_1>Z_2$,桩身有缩径、离析、空洞及摩擦桩桩底的情况,反射波与入射波同相位;

(3)$Z_1<Z_2$,桩身扩径、膨胀或端承桩桩底情况,反射波与入射波反相位。

这里的Z_2、Z_1分别为缺陷部位的波阻抗和紧邻缺陷的上部桩身的波阻抗。

14.【答案】A

15.【答案】B

16.【答案】C

【解析】规范规定,单个桥梁存在不同的结构形式时,根据结构形式的分布情况划分评定单元,分别对各评定单元进行等级评定,取最差的一个单元等级作为全桥的技术状况等级。

17.【答案】B

【解析】桥隧施工监测周期长,对仪器的可靠性、稳定性要求高。应变片存在难以克服的由温度变化、潮湿环境等所引起的测试误差,长期监测此缺点就尤其明显,A选项错误。C、D选项是位移测量仪器,也不适用。振弦式应变计直接获取的是频率值,由应变与频率的标定关系换算应变,此类仪器在桥隧施工监测中应用十分广泛,应高度重视。

18.【答案】D

【解析】桥梁设计荷载分为公路—Ⅰ级和公路—Ⅱ级,荷载形式分车道荷载和车辆荷载。车道荷载用于整体结构计算,由集中力和均布荷载组成,公路—Ⅰ级,跨径≤5m集中力取270kN,跨径≥50m时集中力为360kN,两者之间插值计算。本题集中力$p=\dfrac{L_0-5}{50-5}(360-270)+270=2(L_0+130)=320(\mathrm{kN})$。

依据《公路桥涵设计通用规范》(JTG D60—2015)进行设计活载计算时,应注意以下细节。

(1)取用车道荷载计算。荷载试验绝大多数是针对整体结构,而车辆荷载是用于局部结构计算。

(2)公路—Ⅰ级的车道荷载中的均布荷载为10.5kN/m。

(3)公路—Ⅱ级:荷载取公路—Ⅰ级的0.75倍。

(4)单车道桥梁,考虑1.20倍的荷载提高系数。

19.【答案】B

【解析】简支梁桥静载试验主要工况为跨中最大正弯矩，梁端支点附近最大剪力为附加工况。

20.【答案】B

【解析】桥梁动载试验包括自振特性测定和动力响应测定两个方面。自振频率、阻尼、振型属于结构自振参数；动应变、动挠度、振动加速度、冲击系数等属于动力响应参数，其中冲击系数通过动挠度计算得到，动挠度测试困难时，也可通过动应变算得。

21.【答案】C

【解析】配筋混凝土桥梁的承载能力检算系数 Z_1 用于结构抗力效应的修正系数，根据承载能力检算系数评定标度 D 以及结构或构件的受力类型计算得到，D 越大，Z_1 越小。D 值是根据结构缺损状况、材质强度、自振频率的评定标度和相应的权重（分别为 0.4、0.3、0.3）计算得到。

22.【答案】B

【解析】对配筋混凝土桥梁，承载力恶化系数是以 $(1-\xi_e)$ 的形式修正抗力效应，结构或构件恶化状况越明显，评定标度 E 值越大，则根据查表 ξ_e 的取值也越大，对结构抗力效应的折减也越大。需注意的是，恶化系数只适用于配筋混凝土桥梁检算，钢结构桥和圬工桥梁无需计入。

23.【答案】C

【解析】围岩为硬岩时，炮痕保存率应≥80%；围岩为中硬岩时，炮痕保存率应≥70%；围岩为软岩时，炮痕保存率应≥50%。

24.【答案】C

25.【答案】B

【解析】在隧道复合式衬砌中，初期支护与二次衬砌之间的防水板应采用易于焊接的防水卷材，其接缝宽度不小于 100mm。

26.【答案】D

【解析】采用超前锚杆进行隧道围岩稳定，充填砂浆多为早强砂浆，强度等级不应低于 M20。

27.【答案】D

【解析】渗透能力是隧道注浆材料的主要性能指标，是指浆液注入岩层的难易程度。对于悬浊液，渗透能力取决于颗粒大小，砂性土孔隙直径大于浆液颗粒直径的 3 倍以上，浆液才能注入。

28.【答案】C

29.【答案】A

【解析】《公路隧道设计规范》（JTG D70/2—2014）第 6.4.3 条规定：单向交通且以设计速度通过隧道的行车时间超过 135s 时，隧道中间段宜分为两个照明段，第一段对应的长度为设计车速下 30s 的行车距离，余下长度为第二段。以设计速度 80km/h 通过长度为 3500m 的隧道需 157.5s。故 A 选项正确。

30.【答案】C

【解析】长 2500m，年平均日交通量 8000pcu/d 的一级公路隧道的养护等级为一级，其结构定期检查频率为1次/年。二级、三级养护等级隧道的结构定期检查频率分别为1次/2年和1次/3年。

二、判断题

1.【答案】×

【解析】在一个分部工程中,分项工程应根据施工工序、工艺或材料等进行划分,分部工程则是按路段长度、结构部位及施工特点等进行划分。

2.【答案】×

【解析】预应力钢绞线应力松弛试验的环境温度应保持在20℃±2℃内。

3.【答案】√

【解析】混凝土原材料砂按细度模数分类方法为:细砂细度模数为1.6~2.2,中砂细度模数为2.3~3.0,粗砂细度模数为3.1~3.7。

4.【答案】×

【解析】顶破强度是反映土工织物抵抗垂直织物平面的法向压力的能力。撕裂强度是试样在撕裂过程中抵抗扩大破损裂口的最大拉力。

5.【答案】√

6.【答案】×

【解析】芯样试件宜在与被检结构或构件混凝土湿度基本一致的条件下进行抗压试验,如结构工作条件比较干燥,试件应以干燥状态进行试验,受压前应在室内自然干燥3d;如结构工作条件比较潮湿,试件应以潮湿状态进行试验,受压前应在20℃±5℃的清水中浸泡40~48h。

7.【答案】√

【解析】当结构物的裂缝部位具有两个相互平行的测试表面时,可采用对测法检测裂缝深度。不具备此条件时,可采用单面平测法或钻孔法检测裂缝深度。其中单面平测法适用于检测深度不超过500mm的裂缝(称为浅裂缝);而对于深度超过500mm的深裂缝,如采用平测法超声波绕射距离过长,脉冲信号衰减剧烈,难以得到准确结果,此时应采用钻孔法检测。

8.【答案】√

【解析】钢结构主体外表面涂层干膜厚度采用"90-10"规则判定,即允许有10%的读数低于规定值,但每一单独测量值不得低于规定值的90%;钢结构其他表面涂层干膜厚度应采用"85-15"规则判定。

9.【答案】√

【解析】轻型、重型、超重型圆锥动力触探试验落锤的落距分别为50cm、76cm和100cm。

10.【答案】×

【解析】钻芯法使用的设备笨重、操作复杂、成本高、属有损检测,不适合大批量检测,但结果直观可靠,一般适用经反射波法或声波透射法检测后,对桩身缺陷仍存有疑虑时,可采用钻芯法进行验证,不是桩基工程质量普查的常用方法,仅用于抽样检查。

11.【答案】√

12.【答案】√

【解析】基桩静推试验时，当出现下列情况之一时，即可终止加载：

(1)桩顶水平位移超过20～30mm(软土取40mm)；

(2)桩身已经断裂；

(3)桩侧地表有明显裂纹或隆起。

13.【答案】×

【解析】构件是组成桥梁的最小单元，如一片梁、一个桥墩。结构中的同类构件称为桥梁部件(即构件集)，如梁、桥墩等。桥梁技术状况评定顺序为：先构件，后部件，再结构，最后整体。

14.【答案】×

【解析】不同技术状况的桥梁分别采取不同的养护措施：1类桥梁进行正常养护；2类桥梁需进行小修；3类桥梁需进行中修，酌情进行交通管制；4类桥梁需进行大修或改造，及时进行交通管制，如限载、限速通过，当缺损严重时关闭交通；5类桥梁需要进行改建或重建，及时关闭交通。

15.【答案】√

16.【答案】×

【解析】《公路桥梁荷载试验规程》(JTG/T J21-01—2015)规定，静载试验一般分3～5级加载。采用分级加载的目的有两方面：一是通过加载分级测定结构应变、挠度等响应与荷载的相关性，以说明结构是否处于弹性阶段；二是保证结构安全，对于旧桥，特别是旧危桥和技术状况不明的桥梁，应增加荷载分级级数。

17.【答案】×

【解析】要提高桥梁的荷载等级，就需要进实际承载力检测评定。根据相关规范规定，可通过以下两种途径进行旧桥实际承载力评定：

(1)荷载试验；

(2)基于技术状况检查的承载力检算评定，如检算得到的荷载效应与抗力效应的比值处于1.0～1.2时，则还需通过荷载试验确定承载力检算系数Z_2，重新进行检算评定。

18.【答案】√

【解析】结构自振特性(即动力特性)包括自振频率、阻尼、振型三个参数，是振动系统的固有特性，与外荷载无关，由结构体系、刚度、质量分布、材料等固有特性决定。

19.【答案】×

【解析】圬工、配筋混凝土桥梁承载力评定，通过结构或构件的缺损状况、材质强度和结构自振频率三项指标来计算承载能力检算系数评定标度D，再查表得到Z_1；而钢结构桥梁的承载力检算系数Z_1根据表观缺损状况查表确定，确定Z_1时重点检查构件焊接、栓接、锈蚀等表观缺损状况。

20.【答案】√

21.【答案】×

【解析】隧道开挖应严格控制欠挖，但当石质坚硬完整且岩石抗压强度大于30MPa并确认不影响衬砌结构稳定和强度时，岩石个别部分(每1m^{2}不大于0.1m^2)允许凸入衬砌断面，对于喷锚支护允许有不大于30mm的凸入,对于混凝土衬砌,欠挖值不得大于50mm。

22.【答案】√

【解析】喷射混凝土的试件是边长为100mm的立方体试件,而非边长为150mm的标准立方体试件,由于压力试验机承压板的摩阻力的影响,试件尺寸越小,其破坏荷载越大,因此,应将通过标准试验方法测得的极限抗压强度乘以0.95作为其检测结果。

23.【答案】×

【解析】隧道拱顶下沉应优先选用精度较高的精密水准仪进行测量。当在变形较大的软弱围岩条件下,量测仪器精度对量测结果影响较小或现场条件受限时,也可采用全站仪进行观测。

24.【答案】√

25.【答案】√

【解析】渗透能力即渗透性,指浆液注入岩层的难易程度。对于悬浊液,渗透能力取决于颗粒大小;对于溶液,渗透能力则取决于黏度。

26.【答案】×

【解析】光干涉瓦斯检定器检测隧道内空气中瓦斯浓度,为了避免隧道内二氧化碳和水蒸气对测量精度影响,采用装有钠石灰的吸收管来吸收二氧化碳,用装有氯化钙的吸收管来吸收水蒸气。

27.【答案】√

【解析】风压是各种通风机的一项基本性能指标,检验通风机时必须对其风压进行检测。

28.【答案】√

【解析】测尘滤膜通常带有静电,影响称量的准确性,因此应在每次称量前应将采样后的滤膜置于干燥器内2h以上,除去静电后,在分析天平上准确称量。

29.【答案】√

30.【答案】×

【解析】隧道总体技术状况评定时各分项权重按照公路级别的差异进行区分,如下表所示。

隧道总体技术状况评分权重值

项　目	权　重	
	高速公路、一级公路	二级公路及二级以下公路
土建结构	60	70
机电设施	35	25
其他工程设施	5	5

三、多项选择题

1.【答案】ABCD

【解析】分项工程的实测项目检验采用合格率制,所有检查项目合格率满足要求且符合 BDE 选项时,该分项工程才能评定为合格。《公路工程质量检验评定标准　第一册　土建工程》(JTG F80/1—2017)还规定:只有在原材料、半成品、成品及施工控制要点等符合基本要求,无外观质量限制缺陷且质量保证资料齐全时,方可进行分项工程的检验评定。

2.【答案】ACD

【解析】用人工振捣制作混凝土试件,插捣应按螺旋方向从边缘向中心均匀进行。

3.【答案】ABCE

【解析】钢绞线的产品标记包括:结构代号、公称直径、强度级别、标准号。

4.【答案】ABC

【解析】板式橡胶支座力学性能试验项目包括:抗压弹性模量、抗剪弹性模量、抗剪黏结性能、抗剪老化、摩擦系数、转角、极限抗压强度。水平承载力属于盆式或球形支座的力学性能检测项目。

5.【答案】BD

6.【答案】ABC

7.【答案】CD

【解析】A 选项为浅层平板荷载试验终止加载的条件;B 选项错误,正确的应为 24h 内沉降速率不能达到稳定标准。

应注意区分浅层与深层平板试验终止加载条件的差异,浅层平板试验终止加载的条件包括:

(1)承压板周围土体有明显侧向挤出或发生裂纹。

(2)某一级荷载下,24h 内沉降不能达到稳定标准。

(3)沉降急剧增大,$P\text{-}S$ 出现陡降,本级荷载沉降量大于前级 5 倍。

(4)沉降量与承压板宽度或直径之比≥0.06。

深层平板荷载试验终止加载的条件包括:

(1)沉降量急剧增大,$P\text{-}S$ 曲线上有可判定极限承载力的陡降段,且沉降量超过 $0.04d$(d 为承压板直径)。

(2)在某一级荷载下,24h 内沉降速率不能达到稳定。

(3)本级沉降量大于前一级沉降量的 5 倍。

(4)当持力层土层坚硬、沉降量很小时,最大加载量不小于设计要求的 2 倍。

8.【答案】BC

【解析】桩身性状及桩底不同支承,归纳成三种波阻抗变化类型:

(1)$Z_1 \approx Z_2$,桩身连续、无明显阻抗差异,桩身无反射波信号,表示桩身完整;

(2)$Z_1 > Z_2$,桩身有缩径、离析、空洞及摩擦桩桩底的情况,反射波与入射波同相位;

(3)$Z_1 < Z_2$,桩身有扩径、膨胀或端承桩桩底情况,反射波与入射波反相位。

这里的 Z_2、Z_1 分别为缺陷部位的波阻抗和紧邻缺陷的上部桩身的波阻抗。

由此可见,a)图桩身反射波与入射波反相位,桩底反射波与入射波同相位,该桩为摩擦桩,桩身可能存在扩径;b)图桩身反射波及桩底反射波均与入射波同相位,该桩也为摩擦桩,桩身可能存在缩径。

9.【答案】ABCD

【解析】基桩成孔质量检验包括泥浆的各项指标测定和6项成孔质量指标的检查,其中需检验的泥浆指标包括相对密度、黏度、静切力、含砂率、胶体率、失水量和泥皮厚、酸碱度。

10.【答案】AD

【解析】养护规范规定,对于不同技术状况的桥梁分别采取不同的养护措施:

(1)1类桥梁进行正常养护;

(2)2类桥梁需进行小修;

(3)3类桥梁需进行中修,酌情进行交通管制;

(4)4类桥梁需进行大修或改造,及时进行交通管制,如限载、限速通过,当缺损严重时关闭交通;

(5)5类桥梁需要进行改建或重建,及时关闭交通。

11.【答案】ABC

【解析】梁式桥的主要部件有:上部承重构件、桥墩、桥台、基础、支座。

12.【答案】ABCDE

【解析】荷载试验应在桥梁检查、结构计算的基础上制定,内容包括测试截面、试验工况、测试内容、测点布置、试验荷载(包括荷载效率)、试验过程控制、试验数据分析方法等。

13.【答案】ACD

【解析】《公路桥梁承载能力检测评定规程》(JTG/T J21—2011)规定,荷载试验当出现以下情形之一时,应判定桥梁承载力不满足要求:

(1)主要测点静力荷载试验校验系数大于1;

(2)主要测点相对残余变位或相对残余应变超过20%;

(3)裂缝宽度超过规范限值,且卸载后裂缝闭合宽度小于扩展宽度的2/3;

(4)在试验荷载作用下,桥梁基础发生不稳定沉降变位。

14.【答案】CD

15.【答案】BCE

【解析】配筋混凝土桥梁正常使用极限状态的检算内容为限制应力、荷载作用下的变形和裂缝宽度。承载能力极限状态检算的内容是强度和稳定性。

16.【答案】BCD

【解析】钻爆法开挖时,主要开挖方法有全断面法、台阶法、弧形导坑留核心土法、双侧壁导坑法、中隔壁法及交叉中隔壁法等,不同开挖方式的适用性包括:

(1)全断面法可用于Ⅰ~Ⅲ级围岩双车道及以下跨度的隧道开挖。Ⅳ级围岩的两车道隧道和Ⅲ级围岩三车道及以上的大跨度隧道在有机械设备保证和良好的施工管理时,也可采用。

(2)台阶法可用于Ⅲ~Ⅳ级围岩双车道及以下跨度的隧道开挖。Ⅴ级围岩的两车道及以下跨度的隧道在采用了有效的预加固措施后,也可采用。

(3)弧形导坑法可用于Ⅳ~Ⅴ级围岩或一般土质隧道。

(4)中隔壁法或交叉中隔壁法适用于Ⅴ级围岩、浅埋、大跨、地表沉降需严格控制的情况。

(5)双侧壁导坑法适用于Ⅴ级围岩、浅埋、大跨及地表沉降要求严格的情况。

17.【答案】AB

【解析】一般情况下,在满足下列要求时,方可进行二次衬砌的施作:

(1)隧道水平净空变化速度及拱顶或底板垂直位移速度明显下降；

(2)隧道位移相对值已达到总相对位移量的90%以上；

(3)对浅埋、软弱围岩等特殊地段，应视具体情况确定二次衬砌施作时间。

18.【答案】ABCD

【解析】一般隧道应检测粉尘、一氧化碳、硫化氢、氡气、洞内温度等指标；瓦斯隧道应检测瓦斯浓度；放射性地层应检测核辐射。

19.【答案】AD

【解析】用于隧道内风速检测的风表有杯式和翼式两种：杯式风表适用检测大于10m/s高风速；翼式风表适用检测0.5～10m/s中等风速，高灵敏度翼式风表也可用于0.1～0.5m/s低风速的检测。

20.【答案】ABCD

【解析】公路隧道技术状况评定，当洞口、洞门、衬砌、路面、吊顶及预埋件分项的评定状况值达到3或4时，对应土建结构技术状况应直接评为4类或5类。

四、综合题

1.【答案】(1)ABCD　(2)BC　(3)ABCD　(4)BCD　(5)C

【解析】(1)略。

(2)加载速率为100MPa/min；以预应力筋抗拉强度标准值的20%、40%、60%、80%，分4级等速加载；加载至钢绞线抗拉强度标准值的80%后，持荷1h；持荷1h后用低于100MPa/min的加载速率缓慢加载至试验破坏。

(3)预应力筋静载锚固性能试验过程中测量项目包括：

①预应力筋受拉段长度；

②固定端或张拉端的有代表性的若干根钢绞线(一般取3～4根)相对位移初始值Δa；

③固定端或张拉端的有代表性的若干夹片(一般取3～4根)相对位移初始值Δb；

④按施加荷载的前4级，逐级测量钢绞线相对位移Δa、夹片相对位移Δb；

⑤预应力筋达到$0.8f_{ptk}$时，持荷1h，在持荷期间，每隔20～30min测量1次钢绞线相对位移Δa、夹片相对位移Δb；

⑥测量试样破断后钢绞线相对位移Δa、夹片相对位移Δb。

(4)在静载锚固性能满足后，夹片允许出现微裂和纵向断裂，不允许出现横向、斜向断裂及碎断；预应力筋达到极限破断时，锚板不允许出现过大塑性变形，锚板中心残余变形不应出现明显挠度；夹片回缩Δb比预应力筋应力为$0.8f_{ptk}$时成倍增加，表明已失去可靠的锚固性能。

(5)依据《预应力筋用锚具、夹具和连接器》(GB/T 14370—2007)，锚具效率系数为$\eta_a=\frac{F_{apu}}{\eta_p F_{pm}}$，式中，$F_{apu}$为锚具组装件的实测极限拉力，$\eta_p$为预应力钢筋效率系数，$F_{pm}$为锚具组装件中各根预应力筋计算计算拉力之和。对于本小题，$\eta_a=1846.5/(0.98\times1901.3)=0.99$。

2.【答案】(1)ABD　(2)ABC　(3)AC　(4)AD　(5)BCD

【解析】(1)混凝土表面剥落、脱空时，因不能形成良好的回路，会导致测试结果异常；混凝土内部接近饱水状态，由于水的导电性，混凝土与钢筋之间的半电池已近似短路，无法准确测量其电位。测区混凝土表面的绝缘涂料,在测试前打磨清除后,可采用半电池电位法检测。

(2)略。

(3)每一被测构件的测区数量不宜少于3个,每一测区取粉的钻孔数量不宜少于3个,取粉孔可以与碳化深度测量孔合并使用。

(4)氯离子含量测定,应注意混凝土粉末取样的相关要求:①分层收集,对每一深度应使用一个新的塑料袋收集粉末;②同一测区不同孔相同深度的粉末可收集在一个塑料袋中,质量不少于25g;③不同测区的测孔即使相同深度的粉末也不应混合在一起。

(5)选项A错误,混凝土中的碱性介质对钢筋有良好的保护作用,混凝土碳化会使其碱度降低,对钢筋的保护作用减弱,钢筋更容易发生锈蚀。

3.【答案】(1)ABD (2)BCD (3)CD (4)B (5)B

【解析】(1)A、B、D选项为主要加载工况。该桥在设计荷载作用下,中跨跨中轴力为零,C选项错误。这里需提醒的是,最大负弯矩加载是针对主跨支点(内支点)截面,而非梁端支点。

(2)B、C、D选项均可用于该桥的混凝土表面静应变检测。针对本题,试验对象为预应力旧桥,无法预埋钢筋应力计,无特殊情况也不允许破坏保护层在钢筋上粘贴应变片。

(3)振弦式应变计适用静应变测试,但响应速度慢,不能满足动应变测定的要求。

(4)梁底混凝土应力增量计算值 $\sigma = MY_{下}/I = 2000 \times 1.2/0.6 = 4000(kN/m^2) = 4.00MPa$ $(1MPa = 10^6 N/m^2)$。同理可算得T梁顶面的混凝土应力增量为 $-2.67MPa$。应力受拉为正,受压为负。

(5)梁底测点实测弹性应力 $\sigma = E\varepsilon = 3.45 \times 10^4 \times 100 \times 10^{-6} = 3.45MPa$,应力校验系数为 $3.45/4 = 0.863$。

4.【答案】(1)AC (2)BD (3)C (4)B (5)ABD

【解析】(1)配筋混凝土桥梁,为计算抗力效应,除确定承载力恶化系数、钢筋截面折减系数外还需确定混凝土截面折减系数、检算系数。活载影响修正系数是用于修正荷载效应;挠度校验系数则是桥梁静载试验的评价指标。

(2)在用桥梁承载能力评定检算,首先进行承载能力极限状态检算,当 $D \geqslant 3$ 时,表明构件总体技术状况不良,应进行正常使用极限状态评定,内容包括限制应力、结构变形和裂缝宽度。

(3)实际抗力效应 $R = 4900 \times 0.93 \times (1 - 0.05) = 4329.2(kN \cdot m)$。

(4)实际荷载效应/实际抗力效应 $= 4710.0/4329.2 = 1.09$。

(5)实际荷载效应与实际抗力效应的比值在1.0~1.2之间,承载能力不明确,应通过荷载试验进一步明确。本题中 $D \geqslant 3$,还应进行正常使用极限状态检算。

5.【答案】(1)ABD (2)ABC (3)BCD (4)BC (5)A

【解析】(1)锚杆孔位、孔深、锚杆抗拔力、锚杆锚固密实度均属于锚杆安装质量检查的内容;锚杆抗拉强度属于锚杆材料力学性能检测内容。

(2)锚杆抗拔力试验的要求包括:检测数量为锚杆数的1%且每次不少于3根;同组锚杆抗拔力的平均值应不小于设计值;单根锚杆的抗拔力不得低于设计值的90%。

(3)《公路工程质量检验评定标准 第一册 土建工程》(JTG F80/1—2017)规定,锚杆长度应不小于设计长度,锚杆插入孔内的长度不得短于设计长度的95%;锚杆孔位和孔深允许偏差分别为±150mm和±50mm,检测方法均是采用尺量,按总数10%进行抽查;锚杆外观质量应符合锚杆垫板与岩面间应无间隙。

(4)杆抗拔试验无需测定杆体的应力值;加长套筒的强度应不低于锚杆极限拉力。BC选项正确。

(5)若锚杆被密实、饱满的水泥砂浆握裹,砂浆又与周围岩体黏结可靠,则声波在传播过程中,不断从锚杆通过水泥砂浆向岩体扩散,能量损失很大,在杆体外端测得的反射波振幅很小,甚至测不到。

6.【答案】(1)ABC　(2)AC　(3)ABD　(4)AD　(5)B

【解析】(1)在众多隧道超前地质预报方法中,地质雷达法的有效探测距离较近,属短距离超前预报。

(2)地质雷达法主要适用浅部地层、岩溶、空洞、不均匀体的探测预报。

(3)超声换能器不属于地质雷达组成部件。

(4)地质雷达法预报距离一般不超过30m;工作天线的频率相对较高,探测距离越短。地质雷达应用广泛,配置不同天线规格,可应用于不同场合:

①40~80M天线:隧道超前地质预报,探测距离20~30m;

②600~900M:隧道衬砌厚度、背后空洞等;

③2G:钢筋混凝土结构探测。

(5)对于煤层瓦斯、岩溶,应采用以地质调查法为基础,超前钻探法为主的综合超前地质预报法;地下水和导水结构应采用红外探测法或高分辨直流电法或瞬变电磁法进行探测。

模拟试题四

一、单项选择题

1.【答案】A

2.【答案】C

3.【答案】B

4.【答案】A

【解析】盆式支座竖向承载力试验正式加载对支座预压三次,预压初始荷载为该试验支座竖向设计承载力的1%,每次加载至预压荷载宜稳压2min后卸载至初始荷载。

5.【答案】D

【解析】锚具的疲劳性能试验,试验经过200万次循环荷载后,锚具零件不应发生疲劳破坏,钢绞线因锚具夹持作用发生疲劳破坏的面积不应大于原试样总面积的5%。

6.【答案】A

【解析】隧道用土工布试样的调湿与饱和要求为:土工织物试样应置于温度为20℃±2℃、相对湿度为65%±5%和标准大气压的环境中24h;对于塑料土工合成材料,在温度为23℃±2℃的环境下,进行状态调节的时间不得少于4h。

7.【答案】C

8.【答案】A

9.【答案】A

【解析】实测强度推定值、测区平均换算强度与混凝土抗压强度设计值的比值即为其推定强度匀值系数 K_{bt} 和平均强度匀值系数 K_{bm}，应依据 K_{bt} 和 K_{bm} 的范围按下表确定混凝土强度评定标度。

桥梁混凝土强度评定标准

K_{bt}	K_{bm}	强度状态	评定标准
≥0.95	≥1.00	良好	1
(0.95,0.90]	(1.00,0.95]	较好	2
(0.90,0.80]	(0.95,0.90]	较差	3
(0.80,0.70]	(0.90,0.85]	差	4
<0.70	<0.85	危险	5

10.【答案】C

【解析】混凝土中氯离子的主要危害是诱发或加速钢筋的锈蚀，按照下表进行评定。

混凝土中氯离子含量评定标准

氯离子含量（占水泥含量的百分比）	诱发钢筋锈蚀的可能性	评定标度
<0.15	很小	1
[0.15,0.40)	不确定	2
[0.40,0.70)	有可能诱发钢筋锈蚀	3
[0.70,1.00)	会诱发钢筋锈蚀	4
≥1.00	钢筋锈蚀活化	5

11.【答案】B

【解析】涂层干膜厚度的检查频率按设计要求执行，设计无规定时，每 $10m^2$ 时应测 3~5个点，每个点附近测 3 次，取平均值。

12.【答案】B

13.【答案】C

【解析】钻孔灌注桩桩身完整性检测方法有低应变反射波法、声波透射法和钻探取芯法。伞形孔径检测仪法用于钻孔桩的孔径和垂直度检测。

14.【答案】B

【解析】根据实测声波波速，可采用下表评定混凝土质量。

波速与混凝土质量关系

波速(m/s)	>4500	4500~3500	3500~3000	3000~2000	<2000
混凝土质量	好	较好	可疑	差	非常差

15.【答案】C

【解析】桩径不大于1500mm,应埋设三根声测管;当桩径大于1500mm时,应埋设四根声测管。

16.【答案】B

【解析】《公路桥涵设计通用规范》(JTG D60—2015)将桥梁按多孔跨径总长或单孔跨径分为特大桥、大桥、中桥、小桥和涵洞,详见下表。应注意此类题目的考点多为临界值的划分,应注意区分。

桥梁涵洞分类

桥涵分类	多孔跨径总长 L(m)	单孔跨径 L_k(m)
特大桥	$L>1000$	$L_k>150$
大桥	$100\leqslant L\leqslant 1000$	$40\leqslant L_k\leqslant 150$
中桥	$30<L<100$	$20\leqslant L_k<40$
小桥	$8\leqslant L\leqslant 30$	$5\leqslant L_k<20$
涵洞	—	$L_k<5$

17.【答案】C

【解析】静载试验如支点有沉降(包含支座压缩变形),应对竖向变位进行修正后得到挠度值,计算方法详见考试用书。

18.【答案】B

【解析】根据题述,试验截面的静力荷载效率为 $\eta=\dfrac{S_t}{S\times(1+\mu)}=\dfrac{1080}{980(1+0.1)}=1.00$。

应特别注意静载试验荷载效率取值,《公路桥梁荷载试验规程》(JTG/T J21-01—2015)规定:

(1)交(竣工)验收桥梁取0.85~1.05;

(2)其他情形(旧桥等)取0.95~1.05。

19.【答案】A

【解析】校验系数为实测弹性值与计算值之比。根据题述可知实测弹性挠度为8.00mm(加载测值与卸载测值之差),A选项正确。另外还应特别注意相对残余的计算方法,相对残余为实测残余值与总值之比,本题的相对残余变形为(0.44-0.04)/(8.44-0.04)=4.8%。

20.【答案】D

【解析】采用频域分析法时,根据Nyquist采样定理,采样频率 f_s 须大于被测信号最高频率 f_{max} 的两倍以上,采样结果才能重构原来的信号,频谱不失真。本题中 $f_{max}=10$Hz,采样频率 f_s 不得低于20Hz,D选项正确。采用波形分析(时域分析)法计算自振频率,采样频率宜大于25倍有用信号频率。

21.【答案】B

【解析】规范规定,承载能力检算系数评定标度 D 小于3时,可不作正常使用极限状态验算,这种情况下如实际荷载效应与实际抗力效应的比值小于1.0,可判定桥梁承载力满足要求。

22.【答案】A

【解析】桥梁承载能力检算评定,根据经分项检算系数修正计算得到的荷载效应与抗力效应的比值来判定,比值小于1时判定承载能力满足要求,比值大于1.2时判定不满足。考虑到按规范检算时,对结构力学模型的假定条件往往偏于保守,材质参数等取值留有一定储备,对于荷载效应略大于抗力效应(1.0~1.2)的桥梁,直接评定其承载力不足则偏于保守,可能造成部分实际可用的桥梁提前退役。为此规范规定对荷载效应大于抗力效应,且超过幅度在20%以内的桥梁,可通过荷载试验进一步评定其承载能力,即根据荷载试验的校验系数确定检算系数 Z_2,代替 Z_1 重新检算,如重新检算的比值小于1.05,应判定桥梁承载能力满足要求,否则不满足。

23.【答案】D

【解析】隧道洞身开挖实测项目应符合下表的规定,其中拱部超挖为关键检测项目。

洞身开挖允许超挖值

项次	检查项目		规定值或允许偏差	检查方法和频率
1Δ	拱部超挖(mm)	Ⅰ级围岩(硬岩)	平均100,最大200	全站仪或激光断面仪检查;每20m检查1个断面,每个断面自拱顶起每2m测1点
		Ⅱ、Ⅲ、Ⅳ级围岩(中硬岩、软岩)	平均150,最大250	
		Ⅴ、Ⅵ级围岩(破碎岩、土)	平均100,最大150	
2	边墙超挖(mm)	每侧	+100,0	
		全宽	+200,0	
3	仰拱、隧底超挖(mm)		平均100,最大250	水准仪;每20m检查3处

24.【答案】A

【解析】《公路工程质量检验评定标准　第一册　土建工程》(JTG F80/1—2017)规定,隧道衬砌混凝土实测项目包括混凝土强度(关键项目)、衬砌厚度、墙面平整度、衬砌背部密实状况(关键项目),其中对衬砌厚度的允许偏差为:90%的检查点的厚度不小于设计厚度,且最小厚度不小于0.5倍的设计厚度。

25.【答案】C

【解析】地表下沉量测断面一般与洞内周边位移和拱顶下沉量测设置在同一断面,当地表有建筑物时,在建筑物周围增设地表下沉观测点。《铁路隧道监控量测技术规程》(Q/CR 9218—2015)规定地表下沉在横断面上至少布置11个测点(此处与教材有差异,以最新规范为准),两测点的间距为2~5m。在隧道中线附近测点应适当加密,隧道中线两侧范围应不小于 H_0+B,测点布置如下图所示。

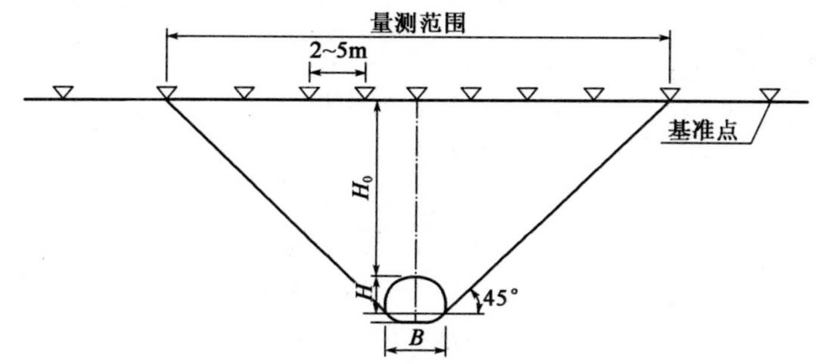

地表沉降横向测点布置示意图

26.【答案】D

【解析】对于断层、岩溶、煤层瓦斯等各种不良地质条件，宜综合运用两种或两种以上超前地质预报方法进行预报，综合分析，以达到长短结合、取长补短、相互印证、提高预报准确性的目的。

27.【答案】B

【解析】根据止水带材质和止水部位可采用不同的接头方法，对于橡胶止水带，其接头形式应采用搭接或复合接；对于塑料止水带，其接头形式应采用搭接或对接。

28.【答案】C

【解析】隧道内各工作面（掌子面开挖、掌子面初期支护、仰拱开挖、仰拱混凝土施工、防水板挂设、二次衬砌立模、二次衬砌混凝土灌注、隧道防水治理等），每个断面宜采用五点法检测瓦斯浓度，取最大值作为该断面的瓦斯浓度，这样做的目的是最高程度地控制施工安全。

29.【答案】C

30.【答案】C

【解析】隧道无吊顶及预埋件，应将其分项权重值按比例分配给其他分项，重新分配后，路面分项权重为 $15+10\times15/90=16.67$。

注意，在隧桥技术状况评定中，当某部件（或分项）因不必要而未设置，应将其权重按比例分配给其他既有部件，而当某部件应设置而未设置，其评定标度取最大值，按最差状况评价。

二、判断题

1.【答案】√

2.【答案】√

3.【答案】×

【解析】石料单轴抗压强度中的压力试验机（或万能试验机）要求其测量精度为 ±1%，试验破坏荷载大于压力试验机全程的 20% 且小于压力试验机全程的 80%。

4.【答案】×

【解析】混凝土立方体试件受压时会受到环箍效应的影响，混凝土试件立方体尺寸较小时，环箍效应的相对作用较大，测得的抗压强度值越大。

5.【答案】√

6.【答案】√

7.【答案】 ×

【解析】锚具外观及尺寸检验,如表面无裂缝,尺寸符合设计要求,判为合格;如有一套表面有裂缝或超过允许偏差,应另取双倍数量重新检验,如仍有一套不符合,则应逐套检查,合格者方可使用。

8.【答案】 ×

【解析】石油沥青油毡不属于高分子防水卷材,目前隧道防水常用的高分子防水卷材有聚乙烯、乙烯－醋酸乙烯共聚物、乙烯－醋酸乙烯与沥青共聚物。

9.【答案】 √

【解析】考虑到各测强曲线对适用区域的针对性,检测单位宜按专用、地区、全国统一测强曲线(标准)的顺序选用。

10.【答案】 ×

【解析】钻芯法会对结构造成一定程度的破损,应尽量选择承重构件的次要部位或次要承重构件钻、截取试样,并采取有效措施,确保结构安全。钻、截取试样后,应及时进行修复或加固处理。

11.【答案】 √

【解析】钢筋/混凝土与参考电极之间的锈蚀电位差直观反映了钢筋锈蚀的活动性,按惯例取电位差为负值,称为锈蚀电位水平(mV),锈蚀电位水平的绝对量值越大,表明钢筋锈蚀活动性越强、发生锈蚀可能性越大。

12.【答案】 ×

【解析】当实际保护层厚度小于钢筋探测仪的最小示值时,可在探头下附加垫板后检测。但要注意垫板应采用硬质无磁性材料,如工程塑料或电工用绝缘板,表面应平整光滑。

13.【答案】 √

14.【答案】 √

15.【答案】 ×

【解析】超声法检测桩身质量有单孔透射法和跨孔透射法两大类,其中单孔透射法的声传播途径比跨孔透射法复杂,信号分析难度较大,且有效检测范围约一个波长,故此法在工程上不常采用。但单孔透射法可以作为钻芯检测的补充手段,用以了解孔芯周围的混凝土质量状况。

16.【答案】 √

【解析】梁式桥上部结构的部件划分和相应权重详见下表。

梁式桥上部结构各构件权重值表

部　　位	类　　别	评 价 部 件	权　　重
上部结构	1	上部承重构件(主梁、挂梁)	0.70
	2	上部一般构件(湿接缝、横隔板等)	0.18
	3	支座	0.12

17.【答案】 √

【解析】钢筋混凝土结构允许开裂,受拉区部位应将主要应力(应变)测点布置在受拉主筋上。

18.【答案】×

【解析】根据桥规,汽车冲击系数通过结构基频计算得到。这里应注意,冲击系数规范取值是通过基频(计算值)计算得到,而实际冲击系数是通过试验实测获得,实测冲击系数小于规范取值,则说明考虑偏安全。冲击系数实测值应优先通过动挠度计算,条件受限时,也可通过动应变计算得到。

19.【答案】×

【解析】桥梁静载试验应根据结构受力特点进行最不利加载,可采用内力、变形(挠度)作为加载控制。斜拉桥、悬索桥等桥型的中跨跨中最大挠度是此类桥梁最重要的试验加载工况。

20.【答案】×

【解析】用于振动测试的磁电式传感器是基于电磁感应原理制成,输出的感应电势与振动速度成正比。

磁电式速度传感器应用十分广泛,应熟悉以下相关内容:

(1)传感器原理:该类传感器内部有一个置于磁场中的可动线圈,结构振动致使可动线圈切割磁力线,线圈因磁通量变化而产生与振动速度成正比的感应电势 $e = BLn\dfrac{\mathrm{d}\Phi}{\mathrm{d}t} = BLnv(t)$。

(2)特点:灵敏度高,低频特性好,频响范围约为0.5～100Hz。

另外还应注意,压电式传感器是桥梁振动检测的另一种应用十分广泛的传感器,此类传感器是基于压电晶体的压电效应制成,输出与振动加速度成正比。

21.【答案】×

【解析】全站仪用于桥梁静态变位(挠度、索塔偏位、结构线形等)检测,即便是低频振动,高精度全站仪的测试速度也远远不能满足要求。

22.【答案】√

23.【答案】×

【解析】活载影响修正系数用于对结构荷载效应的修正,但应注意只能修正活载部分。

24.【答案】√

【解析】地质雷达检测前都应进行电磁波波速或介电常数现场标定,且每座隧道应不少于1处,每处实测不少于3次,取平均值为该隧道的介电常数或电磁波波速。对于特长隧道,应增加标定点数。标定方法包括钻孔实测和双天线直达波法测量。标定目标体的厚度不宜小于15cm。

25.【答案】√

26.【答案】×

【解析】红外探测法是利用红外辐射原理,通过探测和分析局部地温异常变化等现象,判断前方是否存在水体及水体的方位,但不能定量提供出水量大小等数据。

27.【答案】×

【解析】红外线气体传感器的检测原理为:气体吸收特定波长的红外光,吸收红外能力的大小与浓度成正比例,由吸收的强弱可测得气体浓度。隧道施工所产生的粉尘是分布于空气中的固体颗粒,不具有吸收红外光的能力,题干表述错误。施工隧道内粉尘浓度目前普遍采用滤膜测尘法测定。

28.【答案】√

29.【答案】√

【解析】隧道渗漏水检查可分为简易检查和水质检查两类,当渗漏水可能具有腐蚀作用时,应对水质进行检测。

30.【答案】×

【解析】隧道土建部分共包含9个分项,其中洞口、洞门、衬砌、路面、排水系统、吊顶及各种预埋件的技术状况值分1~4类(类似于桥梁的主要部件);检修道,内装饰,标志、标线、轮廓标的技术状态值分0~3类(类似于桥梁的次要部件)。

规范还规定,当洞口、洞门、衬砌、路面、吊顶及各种预埋件(不含最高标度为4的排水系统)的技术状况值达到3或4时,土建结构技术状况直接评为4类或5类。

三、多项选择题

1.【答案】ABC

【解析】桥梁工程的施工风险是多方面的,有些具有不确定性,难以完全消除,只能通过认真识别,科学分析和评估,采取积极和有效的防范措施,将施工风险控制在最低程度。

2.【答案】AC

【解析】相关规范规定,石料冻融试验后应无明显损伤,冻融后的质量损失率不大于2%,强度不低于试验前的0.75倍(即冻融系数≥0.75)。

3.【答案】ABCD

【解析】钢筋焊接接头质量检验包括外观检查和力学性能检验,力学性能检验包括拉伸试验、弯曲试验、剪切试验、冲击试验和疲劳试验。

4.【答案】AC

【解析】预应力用塑料波纹管力学性能试验检测项目包括环刚度、局部横向荷载、柔韧性、抗冲击性,径向刚度和抗渗漏性能属于金属波纹管力学性能试验检测项目。

5.【答案】AC

6.【答案】AB

【解析】混凝土含水率对锈蚀电位的测值影响较大,测试时构件应处于自然干燥状态;环境温度会影响测试结果,若温度在22℃±5℃之外,应进行温度修正。另外,混凝土保护层电阻对测值也有一定影响。

7.【答案】AD

【解析】氯离子含量测定通常采用实验室化学分析法和滴定条法,其中滴定条法可在现场完成测定。

8.【答案】AC

9.【答案】ACD

【解析】基桩水平静推试验的加载方法分为单向多循环加载方法和单循环加载方法，对于承受反复水平荷载的基桩采用单向多循环加载方法；对于承受长期水平荷载的基桩采用单循环加载方法。试验加载时可按照预计最大荷载的1/5～1/10分级加载，一般可采用5～10kN，过软的土可采用2kN级差。当桩顶水平位移超过20～30mm（软土取40mm）或桩侧地表有明显裂纹或隆起时，应停止加载。

10.【答案】AD

【解析】桥梁技术状况评价中，有14个5类桥单项控制指标，符合其中情形之一时，整座桥应评为5类桥。相关内容可详见教材或规范。

11.【答案】ABCDE

【解析】为桥梁荷载所进行的结构计算是多方面的，其中最重要的计算参数为静力荷载效率，它通过设计控制内力（或变形）、试验控制内力（变形）及冲击系数计算得到，因此A、C、D选项正确。试验荷载作用下，测试部位应力、挠度增量理论值是进行校验系数计算及加载控制所必需的；T梁截面特性反映结构刚度，也是应力计算所需的参数（$\sigma = My/I$），B、E选项也正确。

12.【答案】BCD

【解析】自振频率与结构的整体刚度呈正相关性，实测自振频率大于计算值，表明实际刚度大于计算刚度，无需停止加载。中途应停止加载试验的情形包括：

(1)控制测点应变值已达到或超过计算值；

(2)控制测点变位（或挠度）超过计算值；

(3)结构裂缝的长度、宽度、数量明显增加；

(4)实测变形分布规律异常；

(5)结构发生异常声响或其他异常情况；

(6)斜拉索或吊索（杆）实测索力增量超过计算值。

13.【答案】ABC

【解析】自振特性测定的激励方式有3种：环境随机振动激励（即脉动法）、衰减自由振动激励（如行车余振激励、跳车激励、重物冲击等）和共振法（即强迫振动法）。因共振法涉及大型激振设备的运输和安装不便等问题，现场已很少应用。行车试验属结构动力响应测定的激励方法。

14.【答案】CD

【解析】配筋混凝土桥梁承载力检算评定的分项检算系数包括：承载力检算系数Z_1或Z_2、混凝土截面折减系数ξ_c、钢筋截面折减系数ξ_s、承载能力恶化系数ξ_e以及活载影响修正系数ξ_q。

15.【答案】BCDE

【解析】激光断面仪的测量原理是极坐标法，即通过测量直接获得围岩上各测点到断面仪测头的距离和角度信息，亦即获得了以断面仪测点为极点的极坐标系中各测点的坐标值（矢径和角坐标），将这些点连接起来就是隧道的实际开挖轮廓线，计算实际开挖轮廓线的面积可得到实际开挖量，将实际轮廓线与设计轮廓线对比则可得到超、欠挖量。

16.【答案】CD

【解析】隧道混凝土衬砌外观质量应符合下列规定:

(1)蜂窝麻面面积不得超过该面总面积的0.5%,深度不得超过10mm。

(2)隧道衬砌钢筋混凝土结构裂缝宽度不得超过0.2mm,素混凝土结构裂缝宽度不得超过0.4mm。

17.【答案】ABCD

【解析】隧道围岩稳定可根据位移速率和位移速率变化来判断。

根据位移速率判定:速率大于1mm/d时,围岩处于急剧变形状态,应加强初期支护;速率变化在0.2~1.0mm/d时,应加强观测,做好加固准备;速率小于0.2mm/d时,围岩达到基本稳定。

根据位移速率变化趋势判断:当围岩位移速率不断下降时,围岩处于稳定状态;当位移速率变化保持不变时,围岩尚不稳定,应加强支护;当位移速率变化上升时,围岩处于危险状态,须立即停止掘进,采取应急措施。

18.【答案】ABCD

【解析】隧道工程的防排水系统包括初期支护与二次衬砌之间铺设的防水层、二次衬砌、环向排水管、纵向排水管、横向导水管、深埋水沟、路侧边沟。

19.【答案】BC

【解析】中间段路面平均照度现场检测,应视隧道长度不同,测区总长度可占隧道总长度的5%~10%;各测区测点布置为:纵向取灯具间距长度均匀布置10个测点,横排测点由中间向两边均匀布置,分别为路中心、行车道中线、路缘点、侧墙2m处。以测区内所有测点照度的均值作为该段路面平均照度值。

20.【答案】ABD

【解析】公路隧道技术状况评定,有以下情形之一时,土建结构技术状况应直接评为5类:

(1)隧道洞口边坡不稳定,出现严重的边坡滑动、落石等现象;

(2)隧道洞门结构大范围开裂,砌体断裂、脱落现象严重,可能危及行车道内的通行安全;

(3)隧道拱部衬砌出现大范围开裂、结构性裂缝深度贯穿衬砌混凝土;

(4)隧道衬砌结构发生明显的永久变形,且有危及结构安全和行车安全的趋势;

(5)地下水大规模的涌流、喷射,路面出现涌泥沙或大面积严重积水等威胁交通安全的现象;

(6)隧道路面发生严重隆起,路面板严重错台、断裂,严重影响行车安全;

(7)隧道洞顶各种预埋件和悬吊件严重锈蚀或断裂,各种桥架和挂件出现严重变形或脱落。

四、综合题

1.【答案】(1)ABC (2)BCD (3)D (4)C (5)B

【解析】(1)单平面平测法超声波无法深入混凝土结构内部,选项D错误。混凝土内部空洞的检测一般采用平面对测法、钻孔或预埋管测法。

(2)选项A错误,若裂缝中有水或泥浆,超声波经水介质耦合从裂缝中穿过,测试结果不能真实反映裂缝深度。当裂缝部位具有两个相互平行的测试面时,可采用对测法检测裂缝深度,不具备此条件时,可采用单面平测法或钻孔法检测。单面平测法适用检测深度不超过500mm的裂缝(称为浅裂缝);对于深度超过500mm的深裂缝,采用平测法超声波绕射距离过长,脉冲信号衰减剧烈,接收信号过小,难以得到可靠结果,此时可采用钻孔法检测,即在裂缝两侧钻孔后放置径向换能器进行测试。

(3)根据公式 $v = L/(t - t_0)$ 计算超声波声速,即:$497/(144.5-4.5)=3.55(\mathrm{mm/\mu s})=3.55\mathrm{km/s}$。

(4)超声波单面平测法检测裂缝深度的示意见下图。

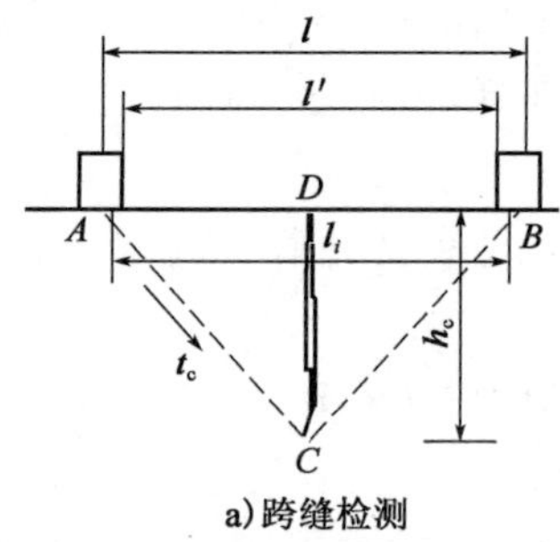

a)跨缝检测

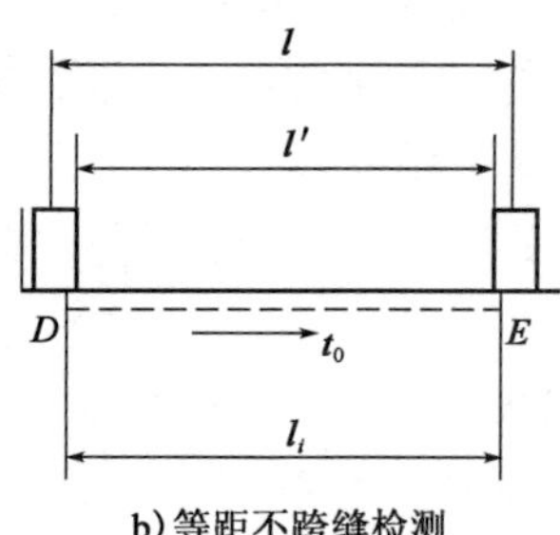

b)等距不跨缝检测

超声波单面平测法检测裂缝深度示意图

先在无裂缝区域测得完好混凝土的声速 v,再将两换能器置于以裂缝为对称轴的两侧进行跨缝测试,超声波遇到裂缝时发生绕射,最快传播路径为 ACB。如图所示,换能器 A、裂缝表面 D 及裂缝末端 C 三点构成一直角三角形,求解 CD 的长度即为裂缝深度 h_{ci}。超声波实际传播距离为 $l_s = l_{AC} + l_{BC} = 2 \times l_{AC}$,可由该测点的声时 t_i 及混凝土中的声速 v 求得,即 $l_s = v \times t_i$,则根据几何关系有:

$$h_{ci} = l_{CD} = \sqrt{l_{AC}^2 - l_{AD}^2} = \sqrt{\left(\frac{l_s}{2}\right)^2 - \left(\frac{l_i}{2}\right)^2} = \sqrt{\left(\frac{v \cdot t_i}{2}\right)^2 - \left(\frac{l_i}{2}\right)^2} = \frac{l_i}{2} \cdot \sqrt{\left(\frac{v \cdot t_i}{l_i}\right)^2 - 1}$$

根据题述条件,可计算得到在此测距计算的裂缝深度约为82mm。

(5)根据多个测距跨缝测试的数据分别计算裂缝深度 h_i 后,最终的实测裂缝深度 h 应按以下方式确定:

①当跨缝测量中,发现某测距处首波反相时,取该测距及两个相邻测距下测得的裂缝深度计算值的均值为该裂缝的深度值 h;

②如未发现首波反相,将各测距 l_i 小于 m_{hc} 及大于 $3m_{hc}$ 对应之 h_i 剔除后(m_{hc} 为各测点裂缝深度平值),取余下 h_l 的均值作为该裂缝的深度值(h_c)。本题2号裂缝深度 $h=(92+96+97)/3=95(\mathrm{mm})$。

2.【答案】(1)ACD　(2)BC　(3)BC　(4)BD　(5)C

【解析】(1)锚桩横梁反力装置的加载设备为千斤顶,压重平台反力装置采用重物加载,B选项错误;锚桩一般采用4根,入土较浅或土质松软时,可增至6根,C选项正确。

(2)基桩竖向静载试验的沉降观测可采用大量程百分表或电子位移计,测量误差不大于

0.1% FS,分辨率优于0.01mm。对直径或边宽大于0.5m的桩,应在桩径的两个正交方向对称安装4个测点。

(3)慢速维持荷载法的加载分级和沉降观测的要求包括:

加载分级:不宜少于10级,每级为最大荷载或预估极限承载力的1/15~1/10,最大荷载不应小于设计荷载的2倍。

沉降观测:每级加载后,每隔15min观测一次,累计1h后,每隔30min观测一次,沉降达到稳定标准后方可施加下一级;

(4)慢速维持荷载法基桩静压试验,当符合下列情形之一时,应终止加载:

①总位移量大于或等于40mm,本级荷载沉降量大于或等于前一级荷载下沉降量的5倍时;

②总位移量大于或等于40mm,本级荷载施加后24h尚未达到相对稳定标准时;

③巨粒土、砂类土、坚硬黏质土中,总下沉量小于40mm,但荷载已大于或等于设计荷载与设计规定的安全系数的乘积时;

④施工过程中的检验性试验,荷载一般应施加到桩的2倍设计荷载为止。

(5)略。

3.【答案】(1)ABCD (2)BCD (3)AB (4)CD (5)B

【解析】(1)除4个选项内容外,桥梁定期检查工作内容还包括:现场填写"桥梁定期检查记录表",记录各部件缺损状况并作出技术状况评分;对难以判断缺损原因和程度的部件,提出特殊检查要求。

(2)盖梁被划分为下部结构,A选项错误。梁式桥上部结构的检查内容较多,可详见相关规范。

(3)5类桥梁技术状况单项控制指标共有14项,详见考试教材,限于篇幅,不再赘述。D选项错误,扩大基础冲刷深度大于设计值,冲空面积达20%以上方能直接评定为5类桥。5类桥单项控制指标属重要信息,需在理解的基础上加以记忆。

(4)部件评分根据该部件所有构件的平均评分、最低评分及构件数量计算得到,选项A错误,选项C正确。桥梁技术状况评定中,只有各部件和各结构有各自的权重值,构件没有权重值,选项B错误。桥梁主要部件的评定标度分1~5类,次要部件分1~4类,标度值越大,技术状况越差,选项D正确。

(5)桥梁桥面系、上部结构和下部结构的权重分别为0.2、0.4和0.4,则该桥技术状况得分为:$90.0\times0.2+82.0\times0.4+84\times0.4=84.4$,则该桥的整体技术状况等级为2类,相关信息见下表。

桥梁总体及结构技术状况分类界限表

技术状况评分	技术状况等级 D_r				
	1类	2类	3类	4类	5类
D_r ($SPCI$、$SBCI$、$BDCI$)	[95,100]	[80,95)	[60,80)	[40,60)	[0,40)

注:当上部结构和下部结构技术状况等级为3类、桥面系技术状况等级为4类,且桥梁总体技术状况评分为$40\leq D_r<60$时,桥梁总体技术状况等级应评定为3类。

4.【答案】(1)C　(2)ACD　(3)BCD　(4)BC　(5)A

【解析】(1)桥梁加固设计的荷载等级为公路—I 级,当然也应按此荷载等级进行桥梁承载能力评定。

(2)基于结构技术状况检查与检算的桥梁承载能力评定,现场的技术状况检查工作内容包括:结构构件缺损状况、材质状况、状态参数及实际运营荷载状况的检查及调查。

(3)混凝土截面折减系数根据混凝土风化、碳化和物理化学损伤的检查结果确定。

(4)承载能力检算系数评定标度 D 不能直接判定承载能力是否满足要求,规范规定:$D<3$ 时,可不作正常使用极限状态检算,A、D 选项错误。D 值越大表明桥梁结构的总体性能越差,承载能力检算系数 Z_1 取值应越小,对结构抗力效应的折减越多,C 选项正确。

(5)跨中截面实际抗力效应与实际荷载效应的比值在 1.0 ~ 1.2 之间,承载能力不明确,按规范应通过荷载试验验证其承载能力。

5.【答案】(1)ABCD　(2)BC　(3)ABC　(4)BD　(5)AD

【解析】(1)略。

(2)喷射混凝土的施工工艺分为干喷、潮喷和湿喷,隧道施工中要求采用湿喷工艺,潮喷与干喷相近,在干喷的拌和料中适量加水即为潮喷。喷射混凝土回弹率拱部不应大于 25%,边墙不应大于 15%。

(3)依据《公路工程质量检验评定标准　第一册　土建工程》(JTG F80/1—2017),喷射混凝土平整度不属于质量检验的实测项目,而模筑衬砌混凝土的质量检验包含了墙面平整度这一实测项目。

(4)《公路工程质量检验评定标准　第一册　土建工程》(JTG F80/1—2017)规定,喷射混凝土背后不允许存在空洞、杂物;喷层厚度采用凿孔法检测时每 10m 检查 1 个断面,每个断面从拱顶中线起每 3m 测 1 点。

(5)单洞两车道或三车道隧道每 10 延米应至少在拱部和边墙各取 1 组(3 个试件),因此应至少制取 18 个试件;喷射混凝土强度合格标准为:当同批试件组数 ≥10 时,试件抗压强度平均值应不低于设计值,任一组试件抗压强度不低于 0.85 倍设计值;当同批试件组数 <10 时,试件抗压强度平均值应不低于 1.05 倍设计值,任一组试件抗压强度不低于 0.9 倍设计值。

6.【答案】(1)ACD　(2)ABC　(3)ABC　(4)B　(5)ACD

【解析】(1)隧道注浆工程采用的注浆材料,应满足浆液黏度低、流动性好、渗透力强、凝结时间可按要求控制等要求,B 选项错误。

(2)注浆材料的主要性能指标包括黏度、渗透能力、凝胶时间、渗透系数和抗压强度。D 选项错误。

(3)以堵水为目的的注浆宜采用凝固时间短、强度较高的双液浆或其他化学浆液,水溶性聚氨酯浆液和水玻璃类为化学浆,水泥 - 水玻璃为双液浆。超细水泥浆液为单液浆,主要用于加固围岩。

(4)化学浆液黏度测定的恒温水的温控精度要求为 25℃ ±1℃。

(5)注浆效果检查的方法有通常有以下 3 种:

①分析法:分析注浆记录,查看注浆压力、注浆量是否达到设计要求,注浆过程中漏浆、跑

浆情况,以浆液注入量估算浆液扩散半径,分析是否与设计相符。

②检查孔法:用地质钻机按设计孔位和角度钻检查孔,提取岩芯进行鉴定。同时测定检查孔的吸水量(漏水量),单孔,全段应小于20L/(min·m)。

③物探无损检测法:用地质雷达、声波探测仪等物探仪器对注浆前后岩体声速、波速、振幅及衰减系数等进行无损探测,以判断注浆效果。

注浆效果如未达到设计要求,应补充钻孔再注浆。

第四部分　交通工程

模拟试题一

说明:1. 本模拟试题设置单选题 30 道、判断题 30 道、多选题 20 道、综合题 7 道,总计 150 分;模拟自测时间为 150 分钟。

2. 本模拟试题仅供考生进行考前自测使用。

一、单项选择题(共 30 题,每题 1 分,共 30 分)

1. 高速公路的公路服务水平至少应不低于(　　)。

A. 一级　　B. 二级　　C. 三级　　D. 四级

2. 在计算机系统中,构成虚拟存储器(　　)。

A. 只需要一定的硬件资源便可实现　　B. 只需要一定的软件即可实现

C. 既需要软件也需要硬件方可实现　　D. 既不需要软件也不需要硬件

3. 光源色温超过 5300K 时(　　)。

A. 光色偏红　　B. 光色偏黄　　C. 光色偏绿　　D. 光色偏蓝

4. 编码器属于(　　)。

A. 时序逻辑电路　　B. 组合逻辑电路

C. 触发器　　D. 振荡器

5. 某公路设计文件指定了某标准 JT/T　×××—××××,则该标准对该项目为(　　)。

A. 强制性行业标准　　B. 推荐性行业标准

C. 推荐性标准　　D. 强制性标准

6. 在验收型检验中,对破坏性或检测时间较长的检验项目而规定的样本大小称为(　　)。

A. 一般样本数　　B. 特殊样本数

C. 孤立样本数　　D. 随机样本数

7. 循环盐雾试验严酷等级(1)为(　　)。

A. 4 个喷雾周期,每个 2h,每组喷雾周期后有一个为期 7d 的湿热储存周期

B. 8 个喷雾周期,每个 4h,每组喷雾周期后有一个为期 7d 的湿热储存周期

C. 2 个喷雾周期,每个 2h,每组喷雾周期后有一个为期 22h 的湿热储存周期

D. 4 个喷雾周期,每个 2h,每组喷雾周期后有一个为期 5d 的湿热储存周期

8. 基底为非金属防腐涂层,其厚度检测所用仪器一般是(　　)。

A. 电涡流测厚仪　　B. 磁性测厚仪

C. 超声波测厚仪　　D. 射线测厚仪

9. 接地电阻测试仪的工作原理为(　　)。

A. 电位极 P_2上的电压/电流极 C_2上的电流

B. 电流极 C_2上的电流/电位极 P_2上的电压

C. 辅助电流极 C_1上的电流/辅助电位极 P_1上的电压

D. 辅助电位极 P_1上的电压/辅助电流极 C_1上的电流

10. 标志板下缘至路面净空高度允许误差为(　　)。

A. -50mm　　B. +50mm　　C. +100mm　　D. +150mm

11. 逆反射系数为(　　)。

A. R_A = 发光强度系数/试样表面面积　　B. R_A = 发光强度/试样表面面积

C. R_A = 发光亮度系数/试样表面面积　　D. R_A = 发光亮度/试样表面面积

12. 公路交通标线的交竣工验收依据为(　　)。

A.《道路交通标志和标线》(GB 5768—2009)

B.《道路交通标线质量要求和检测方法》(GB/T 16311—2009)

C.《公路工程质量检验评定标准》(JTG F80/1—2017)

D.《道路交通标线》(GB 57768—2012)

13. 反光型涂料中含玻璃珠成分为(　　)。

A. 10% ~20%　　B. 18% ~25%　　C. 20% ~30%　　D. 25% ~35%

14. 路侧的波形梁护栏和混凝土护栏的防护等级为(　　)。

A. B、A、SB、SA、SS 五级

B. C、B、A、SB、SA、SS 六级

C. C、B、A、SB、SA、SS、HB 七级

D. C、B、A、SB、SA、SS、HB、HA 八级

15. 两波形梁钢护栏 G-F 钢管立柱尺寸为(　　)mm。

A. ϕ114 ×4.5　　B. ϕ130 ×4.5　　C. ϕ140 ×3.5　　D. ϕ140 ×4.5

16. 隔离栅钢丝镀锌层附着量分级为(　　)。

A. Ⅰ ~ Ⅱ级　　B. Ⅰ ~ Ⅲ级　　C. Ⅰ ~ Ⅳ级　　D. Ⅰ ~ Ⅴ级

17. 防眩板通用理化性能之一的抗风荷载 F 取值为(　　)。

A. 1547.5N/m^2　　B. 1647.5N/m^2

C. 1747.5N/m^2　　D. 1847.5N/m^2

18. 突起路标黄色的亮度因数要求(　　)。

A. ≥0.25　　B. ≥0.35　　C. ≥0.45　　D. ≥0.55

19. 轮廓标柱体上部黑色标记的中间应镶嵌的矩形逆反射材料尺寸为(　　)。

A. 130mm ×30mm　　B. 150mm ×30mm

C. 180mm ×40mm　　D. 200mm ×40mm

20. 生产硅芯管的主料应使用符合规定的高密度(　　)。

A. 聚乙烯挤出级树脂　　B. 聚氯乙烯挤出级树脂

C. 聚丙烯挤出级树脂　　D. 聚氯丙烯挤出级树脂

21. 机电工程关键项目的合格率不小于(　　)。

A. 70%　　B. 80%　　C. 90%　　D. 100%

22. 车辆检测器交通量计数精度允许误差为(　　)。

A. ±0.5%　　B. ±1%　　C. ±2%　　D. ±3%

23. 车辆检测器、气象检测器、可变情报板等外场设备的数据传输性能标准为(　　)。

A. BER≤10^{-6}　　B. BER≤10^{-7}

C. BER≤10^{-8}　　D. BER≤10^{-9}

24. 高速公路数字通信网中,传输和交换信息的核心设备是(　　)。

A. 计算机　　B. 数字交换设备

C. 编码器　　D. 路由器

25. 以下不属于网络传输性能考核技术指标的是(　　)。

A. 误码特性　　B. 抖动性能　　C. 漂移性能　　D. 传输速率

26. 构成高速公路收费系统的基本系统是(　　)。

A. 省收费结算中心计算机系统

B. 收费站计算机系统

C. 收费站电视系统

D. 收费站业务电话系统

27. 汽车号牌视频自动识别系统输出的数字图片格式为(　　)。

A. BMP　　B. JPG　　C. PCX　　D. PNG

28. 公路沿线站点的供电负荷级别通常为(　　)。

A. 特级　　B. 一级　　C. 二级　　D. 三级

29. 公路照明灯的工作电压范围和照度调试范围分别为(　　)。

A. 150 ~ 250V,0 ~ 100 lx　　B. 150 ~ 280V,0 ~ 100 lx

C. 185 ~ 250V,0 ~ 50 lx　　D. 185 ~ 250V,0 ~ 100 lx

30. 采用显色指数 33 < Ra < 60、相关色温 2000 ~ 3000K 的钠光源时,车速 60km/h ≤ v < 90km/h 时的烟尘设计浓度上限为(　　)。

A. 0.0055m^{-1}　　B. 0.0060m^{-1}　　C. 0.0065m^{-1}　　D. 0.0070m^{-1}

二、判断题(共 30 题,每题 1 分,共 30 分)

1. 公路服务水平是指驾驶员感受公路交通流运行状况的质量指标,通常用行驶时间、驾驶自由度和交通延误等指标表征。(　　)

2. 辐射功率相等时,波长 555nm 的黄绿光比波长 650nm 的红光的光通量大 10 倍。(　　)

3. 称重判定不适用对某种金属耐腐蚀质量进行考核。(　　)

4. 标准体系的基本结构可分为基础标准、服务标准、技术标准、产品标准四类。(　　)

5. 从路段长度规定的检查频率是双车道路段的最低检查频率,对多车道应按车道数与双

车道之比相应增加检测量。 ( )

6. 抽样时根据批量大小、接收质量限等因素决定出样本大小和判定数组。 ( )

7. 交通机电产品耐温度交变试验通常用"两箱法",低温为 -50℃,高温为 +70℃。 ( )

8. 工厂验收在供货方检验合格的批中抽样,工地抽验在工厂验收合格的批中抽样,监督抽查可在任何时间、地点对产品进行抽样。 ( )

9. 外场机电设备宜采用 NT 系统接地。 ( )

10. 标志板立柱的竖直度允许偏差为 3mm/m。 ( )

11. 在Ⅰ类逆反射系数 R_A 值表中,最小逆反射系数值要求最低的颜色为白色。 ( )

12. 干燥状态下标线逆反射亮度系数的测试观测角为 1.24°、入射角为 88.76°,测试仪器沿行车方向平放进行测试。 ( )

13. 有突起型效果的标线涂料是热熔型和水性涂料。 ( )

14. 双组份路面标线涂料干膜厚度一般控制在 0.4 ~2.5mm 之间。 ( )

15. 三波形梁钢护栏由三波形梁板、过渡板、立柱、防阻块、横隔梁、端头、拼接螺栓、连接螺栓、加强横梁等构件组成。 ( )

16. 桥梁护网应做防雷接地处理,接地电阻应小于 4Ω。 ( )

17. 玻璃钢防眩板的氧指数(阻燃性能)要求≥26%。 ( )

18. A 类(A1、A2、A3)逆反射型突起路标,其逆反射体颜色系数为白色 1.0、黄色 0.6、红色 0.2、绿色 0.3、蓝色 0.1,A3 类发光强度系数最高。 ( )

19. 弹性柱式轮廓标柱体经不小于 30 次折弯后,不应出现裂缝或折断的现象,其顶部任意水平方向的残余偏斜应不大于 50mm。 ( )

20. 硅芯管色条颜色为蓝、橙、荧光橙、绿、棕、灰、白、红、黑、黄、荧光黄、紫、粉红、青绿。 ( )

21. 检验项目评为不合格的,应进行整修或返工处理直至合格。 ( )

22. 按照用户对数据传输速率的不同需求和不同应用场合,将对称布线分类为:C 级(3 类电缆布线,最高工作频率 16MHz)、D 级(5/5e 类电缆,100MHz)、E 级(6 类电缆,250MHz)、EA 级(6A 类电缆,500MHz)、F 级(7 类电缆,600MHz)、7A 级(7A 类电缆,1000MHz)6 个级别。 ( )

23. 可变限速标志发光单元(红、黄色)色度坐标的判定按 JT/T 431 规定。 ( )

24. 高速公路通信系统业务网的业务,主要包括电话联络、监控、收费数据及图像传输、办公自动化等。 ( )

25. 数据电路就是数据链路。 ( )

26. 环形线圈电感量用凯文电桥实测。 ( )

27. 汽车号牌视频自动识别系统的彩色不小于 16 位。 ( )

28. 收费广场各车道宜采用集中供电方式。 ( )

29. 宜在气体放电灯的配电线路或灯具内设置补偿电容,使功率因数大于 0.9。 ( )

30. 隧道入口段的照明可分基本照明和加强照明。 ( )

三、多项选择题（共 20 题，每题 2 分，共 40 分。下列各题的备选项中，至少有两个符合题意，选项全部正确得满分，选项部分正确按比例得分，出现错误选项该题不得分）

1. 计算机网络按拓扑结构可分为（　　）。
A. 星形网络　　B. 环形网络　　C. 总线网络　　D. 互联网络

2. IP 防水等级和防尘等级分为（　　）。
A. IPX0 ~ IPX9　　B. IP0X ~ IP6X
C. IPX1 ~ IPX9　　D. IP1X ~ IP6X

3. 验收型检验使用的标准为（　　）。
A.《计数抽样检验程序按极限质量 LQ 检索的孤立批检验》（GB/T 15239—1994）
B.《计数抽样检验程序　第 1 部分：按接收质量限（AQI）检索的逐批检验抽样计划》（GB/T 2828.1—2008）
C.《计数抽样检验程序　第 1 部分：按接收质量限（AQI）检索的逐批检验抽样计划》（GB/T 2828.1—2012）
D.《计数抽样检验程序　第 2 部分：按极限质量水平（LQ）检索的孤立批检验抽样方案》（GB/T 2828.2—2008）

4. 随机误差的统计规律有（　　）。
A. 对称性　　B. 有界性　　C. 重复性　　D. 单峰性

5. 电流表的使用方法为（　　）。
A. 电流表要串联在电路中　　B. 测交流电流时注意极性
C. 禁止电流表直接连到电源的两极　　D. 选好量程

6. 常用的滤波器有（　　）。
A. 带阻滤波器　　B. 带通滤波器
C. 互通滤波器　　D. 高通滤波器

7. 交通标志产品各项试验的判定规则为（　　）。
A. 每项试验至少检测 3 个数据（宜在不同试样上进行），取其平均值为检测结果
B. 检测数据全部符合标准要求，则判定该批产品合格
C. 检测数据有一项不符合标准要求，抽取双倍数量的产品对该项指标进行复检
D. 若复检合格，则判定该批产品合格；若复检不合格，则判定该批产品不合格

8. Ⅰ类反光膜逆反射系数 R_A 值表中，观测角有（　　）。
A. 0.2°　　B. 0.5°　　C. 1°　　D. 1.5°

9. 测试湿膜厚度试板要求为（　　）。
A. 厚度 0.3mm 以上、面积为 100mm × 300mm 光亮平整的金属片
B. 厚度 0.3mm 以上、面积为 300mm × 500mm 光亮平整的金属片
C. 厚度 2mm 以上、面积为 200mm × 300mm 的玻璃片
D. 厚度 2mm 以上、面积为 300mm × 500mm 的玻璃片

10. 遮盖率 z 为(　　)。
A. 涂覆于亮度因数不超过5%黑色底板上的路面标线涂料的遮盖力 C_L
B. 涂覆于亮度因数不低于80%白色底板上的路面标线涂料的遮盖力 C_h
C. $z = C_L/C_h$
D. $z = C_h/C_L$
11. 波形梁钢护栏立柱形位公差应符合(　　)。
A. 立柱弯曲度应不大于1.0mm/m
B. 总弯曲度应不大于立柱定尺长度的0.15%
C. 不得有明显的扭转,不得焊接加长,端部毛刺应清除
D. 立柱端面切口应垂直,其垂直度公差应不超过1°
12. 隔离栅立柱(含斜撑和门柱)产品可分为(　　)。
A. 直焊缝焊接钢管立柱
B. 冷弯等边槽钢和冷弯内卷边槽钢立柱
C. 方管和矩形管立柱
D. 燕尾立柱和混凝土立柱
13. 防眩板理化性能分为(　　)。
A. 防眩板通用理化性能　　B. 玻璃钢防眩板理化性能
C. 塑料防眩板理化性能　　D. 钢质金属基材防眩板理化性能
14. 护栏按5~10km路段划分分部工程,下属再划分项工程的有(　　)。
A. 波形梁护栏　　B. 缆索护栏
C. 混凝土护栏　　D. 中央分隔带开口护栏
15. 对环行线圈测试的主要技术指标包括(　　)。
A. 线圈的截面积　　B. 线圈的 Q 值
C. 线圈对地绝缘电阻　　D. 线圈的电感量
16. 公路数据通信网具有的特点有(　　)。
A. 面向终端通信网　　B. 专用数据通信网
C. 环形链路　　D. 数据通信网上的局域计算机网
17. 下列检查项目中,属于收费设施入口车道功能测试项目的有(　　)。
A. 车道信号灯　　B. 自动栏杆动作
C. 脚踏报警　　D. 每辆车平均处理时间
18. 某单相交流电路的负载为2.2kW,若要测量其电流,则可采用(　　)。
A. 万用表　　B. 钳形电流表
C. 交流电流表　　D. 直流电流表
19. 公路照明应采用的灯具类型为(　　)。
A. 截光型　　B. 半截光型
C. 抛物面型灯具　　D. 漫反射灯具
20. CO检测器试验用标准气样规格(　　)。
A. 2×10^{-6}　　B. 5×10^{-6}　　C. 7×10^{-6}　　D. 15×10^{-6}

四、综合题(从7道大题中选答5道大题,每道大题10分,共50分。下列各题的备选项中,有一个或一个以上符合题意,选项全部正确得满分,选项部分正确按比例得分,出现错误选项该题不得分)

1. 外壳类型为第二种类型(外壳内气压与周围大气压力相同)的设备,IP防护第一位特征数字为5和6的防尘试验,试回答下列相关问题。

(1)试验设备有( )。

A. 密闭防尘试验箱　　B. 粉末循环泵

C. 金属方孔筛　　D. 鼓风机(300L/min)

(2)金属方孔筛的规格为( )。

A. 筛孔尺寸75μm　　B. 筛孔尺寸100μm

C. 金属丝直径50μm　　D. 金属丝直径75μm

(3)滑石粉用量为( )。

A. $1kg/m^3$　　B. $2kg/m^3$　　C. $3kg/m^3$　　D. $4kg/m^3$

(4)被试设备放入试验箱内( )。

A. 按正常工作位置放置

B. 按最大接受粉尘位置放置

C. 设备在正常情况下开启的泄水孔在试验期间保持开启

D. 设备在正常情况下开启的泄水孔在试验期间保持关闭

(5)被试件放入试验箱,开启粉末循环泵,不停地扬尘,试验后机壳内无明显灰尘沉积,即认为试验合格。试验时间为( )。

A. 8h　　B. 12h　　C. 16h　　D. 24h

2. 试回答下列绝缘电阻的相关问题。

(1)绝缘电阻测试仪的类型有( )。

A. 手摇发电机式绝缘电阻测试仪　　B. 电子式绝缘电阻测试仪

C. 霍尔元件式绝缘电阻测试仪　　D. 超声式绝缘电阻测试仪

(2)机电设备绝缘电阻测试时,对绝缘电阻测试仪准确度要求为( )。

A. 0.5级　　B. 1.0级

C. 2.5级　　D. 无具体规定

(3)绝缘电阻测试仪各端子名称为( )。

A. "地"(E)端钮　　B. "线"(L)端钮

C. "屏"(G)端钮　　D. "放"(F)端钮

(4)测量时各端子接线为( )。

A. "地"(E)端钮与被测设备的外壳或接地端相连(黑表笔)

B. "线"(L)端钮,应与被测设备的导线相连(红表笔)

C. "屏"(G)端钮与"线"端钮外面的一个铜环连接(测屏蔽电缆才用)

D. "放"(F)端钮为放电端钮,与电源接地相连接

(5)测试注意点及常见问题有( )。

A. 测试前将被测设备控制机箱内的空气开关断开

B. 测试前取下被测设备的防雷模块

C. 测试仪输出电压设置到 500V 挡

D. 测试完毕后注意将红黑表笔短接放电

3. 试回答普通型水性路面标线涂料性能要求的相关问题。

(1)其遮盖率为(　　)。

A. 白色≥90%　　B. 白色≥95%

C. 黄色≥80%　　D. 黄色≥85%

(2)其耐水性试验为在水中浸(　　)。

A. 24h　　B. 36h　　C. 48h　　D. 60h

(3)冻融稳定性为在(　　)。

A. -5℃ ±2℃条件下放置 18h 后,立即置于 23℃ ±2℃条件下放置 6h 为 1 个周期

B. -10℃ ±2℃条件下放置 24h 后,立即置于 23℃ ±2℃条件下放置 8h 为 1 个周期

C. 3 个周期后应无结块、结皮现象,易于搅匀

D. 5 个周期后应无结块、结皮现象,易于搅匀

(4)其早期耐水性为(　　)。

A. 在温度为 20℃ ±2℃,湿度为 85% ±3% 的条件下

B. 在温度为 23℃ ±2℃,湿度为 90% ±3% 的条件下

C. 在温度为 25℃ ±2℃,湿度为 95% ±3% 的条件下

D. 实干时间≤120min

(5)其附着性为(　　)。

A. 划圈法≤2 级　　B. 划圈法≤3 级

C. 划圈法≤4 级　　D. 划圈法≤5 级

4. 试回答波形梁钢护栏工程质量检验评定标准的相关问题。

(1)波形梁钢护栏工程质量检验评定基本要求为(　　)。

A. 波形梁钢护栏产品应符合《波形梁钢护栏》(GB/T 31439)的规定

B. 护栏立柱、波形梁、防阻块及托架的安装应符合设计和施工要求

C. 为保证护栏的整体强度,路肩和中央分隔带的土基压实度不应小于设计值的 90%

D. 波形梁护栏的端头处理及与桥梁护栏过渡段的处理应满足设计要求

(2)波形梁钢护栏工程质量检验评定实测项目有立柱竖直度、立柱埋置深度和(　　)。

A. 波形梁板基底金属厚度、立柱基底金属厚度

B. 横梁中心高度、立柱中距

C. 镀(涂)层厚度

D. 螺栓终拧扭矩

(3)波形梁钢护栏工程质量检验评定实测关键项目有(　　)。

A. 波形梁板基底金属厚度　　B. 立柱基底金属厚度

C. 横梁中心高度　　D. 镀(涂)层厚度

(4)波形梁钢护栏工程质量检验评定检测仪器有(　　)。

A. 千分尺　　B. 涂层测厚仪

C. 垂线、直尺　　D. 扭力扳手

(5)波形梁钢护栏工程质量检验评定外观鉴定项目有(　　)。

A. 护栏各构件表面应无漏镀、露铁、擦痕

B. 护栏线形应无凹凸、起伏现象

C. 梁板搭接正确,垫圈齐备,螺栓紧固。防阻块等安装到位

D. 梁板和立柱不得现场焊割和钻孔,立柱及柱帽安装牢固

5. 试回答下列反光标线逆反射亮度系数实测检验评定的相关问题。

(1)逆反射亮度系数实测按标线用途可分为(　　)。

A. 非雨夜反光标线　　B. 雨夜反光标线

C. 非立面反光标线　　D. 立面反光标线

(2)非雨夜反光标线分级为(　　)。

A. 甲、乙、丙、丁　　B. 1、2、3、4、5

C. Ⅰ、Ⅱ、Ⅲ、Ⅳ　　D. A、B、C、D、E

(3)非雨夜白色反光标线最高级别的逆反射亮度系数为(　　)。

A. $175mcd \cdot m^{-2} \cdot lx^{-1}$　　B. $225mcd \cdot m^{-2} \cdot lx^{-1}$

C. $450mcd \cdot m^{-2} \cdot lx^{-1}$　　D. $650mcd \cdot m^{-2} \cdot lx^{-1}$

(4)雨夜反光标线逆反射亮度系数的检测环境为(　　)。

A. 室内标准环境　　B. 干燥

C. 潮湿　　D. 连续降雨

(5)标线逆反射亮度系数的测试仪器和频率为(　　)。

A. 标线逆反射测试仪

B. 干湿表面逆反射标线测试仪

C. 每 1km 测 3 处,每处测 6 点

D. 每 1km 测 1 处,每处测 9 点

6. 试回答环形线圈车辆检测器试验的相关问题。

(1)环形线圈车辆检测器一般应在下列条件下进行试验(　　)。

A. 环境温度:15~35℃　　B. 相对湿度:25%~75%

C. 大气压力:86~106kPa　　D. 常态人工加速老化条件下

(2)环形线圈车辆检测器测试结果的处理(　　)。

A. 一般对可重复的客观测试项目进行 3 次测试,取算术平均值作为测试结果

B. 给出测试结果的测量不确定度

C. 主观测试项目,测试人员应不少于 2 人

D. 测试结果分为合格、不合格两级

(3)环形线圈车辆检测器车速相对误差试验仪器为(　　)。

A. 雷达测速仪　　B. 可见光视频测速仪

C. 红外视频测速仪　　D. 环形线圈车辆检测器

(4)环行线圈车辆检测器功能技术要求有(　　)。

A. 交通信息采集功能和自检功能

B. 逻辑识别线路功能和本地操作与维护功能

C. 灵敏度调整功能

D. 数据通信接口使用 11 针 RS485 阴性插座

(5)环行线圈车辆检测器性能技术要求有(　　)。

A. 车速相对误差小于 3%

B. 车流量相对误差不大于 2%

C. 输入端通过 20Ω 以上的外部电阻接到地,检测器应能正常工作

D. 感应线圈的电感在 50 ~ 700μH 之间时,检测器应能正常工作

7. 试回答关于出口车道实测项目的相关问题。

(1)电气安全方面的关键实测项目为(　　)。

A. 设备强电端子对机壳绝缘电阻(≥50MΩ)

B. 车道控制器安全接地电阻(≤4Ω)

C. 电动栏杆机安全接地电阻(≤4Ω)

D. 收费亭防雷接地电阻(≤10Ω)

(2)有关信号灯的实测项目为(　　)。

A. 收费天棚信号灯的色度和亮度

B. 收费车道内通行信号灯的色度和亮度

C. 车道信号灯动作响应

D. 手动栏杆与天棚信号灯的互锁功能

(3)有关电动栏杆和车道参数的实测项目和测试方法为(　　)。

A. 电动栏杆起落总时间(≤3.0s),用秒表测 10 次,取平均值

B. 电动栏杆动作响应(按规定流程动作,具有防砸车和水平回转功能),实际操作

C. 车道车辆检测器计数精度偏差(≤0.1%),人工记数核对,要大于 1000 辆

D. 环形线圈电感量(符合设计要求),用电感测量仪器实测

(4)收费设备的实测项目为(　　)。

A. 读写卡设备响应时间及对异常卡的处理

B. 专用键盘

C. 费额显示器

D. 收据打印机

(5)收费站通信网络的实测项目有(　　)。

A. 断网测试(断开车道控制器与光纤的连接)

B. 断电数据完整性测试

C. 断网测试(断开车道控制器与收费站的通信链路)

D. 误码测试

模拟试题二

说明：1. 本模拟试题设置单选题30道、判断题30道、多选题20道、综合题7道，总计150分；模拟自测时间为150分钟。

2. 本模拟试题仅供考生进行考前自测使用。

一、单项选择题（共30题，每题1分，共30分）

1. 公路监控设施分为（　　）。

A. A、B两个等级　　B. A、B、C三个等级

C. A、B、C、D四个等级　　D. A、B、C、D、E五个等级

2. 图示电路中，$V_A = 3V$，$V_B = 0V$，若二极管的正向压降忽略不计，则 V_F 为（　　）。

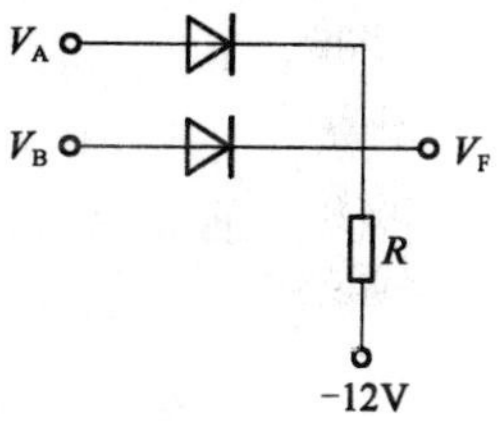

V_A　V_B　V_F　R　−12V

A. −12V

B. −9V

C. 0V

D. 3V

3. 光从光密介质进入光疏介质时折射光完全消失的现象称为（　　）。

A. 镜面反射　　B. 全反射　　C. 漫反射　　D. 逆反射

4. 我国低压配电设备都能适用的海拔为（　　）。

A. 500m及以下地区　　B. 1000m及以下地区

C. 1500m及以下地区　　D. 2000m及以下地区

5. 1984年ISO/TC提出的计算机网络7层协议中，最低层是（　　）。

A. 物理层　　B. 应用层　　C. 用户层　　D. 会话层

6. 采用GB/T 2828.1—2012检验时，转移规则的具体批次要求为（　　）。

A. 大于5　　B. 大于10　　C. 大于15　　D. 大于20

7. 盐雾试验结果的判定方法有（　　）。

A. 超声雾化法　　B. 评级判定法　　C. 数据统计法　　D. 经验判定法

8. 不含在随机误差统计规律性之内的项为（　　）。

A. 对称性　　B. 有界性　　C. 单峰性　　D. 随机性

9. 检测机电设备用绝缘电阻测试仪要求的工作电压和测试精度分别为（　　）。

A. 500V，0.5级　　B. 1000V，0.5级　　C. 500V，1.0级　　D. 1000V，1.0级

10. 蓝色标志表示（　　）。

A. 禁止、停止、危险　　B. 道路作业区的警告

C. 指令、遵循　　D. 警告

11. 耐候性能试验后反光膜光度色度指标的测试角为（　　）。

A. 观测角为 0.1°、入射角为 -4°、15°和 30°

B. 观测角为 0.2°、入射角为 -4°、15°和 30°

C. 观测角为 0.5°、入射角为 -4°、15°和 30°

D. 观测角为 1.0°、入射角为 -4°、15°和 30°

12. GB/T 16311—2009 中,纵向实线或间断线取样核查区域及测试点划分为(　　)。

A. 标线的起点、终点及中间位置,选取 3 个 50m 为核查区域,每核查区随机连续选取 10 个测试点

B. 标线的起点、终点及中间位置,选取 3 个 100m 为核查区域,每核查区随机连续选取 10 个测试点

C. 标线的起点、250m、中间、750m 及终点位置,选取 5 个 50m 为核查区域,每核查区随机连续选取 10 个测试点

D. 标线的起点、250m、中间、750m 及终点位置,选取 5 个 100m 为核查区域,每核查区随机连续选取 10 个测试点

13. 双组份路面标线涂料是一种(　　)。

A. 化学反应型路面标线涂料

B. 生物化学反应型路面标线涂料

C. 物理反应型路面标线涂料

D. 原子反应型路面标线涂料

14. 公路安全护栏是一种(　　)。

A. 横向吸能结构　B. 纵向吸能结构　C. 剪切吸能结构　D. 转矩吸能结构

15. 波形梁 BB03 调节板尺寸为(　　)mm。

A. 4320 × 310 × 85 × 3(4)　B. 3820 × 310 × 85 × 3(4)

C. 3320 × 310 × 85 × 3(4)　D. 2820 × 310 × 85 × 3(4)

16. 2.0mm < ϕ ≤ 2.2mm 隔离栅钢丝 Ⅰ 级单面平均镀锌层附着量为(　　)。

A. 110g/m^2　B. 230g/m^2　C. 290g/m^2　D. 350g/m^2

17. 防眩板通用理化性能之一的抗变形量 R 取值为(　　)。

A. ≤3mm/m　B. ≤5mm/m　C. ≤8mm/m　D. ≤10mm/m

18. 观测角 0.2°、水平入射角 0°时,A2 类白色突起路标的发光强度系数最小值为(　　)。

A. 279mcd · lx^{-1}　B. 379mcd · lx^{-1}

C. 479mcd · lx^{-1}　D. 579mcd · lx^{-1}

19. 普通柱式轮廓标用合成树脂类板材的实测厚度应不小于(　　)。

A. 1.5mm　B. 2.0mm　C. 2.5mm　D. 3.0mm

20. 32/26 规格硅芯管的壁厚及允差分别为(　　)。

A. 2.0mm,(+0.2mm,0)　B. 2.5mm,(+0.3mm,0)

C. 2.7mm,(+0.3mm,0)　D. 3.0mm,(+0.3mm,0)

21. 交通安全设施一般项目的合格率不小于(　　)。

A. 70%　B. 75%　C. 80%　D. 85%

22. 当汽车通过车辆检测器环形线圈时,其电感 L 的变化过程为(　　)。

A. 增大　B. 减小　C. 先增大再减小　D. 先减小再增大

23. CCTV 监控系统,如果传输信道存在非线性畸变,在不同亮度电平上的色度信号副载波幅度将受到不同程度的增大或衰减,从而造成色饱和畸变,该参数为(　　)。

A. 微分相位失真　B. 微分增益失真

C. 动态增益失真　D. 积分增益失真

24. 将模拟信号变成离散信号的环节是(　　)。

A. 采集　B. 变换　C. 抽样　D. 量化

25. SDH 同步数字传输系统中 STM-1 代表的传输速率为(　　)。

A. 155.080Mb/s　B. 155.520Mb/s

C. 622.080Mb/s　D. 622.520Mb/s

26. 从收费作弊贪污的可能性出发,为防止收费员利用车型作弊贪污,此时应选择的收费制式为(　　)。

A. 均一式　B. 开放式　C. 封闭式　D. ETC

27. 收费站联合接地电阻为(　　)。

A. ≤1Ω　B. ≤4Ω　C. ≤6Ω　D. ≤10Ω

28. 公路机电系统产品的电压适应性为(　　)。

A. 交流 220 ×(1 ±5%)V　B. 交流 220 ×(1 ±10%)V

C. 交流 220 ×(1 ±15%)V　D. 交流 220 ×(1 ±20%)V

29. 公路照明的维护系数通常取(　　)。

A. 0.60　B. 0.65　C. 0.70　D. 0.75

30. 隧道机电分部工程包含的分项工程有(　　)。

A. 10 个　B. 11 个　C. 12 个　D. 14 个

二、判断题(共 30 题,每题 1 分,共 30 分)

1. 安全是在人类生产过程中,将系统的运行状态对人类的生命、财产、环境可能产生的损害控制在人类能接受水平以下的状态。(　　)

2. 超声雾化法不容易控制盐雾沉降率。(　　)

3. 工频运行电压下,电气装置外绝缘的爬电距离应符合相应环境污染分级条件下的爬电比距要求。(　　)

4. TT 接地系统中系统有一个直接接地点,电气装置的外露可导电部分电气上接入与低压系统接地点有关的接地装置上。(　　)

5. IP65,表示产品可以完全防止粉尘进入并可用水冲洗,无任何伤害。(　　)

6. 耐候人工加速试验时,喷淋和氙灯冷却用水为导电电阻大于 0.5MΩ · cm 的纯净水。(　　)

7. 机房内设备耐机械振动试验时,9 ~150Hz 时按加速度控制,加速度为 $20m/s^2$。(　　)

8. 放宽检验条件下,出现不合格批被拒收,从下一个批次开始转入加严检验。(　　)

9. 除特殊规定外,机电产品的试验条件为环境温度:25 ~55℃;相对湿度:35% ~75%;大气压力:85 ~106kPa。(　　)

10. 标志板面逆反射系数采用逆反射系数测试仪测试,每块板每种颜色测2点。 (　　)

11. 反光膜如不具备旋转均匀性时,制造商应沿其逆反射系数值较大方向做出基准标记。 (　　)

12. 热熔型路面标线涂料成分中,主要成膜物为环氧树脂。 (　　)

13. 溶剂型、热熔型、双组份、水性四种标线涂料都有普通型和反光型两类产品。 (　　)

14. 玻璃珠的密度应在2.4～4.3g/cm^3的范围内。 (　　)

15. 三波形梁板、三波形梁背板、过渡板、立柱、防阻块、横隔梁、端头等构件等所用基底金属材料应为碳素结构钢,其力学性能及化学成分指标应不低于Q255牌号钢的要求。 (　　)

16. 隔离栅钢丝镀锌分两个级别,Ⅰ级适用于重工业、都市或沿海等腐蚀较严重地区,Ⅱ级适用于除重工业、都市或沿海等腐蚀较严重地区以外的一般场所。 (　　)

17. 防眩板热塑性粉末涂料涂层附着性能一般不低于2级。 (　　)

18. 浮充电为将充电电路和储能元件的供电电路并连接到负载上,充电电路在向负载供电的同时,仍向储能元件充电,只有当充电电路断开时储能元件才向负载供电的一种充电运行方式。 (　　)

19. 在行车道左侧或中央分隔带上应安装含白色逆反射材料的轮廓标。 (　　)

20. 公路通信管道主要有高密度聚乙烯硅芯塑料管、双壁波纹管、公路用玻璃纤维增强塑料管道、公路用玻璃纤维增强塑料管箱、梅花管、水泥管、镀锌钢管等。 (　　)

21. 轮廓标工程验收实测项目有安装角度(允许偏差0°～5°)、反射器中心高度(允许偏差±20mm)、柱式轮廓标竖直度(允许偏差±10mm/m)应符合相关要求。 (　　)

22. 网络对称布线的测试参数有网线接线图、布线长度、衰减、近端串扰、环路阻抗、远方近端串扰衰耗、相邻线对综合串扰、远端串扰与衰减比、近端串扰与衰减比、综合远端串扰比、回波衰耗、传输时延、传输回波比共13项。 (　　)

23. 测视频电平时,用电视信号发生器发送95%彩条信号,采用视频测试仪检测。(　　)

24. 移动电话是全双工通信方式。 (　　)

25. 串行通信时数据是一位一位顺序传送的。 (　　)

26. 汽车号牌视频自动识别系统(单场)分辨率不小于768×288像素。 (　　)

27. 收费站报警录像功能指用于报警时显示报警图像的显示器具有报警显示功能,值班员通过键盘控制切换控制器切换该路报警视频信号进行录像,或自动进行切换。 (　　)

28. 公路供电电源一般取自就近的10kV/6kV公用电网。 (　　)

29. 阈值增量指眩光源引起失能眩光的度量,表示为存在眩光源时,为了达到看清物体的目的,在物体及背景之间的亮度对比所需要增加的百分比。 (　　)

30. 隧道警报器音量为90～110dB(A)。 (　　)

三、多项选择题(共20题,每题2分,共40分。下列各题的备选项中,至少有两个符合题意,选项全部正确得满分,选项部分正确按比例得分,出现错误选项该题不得分)

1. 通常实际使用的色度计量器具主要有(　　)。

A. 标准色板　　B. 色度计　　C. 色差计　　D. 光谱光度计

2. 公路供电系统的接地形式有(　　)。

A. TN 系统　　B. TT 系统　　C. IT 系统　　D. TN-C-S 系统

3. 一般来说,雷电侵入高速公路机电系统设备的路径主要有(　　)。

A. 交流电源线引入　　B. 视频及控制线引入

C. 避雷针引入　　D. 地电位反击

4. 负反馈电路有(　　)。

A. 电压串联负反馈　　B. 电压并联负反馈

C. 电流串联负反馈　　D. 电流并联负反馈

5. 进行测量不确定度评定时,常见的分布函数有(　　)。

A. 正态分布　　B. t 分布　　C. 奇偶分布　　D. 均匀分布

6. 交通行业使用的机电产品,其低温试验温度选用(　　)。

A. -5℃　　B. -20℃　　C. -40℃　　D. -65℃

7. 标志板自然暴露试验要点有(　　)。

A. 试样尺寸 100mm × 200mm

B. 试样尺寸 150mm × 250mm

C. 试样面朝正南方,与水平面成当地的纬度角进行暴晒

D. 试样面朝正南方,与水平面成 45° ± 1°进行暴晒

8. 反光膜性能试验中,试样是 150mm × 150mm 的试验为(　　)。

A. 抗冲击性能　　B. 光度性能　　C. 色度性能　　D. 耐高低温性能

9. 标线亮度因数为(　　)。

A. 黄色 > 0.27　　B. 橙色 > 0.14　　C. 红色 > 0.07　　D. 蓝色 > 0.10

10. 2 号玻璃珠宜用作(　　)。

A. 溶剂型标线涂料的预混玻璃珠

B. 热熔型标线涂料的预混玻璃珠

C. 双组份标线涂料的预混玻璃珠

D. 水性标线涂料的预混玻璃珠

11. 缆索护栏主要构件包括(　　)。

A. 端部结构　　B. 索体及索端锚具

C. 中间立柱、托架　　D. 地下基础

12. 太阳能突起路标耐磨损性能试验的要点为(　　)。

A. 试验前先测样品的发光强度系数和发光强度,并记录

B. 将直径为 25.4mm ± 5mm 的钢纤维棉砂纸固定在水平操作台上

C. 将逆反射片或发光面放置到钢纤维棉砂纸的正上方,出光面向下

D. 在试件上加荷载 20kg ± 0.2kg 后摩擦该试件 100 次后,再测试光色指标

13. 普通柱式轮廓标的尺寸及允差为(　　)。

A. 柱体截面为空心圆角的等腰三角形

B. 高为 120mm ± 2mm,底边长为 100mm ± 2mm

C. 柱全长为 1450mm ± 6mm,柱身白色

D. 柱体上部有 250mm 长的一圈黑色标记,黑色标记的中间镶嵌有 180mm×40mm 的矩形逆反射材料

14. 突起路标工程验收实测非关键项目有(　　)。

A. 安装角度　　B. 纵向间距

C. 横向偏位　　D. 反射体色度光度指标

15. 道路车辆检测器主要可以检测(　　)。

A. 交通流　　B. 车速　　C. 车高　　D. 道路占有率

16. 光纤通信系统的质量指标主要有(　　)。

A. 误码率　　B. 抖动　　C. 漂移特性　　D. 可靠性

17. IC 卡编码系统的检测主要有(　　)。

A. 发卡设备安全性测试　　B. 发卡设备可靠性测试

C. 兼容性测试　　D. 防冲突

18. 高速公路供配电的方式主要有(　　)。

A. 就近取电　　B. 集中供电

C. 分散供电　　D. 自备柴油发电机组

19. 照明设施灯杆的实测项目有(　　)。

A. 灯杆基础尺寸　　B. 灯杆壁厚

C. 灯杆垂直度　　D. 平面位置偏差

20. 隧道通风量的计算应考虑(　　)。

A. 一氧化碳浓度　　B. 烟雾浓度

C. 光源显色指数　　D. 车流量

四、综合题(从 7 道大题中选答 5 道大题,每道大题 10 分,共 50 分。下列各题的备选项中,有一个或一个以上符合题意,选项全部正确得满分,选项部分正确按比例得分,出现错误选项该题不得分)

1. 某工地到货 DB2 类热浸镀锌波形钢护栏板共 1180 块,按 GB/T2828.1 抽样检验(该类产品前 5 批质量较稳定),试回答下列相关问题。

(1)接收质量限 AQL 为(　　)。

A. 1.0　　B. 2.0　　C. 3.0　　D. 4.0

(2)检验水平为(　　)。

A. Ⅰ　　B. Ⅱ　　C. Ⅲ　　D. Ⅳ

(3)抽样方案为(　　)。

A. 一次抽样方案　　B. 二次抽样方案

C. 三次抽样方案　　D. 四次抽样方案

(4)样本数及判定数组的确定(　　)。

A. 查正常批正常检验时的样本数及判定数组表

B. 查正常批加严检验时的样本数及判定数组表

C. 查正常批放宽检验时的样本数及判定数组表

D. 查孤立批时的样本数及判定数组表

(5)若不合格品数为 2($A_c=3$),不合格原因为一块板厚不达标,一块定尺长度不达标,均在 A_s 要求之外,则该批产品为(　　)。

A. 合格　　B. 该批产品可降级使用

C. 不合格　　D. 需进行第二次抽样检测

2. 试回答电磁兼容的相关问题。

(1)电磁骚扰种类有(　　)。

A. 电磁干扰　　B. 传导骚扰　　C. 辐射骚扰　　D. 静电放电

(2)电磁兼容性 EMC 是指(　　)。

A. 设备或系统在其电磁环境中能正常工作

B. 设备或系统工作时不产生传导骚扰

C. 设备或系统工作时不产生辐射骚扰

D. 设备向外释放的电磁能量应在允许的范围内

(3)静电放电抗扰度要求有(　　)。

A. 对所确定的放电点(操作人员正常使用设备时可能接触的表面)采用接触放电

B. 试验电压为 2kV,至少施加 10 次单次放电

C. 放电之间间隔至少 1s

D. 产品的各种动作、功能及运行逻辑应正常

(4)辐射电磁场抗扰度要求有(　　)。

A. 对正常运行的设备四个侧面分别在发射天线垂直极化位置进行试验

B. 对正常运行的设备四个侧面分别在发射天线水平极化位置进行试验

C. 发射场强为 5V/m

D. 产品的各种动作、功能及运行逻辑应正常

(5)电快速瞬变脉冲群抗扰度要求有(　　)。

A. 将 2kV 试验电压通过耦合/去耦网络施加到供电电源端口和保护接地上

B. 将 1kV 试验电压通过耦合/去耦网络施加到输入输出信号和控制端口上

C. 施加试验电压 5 次

D. 每次持续时间不少于 1min

3. 试回答下列标志板工程质量检验评定的相关问题。

(1)交通标志实测项目的关键项目有(　　)。

A. 标志板金属构件涂层厚度　　B. 标志板基础混凝土强度

C. 标志板反光膜等级　　D. 标志板反光膜逆反射系数

(2)标志板逆反射系数测试要求(　　)。

A. 每块板测 3 次　　B. 每块板每种颜色测 3 点

C. 每块板测 5 次　　D. 每块板每种颜色测 5 次

(3)标志板下缘至路面的净空高度的偏差为(　　)。

A. −50mm　　B. +50mm　　C. +80mm　　D. +100mm

(4)标志板实测项目有板面反光膜逆反射系数、标志板下缘至路面的净空高度、立柱竖直度、标志基础尺寸和(　　)。

A. 标志立柱的内边缘距土路肩边缘线距离

B. 金属构件涂层厚度

C. 基础混凝土强度

D. 基础顶面平整度

(5)交通标志检验评定的基本要求和实测项目有(　　)。

A. 基本要求有 4 条　　B. 基本要求有 6 条

C. 实测项目有 6 项　　D. 实测项目有 8 项

4. 试回答波形梁护栏的相关问题。

(1)两波形梁钢护栏的组成构件有两波形梁板、立柱、连接件及(　　)。

A. 波形梁背板　　B. 端头　　C. 防阻块　　D. 横隔梁

(2)两波形梁板可分为等截面和变截面两类。下列型号中(　　)为变截面梁板。

A. DB01　　B. DB02　　C. BB01　　D. BB02

(3)三波形梁钢护栏中配方管立柱的板型有(　　)。

A. RTB01-1　　B. RTB01-2　　C. RTB02-1　　D. RTB02-2

(4)波形梁护栏材料要求为(　　)。

A. 波形梁板、立柱、端头、防阻块、托架、横隔梁、加强板等所用基底金属材质应为 Q235 牌号碳素结构钢

B. 连接螺栓、螺母、垫圈、横梁垫片等所用基底金属材质为碳素结构钢,其力学性能的主要考核指标为抗拉强度不小于 375MPa

C. 拼接螺栓连接副应为高强度拼接螺栓,其螺栓、螺母垫圈应选用优质碳素结构钢或合金结构钢

D. 高强度拼接螺栓连接副螺杆公称直径为 16mm,拼接螺栓连接副整体抗拉荷载不小于 133kN

(5)波形梁护栏的加工要求为(　　)。

A. 波形梁板宜采用连续辊压成形

B. 变截面波形梁板采用液压冷弯成形或模压成形时,每块波形梁板应一次压制完成,不应分段压制

C. 采用连续辊压成形的等截面波形梁板加工成变截面板时,应采用液压冷弯成形

D. 波形梁板上的螺栓孔应定位准确,每一端部的所有拼接螺孔应分次定位冲孔完成

5. 试回答 GB/T 16311—2009 中标线检测抽样方法的相关问题。

(1)纵向实线或间断线检测单位的划分按(　　)。

A. 测量范围小于或等于 5km 时,以整个测量范围为一个检测单位

B. 测量范围小于或等于 10km 时,以整个测量范围为一个检测单位

C. 测量范围大于 5km 时,取每 5km 为一个检测单位

D. 测量范围大于 10km 时,取每 10km 为一个检测单位

(2)纵向实线或间断线核查区域的划分按(　　)。

A. 在标线的起点、终点及中间位置，选取 3 个 100m 为核查区域

B. 在标线的起点、终点、中间、250m、750m 位置，选取 5 个 100m 为核查区域

C. 一个检测单位含 3 个核查区域

D. 一个检测单位含 5 个核查区域

(3)纵向实线或间断线测试点的划分按(　　)。

A. 从每个核查区域中随机连续选取 10 个测试点

B. 从每个核查区域中随机连续选取 20 个测试点

C. 每个检测单位中含 30 个测试点

D. 每个检测单位中含 100 个测试点

(4)图形、字符或人行横道线检测单位、核查区域和测试点的划分按(　　)。

A. 以每 1500m^2 标线面积为一个检测单位

B. 以每 3000m^2 标线面积为一个检测单位

C. 从每个检测单位中选取 3 个有代表性的图形、字符或人行横道线为核查区域

D. 从每个核查区域中随机选取 5 个测试点

(5)新施划路面标线初始逆反射亮度系数的取样应执行《新划路面标线初始逆反射亮度系数及测试方法》(　　)。

A. GB 21383—2000　　B. GB/T 21383—2000

C. GB 21383—2008　　D. GB/T 21383—2008

6. 试回答视频传输通道主要指标的相关问题。

(1)视频电平对图像质量的影响(　　)。

A. 标准值 900mV ± 30mV

B. 此值偏高导致显示器亮度高，整个画面对比度减少，画面灰白，清晰度降低

C. 此值偏低导致显示器亮度低，整个画面偏暗缺少层次，彩色色度降低不清晰

D. 在通道输入端用标准信号发生器发送 75% 彩条信号，输出端用视频测试仪测量

(2)同步脉冲幅度对图像质量的影响(　　)。

A. 标准值 300mV ± 10mV

B. 此值偏高画面有雾状感，清晰度不高

C. 此值偏低正常情况可突出图像细节，但对夜色画面会因图像偏暗缺少层次并使彩色失真

D. 在通道输入端用标准信号发生器发送 75% 彩条信号，输出端用视频测试仪测量

(3)回波对图像质量的影响(　　)。

A. 标准值 < 7% KF

B. 回波值表征系统的幅频、相频失真，该值的绝对值越小越好

C. 此值偏大容易导致图像出现多重轮廓、重影、图像细节和边缘轮廓不清

D. 在通道输入端用标准信号发生器发送调制五阶梯信号，输出端用视频测试仪测量

(4)亮度非线性对图像质量的影响(　　)。

A. 标准值≤3%

B. 其绝对值越小越好

C. 该值偏大会使图像失去灰度,层次减少、分辨率降低,产生色饱和失真

D. 在通道输入端用标准信号发生器发送 2T 信号,输出端用视频测试仪测量

(5)色度/亮度增益值对图像质量的影响(　　)。

A. 标准值 ±5%

B. 数值过大引起图像饱和度失真

C. 此值为负值时图像色彩变淡;此值为正值时图像色彩过浓、轮廓不分明

D. 在通道输入端用标准信号发生器发送 $\sin x/x$ 信号,输出端用视频测试仪测量

7. 试回答下列光纤数字传输系统实测项目的相关问题。

(1)光接口实测的关键项目有(　　)。

A. 系统接收光功率($P_1 \geq P_R + M_c + M_e$),用光功率计测试

B. 平均发送光功率,用光功率计测试

C. 光接收灵敏度,用光功率计测试

D. 电接口允许比特容差、输入抖动容限、输出抖动用误码仪测试

(2)2M 电接口误码指标为实测的关键项目,检测仪器用误码仪,误码指标如下(　　)。

A. $BER = 1 \times 10^{-11}$　　B. $ESR = 1.1 \times 10^{-8}$

C. $SESR = 5.5 \times 10^{-7}$　　D. $BBER = 5.5 \times 10^{-8}$

(3)系统功能实测关键项目有(　　)。

A. 安全管理功能:未经授权不能进入网管系统,并对试图接入的申请进行监控

B. 自动保护倒换功能:工作环路故障或大误码时,自动倒换到备用线路

C. 远端接入功能:能通过网管将远端模块添加或删除

D. 配置功能:能对网元部件进行增加或删除配置,并以图形方式显示当前配置

(4)告警功能实测关键项目有(　　)。

A. 信号丢失告警　　B. 电源中断告警

C. 帧失步告警　　D. AIS 告警

(5)告警功能实测非关键项目有(　　)。

A. 远端接收误码告警　　B. 电接口复帧丢失告警

C. 信号大误码($BER > 1 \times 10^{-3}$)告警　　D. 环境检测告警

模拟试题三

说明:1. 本模拟试题设置单选题30道、判断题30道、多选题20道、综合题7道,总计150分;模拟自测时间为150分钟。
2. 本模拟试题仅供考生进行考前自测使用。

一、单项选择题(共30题,每题1分,共30分)

1. 公路的技术等级划分为(　　)。
A. 三级　　B. 四级　　C. 五级　　D. 六级
2. 数据库中能保证不产生死锁的方法为(　　)。
A. 两段锁协议　　B. 一次封锁法
C. 2级封锁协议　　D. 3级封锁协议
3. 1单位立体角内发射1流明的光,其对应量为(　　)。
A. 亮度:1尼特(nt)　　B. 光通量:1流明(lm)
C. 照度:1勒克斯(lx)　　D. 发光强度:1坎德拉(cd)
4. 最常用的数码显示器的字码段数为(　　)。
A. 五段　　B. 六段　　C. 七段　　D. 九段
5. 电磁兼容性测试包括测试方法、测量仪器和(　　)。
A. 测量标准　　B. 试验场所　　C. 频谱分析仪　　D. 屏蔽室
6. 采用GB/T 2828.2—2008工地检验时,其极限质量为(　　)。
A. LQ=2　　B. LQ=2.5　　C. LQ=3.15　　D. LQ=3.5
7. 人工氙弧灯加速耐候性试验的光谱及能量分别为(　　)。
A. 波长210~1530nm之间的光源辐照度为550W/m^2
B. 波长230~1100nm之间的光源辐照度为550W/m^2
C. 波长250~980nm之间的光源辐照度为550W/m^2
D. 波长290~800nm之间的光源辐照度为550W/m^2
8. 随机变量x在$-2s$到$2s$区间出现的概率为(　　)。
A. 95.05%　　B. 95.15%　　C. 95.25%　　D. 95.45%
9. 检测电气强度时,耐压试验仪在产品的电源接线端子与机壳之间施加(　　)。
A. 50Hz、500V交流电压,历时1min,无火花、闪络和击穿现象,漏电电流不大于5mA
B. 50Hz、750V交流电压,历时1min,无火花、闪络和击穿现象,漏电电流不大于5mA
C. 50Hz、1000V交流电压,历时1min,无火花、闪络和击穿现象,漏电电流不大于5mA
D. 50Hz、1500V交流电压,历时1min,无火花、闪络和击穿现象,漏电电流不大于5mA

10. 用于道路作业区的警告、指路标志颜色为(　　)。

A. 荧光黄绿色　　B. 蓝色　　C. 绿色　　D. 橙色或荧光橙色

11. 发光强度系数的单位为(　　)。

A. $cd \cdot lx^{-1}$　　B. $cd \cdot lx^{-2}$

C. $lm \cdot lx^{-1}$　　D. $lm \cdot lx^{-2}$

12. 标线实际位置与设计位置的横向允许误差为(　　)。

A. ±15mm　　B. ±20mm　　C. ±25mm　　D. ±30mm

13. 3 号玻璃珠(粒径 90 ~ 212μm)宜用作(　　)。

A. 热熔型路面标线涂料的面撒玻璃珠

B. 双组份路面标线涂料的面撒玻璃珠

C. 水性路面标线涂料的面撒玻璃珠

D. 溶剂型路面标线涂料的面撒玻璃珠

14. 三波形梁板 RTB02-2(钢管立柱或 H 型钢立柱用板)尺寸为(　　)。

A. 4320 ×506 ×85 ×3(4)　　B. 3320 ×506 ×85 ×3(4)

C. 2320 ×506 ×85 ×3(4)　　D. 1520 ×506 ×85 ×3(4)

15. 波形梁钢护栏安装质量检验评定标准为(　　)。

A.《公路波形梁钢护栏》(JT 281—2015)

B.《公路交通安全设施设计规范》(JTG D81—2017)

C.《波形梁钢护栏》(GB/T 31439—2015)

D.《公路工程质量检验评定标准　第一册　土建工程》(JTG F80/1—2017)

16. 双涂层构件时,钢管、钢板、钢带加工成型后热浸镀锌单面平均锌层质量为(　　)。

A. $120g/m^2$　　B. $150g/m^2$

C. $270g/m^2$　　D. $350g/m^2$

17. 玻璃钢防眩板巴柯尔硬度的技术要求为(　　)。

A. ≥20　　B. ≥30　　C. ≥40　　D. ≥50

18. 观测角 0.2°、水平入射角 0°时,Ⅰ类白色太阳能突起路标的发光强度值为(　　)。

A. 450mcd　　B. 480mcd　　C. 520mcd　　D. 550mcd

19. 轮廓标微棱镜型反射器(白色,观测角 0.2°,入射角 0°)的发光强度系数为(　　)。

A. $3.65cd \cdot lx^{-1}$　　B. $4.65cd \cdot lx^{-1}$

C. $5.65cd \cdot lx^{-1}$　　D. $6.65cd \cdot lx^{-1}$

20. 硅芯管内壁动态摩擦系数(圆鼓法)为(　　)。

A. <0.10　　B. <0.15　　C. <0.20　　D. <0.25

21. 工程质量检验评定单元为(　　)。

A. 单位工程　　B. 分部工程　　C. 分项工程　　D. 合同段

22. 检测车辆检测器等外场设备数据传输性能的仪器为(　　)。

A. 数据传输测试仪　　B. 频谱仪

C. 场强仪　　D. 信号发生器

23. 能够反映电缆在施工中是否损坏了的电缆外护层的指标是(　　)。

A. 误码率　　B. 衰耗　　C. 直流电阻　　D. 绝缘电阻

24. 全双工信道适应领域是(　　)。

A. 电视　　B. 广播　　C. 对讲机　　D. 移动电话

25. 当光功率以 dBm 表示时,光接收机动态范围可表示为(　　)。

A. $P_{max} < P_R$　　B. $P_{max} - P_R$　　C. $P_{max} > P_R$　　D. $P_{max} = P_R$

注:P_{max}为以 dBm(分贝毫瓦)表示时不误码条件下能收的最大信号平均功率;P_R 为以 dBm(分贝毫瓦)表示时接收器的接收灵敏度。

26. 在检测过程中发现,自动栏杆线圈能检测到车辆通过,但是栏杆没有落下,可能存在的问题是(　　)。

A. 自动栏杆控制电平过低　　B. 自动栏杆控制信号不能反馈

C. 栏杆没有加电　　D. 栏杆自动锁定

27. 实测过程为任意流程时关闭车道控制器(车道计算机)电源,要求车道工作状态正常,加电后数据无丢失。该测试为(　　)。

A. 断电数据完整性测试　　B. 突发事件测试

C. 断网测试　　D. 误码测试

28. 位于变配电所正常供电区域内,当大部分设备为中小容量且无特殊要求时,宜采用(　　)。

A. 链式配电　　B. 放射式配电　　C. 树干式配电　　D. 均可

29. 道路照明设计中,如路面照度均匀度不满足规定要求时,应采取的措施为(　　)。

A. 适当降低灯杆高度　　B. 适当缩小杆距

C. 加大光源功率　　D. 改用截光型灯具

30. 隧道 CO 检测器测量范围为 10 ~ 50($\times 10^{-6}$)时,基本误差为(　　)。

A. ±1($\times 10^{-6}$)　　B. ±2($\times 10^{-6}$)　　C. ±3($\times 10^{-6}$)　　D. ±5($\times 10^{-6}$)

二、判断题(共 30 题,每题 1 分,共 30 分)

1. 常规路面的构造包括面层、垫层和路基。(　　)

2. 软件动态测试是指通过运行软件来检验软件的动态行为和运行结果的正确性。(　　)

3. 接地电阻测试仪所测值为工频接地电阻 R,而冲击接地电阻 $R_I = R/\alpha$。(　　)

4. 电气设备选择与校验通常有:按正常工作方式选择电气设备、按短路校验电气设备、一般性环境要求。(　　)

5. 雷击分为直击雷和感应雷。(　　)

6. 盐雾试验中盐雾沉降的速度为:经 24h 喷雾后,每 50cm^{2}面积上为 1 ~ 2mL/h。(　　)

7. 车载设备耐机械振动试验时,2 ~ 9Hz 时按位移控制,位移幅值为 7.5mm。(　　)

8. IP 第二位数字取值为 0 ~ 8。(　　)

9. 机电设备接地保护连接电阻,用精度 1 级、分辨力 0.01Ω 的毫欧表在机壳顶部金属部位与安全保护接地端子之间测量。(　　)

10. 标志板抗冲击性能试验也可直接在需进行测试的标志板面上进行。(　　)

11. 发光强度系数 R_I 为逆反射在观测方向的发光强度 I 除以投向逆反射体且落在垂直于入射光方向的平面内的光照度 $E_{\perp}$ 的商。 ( )

12. 标线的颜色包括白色、黄色、橙色、红色和绿色。 ( )

13. 涂料耐磨性检测用 JM-100 橡胶砂轮磨擦 200r/1000g 的方法,溶剂、水性、双组型涂料均要求减重≤40mg,而热熔性涂料减重≤60mg。 ( )

14. 高折射率玻璃珠其折射率为 RI≥1.90。 ( )

15. 跨越大型饮用水源一级保护区和高速铁路的桥梁,以及特大悬索桥、斜拉桥等缆索承重桥梁时,护栏防护等级宜采用七(HB)级。 ( )

16. 刺钢丝分为普通型 P 和加强型 J,普通型捻数不少于 3 ~ 5,加强型捻数不少于 7。 ( )

17. 防眩板热固性粉末涂料涂层附着性能一般不低于 0 级。 ( )

18. 太阳能突起路标按使用环境温度条件分为 A 型(常温型,最低使用温度 -20℃)、B 型(低温型,最低使用温度 -40℃)、C 型(超低温型,最低使用温度 -60℃)。 ( )

19. 轮廓标黑色标记采用涂料喷涂而成,涂料对柱体的附着性能应不低于一级的要求。 ( )

20. 梅花管:横截面为若干个圆形结构组成的多孔塑料管,其数有 4 孔、5 孔、6 孔等。 ( )

21. 防眩设施工程验收实测项目有:安装高度(允许偏差 ±10mm,每公里测 10 处)、防眩板设置间距(允许偏差 ±10mm,每公里测 10 处)、竖直度(允许偏差 ±5mm/m,每公里测 5 处)、防眩网网孔尺寸(满足设计要求,每公里测 10 处,每处测 3 孔)。 ( )

22. 视频通道传输参数色度/亮度时延差标准值为≤70ns。 ( )

23. 微分增益用电视信号发生器发送五阶梯测试信号,用视频测试仪测。 ( )

24. 量化脉冲调制是一个模拟信号变成数字信号的过程。 ( )

25. SDH 的帧结构以字节为单位进行传输。 ( )

26. 收费天棚信号灯的色度和亮度应符合 GB 14887 的规定,用色度/亮度计实测。 ( )

27. 有线对讲系统中,主机可与任一分机通话,但各分机之间通常不能直接通话。 ( )

28. 柴油发电机组性能分为 G1、G2、G3、G4 共四个等级,高速公路应选择 G2 级以上的自动化柴油发电机组。 ( )

29. 气体放电灯的频闪效应对视觉有影响的场所,采用电感镇流器时,相邻灯具应分接在不同相序,以降低频闪深度。 ( )

30. 公路隧道灯具防护等级不应低于 IP55。 ( )

三、多项选择题(共 20 题,每题 2 分,共 40 分。下列各题的备选项中,至少有两个符合题意,选项全部正确得满分,选项部分正确按比例得分,出现错误选项该题不得分)

1. 构成交通事故的要件为( )。

A. 车辆　　B. 道路

C. 交通违法或过错　　D. 损害后果

2. 老化试验分为(　　)。

A. 温度老化　B. 阳光辐照老化　C. 加载老化　D. 盐雾老化

3. 公路交通安全设施抽样检验分为(　　)。

A. 工厂验收　B. 工地抽验　C. 监理抽查检验　D. 监督抽查检验

4. 交通行业使用的机电产品,其高温试验温度选用(　　)。

A. 45℃　B. 50℃　C. 65℃　D. 85℃

5. 一般盐雾试验的试验设备和仪器有(　　)。

A. 盐雾试验机　B. 温度测量仪器

C. 万能材料试验机　D. 盐雾沉降量测量仪器

6. 金属涂层的均匀性测试方法为(　　)。

A. 在构件每一面的上中下、左中右各取 1 点

B. 单面 6 个点,双面共 12 个点

C. 分别求出测量列的平均值、最小值和最大值

D. 再依据 C 选项的值计算涂层的不均匀度

7. 同块标志板的底板和板面所用材料不具有相容性,其损坏因素有(　　)。

A. 热膨胀系数　B. 电化学作用

C. 磁场作用　D. 其他化学作用

8. 反光膜性能试验中,试样是 25mm × 150mm 的试验为(　　)。

A. 耐盐雾腐蚀性能试验　B. 抗拉荷载试验

C. 耐溶剂性能试验　D. 耐候性能试验

9. 标线厚度范围为(　　)。

A. 溶剂型涂料标线 0.3 ~ 0.8mm　B. 热熔型涂料标线 0.7 ~ 2.5mm

C. 水性涂料标线 0.3 ~ 0.8mm　D. 双组份涂料标线 0.4 ~ 2.5mm

10. 双组份路面标线涂料施工方式主要采用(　　)。

A. 喷涂　B. 刮涂　C. 振荡涂　D. 加温涂

11. 两波形梁板外形尺寸与允许偏差应符合(　　)。

A. 板的展开宽度尺寸应满足 481mm ± 1mm

B. 3.0mm 或 4.0mm 厚波形梁板,防腐处理后成型护栏板基板的实测最小厚度应分别不小于 2.95mm 和 3.95mm

C. 平均厚度应分别不小于 3.0mm 和 4.0mm

D. θ 角应不小于 5°

12. 轮廓标工程质量检验评定的实测项目为(　　)。

A. 安装角度　B. 反射器中心高度

C. 柱式轮廓标竖直度　D. 光、色度性能

13. 硅芯管抽样方案为(　　)。

A. 批量 2 ~ 25 盘,样本盘为 3,接收数 Ac 为 0

B. 批量 26 ~ 90 盘,样本盘为 13,接收数 Ac 为 1,拒收数 Re 为 2

C. 批量 91 ~ 150 盘,样本盘为 20,接收数 Ac 为 2,拒收数 Re 为 3

D. 批量 151 ~280 盘,样本盘为 32,接收数 Ac 为 4,拒收数 Re 为 5

14. A3 类突起路标才做的检验项目为(　　)。

A. 碎裂后状态　　B. 纵向弯曲强度

C. 耐磨损性能　　D. 金属反射膜附着性能

15. 幅频特性测试所需用的仪器为(　　)。

A. 电视信号发生器　　B. 视频测试仪

C. 传输特性测试仪　　D. 示波器

16. 信号沿链路传输损失的能量称衰减。造成衰减的原因有(　　)。

A. 集肤效应　　B. 绝缘损耗

C. 阻抗不匹配　　D. 接触电阻

17. 下列各检查项目中,属于收费分中心功能测试的项目有(　　)。

A. 与各收费站的数据传输功能　　B. 与监控分中心计算机通信功能

C. 图像稽查功能　　D. 数据备份与恢复功能

18. 低压电气设备常用的接地保护措施有(　　)。

A. 保护接地　　B. 保护接零　　C. 漏电保护　　D. 工作接地

19. 升降式高杆灯的配电箱、升降系统等电工电子产品部件的环境适应性能试验有(　　)。

A. 耐低温性能:在 -20℃(-40℃、-55℃)条件下试验 8h,应工作正常

B. 耐高温性能:在 +55℃(+50℃、+45℃)条件下试验 8h,应工作正常

C. 耐湿热性能:在温度 +40℃,相对湿度(98% ±2%)条件下试验 48h,应工作正常

D. 耐盐雾腐蚀性能:构件经 268h 盐雾试验后,应无明显锈蚀现象,金属构件应无红色锈点,电气部件应工作正常

20. 隧道中路面平均亮度与平均照度的换算关系一般可按(　　)。

A. 沥青路面按 10 $lx/cd \cdot m^{-2}$

B. 沥青路面按 15 $lx/cd \cdot m^{-2}$

C. 混凝土路面按 10 $lx/cd \cdot m^{-2}$

D. 混凝土路面按 15 $lx/cd \cdot m^{-2}$

四、综合题(从 7 道大题中选答 5 道大题,每道大题 10 分,共 50 分。下列各题的备选项中,有一个或一个以上符合题意,选项全部正确得满分,选项部分正确按比例得分,出现错误选项该题不得分)

1. 试回答机电设备的电气安全性能的相关问题。

(1)机电设备在工地仓库抽测其电源接线端子与机壳的绝缘电阻值为(　　)。

A. ≥50MΩ　　B. ≥80MΩ

C. ≥100MΩ　　D. ≥150MΩ

(2)机电设备安装到位后,抽测其电源接线端子与机壳的绝缘电阻值为(　　)。

A. ≥50MΩ　　B. ≥80MΩ

C. ≥100MΩ　　D. ≥150MΩ

(3)使用交流220V供电的机电设备电气强度试验条件为(　　)。

A. 在产品电源接线端子与机壳之间施加频率50Hz、有效值1500V的正弦交流电

B. 历时1min,应无火花、闪络和击穿现象

C. 漏电电流不大于2mA

D. 漏电电流不大于5mA

(4)公路机电系统产品安全接地试验(　　)。

A. 产品应设安全保护接地端子

B. 接地端子与机壳连接可靠

C. 接地端子与机壳之间的接触电阻应小于0.1Ω

D. 接地端子与机壳之间的接触电阻应小于0.25Ω

(5)公路机电系统设备宜采用的接地方式为(　　)。

A. 外场设备宜采用TT系统接地

B. 外场设备宜采用IT系统接地

C. 外场设备宜采用TN-C-S系统接地

D. 金属外壳的设备应设置保护端子且应清楚标注,便于识别

2. 试回答人工加速耐候性试验的相关问题。

(1)人工加速耐候性试验的种类有(　　)。

A. 紫外灯　　B. 碳弧灯　　C. 碘钨灯　　D. 氙弧灯

(2)试样大小和数量(　　)。

A. 试样大小一般试验架决定

B. 试样尺寸一般为142mm×65mm

C. 需进行耐候性能试验前后性能保留率测试时,初始试验试样数量应为有关规定数量的2倍

D. 如无相关规定,每项试验试样数量应不小于20

(3)试验设备有(　　)。

A. 试验箱和辐照仪　　B. 喷淋系统

C. 黑板温度计　　D. 相对湿度控制装置

(4)其他试验条件(　　)。

A. 波长290~800nm之间的光源辐照度为550W/m^2,在光谱波长340nm处光谱辐照度选择0.50W/(m^2·nm)

B. 黑板温度设定为65℃±3℃

C. 喷淋和氙灯冷节水为导电电阻大于1MΩ·cm

D. 喷水周期为18min喷水,102min干燥

(5)累计辐射能量计算式为(　　)。

A. $Q=ET\times10^{-3}$(kJ/m^2)　　B. $Q=ET\times10^{3}$(kJ/m^2)

C. $Q=ET\times10^{-3}$(J/m^2)　　D. $Q=ET\times10^{3}$(J/m^2)

3. 拟对某批Ⅲ类白色反光膜(无金属镀层)做色度性能试验,请回答下列相关问题。

(1)反光膜在白天的色度性能指标有(　　)。

A. 昼间色　　B. 表面色　　C. 色品坐标　　D. 亮度因数

(2)反光膜在夜间的色度性能指标有(　　)。

A. 昼间色　　B. 表面色　　C. 色品坐标　　D. 亮度因数

(3)白色在色品图(昼间色)中大致位置为(　　)。

A. 左上角　　B. 右下角　　C. 中间　　D. 左下角

(4)检测仪器有(　　)。

A. 色差计　　B. 非接触式色度计　　C. 逆反射测量仪　　D. 亮度计

(5)测得色品坐标 $X=0.330$, $Y=0.350$;亮度因数为 0.29,该膜是否合格(　　)。

注:有效白色区域的四个角点坐标为 P_1(0.350,0.360);P_2(0.305,0.315);P_3(0.295,0.325);P_4(0.340,0.370);规范要求亮度因素≥0.27。

A. 色品坐标不合格　　B. 色品坐标合格

C. 亮度因数不合格　　D. 亮度因数合格

4. 试回答太阳能突起路标检验项目的相关问题。

(1)太阳能突起路标的所有型式检验项目有(　　)。

A. 一般要求、外观质量、外形尺寸、匹配性能、循环耐久性发光器件的性能、整体发光强度

B. 发光器色度性能、发光强度系数、逆反射器的色度性能、闪烁频率、夜间视认距离、耐溶剂性能

C. 密封性能、耐磨损性能、耐冲击性能、抗压荷载、耐低温性能、耐高温性能

D. 耐湿热性能、耐温度交变循环性能、耐机械振动性能、耐循环盐雾性能、耐候性能

(2)太阳能突起路标的出厂检验必检项目为(　　)。

A. 一般要求、外观质量、外形尺寸

B. 匹配性能、整体发光强度、发光器色度性能

C. 发光强度系数、逆反射器的色度性能、闪烁频率

D. 夜间视认距离、密封性能、耐磨损性能

(3)太阳能突起路标的出厂检验不检项目为(　　)。

A. 循环耐久性　　B. 耐高温性能

C. 抗压荷载　　D. 耐候性能

(4)太阳能突起路标的出厂检验选检项目为(　　)。

A. 夜间视认距离、耐磨损性能

B. 耐冲击性能、抗压荷载

C. 耐低温性能、耐高温性能、耐湿热性能

D. 耐温度交变循环性能、耐机械振动性能、耐循环盐雾性能

(5)突起路标和太阳能突起路标抽样规则为(　　)。

A. 当批量不大于 10000 只时,随机抽取 26 只

B. 当批量不大于 10000 只时,随机抽取 36 只

C. 当批量大于 10000 只(最大批量 25000 只)时,随机抽取 40 只

D. 当批量大于 10000 只(最大批量 25000 只)时,随机抽取 56 只

5. 试回答防眩板的抗风荷载 F 试验的相关问题。

(1)试验设备为(　　)。

A. 电子拉力机　B. 标准夹具　C. 滑轮牵引线　D. 试验台

(2)抗风荷载常数的取值为(　　)。

A. $1247.5N/m^2$　B. $1447.5N/m^2$

C. $1647.5N/m^2$　D. $1847.5N/m^2$

(3)防眩板的抗风荷载 F 值为(　　),选项中,C 为抗风荷载常数,S 为该防眩板有效承风面积。

A. $F \geq CS$　B. $F < CS$　C. $F \geq C/S$　D. $F < S/C$

(4)试验准备工作有(　　)。

A. 防眩板底部固定于试验平台

B. 板中部用标准夹具夹持并以夹具中点为牵引点

C. 通过定滑轮、牵引线与力学试验机牵引系统牢固连接

D. 牵引点应与定滑轮下缘在同一直线上,且牵引方向应垂直于防眩板板面

(5)试验过程为(　　)。

A. 以 100mm/min 的速度牵引

B. 直至板面破裂或已达最大负荷停止试验

C. 其最大牵引力为试样抗风荷载

D. 共做 3 组,取 3 次 F 值的算术平均值为测试结果

6. 试回答 LED 可变信息标志的相关问题。

(1)LED 可变信息标志按支撑方式分为(　　)。

A. 门架式　B. 悬臂式　C. 柱式　D. 附着式

(2)LED 可变信息标志按环境温度适用等级分为(　　)。

A. A 型(-20~55℃)　B. B 型(-40~50℃)

C. C 型(-55~45℃)　D. D 型(-65~40℃)

(3)显示屏组合发光像素由发光二极管组成,单粒发光二极管在额定电流时的法向发光强度(　　)。

A. 红色≥3000mcd　B. 绿色≥6000mcd

C. 蓝色≥2000mcd　D. 黄色≥4500mcd

(4)发光二极管的半强角不小于(　　)。

A. $10.0°$　B. $10.5°$　C. $11.0°$　D. $11.5°$

(5)显示屏汉字宜采用的点阵字符为(　　)。

A. 8×8　B. 12×12　C. 24×24　D. 32×32

7. 试回答公路照明的相关问题。

(1)照明质量评价指标有路面平均亮度、平均照度、路面亮度均匀度、照度均匀度和(　　)。

A. 眩光限制　B. 环境比　C. 光效率　D. 视觉诱导性

(2)公路照明节能要求有(　　)。

A. 气体放电灯线路功率因数应在 0.85 以上

B. 一级公路照明车道数≥6 条,照度 30 lx,照明功率密度值 <1.05W/m^2

C. 一级公路照明车道数 <6 条,照度 30 lx,照明功率密度值 <1.25W/m^2

D. 一级公路照明车道数 <2 条,照度 30 lx,照明功率密度值 <1.45W/m^2

(3)公路照明光源要求有(　　)。

A. 公路照明光源的选择应综合考虑光效、使用寿命和显色性等因素

B. 常规路段照明宜采用高压汞灯,不应采用白炽灯

C. 对显色性有较高要求的设施及场所,可采用一般显色指数较高的光源

D. 公路照明也可采用能够符合公路照明要求的新型光源,如 LED 光源、无极灯等

(4)公路照明灯具应选择(　　)。

A. 截光型灯具　　B. 半截光型灯具

C. 抛物面型灯具　　D. 漫反射型灯具

(5)根据公路横断面形式、宽度、照明器具的配光性能和照明要求,灯具的布设可在单侧布置(　　)。

A. 双侧交错布置　　B. 双侧对称布置

C. 中心对称布置　　D. 中心布置

模拟试题四

说明：1. 本模拟试题设置单选题 30 道、判断题 30 道、多选题 20 道、综合题 7 道，总计 150 分；模拟自测时间为 150 分钟。

2. 本模拟试题仅供考生进行考前自测使用。

一、单项选择题（共 30 题，每题 1 分，共 30 分）

1. 道路服务水平划分为（　　）。

A. 4 级　　B. 5 级　　C. 6 级　　D. 7 级

2. 放大电路输入端短路时，输出端仍有不规则缓慢变化的输出电压产生，此现象称为（　　）。

A. 共模放大　　B. 差模放大　　C. 电压负反馈　　D. 零点漂移

3. 单位立体角内发射的光通量所对应的物理量为（　　）。

A. 发光强度　　B. 亮度　　C. 照度　　D. 光通量

4. 线圈中有无感应电动势，产生的主要原因是（　　）。

A. 线圈中有无磁力线通过　　B. 穿过线圈中磁力线的数目有无变化

C. 线圈是否闭合　　D. 线圈中有无磁通通过

5. 下列逻辑符号中，能实现 $F=\overline{AB}$ 逻辑功能的是（　　）。

A　　B　　C　　D

6. 采用 GB/T 2828.4—2008 工厂检验时，其监督质量水平为（　　）。

A. DQL = 1.5%　　B. DQL = 2.5%　　C. DQL = 3.5%　　D. DQL = 4.5%

7. 人工模拟盐雾试验包括中性盐雾试验、醋酸盐雾试验、铜盐加速醋酸盐雾试验和（　　）。

A. 高温湿热试验　　B. 静电效应试验

C. 酸性盐雾试验　　D. 交变盐雾试验

8. 做 IPX4 防水试验，应采用（　　）。

A. 喷水试验　　B. 短时浸水试验　　C. 溅水试验　　D. 淋水试验

9. 辐射电磁场抗扰度试验要求对正常运行的设备四个侧面分别在发射天线垂直极化和水平极化位置进行试验，发射场强为应采用（　　）。

A. 3V/m　　B. 5V/m　　C. 10V/m　　D. 20V/m

10. 测试标志板面色度性能时，制取的单色标志板面试样尺寸为（　　）。

A. 100mm × 100mm　　B. 150mm × 100mm
C. 150mm × 150mm　　D. 200mm × 150mm

11. 反光膜防粘纸可剥离性能试验时的环境温度与时间为(　　)。
A. 60℃ ±2℃的空间里放置4h　　B. 65℃ ±2℃的空间里放置4h
C. 65℃ ±2℃的空间里放置4h　　D. 70℃ ±2℃的空间里放置4h

12. 新划白色反光标线的逆反射亮度系数不应低于(　　)。
A. $50mcd \cdot m^{-2} \cdot lx^{-1}$　　B. $100mcd \cdot m^{-2} \cdot lx^{-1}$
C. $150mcd \cdot m^{-2} \cdot lx^{-1}$　　D. $200mcd \cdot m^{-2} \cdot lx^{-1}$

13. 遮盖率试验所用黑色底板的亮度因数不超过(　　)。
A. 2%　　B. 3%　　C. 5%　　D. 8%

14. 护栏端头和防撞垫的防护等级分为(　　)。
A. TB、TA、TS三级　　B. TC、TB、TA、TS四级
C. TC、TB、TA、TS、THB五级　　D. TC、TB、TA、TS、THB、THA六级

15. 波形梁钢护栏高强度拼接螺栓连接副螺杆公称直径为16mm,其整体抗拉荷载不小于(　　)。
A. 133kN　　B. 153kN　　C. 173kN　　D. 193kN

16. 钢管、钢板、钢带、紧固件、连接件的涂塑层(聚乙烯、聚氯乙烯)厚度为(　　)。
A. 0.25mm　　B. 0.38mm　　C. 0.50mm　　D. 0.63mm

17. 平曲线路段遮光角$\beta = \cos^{-1}[(R - B_3)\cos(\beta_0/R)]$,式中$B_3$为(　　)。
A. 平曲线半径　　B. 直线路段遮光角
C. 防眩板间距　　D. 驾驶员与防眩板的横向距离

18. 突起路标和太阳能突起路标抽样方法为当批量不大于10000只时,随机抽取(　　)。
A. 26只　　B. 40只　　C. 46只　　D. 50只

19. 轮廓标黄色逆反射材料的亮度因数为(　　)。
A. 0.10～0.25　　B. 0.16～0.40　　C. 0.20～0.44　　D. 0.25～0.48

20. 系统密封性试验:取两段硅芯管试样用硅芯管专用连接头,按生产企业提供的工具和方法连接好,一端用管塞密封好,另一端连接专用卡具注水,试样的连接头、管塞均不渗漏为合格。试验条件为(　　)。
A. 水温(20 ±2)℃、压力30kPa条件下,保持24h
B. 水温(20 ±2)℃、压力40kPa条件下,保持24h
C. 水温(20 ±2)℃、压力50kPa条件下,保持24h
D. 水温(20 ±2)℃、压力60kPa条件下,保持48h

21. 交通安全设施关键项目的合格率不小于(　　)。
A. 70%　　B. 75%　　C. 85%　　D. 95%

22. 车辆检测器、气象检测器、可变情报板、闭路电视系统设备等外场设备的安全保护接地电阻一般要求为(　　)。
A. ≤1Ω　　B. ≤4Ω　　C. ≤10Ω　　D. ≤15Ω

23. 可变标志实测项目显示屏平均亮度为(　　)。

A. ≥5000cd/m^2　　B. ≥6000cd/m^2

C. ≥7000cd/m^2　　D. ≥8000cd/m^2

24. 基带传输时,对数字信号编码含直流分量的编码名称为(　　)。

A. ASCII 编码　　B. 非归零码 NRZ

C. 曼彻斯特编码　　D. 差分曼彻斯特编码

25. 光纤接头损耗平均值意为(　　)。

A. 多个接头的接头损耗平均值

B. 单个接头连续重复测试的接头损耗平均值

C. 单个接头隔天测试 3 次的接头损耗平均值

D. 单个接头分别从 A 端和 B 端测试的接头损耗平均值

26. 低速动态称重系统的速度为(　　)。

A. 5km/h 以下　　B. 10km/h 以下

C. 15km/h 以下　　D. 20km/h 以下

27. 票据打印机平均故障间隔时间不小于(　　)。

A. 10000h　　B. 20000h　　C. 30000h　　D. 40000h

28. 单台不间断电源(UPS)给计算机系统(总功率 $\sum PN_i$)供电,其输出功率应大于(　　)。

A. $\sum PN_i$　　B. $1.3\sum PN_i$　　C. $1.5\sum PN_i$　　D. $2\sum PN_i$

29. 灯杆的接地电阻为(　　)。

A. ≤1Ω　　B. ≤4Ω　　C. ≤8Ω　　D. ≤10Ω

30. 隧道两侧墙面 2m 高范围内的平均亮度,不宜低于路面平均亮度的(　　)。

A. 40%　　B. 50%　　C. 60%　　D. 70%

二、判断题(共 30 题,每题 1 分,共 30 分)

1. 交通工程常用的系统分析方法有线性规划、图与网络理论、灰色模型法等。(　　)

2. 电磁兼容性(EMC)是指设备或系统在其电磁环境中正常运行。(　　)

3. 国家规定了五种三相变压器标准连接组别是:Y/Y0-0,Y/Δ-11,Y0/Δ-11,Y0/Y-0 和 Y0/Y0-0。(　　)

4. 时序逻辑电路的输出与电路的原状态无关。(　　)

5. 交流电源接地系统主要包括工作接地、防静电接地、防雷接地三种形式。(　　)

6. 在验收检验中,当供货方不能提供批的质量信息时,应做加严检验处理。(　　)

7. 室外机电设备耐温度交变性能试验:在不通电工作状态下高温 +70℃保持 2h,在 2min 内转移到低温 -40℃保持 2h,在 2min 内再转移到高温,如此共循环 5 次。(　　)

8. 机电产品的印刷电路板、显示单元及其支撑底板、金属外壳等经过 168h 的耐盐雾腐蚀性能试验后,应无明显诱蚀现象,印刷电路板经过 24h 自然晾干后应功能正常。(　　)

9. 热浸镀锌用的锌锭应为 GB/T 470 规定的 Zn99.995 或 Zn99.99 牌号;热浸镀铝用铝锭应为 GB/T 1196 规定的 A199.90、A199.85 或 A199.70 牌号。(　　)

10. 标志底板、滑槽、立柱、横梁、法兰盘等大型构件,其镀锌量不低于500g/m^2。 ( )

11. V类反光膜通常为微棱镜型结构,称大角度反光膜,使用寿命一般为10年。 ( )

12. GB/T 16311—2009将GB/T 16311—2005中的标线光度性能表述,由“逆反射系数”改为“逆反射亮度系数”。 ( )

13. 溶剂型、热熔型、双组份、水性四种均有的性能检验有密度、耐碱性、耐水性、耐磨性、色度性能、不粘胎干燥时间、冻融稳定性等。 ( )

14. 水性路面标线涂料湿膜厚度一般控制在0.2~0.5mm之间。 ( )

15. 波形梁钢护栏的技术要求有外观质量、外形尺寸、材料要求、防腐层厚度、防腐层附着量、防腐层均匀性、防腐层附着性、耐盐雾性能、耐候性能共9项。 ( )

16. 双涂层构件第一层(内层)为金属镀层,第二层(外层)的非金属涂层可为聚乙烯、聚氯乙烯等热塑性粉末涂层或聚酯等热固性粉末涂层。 ( )

17. 玻璃钢防眩板的密度要求≥1.5g/cm^3。 ( )

18. A1类突起路标由工程塑料或金属等材料基体和微棱镜逆反射器组成。 ( )

19. 柱式轮廓标安装时,其逆反射材料的表面应与道路行车方向平行。 ( )

20. 硅芯管:由高密度聚氯乙烯(PE-HD)外壁、外层色条和永久性固体硅质内润滑层组成的单孔塑料管。 ( )

21. 交通安全设施按20km或标段划分单位工程,护栏按5~10km路段划分分部工程,下属再划分波形梁护栏、缆索护栏、混凝土护栏分项工程。 ( )

22. CCTV系统质量测评的基本方法有主观质量评价和客观质量指标测试两种。 ( )

23. 可变信息标志发光单元(红、绿、蓝色)色度坐标的判定按JT/T 431规定。 ( )

24. 时分多路复用多用于数字通信。 ( )

25. 转换交换设备的基本功能是完成接入交换节点链路的汇集、转换、接续和分配。 ( )

26. 手动栏杆与天棚信号灯的互锁关系为只有手动栏杆打开时,天棚信号灯才由红色变为绿色。 ( )

27. 双机热备份功能是当主机宕机时,从机能够自动接管保证业务的连续性和正确性,且切换时间符合要求。 ( )

28. 备用发电机组控制柜安装后要求其绝缘电阻≥2MΩ。 ( )

29. 公路照明灯杆的布置形式共分为单侧布置、双侧交错布置、双侧对称布置和中心对称布置4种。 ( )

30. 白天车辆驶出隧道时,由于亮度的突变使视觉产生黑洞效应。 ( )

三、多项选择题(共20题,每题2分,共40分。下列各题的备选项中,至少有两个符合题意,选项全部正确得满分,选项部分正确按比例得分,出现错误选项该题不得分)

1. 眩光产生的后果主要归结为( )。

A. 不适型眩光　　B. 眼底型眩光

C. 失能型眩光　　D. 光适应型眩光

2. 机械振动试验设备有(　　)。

A. 电动振动台　　B. 传感器　　C. 检测仪表　　D. 大功率氙灯

3. 孤立批是指(　　)。

A. 脱离已生产的批系列　　B. 脱离已汇集的批系列

C. 无质量保证资料的批　　D. 不属于当前检验批系列的批

4. 钢构件(单面)热浸镀锌层附着量、厚度应不低于(　　)。

A. 钢板厚度 $t<1.5$mm,平均镀锌层附着量 395g/m^2,平均镀层厚度 55μm

B. 钢板厚度 $1.5\leqslant t<3$mm,平均镀锌层附着量 500g/m^2,平均镀层厚度 70μm

C. 钢板厚度 $t\geqslant3$mm,平均镀锌层附着量 600g/m^2,平均镀层厚度 84μm

D. 钢板厚度 $t\geqslant5$mm,平均镀锌层附着量 720g/m^2,平均镀层厚度 92μm

5. 人工加速耐候性试验的种类有(　　)。

A. 紫外灯　　B. 碳弧灯　　C. 碘钨灯　　D. 氙弧灯

6. 绝缘电阻测试仪各端子名称为(　　)。

A. "地"(E)端钮　　B. "线"(L)端钮

C. "屏"(G)端钮　　D. "放"(F)端钮

7. 方形交通标志用于(　　)。

A. 指路标志　　B. 部分警告、禁令和指示标志

C. 旅游区标志　　D. 辅助标志、告示标志

8. 反光膜抗拉荷载试验设备及拉伸速度为(　　)。

A. 精度为 0.5 级的万能材料试验机

B. 精度为 1.0 级的万能材料试验机

C. 以 100mm/min 的速度拉伸

D. 以 300mm/min 的速度拉伸

9. 标线长度以及间断线纵向间距的允许误差为(　　)。

A. 6m 长允许误差 ±30mm　　B. 5m 长允许误差 ±25mm

C. 4m 长允许误差 ±20mm　　D. 1m 长允许误差 ±10mm

10. 测试遮盖率所需设备与材料(　　)。

A. 300μm 的漆膜涂布器

B. 标准 A 光源

C. 45/0°色度计

D. 亮度因数 <5% 黑色底板和亮度因数 >80% 白色底板

11. 两波形梁板截面可分为(　　)。

A. DB01 ~ DB03　　B. DB01 ~ DB05　　C. BB01 ~ BB03　　D. BB01 ~ BB05

12. 双涂层构件试验性能项目有(　　)。

A. 外观质量、镀层均匀性、涂塑层均匀性

B. 镀层附着性能、涂塑层附着性能、涂塑层抗弯曲性能

C. 涂塑层耐冲击性能、涂塑层耐盐雾腐蚀性能、涂塑层耐湿热性能

D. 涂塑层耐化学药品性能、涂塑层耐候性能、涂塑层耐低温脆化性能

13. 硅芯管型式检验项目有(　　)。

A. 外观、规格尺寸、外壁硬度、内壁摩擦系数、拉伸屈服强度

B. 断裂伸长率、最大牵引负荷、冷弯曲性能、环刚度、复原率

C. 耐落锤冲击性能、耐液压性能、纵向收缩率、耐环境应力开裂

D. 耐碳氢化合物性能、连接头性能、管塞性能

14. 隔离栅工程质量检验评定的实测项目为高度、立柱中距和(　　)。

A. 刺钢丝的中心垂度　　B. 混凝土基础强度

C. 立柱竖直度　　D. 立柱埋置深度

15. 电视的制式有(　　)。

A. PAL　　B. NTSC　　C. SECAM　　D. SENTSCC

16. 频带传输常用的调制方法是(　　)。

A. 频率调制　　B. 振幅调制　　C. 相位调制　　D. 随机调制

17. 收费站与收费分中心通信的主要环节有(　　)。

A. 路由器　　B. 交换机　　C. 单模光缆　　D. UTP 线缆

18. 下面叙述不正确的有(　　)。

A. 高速公路收费、监控和通信系统建设时,应采用集中供电

B. 三相供电时,零线上应装熔断器

C. 交通工程及沿线设施的强电线路必须与弱电线路分别敷设

D. 不同回路可以同管敷设

19. 照明质量评价指标有路面平均亮度、平均照度、路面亮度均匀度、照度均匀度和(　　)。

A. 眩光限制　　B. 环境比　　C. 光效率　　D. 视觉诱导性

20. 隧道照明划分的功能区段有(　　)。

A. 接近段　　B. 适应段和过渡段

C. 引入段　　D. 基本段和出口段

四、综合题(从 7 道大题中选答 5 道大题,每道大题 10 分,共 50 分。下列各题的备选项中,有一个或一个以上符合题意,选项全部正确得满分,选项部分正确按比例得分,出现错误选项该题不得分)

1. 试回答下列关于接地电阻的问题。

(1)接地电阻测试仪的类型有(　　)。

A. 手摇发电机式打钎法接地电阻测试仪

B. 电子式打钎法接地电阻测试仪

C. 手摇发电机式钳形表法接地电阻测试仪

D. 电子式钳形表法接地电阻测试仪

(2)《公路工程质量检验评定标准　第二册　机电工程》(JTG F80/2—2004)中,对接地电阻测试仪准确度要求为(　　)。

A. 0.5 级　　B. 1.0 级　　C. 2.5 级　　D. 无具体规定

(3)手摇发电机式打钎法接地电阻测试仪各端子名称为(　　)。

A. 电流极 C_2　　B. 辅助电流极 C_1

C. 电位极 P_2　　D. 辅助电位极 P_1

(4)测量时各端子接线为(　　)。

A. 辅助电流极 C_1 接 40m 外的地钎　　B. 电流极 C_2 接被测接地极

C. 辅助电位极 P_1 接 20m 外的地钎　　D. 电位极 P_2 接 20m 外的地钎

(5)测量时注意事项有(　　)。

A. 测量前断开接地极与被测设备的连接,C_2、P_2 接被测接地极

B. 匀速摇动测量仪转速为 150r/min

C. 辅助电位极 P_1 的地钎与标准电位极 C_2 地钎距离大于 20m

D. 地钎尽量打在潮湿土壤中,必要时在地钎周围浇水

2. 试回答下列关于色度、光度的问题。

(1)CIE1931 色彩空间色度图中,y 表示(　　)。

A. 红色分量　　B. 橙色分量　　C. 绿色分量　　D. 紫色分量

(2)色度测量仪有(　　)。

A. 标准色板　　B. 色度计　　C. 色差计　　D. 光谱光度计

(3)测逆反射色要用的设备有(　　)。

A. 远程色度计　　B. 远程光谱辐射度计

C. 标准 A 光源　　D. D_{65} 光源

(4)逆反射光度测量方法有(　　)。

A. 比率法　　B. 替代法

C. 直接发光强度法　　D. 直接亮度法

(5)逆反射光度测量仪器有(　　)。

A. 逆反射测量仪　　B. 标准 A 光源　　C. 照度计　　D. 亮度计

3. 试回答关于玻璃珠产品的分类和用途的问题。

(1)根据玻璃珠与路面标线涂料的结合方式不同,玻璃珠可分为(　　)。

A. 面撒玻璃珠　　B. 预混玻璃珠

C. 箍入玻璃珠　　D. 底层玻璃珠

(2)2 号玻璃珠宜用作(　　)。

A. 溶剂型标线涂料的预混玻璃珠　　B. 热熔型标线涂料的预混玻璃珠

C. 双组份标线涂料的预混玻璃珠　　D. 水性标线涂料的预混玻璃珠

(3)玻璃珠试样的制备过程为(　　)。

A. 随机抽取有代表性的整袋玻璃珠产品

B. 将该袋玻璃珠倒入某容器中后,再从该容器倒入另一容器

C. 如此重复 3 次,以保证整袋玻璃珠在分选前能混合均匀

D. 混匀玻璃珠倒入 2 份分割器中重复分割,最后得到约 2000g 玻璃珠作为试样

(4)成圆率的技术要求(　　)。

A. 有缺陷的玻璃珠、杂质等的质量应小于玻璃珠总质量的 20%

B. 玻璃珠成圆率不小于 80%

C. 其中粒径在 850 ~ 600μm 范围内玻璃珠的成圆率不应小于 70%

D. 其中粒径在 950 ~ 550μm 范围内玻璃珠的成圆率不应小于 80%

(5)贝克线用来测试玻璃珠的(　　)。

A. 折射率　　B. 密度　　C. 耐水性　　D. 成圆率

4. 试回答关于公路交通工程钢构件防腐技术条件的问题。

(1)热镀防腐的方法使被镀钢构件浸入熔融的金属镀液中在表面形成涂层,这是因为二者之间发生(　　)。

A. 溶解　　B. 化学反应　　C. 扩散　　D. 固化

(2)热浸镀锌铝合金浸塑复合涂层的工艺流程有(　　)。

A. 热浸镀锌铝合金工艺　　B. 喷涂工艺

C. 流化床工艺　　D. 静电涂装工艺

(3)达克罗的工艺流程有(　　)。

A. 浸涂工艺　　B. 刷涂工艺　　C. 喷涂工艺　　D. 烘烤工艺

(4)环氧锌基聚酯复合涂层的工艺流程有(　　)。

A. 抛丸工艺　　B. 喷丸工艺

C. 粉末涂料工艺　　D. 静电涂装工艺

(5)粉末镀锌涂层的形成利用了(　　)。

A. 机械设备　　B. 化学物质作用

C. 冲击介质作用　　D. 气流吹拂作用

5. 试回答关于交通标志工程质量检验评定标准的问题。

(1)交通标志检验评定的基本要求是(　　)。

A. 标志的形状要正确

B. 尺寸符合要求

C. 反光膜的颜色、字符的尺寸、字体等应符合《道路交通标志和标线》(GB 5768.2—2009)

D. 反光膜的颜色、字符的尺寸、字体等应符合《公路交通标志板》(JT/T 279—2004)

(2)标志板的外形尺寸允许偏差为(　　)。

A. ±3mm

B. ±5mm

C. 若外形尺寸大于 1.2m 时,允许偏差为其外形尺寸的 ±0.5%

D. 若外形尺寸大于 1.2m 时,允许偏差为其外形尺寸的 ±0.6%

(3)反光型标志板面应粘贴(　　)。

A. 符合 GB/T 18833 要求的反光膜

B. 耐久性与反光膜相匹配的黑膜为面膜

C. 也可在反光膜上印刷油墨形成板面信息

D. 非反光型标志板面应采用各类户外耐候型涂料涂敷制作

(4)标志外观质量要求有(　　)。

A. 采用的各种材料应具有相容性,不应因电化学作用、不同的热膨胀系数或其他化学反应等造成标志板的锈蚀或其他损坏

B. 标志板面不应存在裂纹、起皱、边缘剥离明显的气泡、划痕、各种损伤

C. 标志板面不应存在颜色不均匀、逆反射性能不均匀

D. 标志板应平整,表面无明显凹痕或变形,板面不平度不应大于5mm/m

(5)标志板面色度性能及检测条件为(　　)。

A. 光源为标准照明体 D_{55}

B. 观测条件为45/0

C. 亮度因数 >0.75

D. 白色有效区角点坐标 P_1(0.350,0.360);P_2(0.300,0.310);P_3(0.290,0.320);P_4(0.340,0.370)

6. 试回答关于通信电源系统工程安装质量及检验评定标准的问题。

(1)检验评定基本要求有(　　)。

A. 通信电源设备数量、型号符合设计要求,部件及配件完整

B. 所有设备安装到位并已连通,处于正常工作状态

C. 换流设备都做了可靠的接地连接

D. 蓄电池的连接条、螺栓、螺母做了防腐处理,并且连接可靠

(2)关键实测项目有(　　)。

A. 开关电源的主输出电压(-40～-57V)

B. 电源系统报警功能

C. 不间断电源

D. 远端维护管理功能

(3)开关电源输出杂音(杂波表实测)为(　　)。

A. 电话衡重杂音(≤2mV)

B. 峰值杂音(0～300Hz)(≤50mV)

C. 宽频杂音(3.4～150kHz)(≤100mV)

D. 宽频杂音(0.15～30MHz)(≤30mV)

(4)非关键实测项目有(　　)。

A. 通信电源系统防雷　　B. 通信电源的接地

C. 设备安装的水平度　　D. 设备安装的垂直度

(5)检验评定外观鉴定(　　)。

A. 配电屏、设备、列架布局合理、安装稳固、横竖端正、排列整齐。设备安装后表面光泽一致、无划伤、无刻痕、无剥落、无锈蚀;部件标识正确、清楚

B. 电源输出配线路由位置正确,布放整齐符合施工工艺要求

C. 设备内布线整齐、美观、绑扎牢固,接线端头焊(压)接牢固、平滑;编号标识清楚,预留长度适当

D. 设备加固措施符合设计要求

7. 试回答关于隧道环境检测设备技术要求的问题。

(1)环境检测器的灵敏度实测项目有(　　)。

A. CO 传感器灵敏度　　B. 烟雾传感器灵敏度

C. 照度传感器灵敏度　　D. SO_2传感器灵敏度

(2)隧道环境检测设备的适用环境条件为(　　)。

A. 相对湿度:不大于98%

B. 环境温度:A 级:-5 ~ +55℃;B 级:-20 ~ +55℃;C 级:-40 ~ +50℃;D 级:-55 ~ +45℃

C. 风速:0 ~ 10m/s

D. 气压:760mmHg

(3)环境检测器的精度偏差实测项目有 CO 传感器精度偏差和(　　)。

A. 烟雾传感器精度偏差　　B. 照度传感器精度偏差

C. 风速传感器精度偏差　　D. 风向传感器精度偏差

(4)隧道环境检测设备的功能要求有(　　)。

A. 实时检测功能　　B. 报警值设定功能

C. 数据通信功能　　D. 信号输出功能

(5)隧道环境检测设备的供电要求与安全要求有(　　)。

A. 设备安装到位前电源输入端子与外壳的绝缘电阻应不小于 50MΩ;

B. 设备电源输入端子与外壳之间施加频率 50Hz、有效值 1500V 正弦交流电压,历时 1min,应无闪络或击穿现象

C. 交流 220 × (1 ±15%) V,频率 50 × (1 ±4%) Hz,应可靠工作

D. 隧道环境检测设备宜采取必要的过电流保护措施

参考答案及解析

模拟试题一

一、单项选择题

1.【答案】C

【解析】《公路工程技术标准》(JTG B01—2014)3.4.2。

2.【答案】C

【解析】要存储就要用硬件单元,而安排区域引导数据等就是软件的工作范围。

3.【答案】D

【解析】色温从3000K往下降光源色逐渐变红,色温从3000K往上升光源颜色逐渐变蓝。

4.【答案】B

【解析】编码器能将每一组输入信息变换为相应进制的代码输出,电路中不含存储元件、输入输出之间无反馈通道,而以上两点为组合逻辑电路的显著特征。

5.【答案】A

【解析】通常加"T"为推荐性行业标准,但经设计文件指定后变成了强制性行业标准。

6.【答案】B

【解析】《公路交通安全设施质量检验抽样方法》(JT/T 495—2014)。

7.【答案】A

【解析】《电工电子产品基本环境试验 第2部分:试验方法 试验Kb:盐雾,交变氯化钠溶液》(GB/T 2423.18—2012)。

8.【答案】C

【解析】电涡流测厚仪只用于铜铝等良导体基底的涂层测厚,磁性测厚仪只用于铁磁基底的涂层测厚,超声波测厚仪可用于铁磁基底、铜铝等良导体基底及非金属基底的涂层测厚。

9.【答案】D

【解析】接地电阻 R = 辅助电位极 P_1 上的电压/辅助电流极 C_1 上的电流。

10.【答案】C

【解析】《公路工程质量检验评定标准 第一册 土建工程》(JTG F80/1—2017)11.2.2。

11.【答案】A

【解析】《道路交通反光膜》(GB/T 18833—2012)3.13。

12.【答案】C

【解析】《公路工程质量检验评定标准》(JTG F80/1—2017)。

13.【答案】B

【解析】《路面标线涂料》(JT/T 280—2004)4。

14.【答案】D

【解析】原为B、A、SB、SA、SS五级。《公路交通安全设施设计规范》(JTG D81—2017)6.2和6.3。

15.【答案】D

【解析】《波形梁钢护栏 第1部分:两波形梁钢护栏》(GB/T 31439.1—2015)3.2.3.1。

16.【答案】A

【解析】《隔离栅》(GB/T 26941.1—2011)4.2.1.1。

17.【答案】B

【解析】《防眩板》(GB/T 24718—2009)4.2。

18.【答案】C

【解析】《突起路标》(GB/T 24725—2009)5.3.1。

19.【答案】C

【解析】《轮廓标》(GB/T 24970—2010)5.1.4。

20.【答案】A

【解析】《高密度聚乙烯硅芯管》(GB/T 24456—2009)4。

21.【答案】D

【解析】《公路工程质量检验评定标准 第一册 土建工程》(JTG F80/1—2017)3.2.5。

22.【答案】C

【解析】《公路工程质量检验评定标准 第二册 机电工程》(JTG F80/2—2004)2.1.2。

23.【答案】C

【解析】《公路工程质量检验评定标准 第二册 机电工程》(JTG F80/2—2004)。

24.【答案】B

【解析】只有数字交换设备才能和高速网络相匹配。

25.【答案】D

【解析】误码特性、抖动性能、漂移性能和可靠性也称为光纤通信系统质量指标。

26.【答案】B

【解析】收费站计算机系统是构成一条高速公路收费系统的基本系统。

27.【答案】B

【解析】JPG是可以把图像文件压缩到最小的图像格式。

28.【答案】D

【解析】国家将供电负荷分为三级,一级为停电将造成重大政治影响或造成严重经济损失的负荷,公路供电负荷通常为三级。

29.【答案】C

【解析】电压的变化范围为220×(1±15%),即187~253V,一级路面维持照度值为

30 lx,新灯时照度为 30/0.7 =42.9 lx;综合二者选 C。

30.【答案】 D

【解析】《公路隧道通风设计细则》(JTG/T D70/2-02—2014)5.2.1。

二、判断题

1.【答案】 ×

【解析】缺平均行驶速度。

2.【答案】 √

【解析】1W 的 555nm 的黄绿光可发射 683 lm 的光通量,而 1W 的 650nm 的红光只能发射 68.3 lm 的光通量。

3.【答案】 ×

【解析】称重判定是通过对腐蚀试验前后样品的质量进行称重的方法,计算出受腐蚀损失的质量来对样品耐腐蚀质量进行评判,它特别适用于对某种金属耐腐蚀质量进行考核。

4.【答案】 ×

【解析】共五类,漏掉了“相关标准”。

5.【答案】 √

【解析】《公路工程质量检验评定标准　第一册　土建工程》(JTG F80/1—2017)3.2.4。

6.【答案】 ×

【解析】漏掉“检验严格程度”。

7.【答案】 ×

【解析】低温为 -40℃。《公路机电系统设备通用技术要求及检测方法》(JT/T 817—2011)4.2。

8.【答案】 √

【解析】《公路交通安全设施质量检验抽样方法》(JT/T 495—2014)4.3。

9.【答案】 ×

【解析】TT 系统接地。《公路机电系统设备通用技术要求及检测方法》(JT/T 817—2011)4.8.6。

10.【答案】 √

【解析】《公路工程质量检验评定标准　第一册　土建工程》(JTG F80/1—2017)11.2.2。

11.【答案】 ×

【解析】黑色。白色的逆反射系数值最高。《道路交通反光膜》(GB/T 18833—2012)5.3.2。

12.【答案】 ×

【解析】观测角为 1.05°。《道路交通标线质量要求和检测方法》(GB/T 16311—2009)6.6.1。

13.【答案】 ×

【解析】热熔型和双组份。《路面标线涂料》(JT/T 280—2004)4。

14.【答案】 √

【解析】《道路交通标线质量要求和检测方法》(GB/T 16311—2009)5.4.1。

15.【答案】×

【解析】漏掉:三波形梁背板。《波形梁钢护栏　第2部分:三波形梁钢护栏》(GB/T 31439.2—2015)3.2。

16.【答案】×

【解析】接地电阻应小于10Ω。

17.【答案】√

【解析】《防眩板》(GB/T 24718—2009)4.2。

18.【答案】×

【解析】A1类发光强度系数最高。《突起路标》(GB/T 24725—2009)5.4。

19.【答案】×

【解析】不大于70mm。《轮廓标》(GB/T 24970—2010)6.2.1.1。

20.【答案】×

【解析】无荧光橙、荧光黄。《高密度聚乙烯硅芯管》(GB/T 24456—2009)5.1.2.2。

21.【答案】√

【解析】《公路工程质量检验评定标准　第一册　土建工程》(JTG F80/1—2017)3.2.8。

22.【答案】√

【解析】《综合布线系统电气特性通用测试方法》(YD/T 1013—2013)4。

23.【答案】×

【解析】按JT/T 432规定。《公路工程质量检验评定标准　第二册　机电工程》(JTG F80/2—2004)2.4.2。

24.【答案】×

【解析】高速公路通信系统均采用专用数据通信网,而非对外的业务网。

25.【答案】×

【解析】数据电路是指物理层中光缆或电缆和设备的电气连接。而数据通信是在机与机之间进行的数据交换,因此必须对传输过程按一定的规程进行控制,以便使双方能协调可靠地工作。所以数据电路加上传输控制规程才是数据链路。

26.【答案】×

【解析】凯文电桥为直流电桥,只能测电阻;要用交流电桥才能测电感量。

27.【答案】√

【解析】《汽车号牌视频自动识别系统》(JT/T 604—2011)。

28.【答案】×

【解析】各车道分散供电可提高用电可靠性。

29.【答案】×

【解析】功率因数大于0.85。《公路照明技术条件》(GB/T 24969—2010)9.1.1。

30.【答案】√

【解析】《公路隧道照明设计细则》(JTG/T D70/2-01—2014)。要求“入口段加强照明,白天分晴天、云天、阴天、重阴4级控制,基本照明分夜晚交通量大、交通量小2级控制,出口段加强照明分白天、夜晚 2 级控制”。

三、多项选择题

1.【答案】ABC

【解析】网络拓扑结构是指网络中各个站点相互连接的形式，而互联网络是一个抽象的网络总称。

2.【答案】AB

【解析】防尘等级：IP0X ~ IP6X；防水等级：IPX0 ~ IPX9。《外壳防护等级(IP 代码)》(GB/T 4208—2017)。

3.【答案】CD

【解析】A 选项，交通设施不用此标准；B 选项，标准颁布年限不对。

4.【答案】ABD

【解析】因为随机不可能有重复性。

5.【答案】ACD

【解析】测直流时才注意极性，注意 C 选项因电流表内阻小，短路电流大，会损坏电流表。

6.【答案】ABD

【解析】带阻滤波器是阻止 f_1 至 f_2 某个频率范围的信号通过；带通滤波器只允许 f_1 至 f_2 某个频率范围的信号通过；高通滤波器只允许高于 f_1 的频率范围的信号通过；没有互通滤波器。

7.【答案】ABCD

【解析】《道路交通标志板及支撑件》(GB/T 23827—2009)7.4。

8.【答案】ABC

【解析】《道路交通反光膜》(GB/T 18833—2012)5.3.1。

9.【答案】BD

【解析】《道路交通标线质量要求和检测方法》(GB/T 16311—2009)6.4.1。

10.【答案】ABC

【解析】《路面标线涂料》(JT/T 280—2004)3.2。

11.【答案】BCD

【解析】立柱弯曲度应不大于 1.5mm/m。《波形梁钢护栏　第 1 部分：两波形梁钢护栏》(GB/T 31439.1—2015)4.2.2.3。

12.【答案】ABCD

【解析】《隔离栅》(GB/T 26941.2—2011)3。

13.【答案】ABCD

【解析】《防眩板》(GB/T 24718—2009)4.2。

14.【答案】ABCD

【解析】《公路工程质量检验评定标准　第一册　土建工程》(JTG F80/1—2017)附表 A。

15.【答案】ABCD

【解析】分别用百分表、Q表、兆欧表和电感测试仪测试。

16.【答案】ABCD

【解析】该路段所有语音、传真、图像、数据等就靠这一个网。

17.【答案】ABD

【解析】出口车道才有脚踏报警,且是关键实测项目。《公路工程质量检验评定标准 第二册 机电工程》(JTG F80/2—2004)4.1.2。

18.【答案】BC

【解析】万用表一般无交流电流挡,即使有,所测电流也很小(1A左右)。题中的负载电流大于10A,万用表不能测;直流电流表也不能测。

19.【答案】AB

【解析】《公路照明技术条件》(GB/T 24969—2010)6.2.1。

20.【答案】ACD

【解析】《隧道环境检测设备》(GB/T 26944.2—2011)4.2.1。

四、综合题

1.【答案】(1)ABC (2)AC (3)B (4)AC (5)A

【解析】(1)有粉末循环泵不需要鼓风机。

(2)《外壳防护等级(IP代码)》(GB/T 4208—2017)。

(3)滑石粉应选符合人体健康与安全的各项规定,采用金属方孔筛滤过,用量为2kg/m^3,且使用次数不得超过20次。

(4)《外壳防护等级(IP代码)》(GB/T 4208—2017)。

(5)如是第一种类型设备(设备工作时壳内气压低于周围气压)做试验,除上述过程外,试验时要对壳内抽真空,抽气速度每小时不超过60倍外壳容积,但压差不得超过2kPa(20mbar)。

2.【答案】(1)AB (2)B (3)ABC (4)ABC (5)ABCD

【解析】(1)仅有选项A、B两种类型,选项C、D为凑数的。

(2)《公路机电系统设备通用技术要求及检测方法》(JT/T 817—2011)5.11.1。

(3)绝缘电阻测试仪只有3个端子:E"地"、L"线"、G"屏"。

(4)《绝缘电阻测试仪使用说明书》。

(5)《绝缘电阻测试仪使用说明书》。

3.【答案】(1)BC (2)A (3)AC (4)BD (5)D

【解析】《路面标线涂料》(JT/T 280—2004)5.4。

4.【答案】(1)ABD (2)ABD (3)ABC (4)ABCD (5)AB

【解析】(1)《公路工程质量检验评定标准 第一册 土建工程》(JTG F80/1—2017)11.4.1。

(2)镀(涂)层厚度在JTG F80/1—2017中已取消。《公路工程质量检验评定标准 第一册 土建工程》(JTG F80/1—2017)11.4.2。

(3)《公路工程质量检验评定标准 第一册 土建工程》(JTG F80/1—2017)11.4.2。

(4)《公路工程质量检验评定标准 第一册 土建工程》(JTG F80/1—2017)11.4.2。

(5)《公路工程质量检验评定标准　第一册　土建工程》(JTG F80/1—2017)11.4.3。

5.【答案】(1)ABD　(2)C　(3)C　(4)BCD　(5)ABD

【解析】《公路工程质量检验评定标准　第一册　土建工程》(JTG F80/1—2017)11.3.2。

6.【答案】(1)ABC　(2)ABD　(3)A　(4)ABC　(5)ABD

【解析】(1)除耐候性能测试外,其他试验无人工加速老化条件。

(2)主观测试项目,测试人员应不少于3人。

(3)《公路工程质量检验评定标准　第二册　机电工程》(JTG F80/2—2004)2.1.2。

(4)数据通信接口使用9针RS232C阴性插座和RJ-45以太网接口。

(5)20kΩ。《环形线圈车辆检测器》(GB/T 26942—2011),注意此处车速(km/h)相对误差小于3%,而《公路工程质量检验评定标准　第二册　机电工程》(JTG F80/2—2004)规定为±5%。

7.【答案】(1)ABCD　(2)ABCD　(3)BCD　(4)ABCD　(5)ABC

【解析】(1)《公路工程质量检验评定标准　第二册　机电工程》(JTG F80/2—2004)4.2.2。

(2)《公路工程质量检验评定标准　第二册　机电工程》(JTG F80/2—2004)4.2.2。

(3)A选项应为:(≤4.0s)。《公路工程质量检验评定标准　第二册　机电工程》(JTG F80/2—2004)4.2.2。

(4)《公路工程质量检验评定标准　第二册　机电工程》(JTG F80/2—2004)4.2.2。

(5)误码测试属于光纤数字传输系统关键实测项目。

模拟试题二

一、单项选择题

1.【答案】C

【解析】《公路工程技术标准》(JTG B01—2014)4.2。

2.【答案】D

【解析】F点的电位由V_A决定(钳位),此时二极管A受正压,二极管B受负压。

3.【答案】B

【解析】全反射是光纤传输理论的基础。

4.【答案】D

【解析】我国低压配电设备都按海拔2000m及以下地区设计。超过此海拔要使用高原配电设备。

5.【答案】A

【解析】7层分别为:物理层、数据链路层、网络层、传输层、会话层、表示层、应用层。

6.【答案】B

【解析】《公路交通安全设施质量检验抽样方法》(JT/T 495—2014)5.1.2.5。

7.【答案】B

【解析】盐雾试验的目的是为了考核产品或金属材料的耐盐雾腐蚀质量,盐雾试验结果的判定方法有:评级判定法、称重判定法、腐蚀物出现判定法、腐蚀数据统计分析法。

8.【答案】D

【解析】随机误差统计规律性主要包括对称性、有界性和单峰性。

9.【答案】C

【解析】《公路机电系统设备通用技术要求及检测方法》(JT/T 817—2011)5.11.1。

10.【答案】C

【解析】《道路交通标志和标线 第2部分:道路交通标志》(GB 5768.2—2009)3.4。

11.【答案】B

【解析】《道路交通反光膜》(GB/T 18833—2012)5.14。

12.【答案】B

【解析】《道路交通标线质量要求和检测方法》(GB/T 16311—2009)6.1.1。

13.【答案】A

【解析】双组份涂料由主剂和固化剂组成。主剂为环氧、聚氨酯等树脂。双组份涂料与其他标线涂料最本质的区别在于其为化学反应固化,而非物理固化。

14.【答案】B

【解析】通过碰撞时护栏自体变形来吸收碰撞能量。

15.【答案】C

【解析】《波形梁钢护栏 第1部分:两波形梁钢护栏》(GB/T 31439.1—2015)3.2.2。

16.【答案】A

【解析】《隔离栅》(GB/T 26941.1—2011)4.2.1.1。

17.【答案】D

【解析】《防眩板》(GB/T 24718—2009)4.2。

18.【答案】A

【解析】《突起路标》(GB/T 24725—2009)5.4。

19.【答案】D

【解析】《轮廓标》(GB/T 24970—2010)6.2.1。

20.【答案】B

【解析】《高密度聚乙烯硅芯管》(GB/T 24456—2009)5.2.1。

21.【答案】C

【解析】《公路工程质量检验评定标准 第一册 土建工程》(JTG F80/1—2017)3.2.5。

22.【答案】D

【解析】汽车为铁磁材料。

23.【答案】B

【解析】微分增益是不同亮度电平下的色度幅度变化,也指由于图像亮度信号幅度变化引起色度信号幅度的失真。标准值为≤10%,此值偏大时,会产生不同亮度背景下的色饱和度失真,如鲜红衣服在明暗不同的背景下颜色的浓淡变化很大。

24.【答案】C

【解析】由抽样 AD 转换器完成。

25.【答案】B

【解析】同步数字体系信号最重要的基本模块信号是 STM-1，其速率是 155.520Mb/s，更高等级的 STM-*N* 信号是将基本模块信号 STM-1 按同步复用，经字节间插后的结果，其中 *N* 是正整数。目前，SDH 只能支持一定的 *N* 值，即 *N* 只能为 1、4、16、64 和 256。

26.【答案】D

【解析】选项 A 为进口收钱不管出；选项 B 为出口收钱不管入；选项 A、B 均无出入口车型比对，方便作弊。选项 C，入口发卡是一方，出口收费是另一方，加上有出入口车辆图像比对系统，作弊的可能性大大减小，但也难杜绝，如发卡方与收费方联合作弊等。ETC 不停车收费系统通过路侧单元 RSU 与车载单元 OBU 通信完成收费交易，并利用计算机联网技术与银行进行后台结算处理，从而杜绝收费员利用车型作弊贪污。

27.【答案】B

【解析】《公路工程质量检验评定标准　第二册　机电工程》(JTG F80/2—2004)4.3.2。

28.【答案】C

【解析】《公路机电系统设备通用技术要求及检测方法》(JT/T 817—2011)4.8.5。

29.【答案】C

【解析】《公路照明技术条件》(GB/T 24969—2010)5.3.2。

30.【答案】D

【解析】《公路工程质量检验评定标准　第二册　机电工程》(JTG F80/2—2004)7。

二、判断题

1.【答案】√

【解析】安全是相对危险而言的，通常是指免受人员伤害、财产损失、设备损坏或环境破坏的一种客观状态。安全的本质是将损害控制在人类能接受水平以下的状态。

2.【答案】×

【解析】超声雾化法很容易控制盐雾沉降率，超声波频率越高，所产生的盐雾越细，盐雾沉降率就越低。可以通过调节超声波频率来达到控制盐雾沉降率的目的。

3.【答案】×

【解析】应为“符合相应环境污秽分级条件”。

4.【答案】×

【解析】电气装置的外露可导电部分电气上接入与低压系统接地点无关的接地装置上。

5.【答案】√

【解析】6 表示尘密防护；5 表示防(喷)水等级。

6.【答案】×

【解析】导电电阻大于 1MΩ · cm 的纯净水。

7.【答案】×

【解析】加速度为 10m/s^2。《公路机电系统设备通用技术要求及检测方法》(JT/T

817—2011)4.4.1。

8.【答案】 ×

【解析】 从下一个批次开始转入正常检验。《公路交通安全设施质量检验抽样方法》(JT/T 495—2014)5.1.25。

9.【答案】 ×

【解析】 环境温度:15～35℃。《公路机电系统设备通用技术要求及检测方法》(JT/T 817—2011)5.1。

10.【答案】 ×

【解析】 每块板每种颜色至少测 3 点。《公路工程质量检验评定标准 第一册 土建工程》(JTG F80/1—2017)11.2.2。

11.【答案】 √

【解析】《道路交通反光膜》(GB/T 18833—2012)。

12.【答案】 ×

【解析】 应为热塑性树脂。

13.【答案】 √

【解析】《路面标线涂料》(JT/T 280—2004)4。

14.【答案】 √

【解析】《路面标线用玻璃珠》(GB/T 24722—2009)4.1.2。

15.【答案】 ×

【解析】 Q235 牌号钢。《波形梁钢护栏 第 2 部分:三波形梁钢护栏》(GB/T 31439.2—2015)4.3.1。

16.【答案】 ×

【解析】 Ⅱ级适用于重工业、都市或沿海等腐蚀较严重地区。《隔离栅》(GB/T 26941.1—2011)4.2.1.1。

17.【答案】 √

【解析】《防眩板》(GB/T 24718—2009)4.2。

18.【答案】 √

【解析】《太阳能突起路标》(GB/T 19813—2005)3.13。

19.【答案】 ×

【解析】 应为黄色逆反射材料。《轮廓标》(GB/T 24970—2010)6.3.1。

20.【答案】 √

【解析】 公路通信管道中,水泥管、镀锌钢管近几年已不多见,取而代之的是塑料管。

21.【答案】 ×

【解析】 无反射体色度光度指标。《公路工程质量检验评定标准 第一册 土建工程》(JTG F80/1—2017)11.8.2。

22.【答案】 ×

【解析】 缺"线对间传输时延差"。《公路工程质量检验评定标准 第二册 机电工程》(JTG F80/2—2004)2.9.2。

23.【答案】×

【解析】发送75%彩条信号。《公路工程质量检验评定标准　第二册　机电工程》(JTG F80/2—2004)3.2.4。

24.【答案】√

【解析】可同时进行双向信息传送的通信方式。这不仅要求通信双方都有发送和接收设备,而且要求信道具有能双向传输的双倍带宽,所以全双工通信设备最昂贵。

25.【答案】√

【解析】串行传送的速度低,但传送的距离可以很长,因此串行适用于长距离传输。串行通信中,传输速率用每秒钟传送的位数(位/秒)来表示,称之为波特率(bps)。常用的标准波特率有300、600、1200、2400、4800、9600、19200(bps)等。

26.【答案】√

【解析】受硬盘录像机的存储空间(通常图像要存30天以上)限制,每照片像素不能太高。

27.【答案】√

【解析】报警录像功能为收费站关键实测项目。

28.【答案】√

【解析】农网的通常电压。

29.【答案】√

【解析】依“阈值增量”的定义。

30.【答案】×

【解析】应为96~120dB(A)。《公路工程质量检验评定标准　第二册　机电工程》(JTG F80/2—2004)7.6.2。

三、多项选择题

1.【答案】ABCD

【解析】标准色板和试件颜色用肉眼比对;色度计是通过与合成颜料比较来测量或详细说明颜色的一种实验室仪器,可测出被测色的色品坐标;色差仪根据CIE色空间的*Lab*、*Lch*原理,测量显示出样品与被测样品的色差ΔE以及ΔLab值。适合色彩评价和数据管控;光谱仪又称分光仪,可具体分辨出色彩中的光谱分量及组成比例。

2.【答案】ABD

【解析】公路供电系统的接地形式不用IT系统,该系统安全性较差;TN系统和TN-C-S系统常用于站内;外场设备通常用TT系统。

3.【答案】ABCD

【解析】用浪涌保护器防交流电源线引入雷;用金属氧化锌避雷器防视频及控制线引入雷;用小电阻的接地体(联合接地电阻≤1Ω)防避雷针引入雷和地电位反击。

4.【答案】ABCD

【解析】依“负反馈电路”的定义。

5.【答案】ABD

【解析】“奇偶分布”是凑数的。

6.【答案】ABC

【解析】D 选项应为 -55℃。

7.【答案】BCD

【解析】《道路交通标志板及支撑件》(GB/T 23827—2009)6.11.1。

8.【答案】ABCD

【解析】《道路交通反光膜》(GB/T 18833—2012)。

9.【答案】ABC

【解析】蓝色 >0.05。《道路交通标线质量要求和检测方法》(GB/T 16311—2009)5.5.2。

10.【答案】BCD

【解析】《路面标线用玻璃珠》(GB/T 24722—2009)4.2.2。

11.【答案】ABC

【解析】通常直接打立柱,无地下基础。

12.【答案】ABC

【解析】加荷载 22kg ±0.2kg。《太阳能突起路标》(GB/T 19813—2005)4.2.2。

13.【答案】ABD

【解析】柱全长为 1250mm。《轮廓标》(GB/T 24970—2010)5.1.2。

14.【答案】ABC

【解析】《公路工程质量检验评定标准　第一册　土建工程》(JTG F80/1—2017)11.7.2。

15.【答案】ABD

【解析】只能检测车辆行驶方向的参数。

16.【答案】ABC

【解析】选项 A、B、C 为光纤通信系统最重要的质量指标。可靠性一般对具体设备而言。

17.【答案】ABCD

【解析】《公路工程质量检验评定标准　第二册　机电工程》(JTG F80/2—2004)4.5.2。

18.【答案】ABCD

【解析】选项 A、B、D 好理解;选项 C,分散供电主要指气象检测器、车辆检测器等外场设备的供电。

19.【答案】ABCD

【解析】注意选项 D 变了个说法。在 JTG F80/2—2004 的表 6.0.2 中为“灯杆横纵向偏差”。

20.【答案】ABCD

【解析】《公路隧道通风设计细则》(JTG/T D70/2-02—2014)5.1。

四、综合题

1.【答案】(1)D　(2)A　(3)A　(4)A　(5)A

【解析】(1)AQL≤4.0。《公路交通安全设施质量检验抽样方法》(JT/T 495—2014)。

(2)《公路交通安全设施质量检验抽样方法》(JT/T 495—2014)。工厂验收,一般检验水平为Ⅱ;工地抽检,一般检验水平为Ⅰ。直接采用正常检验,因该类产品前5批质量较稳定。

(3)先按一次抽样检验,当样品中不合格数$A \leq A_c$时,判定该批次合格,予以接收;当样品中的不合格数$A \geq R_e$时,判定该批次不合格,拒绝接收。当样品中的不合格数在A_c、R_e之间时,需要进行第二次抽样。

(4)《公路交通安全设施质量检验抽样方法》(JT/T 495—2014)表1。

(5)《公路交通安全设施质量检验抽样方法》(JT/T 495—2014)。$A=2$,A小于A_c,且特殊合格判定数A_S对板厚和定尺长度无要求。故该批产品判定合格。

2.【答案】(1)ABCD (2)AD (3)ACD (4)ABD (5)ABCD

【解析】(1)电磁干扰指电磁骚扰引起设备传输通道或系统性能下降;传导骚扰指通过一个或多个导体传导能量的电磁骚扰;辐射骚扰指以电磁波的形式通过空间传播能量的电磁骚扰;静电放电指有不同静电电位的物体相互靠近或直接接触引起的电荷转移。静电放电轻者引起干扰,重者损坏设备。

(2)电磁兼容性EMC指设备或系统在其电磁环境中,能正常工作且不对该环境中任何事物构成不能承受的电磁骚扰的能力。

(3)试验电压为4kV。《公路机电系统设备通用技术要求及检测方法》(JT/T 817—2011)。

(4)发射场强为3V/m。《公路机电系统设备通用技术要求及检测方法》(JT/T 817—2011)。

(5)《公路机电系统设备通用技术要求及检测方法》(JT/T 817—2011)。

3.【答案】(1)D (2)B (3)D (4)AD (5)AC

【解析】(1)《公路工程质量检验评定标准 第一册 土建工程》(JTG F80/1—2017)11.2.2。注意在2004版标准中,标志板金属构件涂层厚度也为关键项目。

(2)、(3)《公路工程质量检验评定标准 第一册 土建工程》(JTG F80/1—2017)11.2.2。

(4)金属构件涂层厚度和基础混凝土强度两项实测项目在JTG F80/1—2004中有,但在JTG F80/1—2017的11.2.2中取消了。

(5)《公路工程质量检验评定标准 第一册 土建工程》(JTG F80/1—2017)11.2.2。

4.【答案】(1)BCD (2)CD (3)AC (4)ABCD (5)ABC

【解析】(1)波形梁背板在三波形梁护栏中才用。《波形梁钢护栏 第1部分:两波形梁钢护栏》(GB/T 31439.1—2015)3.2.1。

(2)、(3)《波形梁钢护栏 第1部分:两波形梁钢护栏》(GB/T 31439.1—2015)3.2.2。

(4)《波形梁钢护栏 第1部分:两波形梁钢护栏》(GB/T 31439.1—2015)4.3。

(5)拼接螺孔应一次冲孔完成。《波形梁钢护栏 第1部分:两波形梁钢护栏》(GB/T 31439.1—2015)4.4。

5.【答案】(1)BD (2)AC (3)AC (4)ACD (5)D

【解析】(1)~(4)《道路交通标线质量要求和检测方法》(GB/T 16311—2009)6.1.1、6.1.2。

(5)《道路交通标线质量要求和检测方法》(GB/T 16311—2009)6.1.3。

6.【答案】(1)BCD (2)BCD (3)ABC (4)BCD (5)ABC

【解析】(1)标准值700mV±30mV。《公路工程质量检验评定标准 第二册 机电工程》(JTG F80/2—2004)2.3.2。

(2)标准值300mV±20mV。《公路工程质量检验评定标准 第二册 机电工程》(JTG F80/2—2004)2.3.2。

(3)发送2T信号。《公路工程质量检验评定标准 第二册 机电工程》(JTG F80/2—2004)2.3.2。

(4)标准值≤5%。《公路工程质量检验评定标准 第二册 机电工程》(JTG F80/2—2004)2.3.2。

(5)发送2T信号。《公路工程质量检验评定标准 第二册 机电工程》(JTG F80/2—2004)2.3.2。

7.【答案】(1)AB (2)ACD (3)ABC (4)ABCD (5)ABCD

【解析】(1)C.光接收灵敏度用光功率计和误码仪测试;D选项中项目不是关键项目。《公路工程质量检验评定标准 第二册 机电工程》(JTG F80/2—2004)3.2.2。

(2)B. $ESR=1.1\times10^{-5}$。《公路工程质量检验评定标准 第二册 机电工程》(JTG F80/2—2004)3.2.2。

(3)配置功能不属于关键项目。

(4)《公路工程质量检验评定标准 第二册 机电工程》(JTG F80/2—2004)3.2.2。

(5)《公路工程质量检验评定标准 第二册 机电工程》(JTG F80/2—2004)3.2.2。

模拟试题三

一、单项选择题

1.【答案】C

【解析】《公路工程技术标准》(JTG B01—2014)。

2.【答案】B

【解析】一次封锁法要求每个事务必须一次将所有要使用的数据全部加锁,否则就不能继续执行。一次就将以后要用到的全部数据加锁,势必扩大封锁的范围,从而降低系统的并发度。降低并发度就意味着能保证不产生死锁。

3.【答案】D

【解析】依据“发光强度”的定义。

4.【答案】C

【解析】数字显示器件是最常用的显示器件,而笔画最多的数字8可用七段线条组合。

5.【答案】B

【解析】EMC测试包括测试方法、测量仪器和试验场所,测试方法以分类为依据,测量仪器以频域为基础,试验场地是进行EMC测试的先决条件。

6.【答案】C

【解析】《公路交通安全设施质量检验抽样方法》(JT/T 495—2014)5.2.2.1。

7.【答案】D

【解析】《公路沿线设施塑料制品耐候性要求及测试方法》(GB/T 22040—2008)6.9.4。

8.【答案】D

【解析】$-2s$ 到 $2s$ 区间出现的概率(95.45%)比 $-s$ 到 s 区间出现的概率(68.27%)要高多了。

9.【答案】D

【解析】《公路机电系统设备通用技术要求及检测方法》(JT/T 817—2011)4.8.3。

10.【答案】D

【解析】《道路交通标志和标线　第 2 部分:道路交通标志》(GB 5768.2—2009)3.4。

11.【答案】A

【解析】《道路交通反光膜》(GB/T 18833—2012)3.2.4。

12.【答案】D

【解析】《道路交通标线质量要求和检测方法》(GB/T 16311—2009)5.3.1。

13.【答案】D

【解析】《路面标线用玻璃珠》(GB/T 24722—2009)4.2.3。

14.【答案】B

【解析】《波形梁钢护栏　第 2 部分:三波形梁钢护栏》(GB/T 31439.2—2015)3.3.1。

15.【答案】D

【解析】《公路工程质量检验评定标准　第一册　土建工程》(JTG F80/1—2017)。

16.【答案】C

【解析】《隔离栅》(GB/T 26941.1—2011)4.2.4.1。

17.【答案】C

【解析】《防眩板》(GB/T 24718—2009)4.2。

18.【答案】B

【解析】《太阳能突起路标》(GB/T 19813—2005)5.7。

19.【答案】B

【解析】《轮廓标》(GB/T 24970—2010)6.3.2.2。

20.【答案】B

【解析】《高密度聚乙烯硅芯管》(GB/T 24456—2009)5.3。

21.【答案】C

【解析】《公路工程质量检验评定标准　第一册　土建工程》(JTG F80/1—2017)3.2.5。

22.【答案】A

【解析】数据传输测试仪测试的数据传输参数有误码测试、帧结构分析、时隙分析、信令测试、PCM 仿真环路时延、倒换时延、输出波形、输出抖动、信号电平等。

23.【答案】D

【解析】损坏了电缆外护层后绝缘电阻会下降较多。

24.【答案】D

【解析】信道中能“会车”。

25.【答案】B

【解析】光接收机动态范围 $D=10\lg(P_I/P_R)=10\lg P_I-10\lg P_R$。当光功率以 dBm 表示时,有 $D'=P_I(\mathrm{dB})-P_R(\mathrm{dB})$,即本来是相除的,用 dBm 数后可将二者分贝数相减。

26.【答案】A

【解析】自动栏杆线圈能检测到车辆通过,选项 B 排除;自动栏杆的自然状态(无电时)是落杆状,选项 C 和 D 也排除。

27.【答案】A

【解析】《公路工程质量检验评定标准　第二册　机电工程》(JTG F80/2—2004)4.2.2。

28.【答案】C

【解析】供电可靠性与布线经济性统筹考虑,选择 C。

29.【答案】B

【解析】照度均匀度为路面最小照度和平均照度之比,适当缩小杆距可提高路面最小照度。

30.【答案】B

【解析】《隧道环境检测设备》(GB/T 26944.2—2011)3.1.2。

二、判断题

1.【答案】×

【解析】路面是在路基顶面用各种混合料铺筑而成的层状结构物。常规路面的构造包括面层、垫层、基层。

2.【答案】√

【解析】软件的测试方法很多,不同的出发点用不同的测试方法。从测试过程来分:静态分析法、动态测试法;动态测试是直接执行程序进行测试,包括功能测试、接口测试和结构测试,观察程序的行为,记录执行的结果,从执行结果来分析程序可能出现的错误。

3.【答案】×

【解析】冲击接地电阻 $R_I=\alpha R$。

4.【答案】×

【解析】漏掉“共振校验”。

5.【答案】√

【解析】直击雷其能量巨大,可损坏建筑物,中断通信,伤及人畜。直击雷过后,由于静电感应和电磁感应在电线或电气设备上形成过电压(感应雷),主要危害建筑物内电子设备。

6.【答案】×

【解析】每 $80\mathrm{cm}^2$ 面积上为 1 ~ 2mL/h。

7.【答案】√

【解析】《公路机电系统设备通用技术要求及检测方法》(JT/T 817—2011)4.4.3。

8.【答案】×

【解析】2018 年开始取值为 0～9。《外壳防护等级(IP 代码)》(GB/T 4208—2017)5.2。

9.【答案】×

【解析】精度 0.5 级。《公路机电系统设备通用技术要求及检测方法》(JT/T 817—2011)5.11.3。

10.【答案】√

【解析】《道路交通标志板及支撑件》(GB/T 23827—2009)6.8。

11.【答案】√

【解析】《道路交通反光膜》(GB/T 18833—2012)3.12。

12.【答案】×

【解析】蓝色。《道路交通标线质量要求和检测方法》(GB/T 16311—2009)5.5.1。

13.【答案】×

【解析】热熔性涂料磨擦后减重≤80mg。《路面标线涂料》(JT/T 280—2004)5。

14.【答案】√

【解析】《路面标线用玻璃珠》(GB/T 24722—2009)4.1.2。

15.【答案】×

【解析】宜采用八(HA)级。《公路交通安全设施设计规范》(JTG D81—2017)6.3.2。

16.【答案】√

【解析】《隔离栅》(GB/T 26941.4—2011)4.2。

17.【答案】√

【解析】《防眩板》(GB/T 24718—2009)4.2。

18.【答案】×

【解析】C 型(最低使用温度 -55℃)。《太阳能突起路标》(GB/T 19813—2005)4.2.2。

19.【答案】×

【解析】应不低于二级。《轮廓标》(GB/T 24970—2010)6.2.1.2。

20.【答案】×

【解析】横截面为若干个正六边形结构组成的多孔塑料管。

21.【答案】√

【解析】无反射体色度光度指标符合相关要求。《公路工程质量检验评定标准　第一册　土建工程》(JTG F80/1—2017)11.9.2。

22.【答案】×

【解析】≤100ns。《公路工程质量检验评定标准　第二册　机电工程》(JTG F80/2—2004)3.2.4。

23.【答案】×

【解析】发送调制的五阶梯测试信号。《公路工程质量检验评定标准　第二册　机电工程》(JTG F80/2—2004)3.2.4。

24.【答案】√

【解析】量化脉冲调制就是把一个时间连续、取值连续的模拟信号,变换成时间离散、取值离散的数字信号后,在数字信道中传输。

25.【答案】√

【解析】SDH 以字节(每字节 8 比特)为单位进行传输,所以它的帧结构是以字节为基础的矩形块状帧结构,由 $270 \times N$ 列和 9 行的矩形字节组成。其在光纤上传输是成链传输,在光发端经并/串转换成链状结构进行传输,而在光收端经串/并转换还原成矩形块进行处理。

26.【答案】√

【解析】《公路工程质量检验评定标准　第二册　机电工程》(JTG F80/2—2004)4.2.2。

27.【答案】√

【解析】《公路工程质量检验评定标准　第二册　机电工程》(JTG F80/2—2004)4.6.2。

28.【答案】√

【解析】主要考虑自动启动等功能。

29.【答案】√

【解析】不同相序的过零点时间是不同的,相邻灯具接在不同相序可降低频闪深度。

30.【答案】×

【解析】应不低于 IP65。

三、多项选择题

1.【答案】ABCD

【解析】《中华人民共和国道路交通安全法》(2007 年颁布)。

2.【答案】ABCD

【解析】高温老化一般分几个等级进行,交通工程部件光老化主要是氙弧灯老化,加载老化为加上荷载进行老化,盐雾老化适用于沿海地区及内陆盐湖周边地区的设备。此外还有热老化湿热老化臭氧老化等。

3.【答案】ABD

【解析】《公路交通安全设施质量检验抽样方法》(JT/T 495—2014)4.2。

4.【答案】ABD

【解析】C 选项应为 55℃。

5.【答案】ABD

【解析】不需要万能材料试验机。

6.【答案】ACD

【解析】B 选项应为单面 9 个点,双面共 18 个点。《公路交通工程钢构件防腐技术条件》(GB/T 18226—2015)7.6.1。

7.【答案】ABD

【解析】《道路交通标志板及支撑件》(GB/T 23827—2009)5.2.1。

8.【答案】BC

【解析】《道路交通反光膜》(GB/T 18833—2012)。

9.【答案】ABCD

【解析】《道路交通标线质量要求和检测方法》(GB/T 16311—2009)5.4.1。

10.【答案】AB

【解析】《路面标线涂料》(JT/T 280—2004)5.3。

11.【答案】ABC

【解析】θ 角应不小于 10°。《波形梁钢护栏　第 1 部分:两波形梁钢护栏》(GB/T 31439.1—2015)4.2.1。

12.【答案】ABC

【解析】《公路工程质量检验评定标准　第一册　土建工程》(JTG F80/1—2017)11.8.2。

13.【答案】ABC

【解析】D 选项,接收数 Ac 为 3,拒收数 Re 为 4。《高密度聚乙烯硅芯管》(GB/T 24456—2009)7.3.4.1。

14.【答案】AD

【解析】《突起路标》(GB/T 24725—2009)7.2。

15.【答案】AB

【解析】A、B 选项为必用;C 选项为测网络传输,在此从来不用,不选;D 选项偶尔用一下,也不选。

16.【答案】ABCD

【解析】集肤效应为高频电流会往导线表面分布,使导体的等效高频电阻值增大;绝缘损耗指漏电流损耗;阻抗不匹配指两设备(或器材)二者特性阻抗不同会产生反射回波;接触电阻如导线和某仪器连接在导线和仪器接线处形成的电阻。

17.【答案】ABC

【解析】D 选项属收费站实测项目。

18.【答案】ABC

【解析】工作接地不属于接地保护措施。

19.【答案】ABC

【解析】D 选项应为"经 168h"。《升降式高杆照明装置》(GB/T 26943—2011)5.6。

20.【答案】BC

【解析】《公路隧道照明设计细则》(JTG/T D70/2-01—2014)3.0.9。

四、综合题

1.【答案】(1)C　(2)A　(3)ABD　(4)ABC　(5)AD

【解析】(1)《公路机电系统设备通用技术要求及检测方法》(JT/T 817—2011)4.8.2。

(2)《公路工程质量检验评定标准》(JTG F80/2—2004)2.1.2。

注意:机电设备安装前单机测试绝缘电阻值应≥100MΩ,适用标准 JT/T 817—2011;机电设备安装到系统后测试绝缘电阻值应≥50MΩ,适用标准 JTG F80/2—2004。

(3)《公路机电系统设备通用技术要求及检测方法》(JT/T 817—2011)4.8.3。

(4)《公路机电系统设备通用技术要求及检测方法》(JT/T 817—2011)4.8.4。

(5)TT方式俗称接地保护方式,它的整个电力系统有一点直接接地,用电设备的外露可导电部分通过保护线接在与电力系统接地点无直接关联的接地极,故障电压不互串,电气装置正常工作时外露可导电部分为地电压,比较安全;但其相线与用电设备的外露可导电部分短路时,仍有触电的可能,须与漏电保护开关合用。机电系统外场设备用该种方式较好。

IT方式也称经高阻接地方式,其电力系统的中性点不接地或经很大阻抗接地,用电设备的外露可导电部分经保护线接地,由于电源侧接地阻抗大,当某相线与用电设备的外露可导电部分短路时,一般短路电流不超过70mA,这种保护接地方式特别适用于环境特别恶劣的场合。机电系统外场设备不用该种方式。

TN-C-S方式中,系统中电源至用户的馈电线路N线与PE线是合一的,而在进户处分开,此方式经济性较差、安全性最好。但TN-C-S系统有一根专用接地线PE线,造价会提高,故机电系统外场设备不用该种方式。

2.【答案】(1)ABD (2)ABC (3)ABD (4)ABCD (5)A

【解析】(1)《塑料实验室光源暴露试验方法 第2部分:氙弧灯》(GB/T 16422.2—2014)4。

(2)每项试验试样数量应不小于10。《公路沿线设施塑料制品耐候性要求及测试方法》(GB/T 22040—2008)6.1.1.4。

(3)《塑料实验室光源暴露试验方法 第2部分:氙弧灯》(GB/T 16422.2—2014)4。

(4)《公路沿线设施塑料制品耐候性要求及测试方法》(GB/T 22040—2008)6.9.4。

(5)《公路沿线设施塑料制品耐候性要求及测试方法》(GB/T 22040—2008)6.9.5。

3.【答案】(1)CD (2)C (3)C (4)AD (5)BD

【解析】(1)注意本题问的是"色度性能指标",指定量分析,故只选C、D;如是问"色度名称",则4项都可选。

(2)《道路交通反光膜》(GB/T 18833—2012)5.4.2。

(3)《道路交通反光膜》(GB/T 18833—2012)5.4.1 图3。

(4)《道路交通反光膜》(GB/T 18833—2012)。

(5)方法1:在《道路交通反光膜》(GB/T 18833—2012)P8的图3中找(0.330,0.350)点,若落在白色区域,则色品坐标合格。

方法2:若无《道路交通反光膜》(GB/T 18833—2012)P8页的图3,可利用尺和纸依题中的四个角点坐标,作出有效白色区域图,在图上找(0.330,0.350)点;若落在有效白色区域,则色品坐标合格。

方法3:解析法,依题中的四个角点坐标P_1(0.350,0.360);P_2(0.305,0.315);P_3(0.295,0.325);P_4(0.340,0.370)。P_1、P_2组成有效区域的下线,其方程为$y=0.22x+0.247$,P_3、P_4组成有效区域的上线,其方程为$y=x+0.030$;将测试值(0.330,0.350)的x值0.330代入下线方程,得$y=0.320<Y_C=0.350$(下线在测试值0.350之下);将测试值的x值0.330代入上线方程,得$y=0.360>Y_C=0.350$(上线在测试值0.350之上),且测试值x值在本题的x值的取值范围内。所以测试色品坐标(0.330,0.350)在白色区域内,色品坐标合格。

题中规定亮度因数≥0.27,实测亮度因数为0.29,故亮度因数合格。

4.【答案】(1)ABCD (2)ABCD (3)AD (4)ABCD (5)AC

【解析】(1)~(4)《太阳能突起路标》(GB/T 19813—2005)7.2.4。

(5)《太阳能突起路标》(GB/T 19813—2005)7.2.3。

5.【答案】(1)ABCD (2)C (3)A (4)ABCD (5)ABCD

【解析】(1)《防眩板》(GB/T 24718—2009)5。

(2)、(3)《防眩板》(GB/T 24718—2009)4.2。

(4)、(5)《防眩板》(GB/T 24718—2009)5。

6.【答案】(1)ABC (2)ABC (3)ABC (4)D (5)BC

【解析】(1)《高速公路 LED 可变信息标志》(GB/T 23828—2009)4.1。

(2)《高速公路 LED 可变信息标志》(GB/T 23828—2009)5.1.3。

(3)黄色≥5500mcd。《高速公路 LED 可变信息标志》(GB/T 23828—2009)5.2.2。

(4)《高速公路 LED 可变信息标志》(GB/T 23828—2009)5.2.2。

(5)《高速公路 LED 可变信息标志》(GB/T 23828—2009)5.3.1。

7.【答案】(1)ABD (2)ABC (3)ACD (4)AB (5)ABCD

【解析】(1)《公路照明技术条件》(GB/T 24969—2010)5.1。

(2)《公路照明技术条件》(GB/T 24969—2010)9.1。

(3)B 选项应为高压钠灯。《公路照明技术条件》(GB/T 24969—2010)6.1。

(4)《公路照明技术条件》(GB/T 24969—2010)6.1。

(5)《公路照明技术条件》(GB/T 24969—2010)7.1。

模拟试题四

一、单项选择题

1.【答案】C

【解析】《公路工程技术标准》(JTG B01—2014)3.4.1。

2.【答案】D

【解析】放大电路输入端短路时,理想情况下其输出端电压应为零。

3.【答案】A

【解析】发光强度的定义。

4.【答案】B

【解析】穿过线圈的磁力线数量发生变化才会产生感应电动势。感应电动势 $e=N\Delta\Phi/\Delta t$;式中:N 为匝数,$\Delta\Phi/\Delta t$ 为线圈中磁通变化率。

5.【答案】C

【解析】$F=\overline{AB}$为与非门逻辑式,其对应为 C 选项中的与非门逻辑符号。

6.【答案】B

【解析】《公路交通安全设施质量检验抽样方法》(JT/T 495—2014)5.4.2.2。

7.【答案】D

【解析】人工模拟盐雾试验包括中性盐雾试验(NSS 试验,最早,应用最广)、醋酸盐雾试验(腐蚀比 NSS 快 3 倍)、铜盐加速醋酸盐雾试验(腐蚀是 NSS 的 8 倍)、交变盐雾试验。

8.【答案】C

【解析】《外壳防护等级(IP 代码)》(GB/T 4208—2017)。

9.【答案】A

【解析】《公路机电系统设备通用技术要求及检测方法》(JT/T 817—2011)4.11.3。

10.【答案】C

【解析】《道路交通标志板及支撑件》(GB/T 23827—2009)6.6。

11.【答案】D

【解析】《道路交通反光膜》(GB/T 18833—2012)6.10。

12.【答案】C

【解析】《道路交通标线质量要求和检测方法》(GB/T 16311—2009)5.6.2。

13.【答案】C

【解析】《路面标线涂料》(JT/T 280—2004)3.2。

14.【答案】A

【解析】《公路交通安全设施设计规范》(JTG D81—2017)6.5.2。

15.【答案】A

【解析】《波形梁钢护栏　第 1 部分:两波形梁钢护栏》(GB/T 31439.1—2015)4.3.4。

16.【答案】B

【解析】《隔离栅》(GB/T 26941.1—2011)4.2.3.1。

17.【答案】D

【解析】R 为平曲线半径。$\beta_0 = \tan^{-1}(b/L)$,b 为防眩板宽度,L 为防眩板纵向间距。

18.【答案】A

【解析】《突起路标》(GB/T 24725—2009)7.2.3。

19.【答案】B

【解析】《轮廓标》(GB/T 24970—2010)6.3.1。

20.【答案】C

【解析】《高密度聚乙烯硅芯管》(GB/T 24456—2009)6.5.13。

21.【答案】D

【解析】《公路工程质量检验评定标准　第一册　土建工程》(JTG F80/1—2017)3.2.5。

22.【答案】B

【解析】《公路工程质量检验评定标准　第二册　机电工程》(JTG F80/2—2004)2.1.2。

23.【答案】D

【解析】《公路工程质量检验评定标准　第二册　机电工程》(JTG F80/2—2004)2.4.2。

24.【答案】B

【解析】基带传输时,通常对数字信号进行一定的编码,数据编码常用 3 种方法:非归零码 NRZ、曼彻斯特编码和差分曼彻斯特编码。后两种编码不含直流分量,应用较广泛。

25.【答案】D

【解析】光纤在两个方向的传输损耗是不完全一样的。从 A 方向测 1 ~ n 个值,又从 B 方向测 1 ~ n 个值,第 i 个接头损耗平均值为 $\alpha_i = |\alpha_{iA} + \alpha_{iB}|/2$;每根光纤的接头损耗平均值为 $\alpha = \sum\alpha_i/n$。

26.【答案】C

【解析】高速称重系统(120km/h)主要用来收集交通数据,进行车辆的预分类,其误差为 10% ~25%;中速称重系统(50km/h 以下)主要用于过往车辆的监控,其误差一般为 5% ~15%;低速称重系统(15km/h 以下)用于收费道口计重收费,为收费计算机提供轴重、轴组重、整车重、车轴数量、轴型、轴距、车型、车道号等参数。其误差一般为 3% ~5%。

27.【答案】C

【解析】《公路收费用票据打印机》(GB/T 24723—2009)。

28.【答案】B

【解析】计算机系统冲击负荷不大,依经验公式取 1.3 倍。

29.【答案】D

【解析】《公路工程质量检验评定标准 第二册 机电工程》(JTG F80/2—2004)6.0.2。

30.【答案】C

【解析】《公路隧道照明设计细则》(JTG/T D70/2-01—2014)3.0.8。

二、判断题

1.【答案】√

【解析】此外还有排队论、预测理论、时间序列法、回归分析法、神经网络法等方法。

2.【答案】×

【解析】电磁兼容性(EMC)是指设备或系统在其电磁环境中符合要求运行并不对其环境中的任何设备产生无法忍受的电磁干扰的能力。因此,EMC 包括两个方面的要求:一方面是指设备在正常运行过程中对所在环境产生的电磁干扰不能超过一定的限值;另一方面是指器具对所在环境中存在的电磁干扰具有一定程度的抗扰度,即电磁敏感性。

3.【答案】×

【解析】最后一项为 Y/Y-0。

4.【答案】×

【解析】时序逻辑电路的输出不仅取决于该时刻的输入,还与电路原来的状态有关。这是时序逻辑电路最重要的特性。

5.【答案】×

【解析】应为工作接地、保护接地、防雷接地三种形式。

6.【答案】×

【解析】应做孤立批处理,按 GB/T 2828.2—2008 的规定执行。

7.【答案】×

【解析】在通电工作状态下。《公路机电系统设备通用技术要求及检测方法》(JT/T 817—2011)4.2。

8.【答案】√

【解析】《公路机电系统设备通用技术要求及检测方法》(JT/T 817—2011)4.6。

9.【答案】√

【解析】《公路交通工程钢构件防腐技术条件》(GB/T 18226—2015)6.2.1。

10.【答案】×

【解析】其镀锌量不低于600g/m^2。《道路交通标志板及支撑件》(GB/T 23827—2009)5.3。

11.【答案】√

【解析】《道路交通反光膜》(GB/T 18833—2012)3.2。

12.【答案】√

【解析】《道路交通标线质量要求和检测方法》(GB/T 16311—2009)5.6。

13.【答案】×

【解析】冻融稳定性仅适于水性涂料。《路面标线涂料》(JT/T 280—2004)5。

14.【答案】×

【解析】0.3~0.8mm。《道路交通标线质量要求和检测方法》(GB/T 16311—2009)5.4.1。

15.【答案】×

【解析】没有耐候性能。《波形梁钢护栏　第1部分:两波形梁钢护栏》(GB/T 31439.1—2015)6.2.3。

16.【答案】√

【解析】《隔离栅》(GB/T 26941.1—2011)4.2.4。

17.【答案】√

【解析】《防眩板》(GB/T 24718—2009)4.2。

18.【答案】√

【解析】《突起路标》(GB/T 24725—2009)4.2.1。

19.【答案】×

【解析】逆反射材料表面与道路行车方向垂直。《轮廓标》(GB/T 24970—2010)5.2.1。

20.【答案】×

【解析】应为高密度聚乙烯,不是聚氯乙烯。《高密度聚乙烯硅芯管》(GB/T 24456—2009)3.1。

21.【答案】×

【解析】漏掉"中央分隔带开口护栏分项"。《公路工程质量检验评定标准　第一册　土建工程》(JTG F80/1—2017)附表A。

22.【答案】√

【解析】《公路工程质量检验评定标准　第二册　机电工程》(JTG F80/2—2004)2.3.2。

23.【答案】×

【解析】应为(红、绿、蓝、白色)。《公路工程质量检验评定标准　第二册　机电工程》

(JTG F80/2—2004)2.4.2。

24.【答案】√

【解析】利用时分多路复用技术,一个信道同时传输多路数据。

25.【答案】√

【解析】交换机可理解成智能高速接线员。

26.【答案】√

【解析】《公路工程质量检验评定标准　第二册　机电工程》(JTG F80/2—2004)4.1.2。

27.【答案】√

【解析】《公路工程质量检验评定标准　第二册　机电工程》(JTG F80/2—2004)4.4.2。

28.【答案】√

【解析】《公路工程质量检验评定标准　第二册　机电工程》(JTG F80/2—2004)5.1.2。

29.【答案】×

【解析】漏掉"中心布置"。《公路照明技术条件》(GB/T 24969—2010)7.1.1。

30.【答案】×

【解析】车辆驶入隧道时产生黑洞效应,驶出隧道时产生白洞效应。

三、多项选择题

1.【答案】ACD

【解析】B选项为凑数。

2.【答案】ABC

【解析】大功率氙灯只用于人工加速老化试验。

3.【答案】ABCD

【解析】《公路交通安全设施质量检验抽样方法》(JT/T 495—2014)3.27。

4.【答案】ABC

【解析】《公路交通工程钢构件防腐技术条件》(GB/T 18226—2015)6.1.2。

5.【答案】ABD

【解析】《塑料实验室光源暴露试验方法　第2部分:氙弧灯》(GB/T 16422.2—2014)4。

6.【答案】ABC

【解析】绝缘电阻测试仪只有3个端子:E"地"、L"线"、G"屏"。

7.【答案】ABCD

【解析】《道路交通标志和标线　第2部分:道路交通标志》(GB 5768.2—2009)3.5。

8.【答案】AD

【解析】《道路交通反光膜》(GB/T 18833—2012)6.11。

9.【答案】ABCD

【解析】《道路交通标线质量要求和检测方法》(GB/T 16311—2009)5.3。

10.【答案】ACD

【解析】B选项为D_{65}光源。《路面标线涂料》(JT/T 280—2004)3.2。

11.【答案】BD

【解析】《波形梁钢护栏　第1部分:两波形梁钢护栏》(GB/T 31439.1—2015)3.3.2。

12.【答案】ABCD

【解析】《隔离栅》(GB/T 26941.1—2011)4.2.4.2。

13.【答案】ABC

【解析】D选项漏掉"系统运用性"。《高密度聚乙烯硅芯管》(GB/T 24456—2009)7.2.1。

14.【答案】ACD

【解析】《公路工程质量检验评定标准　第一册　土建工程》(JTG F80/1—2017)11.10.2。

15.【答案】ABC

【解析】世界上主要的电视广播制式有PAL、NTSC、SECAM三种,中国大部分地区使用PAL制式,日本、韩国、美国等国家使用NTSC制式,俄罗斯则使用SECAM制。选项D是凑数的。

16.【答案】ABC

【解析】选项A、B、C分别为调频、调幅、调相,选项D是生造的。

17.【答案】ABCD

【解析】四个选项全选。要完成通信还需光端机。

18.【答案】ABD

【解析】选项A:高速公路收费、监控和通信系统建设时,不可能集中供电,外场设备的施工均借助车载发电机;选项B:三相供电时,零线上严禁装熔断器;选项D:不同回路不能同管敷设。

19.【答案】ABD

【解析】《公路照明技术条件》(GB/T 24969—2010)5.1。

20.【答案】ABCD

【解析】《公路隧道照明设计细则》(JTG/T D70/2-01—2014)3.0.6。

四、综合题

1.【答案】(1)ABD　(2)D　(3)ABCD　(4)ABC　(5)ABD

【解析】(1)C选项为凑数的。

(2)《公路工程质量检验评定标准　第二册　机电工程》(JTG F80/2—2004)。但在《公路机电系统设备通用技术要求及检测方法》(JT/T 817—2011)5.11中有规定为1.0级。

(3)~(5)《接地电阻测试仪使用说明书》。

2.【答案】(1)C　(2)ABCD　(3)ABC　(4)ABCD　(5)ABCD

【解析】(1)x代表红色分量,y代表绿色分量。

(2)标准色板和试件颜色用肉眼比对;色度计通过与合成颜料比较来测量或详细说明颜色的一种实验室仪器,可测出被测色的色品坐标;色差仪根据CIE色空间的*Lab*、*Lch*原理,测量显示出样品与被测样品的色差 ΔE 以及 ΔLab 值,交通工程中通常用此仪器测表面色。适合色彩评价和数据管控;光谱仪又称分光仪,可具体分辨出色彩中的光谱分量及组成比例。

(3)测量表面色时,采用 D_{65} 光源作为照明光源。照明观测条件是45/0,观测到的是昼间色;测量逆反射色时,采用标准A光源作为照明光源。标准A光源亮度近似于汽车前照灯,照明观测条件是入射角0°、观测角0.2°,观测到的是夜间色。

(4)《逆反射体光度性能测试方法》(JT/T 690—2007)6.0。

(5)逆反射测量仪本身带有标准A光源,观测角与照明角也已调节好,测试时可直接读取逆反射系数。而用比率法、替代法、直接发光强度法和直接亮度法测逆反射系数则要用到标准A光源、照度计和亮度计。

3.【答案】(1)AB　(2)BCD　(3)ABC　(4)ABC　(5)A

【解析】(1)《路面标线用玻璃珠》(GB/T 24722—2009)4.1.1。

(2)《路面标线用玻璃珠》(GB/T 24722—2009)4.1.2。

(3)得到约1000g玻璃珠作为试样。《路面标线用玻璃珠》(GB/T 24722—2009)6.1。

(4)《路面标线用玻璃珠》(GB/T 24722—2009)5.3。

(5)《路面标线用玻璃珠》(GB/T 24722—2009)4.1.2。

4.【答案】(1)ABC　(2)AC　(3)ABCD　(4)ABCD　(5)ABC

【解析】(1)《公路交通工程钢构件防腐技术条件》(GB/T 18226—2015)3.1。

(2)《公路交通工程钢构件防腐技术条件》(GB/T 18226—2015)3.12。

(3)《公路交通工程钢构件防腐技术条件》(GB/T 18226—2015)3.18。

(4)《公路交通工程钢构件防腐技术条件》(GB/T 18226—2015)3.11。

(5)《公路交通工程钢构件防腐技术条件》(GB/T 18226—2015)3.19。

5.【答案】(1)ABC　(2)BC　(3)ABCD　(4)ABC　(5)BCD

【解析】(1)JT/T 279—2004已于2009年作废。《道路交通标志和标线》(GB 5768.2—2009)

(2)《道路交通标志板及支撑件》(GB/T 23827—2009)5.1.2。

(3)《道路交通标志板及支撑件》(GB/T 23827—2009)5.1.3。

(4)大于7mm/m。《道路交通标志板及支撑件》(GB/T 23827—2009)5.2。

(5)光源为标准照明体 D_{65}。《道路交通标志板及支撑件》(GB/T 23827—2009)5.5。

6.【答案】(1)ABD　(2)ABD　(3)ACD　(4)ABCD　(5)ABC

【解析】(1)C.配电、换流设备。《公路工程质量检验评定标准　第二册　机电工程》(JTG F80/2—2004)3.6。

(2)不间断电源不属于关键实测项目。

(3)B.(≤100mV)。《公路工程质量检验评定标准　第二册　机电工程》(JTG F80/2—2004)3.6。

(4)《公路工程质量检验评定标准　第二册　机电工程》(JTG F80/2—2004)3.6。

(5)D.设备抗震加固措施符合设计要求。《公路工程质量检验评定标准　第二册　机电工程》(JTG F80/2—2004)3.6。

7.【答案】(1)ABC　(2)ABC　(3)ABCD　(4)ABCD　(5)BC

【解析】(1)《公路工程质量检验评定标准　第二册　机电工程》(JTG F80/2—2004)7.5.2。

(2)无气压要求。

(3)《公路工程质量检验评定标准　第二册　机电工程》(JTG F80/2—2004)7.5.2。

(4)《公路工程质量检验评定标准　第二册　机电工程》(JTG F80/2—2004)7.5.2。

(5)A. 100MΩ(安装到位前)。D. 过电压保护措施。